Schmid/Schmidt (Hrsg.)
**Modernes Beschaffungsmanagement im Gesundheitswesen –
Qualität, Patientensicherheit und Wirtschaftlichkeit**

Modernes Beschaffungsmanagement im Gesundheitswesen – Qualität, Patientensicherheit und Wirtschaftlichkeit

Herausgegeben von

Prof. Dr. Rudolf Schmid
Anton J. Schmidt

Mit Beiträgen von

Andreas Boerger
Marcus Bracklo
Hans-Peter Bursig
Florian Bürger
PD Dr. Alexandra Busemann
Dr. Josef Düllings
Dr. Christine A. von Eiff
Dr. Christoph von Eiff
Univ.-Prof. Dr. Dr. Wilfried von Eiff
Dr. Peter Gausmann
Prof. Dr. Bernd Griewing
Dr. Oliver Gründel
Ulrich Hambuch
Prof. Dr. Claus-Dieter Heidecke
Wilfried Hötzer
Dr. Christian Jäkel
Dr. Robert Jaeschke
Robert Jeske
Andreas Joehle
Axel Joerß
Dr. Michael Keller
Christina Kießling

Raimund Koch
Prof. Dr. Axel Kramer
Sebastian Kramer
Dr. Meinrad Lugan
Prof. Dr. Kurt Marquardt
Bianca Meier
Dr. Achim Michel-Backofen
Dr. Dr. Markus Mille
Heiner Osterhues
Matthias Paetzold
Christoph Pelizaeus
Prof. Dr. Herbert Rebscher
Sebastian Reich
Prof. Dr. Rudolf Schmid
Anton J. Schmidt
Ellio Schneider
Vera Stegherr
Prof. Dr. Albrecht Stier
Dominik Walter
Andreas Wolf
Univ.-Prof. Dr. Dr. Kai Zacharowski
Ekkehard Zimmer

 medhochzwei

Bibliografische Informationen der Deutschen Nationalbibliothek

Die Deutsche Nationalbibliothek verzeichnet diese Publikation in der Deutschen Nationalbibliografie; detaillierte bibliografische Daten sind im Internet über http://dnb.d-nb.de abrufbar.

Bei der Herstellung des Werkes haben wir uns zukunftsbewusst für umweltverträgliche und wiederverwertbare Materialien entschieden.
Der Inhalt ist auf elementar chlorfreiem Papier gedruckt.

ISBN 978-3-86216-480-6

© 2018 medhochzwei Verlag GmbH, Heidelberg

www.medhochzwei-verlag.de

Satz: Reemers Publishing Services GmbH, Krefeld
Druck: M. P. Media-Print Informationstechnologie GmbH, Paderborn
Umschlaggestaltung: Wachter Kommunikationsdesign, St. Martin
Titelbild: Africa Studio/Shutterstock.com; nimon/Shutterstock.com

Geleitwort

In dem von den beiden Herausgebern im gleichen Verlag 2012 herausgegebenen Buch *Beschaffung in Gesundheitseinrichtungen* lautete der Untertitel noch *Sachstand, Konzepte, Strategien.* Das jetzige Buch *Modernes Beschaffungsmanagement in Gesundheitseinrichtungen* fokussiert auf den Dreiklang von *Qualität, Patientensicherheit und Wirtschaftlichkeit.* Zweifellos ist darin auch ein gewisser Wandel im Grundverständnis modernen Beschaffungsmanagements erkennbar. Es geht nicht nur um strategische Werkzeuge, um das, was wir früher bei Konzentration auf Preise von Waren und Dienstleistungen unter „Einkauf" verstanden haben, möglichst günstig gestalten zu können. Neben der Suche nach zukunftsweisender Technologie sind heute Partner gefragt, mit denen Strategien, Organisationsstrukturen und Prozesse bei gestiegenen und geänderten Herausforderungen gemeinsam neu gestaltet werden können.

Die Zahl der aufgenommenen Patienten steigt, Indikation und Ablauf von Behandlungen werden ausgeweitet. Die Prozessabläufe im Krankenhaus werden aufgrund fortschreitender Spezialisierung sowie eines zunehmenden Angebots an diagnostischen und therapeutischen Maßnahmen immer komplexer und schwerer überschaubar. Bei einer Zunahme an medizinischen Leistungen erweitert sich das Spannungsfeld zwischen Bedarf und limitierten Ressourcen. Ökonomisches Denken und Handeln spielt damit in der Medizin eine zunehmende Rolle.

Versorgungsqualität, Patientensicherheit, klinisches Prozessmanagement auf der Basis von evidenzbasierten Leitlinien und Behandlungspfaden, Versorgungsforschung, Kosten-Nutzen-Bewertungen unseres Handelns und Ansätze einer qualitätsorientierten Vergütung im Sinne von Pay for Performance sind längst Themen, die verstärkt in den Blickpunkt auch der medizinischen Professionen gerückt sind. So gilt es heute mehr denn je, bei allen Versorgungsentscheidungen in unserem Gesundheitssystem eine werteorientierte Abwägung vorzunehmen. Das betrifft Ärzte und Patienten gleichermaßen wie politische Entscheidungsträger, Krankenversicherungen und die Gesundheitsindustrie. Diese Herausforderungen werden bisher nur unzureichend reflektiert, weshalb Entscheidungsfindungen häufig auf einer ungenügenden rationalen Grundlage ablaufen. Machbares und Sinnvolles, Gesichertes und Finanzierbares müssen mit den Handlungs- und Entscheidungsprozessen in der täglichen Praxis in Einklang gebracht werden.

Lag früher die Entscheidungskompetenz für die Beschaffung von medizinischen Investitions- oder Verbrauchsgütern in erster Linie bei den leitenden Ärzten, hat sich dies heute nahezu ausschließlich auf das kaufmännische Management der Kliniken verlagert. Umso größer ist die Herausforderung, in neuen Kooperationsmodellen zu denken und sich dort auch einzubringen. Modernes Beschaffungsmanagement bestimmt heute die Qualität und die Ergebnisse der erbrachten Leistungen wesentlich mit und trägt entscheidend zur Prozesssicherheit und Risikominimierung und damit vor allem zur Patientensicherheit bei. Zweifellos gibt es in vielen Kliniken in manchen Bereichen noch immer große Potenziale, um ohne Qualitätsverluste für die medizinische Versorgung Kosten zu sparen. Der Dreiklang des Untertitels von *Qualität, Patientensicherheit und Wirtschaftlichkeit* sollte aber zum Leitgedanken werden, der ein modernes Beschaffungsmanagement aktuell prägen sollte.

In den meisten Kliniken besteht großer Nachholbedarf in der Steuerung der innerbetrieblichen Logistik. Eine erste Analyse der Bestellprozesse von medizinischen Artikeln zeigt häufig, dass diese stationsübergreifend uneinheitlich organisiert sind und sich je nach Artikelklasse (zum Beispiel Implantate, Arzneimittel, Verbandsmaterialien) deutlich unterscheiden. Hier gilt es, Bestellklassen festzulegen, in denen die passenden Bestellprozesse und vor allem die Freigaberegelungen klar definiert sind. So lässt sich ein großer Teil der Bestellungen als „Standard" etablieren, in denen Pflegepersonal oder Ärzte zwar den Bestellrahmen vorgeben, die eigentliche Bestellung und Lagerung aber von erfahrenem Logistikpersonal abgewickelt wird. Der Einkauf muss seinen Verantwortungsbereich auf die gesamte Lieferkette von der Materialanforderung bis zur Auslieferung auf Station – einschließlich des Zentrallagers – erweitern. Damit vergrößert sich auch sein Aufgabenspektrum: Die Einkäufer legen etwa regelmäßig die Bevorratungsmengen in Abstimmung mit den Anwendern fest, um hohe Lagerbestände zu vermeiden. Außerdem erfasst und misst der Einkauf als Verbrauchsmanager in seiner Schnittstellenfunktion gemeinsam mit dem Controlling die Bestellentwicklung in der Klinik und leitet bei Bedarf Maßnahmen zur Kostensenkung ein.

Das digitale Zeitalter beschleunigt die Marktpenetration mit Innovationen. Daten können Zusammenhänge verständlich machen, doch sie sind noch kein Wissen. Die menschliche Komponente, die Bedeutung von Beziehungen muss verstärkt in den Fokus rücken. Der „beste Preis" ist eben nicht das Resultat einer harten Verhandlung, sondern guter Bedingungen, des richtigen Zeitpunkts und einer guten Vorbereitung. Und nochmal: Entscheidendes Kriterium einer optimalen Sachkostenstruktur ist die Abstimmung zwischen medizinischen Bedürfnissen und der Ökonomie – im Dreiklang Preis, Qualität und Patientensicherheit.

Das wird von namhaften Sachkennern unterschiedlicher Profession im Kontext des heutigen Gesundheitswesens und der aktuellen Trends sowie wesentlichen Einflussfaktoren des Beschaffungsgeschehens nicht nur als praktische Handreichung für die in der Beschaffung unmittelbar Tätigen vermittelt, sondern richtet sich auch und gerade an die Führungskräfte in den Gesundheitseinrichtungen. So, wie z. B. Chirurgie mehr ist als Operieren und es darauf ankommt, nicht nur die Dinge richtig, sondern auch die richtigen Dinge zu tun, so ist Beschaffung mehr als Einkauf und Preisverhandlung. Die Qualität eines Produktes ergibt sich aus seinen physikalisch-chemischen Qualitäts-Testverfahren, seiner Einsatzfähigkeit unter klinischen Bedingungen, seiner Anwenderfreundlichkeit und seiner Fehlertoleranz, nachgewiesen in Studien, Anwendungsbeobachtungen und Registern, am besten auch mit überzeugenden Langzeitergebnissen. Für die Qualität eines Produktes steht aber auch ein Patient ohne Schmerzen oder Nebenwirkungen, der langfristige Behandlungserfolg und nicht zuletzt die Finanzierbarkeit über das Sozialsystem.

Die Frage, wie sich ein Krankenhaus für die Zukunft richtig aufstellt, sollte getragen sein von gemeinsamen Entscheidungen darüber, ob Qualitätsverbesserung, Patientensicherheit und Wirtschaftlichkeit ausgewogen gewährleistet sind. Strukturierte Leistungserbringung erfordert bei hoher Transparenz in allen Bereichen enge Zusammenarbeit von Management, medizinischem Personal und Einkauf. Oder, um einen Kapitelbeitrag aufzugreifen: Es geht um *„Teambildung und Systemspiel im Beschaffungssport"*.

Neuötting, im August 2018　　　　　　　　　　　*Prof. Dr. med. Hartwig Bauer*

Vorwort der Herausgeber

Nur wenige Jahre sind vergangen, seit wir im Jahr 2012 die Herausgabe des Buchs „Beschaffung in Gesundheitseinrichtungen" verantworteten. Damals verfolgten wir die Absicht, in erstmalig gebündelter Form diverse einschlägige Themen und Aufgabenstellungen des Beschaffungswesens bezogen auf seine Entwicklung, Ausgestaltung und Organisation zu beschreiben.

Die Reflexion über eine nur weitere Auflage der damaligen Publikation zeigte jedoch, dass dem Fortgang des Beschaffungsgeschehens in den Einrichtungen des Gesundheitswesens damit nicht mehr Rechnung getragen werden kann: zu dynamisch erfolgt der Wandel im Gesundheitswesen, zu komplex sind Beschaffungsvorgänge geworden, als dass der Anspruch erhoben werden kann, das gesamte Beschaffungswesen noch in überschaubarer, „handlicher" Form beschreiben zu können. Im Übrigen hat Beschaffung schon lange die Eigenschaft abgelegt, auf den einfachen Akt des preisgünstigen Kaufs von Produkten reduziert werden zu können – wenngleich diese Auffassung verschiedenen Orts immer noch vorzuherrschen scheint. Solche Gründe haben uns folglich veranlasst, in dieser Publikation den Akzent auf wichtige Aspekte eines modernen Beschaffungsmanagements zu legen. Die Notwendigkeit, sie bei Beschaffungsvorgängen zu beachten, ergibt sich dabei insbesondere aus Entwicklungen im Gesundheitswesen, die diese Aspekte gerade in den letzten Jahren – auch gesetz- und vorschriftenbezogen – deutlich in den Vordergrund geschoben haben: Güte, Qualität und Effizienz von Beschaffung und seiner Organisation, Risikominimierung beim Einsatz von Produkten, Sicherheit von Patientinnen und Patienten, Nachhaltigkeit, prozessorientierte und -integrierte Betrachtung von Beschaffung sowie gerade Letztgenanntes in Verbindung mit Informationstechnologie und Digitalisierung.

Unsere Autorinnen und Autoren waren deshalb gebeten, zu diesen Aspekten aus ihrer jeweiligen Expertise heraus Problemstellungen zu skizzieren, Lösungsvorschläge zu formulieren und Handlungsempfehlungen zu geben. Dabei ging es auch hier nicht darum, abschließende oder letztgültige Antworten zu finden, angesichts der heutigen Komplexität von Beschaffung wäre dieser Anspruch auch überzogen. Im Vordergrund der einzelnen Beiträge steht deshalb, auf

Aufgabenstellungen und Themen hinzuweisen, die Strukturen, Abläufe und Merkmale eines zeitgemäßen Beschaffungswesens in seinen verschiedenen Bereichen und Zuständigkeiten heute kennzeichnen bzw. die beachtet werden sollten.

Da Beschaffungsvorgänge heute von Einzelnen nicht mehr allein zu bewältigen sind, sondern Beschaffung integraler Bestandteil eines unternehmensweiten, managementbasierten Geschehens sowie Resultat eines strategisch angelegten, zugleich teamgetragenen Prozesses ist, haben wir auch Wert darauf gelegt, die Sicht der Berufsgruppen in diesem Buch zum Ausdruck kommen zu lassen.

Diese Publikation richtet sich folglich an alle Beteiligten und Ebenen, die für ein modernes Beschaffungsmanagement in den Gesundheitseinrichtungen der Krankenversorgung, Pflege und Rehabilitation Verantwortung tragen.

Was ist zu tun, um bei verschiedenen Aspekten, die das Beschaffungsgeschehen bestimmen und denen es gerecht werden muss, dieser Verantwortung optimiert zu entsprechen? Dafür soll dieses Buch mit seinen Beiträgen Anregung für Nachdenkens- und Beachtenswertes liefern sowie Anstoß geben, innovatives Gedankengut in das eigene Beschaffungswesen einzubringen und sich dementsprechend zunutze zu machen.

Köln/München, im August 2018   *Prof. Dr. Rudolf Schmid & Anton J. Schmidt*

Inhaltsverzeichnis

Teil I   Trends

Trends im Gesundheits- und Sozialbereich

Prof. Dr. Rudolf Schmid

Schlagwortübersicht

Abstract: Beschaffungsvorgänge sind für alle Einrichtungen des Gesundheits- und Sozial-wesens konstitutiv und kennzeichnend. Denn Güter müssen für die zu behandelnden, betreuten oder zu pflegenden Personen beschafft werden, um deren Wohlfahrt zu befördern und zu sichern. Damit ist Beschaffungstätigkeit nicht loszulösen von den Entwicklungen und Trends, die das Gesundheits- und Sozialwesen selbst beeinflussen und kennzeichnen. Der Beitrag skizziert kurz einige dieser Trends und benennt heutige sowie künftig wesentliche Einflussfaktoren, die auch ein modernes Beschaffungsmanagement grundsätzlich zu beach-ten hat bzw. dieses kennzeichnen werden.

1 Stetig wachsende Bedeutung des Gesundheits- und Sozialbereichs

1 Der Gesundheits- und Sozialbereich ist ganz wesentlich von der Beschaffung von Gütern gekennzeichnet. Denn in nicht wenigen seiner Organisationen werden Menschen vorübergehend oder auf Dauer aufgenommen, müssen behandelt, gepflegt, betreut, beköstigt, z. T. umfassend versorgt werden. Damit ist diesen Organisationen, den Trägern und ihren Einrichtungen zwangsläufig auferlegt, eine Fülle von Gütern zu beschaffen und vorzuhalten, die die zu behandelnde, betreute, zu pflegende Person sich aufgrund eingeschränkter Souveränität vor-übergehend oder auf Dauer nicht (mehr) selbst beschaffen kann, die jedoch ihr Leben und auch Überleben garantieren und sichern helfen. Schon damit klingt an, dass Beschaffungstätigkeiten nicht loszulösen sind von einem mehrdimensional bestimmten, insbesondere auch ethischen, qualitativen und risikominimierenden Hintergrund.

2 Dieser Beitrag dient dazu, einige der diesen Hintergrund beeinflussenden und moderierenden Trends und Faktoren im Kontext dieser Publikation in gebotener Kürze zu schildern. Eine kurze Begründung, warum hier vom Gesundheits- und Sozialbereich gesprochen wird, ist zu Beginn angezeigt. Denn zunächst hat nicht alles, was zum Sozialen zählt, mit Gesundheit zu tun und umgekehrt. Im land-läufigen Sinn und auch inhaltlich hat z. B. Pflege viele Schnittstellen zu Gesund-heit, sozialrechtlich betrachtet ist jedoch alles, was Pflege für nicht akut kranke, sondern für pflegebedürftige Personen zu tun und zu lassen hat, in einem eigenen Gesetzbuch (Sozialgesetzbuch XI) und klar getrennt von der Krankenversicherung (Sozialgesetzbuch V) geregelt; Analoges gilt mit Blick auf die Rehabilitation, geregelt im Gesetzbuch zur Rentenversicherung (Sozialgesetzbuch VI).

3 Dennoch kommen in allen Regelungsbereichen u. a. Hilfsmittel, Arzneimittel und Medikalprodukte zum Einsatz, beschaffungstechnisch gibt es viele Ähnlichkeiten und folglich sind auch Einkaufsgemeinschaften seit Jahrzehnten für Kranken-häuser, Heime und Rehabilitationskliniken in gleicher Weise tätig – wenngleich der Krankenhausbereich als beschaffungsvolumenstärkster Bereich hier meist dominiert. Deshalb soll vom Gesundheits- und Sozialbereich die Rede sein, um

eben auch z. B. den Pflegesektor – als zur Sozialversorgung zählend – nicht aus dem beschaffungsbezogenen Diskurs auszuschließen.

Im Übrigen eignen sich die Begriffe „Gesundheitseinrichtungen" oder „Gesund- 4
heitsunternehmen" wie auch „Gesundheitswirtschaft" gut, um alle diejenigen Organisationen zu kennzeichnen, die im weiten Sinne für die Gesundheit der Menschen, sei es durch Behandlung oder Pflege oder Rehabilitation oder Betreuung usw., tätig sind – und in denen zu diesen Zwecken täglich Sachgüter beschafft werden müssen.

Diesem Bereich bzw. den so verstandenen Gesundheitseinrichtungen kommt in 5
der Bevölkerung eine stetig wachsende und aktuell sehr hohe Aufmerksamkeit zu. Ist es doch der Bereich, dessen Wirkungen und Auswirkungen die einzelne Person unmittelbar erfassen, im Bedarfsfall bzw. bei nötiger Inanspruchnahme sie bis in den Kern ihres Lebensvollzugs hinein treffen, beeinflussen und verändern können. Die Frage nach gesundheitlicher und sozialer Sicherung erreicht deshalb z. B. in Umfragen in der Bevölkerung hohe, wenn nicht höchste Priorität.

Des Weiteren – und mit dem soeben Ausgeführten in engem Zusammenhang 6
stehend – ist der Gesundheits- und Sozialbereich neben z. B. der Informationstechnologie in der Gegenwart einer der auch volkswirtschaftlich bedeutsamsten Wachstumsbereiche. Allein für den Bereich der Gesundheitswirtschaft i. e. S. wird festgehalten:

„Die Bruttowertschöpfung der deutschen Gesundheitswirtschaft betrug im Jahr 2016 rund 12 Prozent des Bruttoinlandsprodukts. Dies entspricht in etwa jedem achten Euro. Gleichzeitig ist sie Arbeitgeber für 7 Mio. Menschen in Deutschland. Darüber hinaus sind ihr rund 8,2 Prozent der gesamtdeutschen Exporte zuzuschreiben – und das obwohl die Branche einen Großteil ihrer Wertschöpfung durch die Erbringung von Dienstleistungen am Patienten erzielt. Die zentralen ökonomischen Kennzahlen der Gesundheitswirtschaft weisen im Vergleich zur Gesamtwirtschaft überdurchschnittliche Wachstumsraten auf".[1]

Für diese Entwicklung sind diverse Faktoren und Trends verantwortlich: 7

Seit über 150 Jahren ist eine säkulare Umschichtung in den Aufgabenstellungen 8
und Produktionsweisen unserer Gesellschaft zu konstatieren, abzulesen an dem zunächst allmählichen, dann seit den letzten 50 Jahren beschleunigten Rückgang von Landwirtschaft, Industrie und Gewerbe (bedingt vor allem durch Automatisierung und IT) bei gleichzeitiger Erweiterung des gesamten Dienstleistungsbereichs. Diese Verlagerung in der Beschäftigtenstruktur ist einerseits u. a. durch Fortschritte in den Produktionsweisen begründet, andererseits u. a. durch die Verankerung demokratisch-sozialstaatlicher Prinzipien und bürgerlicher Rechte in Verfassung und Gesellschaft, die sich wiederum und insbesondere in staatli-

---

1   Bundeswirtschaftsministerium für Wirtschaft und Energie (Hrsg.): Gesundheitswirtschaft – Fakten & Zahlen Ausgabe 2016. 2017, S. 2.

cherseits zu garantierenden Sozial- und Gesundheitsleistungen manifestieren. Die Nachfrage nach diesen (Dienst-)Leistungen wächst bis in die Gegenwart und wird voraussichtlich weiter wachsen, vor allem befördert durch die demografische Entwicklung, durch den medizinischen Fortschritt, aber auch durch den Bestand und die Ausweitung von Anspruchsgrundlagen für die Bürgerinnen und Bürger dieses Staates, um deren individuelle Wohlfahrt, deren Gesundheit und das Gemeinwohl möglichst breit (ab) zu sichern.

9   Unsere Gesellschaft ist (bisher) in der Lage – aufgrund und trotz diverser Schwankungen dennoch langfristig gegebener wirtschaftlicher Prosperität sowie zugleich idealer Bereitschaft – zugunsten von Gesundheits- und Sozialleistungen stetig erhebliche Mittel aufzuwenden; seit Jahren liegt das hierfür eingesetzte Sozialbudget bei ca. einem Drittel des gesamten Bruttosozialprodukts. Sozial- und Gesundheitspolitik sind in Deutschland davon geprägt, dieses Niveau mindestens halten zu wollen, selbst wenn Krisenzeiten immer wieder als „Einschnitte" empfundene Maßnahmen notwendig machen.

2   Zahlen und Fakten

10   Folgende Trends belegen die dynamische Veränderung im Gesundheits- und Sozialwesen:

11   Standen in den Jahren nach 1945 vor allem Ernährung, Wohnen und Arbeit für die Bevölkerung im Vordergrund, so bestimmen mit und infolge wachsender wirtschaftlicher Prosperität ab ca. 1965/1970 Themen der sozialen Wohlfahrt und Gesundheit die Gesellschaftspolitik. In der Folge weitet sich zu diesen Zwecken die Zahl der Angebote und entsprechender Institutionen stetig aus.

12   Die zweite Hälfte des 20. Jahrhunderts geht außerdem einher mit einer tiefgreifenden Umschichtung im Bevölkerungsaufbau: Zum einen verlängert sich die Lebenserwartung – allein von 1950 bis 2000 steigt sie bei Frauen von 68,5 auf 80,8 Jahre, bei Männern von 64,6 auf 74,8 Jahre[2] (und bis zum Jahr 2015 weiter auf 83,4 bzw. 78,8 Jahre); zum andern verändert sich die Altersstruktur durch abnehmende Geburtenzahlen und steigendes Lebensalter: Im Alter bis unter 18 Jahren leben im Jahr 1960 25,4 % der Bevölkerung, bei 60 und mehr Jahren sind es 17,4 %; für das Jahr 2014 liegen diese Anteile bei 16,2 % bzw. 27,3 %,[3] d. h. der Anteil der jüngeren Bevölkerung nimmt folglich ab, derjenige der älteren nimmt zu, das gilt für die Gegenwart und gemäß Bevölkerungsprognose auch für die Zukunft.

13   Nun steht zwar Alter mit sozialen Beeinträchtigungen und Erkrankungen nicht in jedem Einzelfall im kausalen Zusammenhang, aber statistisch betrachtet korreliert

---

2   Statista: Entwicklung der Lebenserwartung bei Geburt in Deutschland nach Geschlecht in den Jahren 1950 bis 2060 (in Jahren). Online: https://de.statista.com/statistik/daten/studie [abgerufen am 11.8.2018].
3   Statistisches Bundesamt: Statistisches Jahrbuch 2016. 2016, S. 31.

höheres Alter mit gesundheitlicher und sozialer Vulnerabilität. Dies zieht in den letzten Jahrzehnten und bis in die Gegenwart eine entsprechende Ausweitung der Nachfrage und der Angebote nach sich. Z. B. steigen die Fallzahlen in den Kliniken von 1991 bis 2016 von 14,6 Mio. auf 19,5 Mio.[4] Die Zahl der pflegebedürftigen Personen steigt allein seit Einführung der Pflegestatistik (1999) von 2,02 Mio. (1999) auf 2,86 Mio. (2015), im gleichen Zeitraum nimmt die Zahl der Pflegeheime von 8.859 auf 13.696 zu, die der ambulanten Pflegedienste von 10.820 auf 13.322.[5]

Auf hohem Niveau bewegt sich in Deutschland auch der gesamte Rehabilitations- und Vorsorgebereich, hierfür sind zu Beginn des Jahres 2016 insgesamt 1.152 stationäre Einrichtungen ausgewiesen (bei 1.956 Akut-Krankenhäusern).[6]   14

Parallel zum somatischen Bereich weist auch die Sicherung der psychischen Gesundheit durch entsprechende Angebote hohe Wachstumsraten auf: Die Zahl der Fachkrankenhäuser für Psychiatrie, Psychotherapie und Neurologie wächst im Zeitraum von 1994 bis 2015 von 248 auf 337; die Zahl der Behandlungsfälle dort im gleichen Zeitraum von 302.907 auf 625.801.[7]   15

3 Zentrale Themen und Trends heute: Qualitätssicherung, Risikominimierung, Marketing, Digitalisierung

Die nur ausschnittweise skizzierte quantitative Zunahme der Angebote und Nachfrage – bedingt vor allem durch die demografische Entwicklung, durch medizinischen Fortschritt, durch Akzentsetzungen auf psychische Gesundheit, auch durch Änderung im Morbiditätsspektrum und Krankheitsverhalten – stellt jedoch nur einen Aspekt neben anderen dar. Was im Gesundheits- und Sozialbereich zu bieten und zu leisten ist, war in den letzten Jahrzehnten und ist bis heute stetig wachsenden An- und Herausforderungen ausgesetzt, die zu erfüllen sind bzw. denen Rechnung zu tragen ist. Insbesondere sind hier folgende Themen und Trends zu nennen: 16

Die gesamte Entwicklung wird durchzogen von einer **wachsenden Bedeutung der Qualität der Leistungsangebote**, die herzustellen und vor allem nachzuweisen ist – durch konzeptgesteuertes Qualitätsmanagement, durch Qualitätssicherung und Dokumentation. Im Übrigen und keineswegs nur randständig ist, dass aufgrund der wachsenden Zahl der Angebote schon allein der steigende Wettbewerb dazu veranlasst, sich dort durch qualifizierte Leistung bzw. Qualitätsausweis nach innen und nach außen behaupten zu müssen.   17

---

4 Statistisches Bundesamt: Gesundheit: Grunddaten der Krankenhäuser. Fachserie 12, Reihe 6.1.1. 2016, S. 11.
5 Vgl. Statistisches Bundesamt: Pflegestatistik 2015. 2017 sowie Pflegestatistiken der Vorjahre.
6 Deutsche Krankenhausgesellschaft (Hrsg.): Zahlen Daten Fakten 2017. 2017, S. 12.
7 Deutsche Krankenhausgesellschaft (Hrsg.): Zahlen Daten Fakten 2017. 2017, S. 15 und 18.

18 Grundsätzliche Ausweitung erfahren diese Trends auch durch den insbesondere seitens der EU geförderten **Verbraucherschutz**, dieser zieht wiederum eine Ausweitung der **Patienten- und Klientenrechte** nach sich und hat u. a. zur Konsequenz, dass **Patienten- und Klientensicherheit** sowie (folglich) **Risikominimierung** als stetige Aufgaben für die Gesundheitseinrichtungen auf die Agenda gesetzt werden müssen. Die Einhaltung von verhaltensbezogenen und technischen Vorschriften, von Hygiene- und Sicherheitsstandards usw. wird dabei selbst zum Gegenstand der Überprüfung und Kontrolle im Rahmen eines Systems der Regelbeachtung und -einhaltung, d. h. **„Compliance"** wird zum Gebot der Stunde. Und Regeln des „Corporate Governance", in dem ethisch-normative, wirtschaftsethische und organisationssteuernde Überlegungen ebenso ihren Niederschlag finden wie risikominimierende, überwachende und aufsichtsorientierte Impulse, erreichen – selbst wenn der „Deutsche Corporate Governance Kodex"[8] nach wie vor nur für börsennotierte Unternehmen verpflichtend ist – zunehmend, der Sache nach und zu Recht auch Bedeutung bei der Leitung und Gestaltung von Unternehmen des Gesundheits- und Sozialwesens.

19 Der **Gesetz- und Verordnungsgeber** seinerseits hat durch eine Fülle von Vorgaben in den letzten Jahrzehnten die Art und Weise der Aufgabenbereitstellung und -erfüllung, das Handeln und Wirtschaften der Träger und in den Einrichtungen enorm beeinflusst und verändert – mit Blick auf prospektiv zu planendes, effektives, effizientes, qualitätsgesichertes Geschehen. Um gesellschaftspolitische Ziele zu erreichen, Leistungsziele wie Qualität zu setzen, aber auch um die Gewähr der Leistung bzw. der sozialrechtlich verankerten Angebote unter wirtschaftlichen Gesichtspunkten abzusichern, ist gesetzgeberische Rahmensetzung unbestritten erforderlich. Denn die finanzbezogene Balance zwischen Einnahmen und Ausgaben in den jeweiligen Leistungsbereichen zu erhalten, muss Kernziel gesetzgeberischer Initiative sein, wenngleich teilweise mit nicht immer begrüßten („Spar"-)Maßnahmen, Kappungen und regulierenden Eingriffen in die jeweiligen Versorgungsgegebenheiten. Ausschnittsweise sei nur auf folgende gesetzgeberische Entscheidungen und ihre Konsequenzen verwiesen:

- Gesundheitsstrukturgesetz 1992: Abkehr vom Selbstkostendeckungsprinzip im Krankenhausbereich. Erforderlich werden prospektive Planung und Budgetierung.
- Sozialgesetzbuch XI, 1995: Verankerung der Pflegeversicherung. Reorganisation der Finanzierung der ambulanten und stationären Pflege.
- Gesundheitsreformgesetz 2000: Einführung eines pauschalierenden Entgeltsystems im Krankenhausbereich ab 2003/2004. Prinzipielle Umstellung der Finanzierung der Behandlungskosten mit der Folge tiefgreifender Änderungen der internen Prozesse.

---

8 Siehe Regierungskommission Deutscher Corporate Governance Kodex. Online: https://dcgk. de/de [abgerufen am 13.5.2018].

- Die insbesondere ab 2000 stetigen Reformen im Bereich der Sozialgesetzbücher IX (Rehabilitation und Teilhabe behinderter Menschen) und XII (Sozialbzw. Eingliederungshilfe) verlangen von allen Trägern eine Umstellung des Leistungsangebots von der sog. einrichtungszentrierten auf die personenzentrierte Handlungsweise mit Wahrung und Förderung der Selbständigkeit auf Basis individueller Hilfeplanung, persönlichem Budget etc. In Folge der Ratifizierung der UN-Behindertenrechtskonvention durch den Bund 2009 gewinnt teilhabeorientiertes („Inklusion") Planen und Handeln der Einrichtungen und ihrer Träger (Kommunen, Wohlfahrtsverbände) erheblich an Bedeutung, aktuell durch das Bundesteilhabegesetz.
- GKV-Modernisierungsgesetz 2004: Verpflichtung zu Qualitätsberichten der Krankenhäuser; Krankenhausstrukturgesetz 2016 verknüpft Finanzierung und Qualität. Der Stellenwert von Qualitätsmanagement und Qualitätssicherung wächst.
- Das Patientenrechtegesetz 2013 stärkt die Rechte der Patientinnen/Patienten, verlagert Risiko und Haftung stärker auf die Leistungserbringer.
- Das Pflegestärkungsgesetz II (2017) reformiert den Pflegebedürftigkeitsbegriff; Einführung von fünf Pflegegraden mit erforderlicher Anpassung im ambulanten und stationären Bereich.
- Das Bundesteilhabgesetz (2017) reformiert grundsätzlich – auf Basis der UN-Behindertenrechtskonvention – die Teilhabe der Menschen mit Behinderung am gesamtgesellschaftlichen Leben.

Des Weiteren ist von besonderer Bedeutung für die Träger, Einrichtungen und ihre Aufgabenstellungen heute (und dieser Trend wird sich in der Zukunft noch deutlich verstärken), dass **der/die „informierte" Patient/in oder Klient/in** heute selbst und zunehmend über das Internet nach den Angeboten sucht, die beste Leistung bei hoher Qualität sowie bei Prozess- und Ergebnissicherheit versprechen oder faktisch auch nachweisen können. Kein Anbieter kann es sich heute mehr leisten, über seine Homepage nicht über Leistung, Qualität und ggf. Ergebnisse Auskunft zu geben, Bestandteile und Anforderungen des **„Marketing"** haben die Gesundheitswirtschaft in vollem Umfang erreicht, mit zu untersuchenden Fragestellungen: Wo und wie steht man im Wettbewerb, welche Leistung wird von wem nachgefragt, wie ist die Stellung im Netz, wie die Beziehung zu Kooperationspartnern und Patienten/Klienten u. a. m.? Die „nachfragende" patienten- und klientenbezogene Seite „qualifiziert" sich ihrerseits durch in dynamischer Weise wachsende Zahlen von Gesundheits-Apps, Gesundheitsportalen und verbraucherbezogenen Vergleichen von Gesundheitsanbietern im Internet oder in Publikationen. 20

Verantwortlich hierfür ist einerseits ein säkularer Wandel im Patienten- und Klientenverhalten, von dem eher passiv hinnehmenden Betroffenen zum aktiv (aus-)suchenden „Nutzer", der Angebot und Leistung vorab prüft, andererseits und ganz wesentlich die Folge der **Ausweitung der Informationstechnologie und der Digitalisierung**. Die Informationstechnologie bietet heute über nahezu flä- 21 chendeckend in privater Hand befindliche technische Devices wie Laptop, Smartphones etc. die Möglichkeit, eine Fülle von Angeboten in kurzer Zeit nach jeweiligen Kriterien zu durchsuchen, entsprechende Informationen werden ebenso in hoher Zahl zur Verfügung gestellt.

22 Die Digitalisierung beschleunigt aber nicht nur diese Entwicklungen auf Nutzerseite, sondern stellt zugleich als Produktions- und Prozessaspekt heute eine der großen Herausforderungen, aber auch Chancen für die Anbieterseite dar.[9] Erweiterte Kommunikationsmöglichkeiten nach innen und nach außen stellen nur eine Folge der Digitalisierung dar. Entscheidend ist, dass Digitalisierung die „Folie" darstellt, auf deren Hintergrund und Möglichkeiten die Aufgaben, Prozesse und vor allem Produktions- und Prozessverknüpfungen zwingend betrachtet werden müssen – und zwar zugunsten der Leistungs- und Qualitätssicherung, Risikovermeidungs- und damit Zukunftssicherung der Angebote und Einrichtungen.

„Unabhängig davon, in welches Segment oder in welche Dimension der Digitalisierung zwecks Prozessveränderung man eintreten will, sollte man zunächst eine lokale IT-Basis-Architektur aufbauen, die optional für unterschiedliche Prozessstrukturen und deren Ausbaustufen geeignet ist. Hier spielen insbesondere die Offenheit der Kommunikation und die Intelligenz der Archive (Daten-Integrations-Zentren für alle Daten des Hauses) eine überragende Rolle [...]. Auch die digitale Erreichbarkeit des Patienten in seiner häuslichen Umgebung ist Bestandteil möglicher neuer Versorgungsmodelle. Der informierte Patient geht dorthin, wo seine größte Gesundungswahrscheinlichkeit zu finden ist."[10]

23 Auf die damit in Rede stehenden Hard- und Softwarekosten sei nur hingewiesen – wenngleich die Bemerkung angefügt sei, dass der Gesetzgeber und damit die für Budget- und Pflegesatzverhandlungen gegebenen Rahmensetzungen dieser Entwicklung und den damit in Verbindung stehenden Investitionen und Kosten bisher erheblich zu wenig Aufmerksamkeit haben zuteilwerden lassen; hierin liegen deutliche Risiken für die Zukunft.

4 Konsequenzen für Träger, Einrichtungen und Beschaffung

24 Die Anforderungen an Leitung und Führung, an Management und Organisation haben durch die skizzierten Trends und Maßnahmen im Lauf der Jahrzehnte erheblich zugenommen. Die Notwendigkeit, sich auf Träger- und Einrichtungsebene entsprechend aufzustellen, ergab sich z. B. insbesondere durch die Abschaffung des Selbstkostendeckungsprinzips, sukzessive in allen wesentlichen Leis-

---

9 Einen in Kürze guten Überblick dazu gibt z. B. die Aprilausgabe der Zeitschrift „Klinik Management aktuell" (23. Jahrgang, 4/2018).

10 Marquardt: Welche Geschäftsmodelle müssen Krankenhäuser in Zeiten des Digitalen Wandels entwickeln? In: Klinik Management aktuell 4/2018, S. 47.

tungsbereichen (klinisch-stationäre Versorgung, Pflege, Eingliederungshilfe usw.) ab den 1990er-Jahren, und durch die Einführung der prospektiven Budgetierung. In Verbindung mit der Veränderung von Finanzierungsregelungen (z. B. im Klinikbereich durch die Einführung fallbezogener pauschalierter Entgelte – das sog. DRG-System – statt tagesgleicher Pflegesätze, im Bereich der Pflege durch die Trennung von Pflegekosten und Investitionskosten) nehmen zusätzlich die Herausforderungen für Planung und Strategie der Gesundheits- und Sozialunternehmen sowie ihrer Träger zu.

Die aufgezeigten Entwicklungstatbestände wurden bzw. werden wiederum vom Gesetzgeber seinerseits (mit-)geformt, gefördert und vorangetrieben. Verschiedentlich wird nicht nur in diesem Kontext Kritik laut, die vor einer vollständigen „Ökonomisierung" des Gesundheits- und Sozialwesens warnt und human-ethische Werte zu gering gewichtet sieht. Es sei keinesfalls in Abrede gestellt, dass so manche Entwicklung und Beobachtung diese Kritik nähren. Es muss folglich auch in Zukunft darum gehen, wohlverstandene „Ökonomie" dem eigentlichen Wortsinne nach zu betreiben: Nämlich in der Umwelt, in der wir leben (oikos) einen wert- und normgesetzten (nomos) Umgang mit den uns zu Verfügung stehenden Ressourcen zu betreiben. Dies umschließt einen bewahrenden, sorgenden Umgang sowohl mit Patienten und Klienten wie mit den Mitteln, die wir einsetzen und verwenden.

Von diesen Entwicklungen, Trends und Herausforderungen ist nun gerade die Beschaffung in Gesundheitseinrichtungen nicht ausgenommen, im Gegenteil: Die Art und Weise, wie die Beschaffung von Gütern erfolgt ist, wird zunehmend zum Kernmerkmal einer Einrichtung und ihres Trägers. Eine Haltung: „Ich kaufe möglichst billig ein, was verlangt wird" gehört nicht nur der Vergangenheit an, sie kann als unbedarft zur Wirkung kommende in ihren Folgen den Patienten/ Klienten einer Einrichtung und dieser selbst auch erheblichen Schaden zufügen. Preis, Qualität, Risikominimierung, Anwendungssicherheit, Warenlogistik, Nachhaltigkeit sind aus o. g. Gründen heute absolut gleichermaßen in Betracht zu ziehende Kriterien gerade auch für die Beschaffung geworden.

Beschaffung wird damit Teil des Gesamtunternehmens. Was sie leistet und zu leisten hat, ist untrennbarer Teil der dortigen Gesamtprozesse. Qualifikation, Rolle, Ablauf, Einordnung und Stellung der Beschaffung in den Gesundheitseinrichtungen sind somit unter verschiedenen Aspekten jetzt und künftig intensiv zu diskutieren – auf Trägerseite wie auf Aufsichtsebene ebenso wie auf der operativ tätigen Leitungs- und Führungsebene.

Gerade auch mit dem Begriff des „Trägers" verbindet sich das Vertrauen, dass er seine Leistungen langfristig zum gemeinsamen und gesellschaftlichen Nutzen erbringen kann und will – unter Maßgaben von Qualität, Bedarfsgerechtigkeit, wirtschaftlicher Umgang mit Ressourcen etc. Daher werden von einem Träger ebenfalls Gewährleistung und Sicherstellung der Angebote und Leistungen erwartet; z. T. ist dies in entsprechenden gesetzlichen Festlegungen auch so verlangt

25

26

27

28

bzw. ein entscheidendes Merkmal eines Trägers realisiert sich gerade darin, dass er bereit und in der Lage ist, bestimmte Angebote und Leistungen verlässlich, nachhaltig und zeitlich überdauernd vorzuhalten bzw. eben zu „tragen".

29   Die damit gegebene und eingegangene (Selbst-)Verpflichtung verlangt jedoch vom Träger, auch seinerseits sicherzustellen und stetig zu prüfen, ob durch die Vorhaltungen, Einrichtungen, Handlungen usw. in seinem Verantwortungsbereich einerseits die Zielsetzungen und Werte verfolgt werden, andererseits das zu Leistende auch in seiner Existenz möglichst langfristig gesichert werden kann. Die Frage nach der Leistungsfähigkeit, Qualität, Güte, Organisation und ökologischen Nachhaltigkeit des Beschaffungswesens ist folglich nicht nur Aufgabe allein des Managements, sondern gehört so gesehen konstitutiv und unverzichtbar heute auch zum Aufgabenspektrum bzw. mindestens zur Supervisionsleistung eines Trägers und seiner Aufsichtsgremien.

Literatur

Bundeswirtschaftsministerium für Wirtschaft und Energie (Hrsg.): Gesundheitswirtschaft – Fakten & Zahlen Ausgabe 2016. Berlin 2017.
Deutsche Krankenhausgesellschaft (Hrsg.): Zahlen Daten Fakten 2017. Düsseldorf 2017.
Marquardt, K.: Welche Geschäftsmodell müssen Krankenhäuser in Zeiten des Digitalen Wandels entwickeln? In: Klinik Management aktuell 4/2018, S. 46–47.
Statistisches Bundesamt: Pflegestatistik 2015. Wiesbaden 2017.
Statistisches Bundesamt: Gesundheit – Grunddaten der Krankenhäuser. Fachserie 12, Reihe 6.1.1. Wiesbaden 2016.

Vom Einkauf zur Beschaffung

Ganzheitliche Behandlungskostenbetrachtung unter ausgewogener Berücksichtigung von Qualität, Patientensicherheit und Wirtschaftlichkeit

Anton J. Schmidt

Schlagwortübersicht

Abstract: Die Gesundheitsversorgung wird von mehreren Megatrends beeinflusst. Steigender Nachfrage durch den medizin- und medizintechnologischen Fortschritt, durch den demografischen Effekt und durch die zunehmende Erwartungshaltung der Patienten (Versicherten) stehen limitierte finanzielle Ressourcen gegenüber. Erschwerend kommen die aktuellen Herausforderungen Fachkräftemangel und Digitalisierungsnotwendigkeiten hinzu. Es ist deshalb zwingend geboten, Lösungen zu generieren, die ethischen und ökonomischen Ansprüchen gerecht werden und auch sicherstellen, dass Patienten in Deutschland weiter auf bestmöglichem Versorgungsniveau behandelt werden können.

Rund 38 % der Krankenhauskosten werden für die Beschaffung von Sachmitteln aufgewendet, im Jahr 2016 waren dies 36,2 Mrd. EUR. Es ist eine berufsgruppenübergreifende Aufgabe in Gesundheitseinrichtungen, in gemeinsamer Abstimmung Versorgungsniveaus und indikationsgerechte Produktqualitäten zu definieren, Verbräuche zu kontrollieren und Beschaffungsprozesse intelligent zu organisieren. Ferner sind Produktivitätsreserven sichtbar zu machen, immer mit dem Anspruch Qualität, Patientensicherheit und Wirtschaftlichkeit in ausgewogener Form zu berücksichtigen.

1 Megatrends in der Gesundheitswirtschaft

1 Die durchschnittliche Wachstumsrate der Gesundheitswirtschaft mit 3,8 % in den Jahren 2006–2017 ist höher als vergleichbar große Wirtschaftszweige. Selbst der Dienstleistungssektor kann mit seinen 2,6 % Wachstum hier nicht mithalten.

Diese Entwicklung schreitet weiter voran: Das Bundesministerium für Wirtschaft (BMWi) teilt mit, dass die Bruttowertschöpfung um 13,4 Mrd. EUR gegenüber dem Jahr 2015 gestiegen ist. Jeder achte Euro wird für Gesundheit ausgegeben.

Seit 2006 hat die Gesundheitswirtschaft insgesamt mehr als 1,4 Millionen Arbeitsplätze geschaffen und beschäftigt mit einem Anteil von rund 16,6 % am Arbeitsmarkt der Gesamtwirtschaft fast so viele Erwerbstätige wie das verarbeitende Gewerbe. Nicht zu Unrecht wird die Branche deshalb häufig als Jobmotor bezeichnet.

Der Ökonom und Zukunftsforscher Leo A. Nefiodow hat bereits vor mehr als einem Jahrzehnt die Hypothese beschrieben, dass die Gesundheitswirtschaft im 21. Jahrhundert eine ökonomische Leitfunktion und damit die Stellung als Wachstumsmotor einnehmen wird (Kondratjew-Zyklen).

Trotzdem ist dieser Wirtschaftszweig vielfach in der Kritik und das Wachstum erzeugt nicht nur Beifall.

2 Woran liegt dies?

Den kontinuierlich weiter steigenden Gesundheitsausgaben liegen vielfältige Ursachen zugrunde. Eine im internationalen Vergleich überdurchschnittliche Krankenhaus- und Ärztedichte, vorhandene Doppelstrukturen in zwei Sektoren, Kommunikationsdefizite durch fehlende Digitalisierung, zunehmender Wettbewerb der Leistungserbringer, Fehlanreize im Vergütungssystem und auch der medizintechnische Fortschritt zählen zu den angebotsseitigen Einflussfaktoren.

3 Nachfragerseitig sind Krankenstand und die Arten der Erkrankungen innerhalb der Bevölkerung, das wenig vorhandene Kostenbewusstsein (für GKV-Versicherte nicht

transparent), das gestiegene Informations- und Anspruchsniveau der Menschen – jede diagnostizierte Erkrankung muss auch therapierbar sein – und nicht zuletzt auch die demografische Entwicklung als wesentliche Aspekte zu nennen.

Eine bundesweite Krankenhausbedarfsplanung scheitert am Föderalismus, der Leistungskatalog der gesetzlichen Krankenversicherung wird nicht mehr diskutiert, die Honorierung von stationärer Leistung soll zukünftig qualitätsorientiert erfolgen. Laut Beratungsexperten[1] tragen die angebotsinduzierte Nachfrage zu rekordverdächtigen Operationszahlen und Multimedikation bei, bedingt durch die sektorale Trennung und mangelhafte Koordination.

Generell gelten der medizinisch-technische Fortschritt und die demografische Entwicklung (die Auswirkungen verstärken sich hier in den nächsten Jahren) als die beiden wesentlichen Treiber, die den Schereneffekt zwischen Einnahmen und Ausgaben am meisten beeinflussen. Warum? Das medizinische Wissen verdoppelt sich in weniger als fünf Jahren. Der medizinisch-technische Fortschritt eröffnet neue Möglichkeiten, neue diagnostische Verfahren ziehen oftmals innovative Therapieverfahren nach sich. So haben minimalinvasive Operationsmethoden (bspw. kathetergestützte Implantation von Herzklappen) dazu geführt, dass auch ältere Menschen von einem solchen Eingriff profitieren können und viele Jahre Lebensqualität gewinnen. 4

Indikationsstellungen konnten erweitert werden, die Zahl der operativen Eingriffe hat erheblich zugenommen. Trotz der Herausforderung, die in der beschriebenen Entwicklung liegt, ist dieser Behandlungsfortschritt natürlich zu begrüßen, denn die Gesundheitsversorgung hat sich dadurch weiter verbessert und der volkswirtschaftliche Nutzen solcher moderner, patientenschonender Therapien führt zu mehr Wachstum in unserer Gesellschaft. Nicht zu vergessen ist dabei, dass sie für viele Patienten auch weniger Schmerzen und schnellere Rekonvaleszenz bedeuten.

Die Innovationskraft der medizinisch-technischen Industrie ist enorm. Seit Jahren führen solche Unternehmen, auch aus Deutschland, das Ranking der Patentanmeldungen beim Europäischen Patentamt, vor anderen innovativen Branchen, wie Informationstechnologie, Elektronik etc., an. Der Bundesverband Medizintechnologie e. V. (BVMed) nennt in seinem Jahresbericht 2017/18 ein Umsatzwachstum in Deutschland von 2,8 % und beklagt gleichzeitig die fehlende Dynamik der Erstattungs- und Bewertungssysteme. Hier gilt es, die Entwicklung genau zu beobachten, um letztlich zu verhindern, dass innovative Produkte und Verfahren am Patienten in Deutschland vorbeigehen. 5

Wir dürfen also auch in Zukunft mit Leistungsausweitungen rechnen, so lautet das Fazit zu der dargestellten Situation. Leider steht dem – in steigendem Ausmaß – ein Mangel an Personalressourcen gegenüber. Sowohl in der stationären Versorgung als auch im Hausarztbereich fehlen Mediziner, noch dramatischer stellt sich die Situation bei Pflegekräften dar.

---

1 Niestroj/Matusiewicz: Die Megawelle Gesundheit – über den Wachstumsmotor des 21. Jahrhunderts. In: Health & Care Management 9/2017, S. 56–57.

Nur mit einer deutlichen Steigerung der Attraktivität für die Profession Pflege können die Anforderungen der Zukunft bewältigt werden.

6 Vorgenannte Ausführungen machen deutlich, dass alle Akteure innerhalb der Gesundheitswirtschaft gut beraten sind, die endlichen finanziellen Ressourcen angemessen und am Patienten orientiert einzusetzen.
Ausgewogene Betrachtung von Qualität, Patientensicherheit und Wirtschaftlichkeit sollte dafür die Grundlage sein.

2 Herausforderungen und Chancen für Gesundheitseinrichtungen

7 Am Beispiel der stationären Versorgung lassen sich Chancen und Herausforderungen transparent machen. Die Krankenhäuser sehen sich seit Jahren einem Mehr an Wettbewerb gegenüber, sie konkurrieren in mehreren Teilmärkten der Gesundheitswirtschaft (s. Abb. 1).

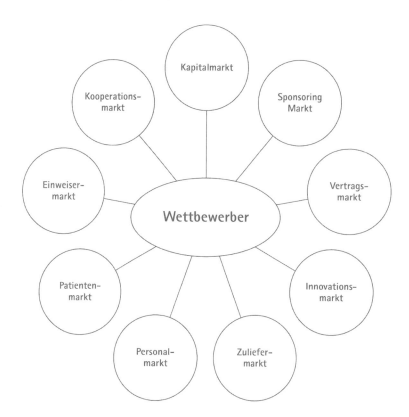

Abb. 1: Wettbewerb in Teilmärkten
Quelle: Prof. v. Eiff, CKM Münster.

Ihre Zukunftsfähigkeit hängt entscheidend an den Erfolgsfaktoren „bestmögliche Qualität bei der Leistungserbringung" und „wirtschaftliche Rahmenbedingungen". Eine stringente Kosten-/Erlöskontrolle ist zwingend notwendig. Das Leistungsspektrum ist den regionalen Gegebenheiten, dem eigenen Leistungsvermögen und nicht zuletzt den gesetzlichen Vorgaben anzupassen (Mindestmengen). Die Gesamtkosten (Personal- und Sachkosten) steigen weiter. Professionelles Personalmanagement (Personalentwicklung vs. Personalverwaltung, Employer Branding etc.) ist ein wesentlicher kritischer Erfolgsfaktor. Der Wille zur Innovation und die Investitionskraft sichern neben intelligentem Management die Zukunft.

8

Es gilt, Standards in medizinischen und administrativen Bereichen einzuführen, ohne die Individualität der Patienten in Gänze außer Acht zu lassen. Vorhandene Kostensenkungspotentiale, z. B. beim Personaleinsatz oder der Beschaffung, sind ganzheitlich darzustellen und zwingend zu realisieren. Effektivität und Effizienz der medizinischen Kernprozesse sind bspw. durch die Einführung von intelligenten klinischen Behandlungspfaden zu verbessern.

Sekundäre und tertiäre Leistungsbereiche, die keinen oder nur geringe Wertbeiträge am Patienten liefern, sollten hinterfragt und ggfs. mit einem externen System- oder besser Prozesspartner, erbracht werden.

Eine große Chance liegt in der verbesserten Zusammenarbeit der Berufsgruppen Medizin, Pflege und Administration im Krankenhaus. Wünschenswert wäre es, dass die heute noch oftmals vorhandene abteilungsbezogene, häufig voneinander unabhängige Leistungserbringer-Struktur von einer integrierten, voneinander abhängigen und koordinierten Organisationsstruktur ersetzt wird. Dies würde bedeuten, die prozessuale Betrachtung löst die funktionale Betrachtung ab, die Leistung orientiert sich am Patienten.

9

3   Kostendarstellung im Krankenhaus

10   Im Jahr 2016 teilen sich die Krankenhauskosten in 62 % Personalkosten und 38 % Sachkosten auf (s. Abb. 2).

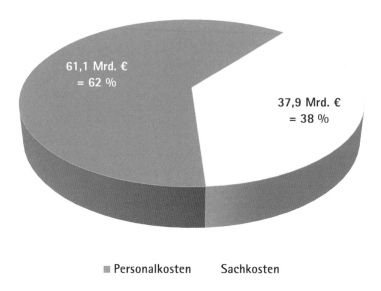

Abb. 2: Krankenhauskosten 2016

Quelle: Eigene Darstellung in Anlehnung an Kostennachweis der Krankenhäuser 11/2017.

Diese Darstellung beinhaltet eine gewisse Unschärfe, da ausgelagerte Dienstleis-   11
tungsbereiche oft im Sachkostenbereich zu finden sind, aber natürlich einen
Personalkostenanteil enthalten.

Die Personalkosten unterteilen sich in sechs Bereiche (Ärztlicher Dienst, medizintechnischer Funktionsdienst, Verwaltungsdienst, Pflegedienst, Wirtschafts- und
Versorgungsdienst, Sonstige), (s. Abb. 3).

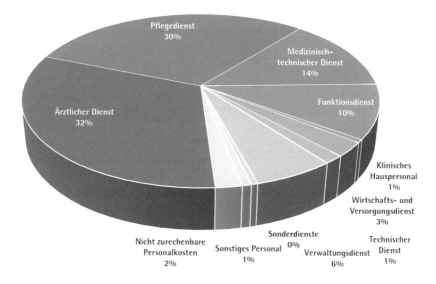

Abb. 3: Personalkosten

Quelle: Eigene Darstellung in Anlehnung an Kostennachweis der Krankenhäuser 11/2017.

Eine Veränderung der Anteile der Personalkosten und der Sachkosten zeigt sich   12
nur marginal (s. Abb. 4).

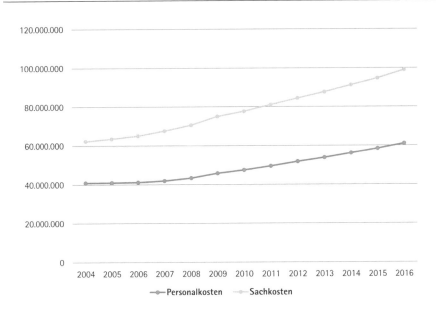

Abb. 4: Entwicklung Personal- und Sachkosten 2004–2006

Quelle: Eigene Darstellung in Anlehnung an Kostennachweis der Krankenhäuser 11/2017.

13 Die Sachkosten im Krankenhaus zeichnen sich besonders durch ihre Heterogenität aus (s. Abb. 5).

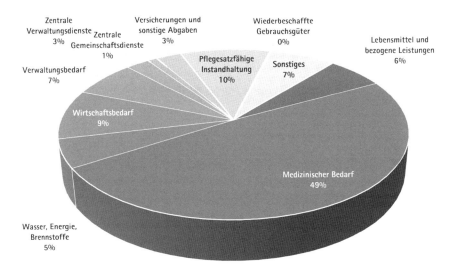

Abb. 5: Sachkosten

Quelle: Eigene Darstellung in Anlehnung an Kostennachweis der Krankenhäuser 11/2017.

Knapp die Hälfte dieser Kosten wird vom medizinischen Sachbedarf verursacht 14 und befindet sich besonders im Fokus der Einkaufsverantwortlichen im Krankenhaus.

Seit Mitte/Ende der 1980er Jahre, also seit rund 30 Jahren, agieren verschiedenste 15 Institutionen mit dem Ziel, Volumina zu bündeln und dadurch Preisreduktion zu realisieren. Hier wurden signifikante Erfolge für die Nachfragerseite erzielt, sodass bspw. die MedTech-Industrie das deutsche Preisniveau im europäischen Vergleich auf der untersten Ebene ansiedelt. Erfreulicherweise haben sich in den letzten Jahren zunehmend auch Strategien etabliert, die nicht nur den Preis, sondern auch den Wert eines Produktes berücksichtigen. Um diesen Anforderungen gerecht zu werden, bedarf es einer neuen Expertise bei den Einkaufsverantwortlichen.

4 Kompetenzerweiterung bei der Beschaffung

Noch immer finden wir den Krankenhauseinkauf eher in einer untergeordneten 16 Rolle. Vielfach ist er nicht in die strategische Entscheidungsebene integriert. Strategischer und operativer Einkauf sind nicht getrennt, schnelle und ergebniswirksame Preissenkungen sind im Fokus. Ob diese Preissenkung die Kosten des Behandlungsprozesses oder die Kosten einer Warengruppe tatsächlich positiv beeinflussen, wird meist nicht evaluiert.

Von Industrieunternehmen ist die organisatorische Einbindung des Einkaufs auf höchster Ebene (Vorstand oder vorstandsnah) bekannt, denn dessen Tätigkeit wird als sehr wesentlicher Teil der gesamten Wertschöpfungskette wahrgenommen.

Die bereits erwähnte Komplexität bei der Beschaffung von Sachmitteln erfordert in Gesundheitseinrichtungen die ganzheitliche Betrachtung von Behandlungskosten.

Während man früher ausschließlich den Preis des einzelnen Produkts bewertete, in den Folgejahren auch den Beschaffungsprozess (Bestellrhythmen, Bestellprozesse, Logistik, Lagerhaltung etc.) miteinbezogen hat, sind heute die gesamten Behandlungskosten die aussagekräftige Kennzahl. Die Industrie spricht von Total Cost of Ownership (s. Abb. 6).

Diese ermittelte Größe ist dann den DRG-Erlösen gegenüberzustellen.

Ein berufsgruppenübergreifender Dialog im Krankenhaus ist erfolgsentscheidend, denn nur mit den verschiedenen Expertisen (Medizin, Pflege, Ökonomie) ist gewährleistet, dass Qualität, Patientensicherheit und Wirtschaftlichkeit auf Augenhöhe Berücksichtigung finden.

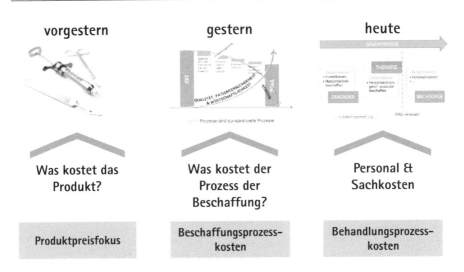

Abb. 6: Total Cost of Ownership

Quelle: Eigene Darstellung.

17   Eine umfassende Datenanalyse einer Warengruppe oder Versorgungseinheit schafft Transparenz in den Feldern Versorgungsniveau und Versorgungsmengen. Ferner werden Materialeinsatz und -kosten, sowie Produktportfolio und die Beschaffungsstrategie sichtbar. Auch Lieferantenvielfalt und Produktdiversität sind zu erkennen und bilden eine solide Grundlage für die Diskussion mit den Anwendern.

Wie sieht die medizinische Planung aus, welche Arbeitsweisen werden präferiert und sind die Produktqualitäten indikationsgerecht definiert?

Meist führt dies zu einer Produktportfoliobereinigung, einer Standardisierung, einer Konzentration auf weniger Anbieter und die Warengruppe kann versorgungsadäquat festgelegt werden (s. Abb. 7).

Datenanalyse   Arbeitsgruppen   Verhandlungen   Materialquote

PRODUKT IM MITTELPUNKT

PROJEKTE STANDARDISIERUNG

PROZESS IM MITTELPUNKT

Prozesse/med.   Kliniken/MVZ   Kodierung   DRG/ZE/NUB
Entwicklungen

Abb. 7: Standardisierung Prozesse/Produkt

Quelle: Eigene Darstellung.

Der komplette Beschaffungsprozess ist zu evaluieren, Risksharing Modelle mit   18
Industrie- und Handelspartnern zu prüfen und letztlich auch die Produktpreise
marktgerecht zu gestalten (s. Abb. 8).

Gerade teure, sachkostenintensive operative Eingriffe müssen dieser ganzheitlichen Betrachtungsweise unterzogen werden. Ziel einer abgestimmten Beschaffungsstrategie sollte es sein, 80 % Routine zu organisieren, sodass Wirtschaftlich-
keitsvorteile generiert werden, die wiederum Freiräume schaffen, Spezialitäten
und innovative Produkte sowie Methoden anbieten zu können. Ein professioneller
Prozess für das Einbringen von Innovationen ist sehr sinnvoll und orientiert sich
an Qualitäts- und Nutzengewinnen für Patienten und Anwender sowie an Pro-
duktivitätssteigerungen und Wirtschaftlichkeitsvorteilen.

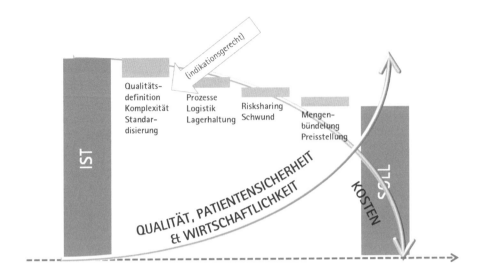

„Best"-Prozesse sind standardisierte Prozesse

Abb. 8: Wasserfall Qualität, Patientensicherheit und Wirtschaftlichkeit

Quelle: Eigene Darstellung.

19 Die strategische Ausrichtung des Krankenhauseinkaufs fordert professionelles Beschaffungsmanagement, das neben dem vorgenannten Vorgehen bei der Produktdefinition weitere Tätigkeiten notwendig macht.

20 Folgende Fragestellungen sind dabei wichtig:

- Kenne ich den Markt und das komplette Produktangebot?
- Sind die Produkte reparaturfähig oder wiederaufbereitbar?
- Wie ist das Produkteinsatzverhalten?
- Habe ich valide Daten (Stammdatenmanagement), um zukünftig eine kennzahlenbasierte Entscheidungsfindung (im Dialog mit dem Anwender) zu realisieren?
- Wie schaffe ich Transparenz bei den Verbräuchen (Steuerung)?
- Wie baue ich ein aussagekräftiges Einkaufscontrolling auf?
- Ist im Kosten-/Erlösvergleich ein positiver Deckungsbeitrag zu erwirtschaften?
- Liegt mir die Möglichkeit zum realistischen Benchmarking vor?
- Muss ich Vergabekonformität berücksichtigen?
- Mit welchen Maßnahmen könnte ich „einfach besser" werden?
- Bevorzuge ich Prozess-/System- oder Produktlieferanten?

Die letztgenannte Fragestellung erfordert zunächst einen intensiven Dialog aller Beteiligten in den Gesundheitseinrichtungen und danach auf Vertrauen basierende Gespräche mit den Anbietern. 21

Das gesetzliche Vorhaben, stationäre Aufenthalte in Krankenhäusern in Zukunft qualitätsorientiert zu vergüten, erhöht den Druck auf Einkaufsverantwortliche, dem Anspruch gerecht zu werden, nicht „billig" sondern „wirtschaftlich" einzukaufen.

Die Kriterien für Beschaffungsentscheidungen müssen deshalb zwingend neben dem Patientennutzen und dem medizinischen Erfolg auch Prozess- und Durchlaufzeiten sowie nicht zuletzt die Marketingwirkung und die Risikoeinschätzung bei Diagnostik- und Therapieverfahren berücksichtigen. 22

Wirklich fundierte Beschaffungsentscheidungen sollen auf solidem Datenmanagement fußen. 23

Daten sind heute ein bestimmendes Moment sowohl in Funktionsabteilungen als auch auf der normalen Krankenstation. Dies gilt auch für die Beschaffungsprozesse inkl. aller Logistiktätigkeiten. Es ist also wünschenswert, dass Gesundheitseinrichtungen die Unterstützung von elektronischen Ressourcen, wie bspw. Scannersysteme in Anspruch nehmen. Diese garantieren eine transparente Lagerverwaltung und ermöglichen zeitgerechte Nachbestellvorgänge auszulösen. Dieses Vorgehen spart Personalressourcen, minimiert Fehler bei Bestellabwicklungen und reduziert bei der Nutzung einer Bestellplattform – diese sollte herstellerübergreifend sein – die manuellen Arbeiten bei den Lieferanten. Vorausgesetzt für eine solche Lösung sind eine standardmäßige Zurverfügungstellung des Artikelkatalogs (Stammdatenmanagementsystem) sowie eine klar definierte und kontinuierliche Katalogpflege. Durch die hohe Innovationsintensität der Medicalproduktindustrie machen Änderungen der Artikel oder Artikeleigenschaften diese lückenlose Pflege zwingend notwendig.

Eine Vernetzung mit dem Kliniksoftwaresystem (KIS) sorgt dafür, dass keine weiteren – oftmals fehleranfälligen – Arbeiten beim Erfassen der Bestellung oder der Vereinnahmung der Produkte und der Lieferung durchzuführen sind. Eine Beschaffungssoftware muss Bestellung, den Lieferschein und idealerweise auch die Rechnung abbilden. Anderenfalls entsteht bei der Rechnungsprüfung ein eigentlich überflüssiger manueller Vorgang.

Die Dokumentation verbrauchter Materialien ist mit den Patientendaten zu verknüpfen. Damit entsteht auf der Plattform umfassende Transparenz über Materialverbräuche einzelner Patienten.

Generell ist das Thema Digitalisierung in vielen Gesundheitseinrichtungen noch in einer frühen Phase der Einführung. Die von vielen Experten prognostizierten Effizienzgewinne werden die Umsetzung aber sicher beschleunigen. Bei der Implementierung ist besonders darauf zu achten, dass Digitalisierung nicht nur technische Herausforderung bedeutet, sondern vor allem ein Change Manage- 24 ment Projekt ist. Allen beteiligten MitarbeiterInnen sind die Chancen nachvollziehbar aufzuzeigen und oftmals vorhandene Sorgen zu zerstreuen.

5 Dienstleister für die Beschaffung

25 Mitte der 70er Jahre haben sich erste Ansätze von Einkaufsgruppierungen gebildet, die meist versuchten, vorhandene Mengen für den Einkauf zu bündeln und mit dieser oft „virtuellen" Marktmacht eine bessere Preisstellung sowie einen höheren Servicegrad bei den Anbietern durchzusetzen. Strategische Grundlagen gab es eher selten, die Verbindlichkeit wurde zugesagt aber kaum realisiert. Ein privater Klinikanbieter begann dann, den Einkauf für seine Kliniken zu strukturieren. Die Anfangserfolge waren eher verhalten, aber die Idee, professionelle Einkaufsgemeinschaften zu gründen, wurde von einigen Persönlichkeiten aus dem damaligen Umfeld aufgegriffen.

In den 90er Jahren nahm diese Entwicklung weiter Fahrt auf und es wurden mehrere professionelle Institutionen gegründet. Bei den Gesprächen mit Industrieanbietern dominierte nahezu ausnahmslos das Thema Preisverhandlungen.

Die Gesprächs-/Verhandlungspartner verfolgten meist keine strategischen (gemeinsamen) Ziele, stattdessen waren harte Auseinandersetzungen um Produktpreise an der Tagesordnung. Der Wert eines Produktes oder gar der Wertschöpfungsbeitrag standen nicht zur Diskussion.

Qualitätsaspekte wurden von den Einkaufsverantwortlichen negiert, Preisvergleiche ohne wesentliche Produktkenntnisse favorisiert.

26 Einen Paradigmenwechsel erlebte die stationäre Versorgung im Jahr 2003 durch die Einführung des G-DRG-Systems auch für den Einkauf. Proaktives Handeln war gefragt und die notwendige Unterstützung durch einen professionellen Dienstleister fand zunehmend Anerkennung.

Heute sind rund 90 % der deutschen Krankenhäuser Mitglied einer Beschaffungsinstitution oder sind innerhalb eines privaten Krankenhausträgers im Einkauf operativ und strategisch organisiert.

Die Struktur und die Geschäftsmodelle der heute in der Gesundheitswirtschaft agierenden Beschaffungsinstitutionen sind an anderer Stelle in diesem Buch ausführlich beschrieben.

Neue gesundheitsökonomische Fragen

Prof. Dr. h.c. Herbert Rebscher

Schlagwortübersicht

Abstract: Die Gesundheitsökonomie hat sich in den letzten Jahren ausdifferenziert und spezialisiert. Die Rückbesinnung auf ihre ordnungsökonomische Expertise ist notwendig, um Vorschläge für kluge ordnungspolitische Entscheidungen zu liefern. Für die neuen, mit der zunehmenden Digitalisierung aller Bereiche verbundenen Fragen, wie die Marktveränderungen in Richtung Plattformen und Netzwerke, müssen Antworten entwickelt werden.

1   Alte und neue Fragen

1   Den Ritterschlag empfing das Fach im Jahre 1985: Unter dem Vorsitz von Gérard Gäfgen widmete der Verein für Socialpolitik seine Jahrestagung in Saarbrücken dem Thema „Ökonomie des Gesundheitswesens". Im März 2018 beging die Deutsche Gesellschaft für Gesundheitsökonomie (DGGÖ) anlässlich der Jahrestagung in Hamburg ihr 10-jähriges Bestehen. Der diesjährige Gäfgen-Preisträger, J.-Matthias Graf von der Schulenburg, skizzierte in einem eindrucksvollen Festvortrag die Genese des Faches Gesundheitsökonomie in Deutschland. Er zeichnete das Bild von den ersten deskriptiven Skizzen, den ordnungsökonomischen Analysen, den Einzeluntersuchungen zu den Teilmärkten (insbes. der Arzneimittel- und der stationären Versorgung) bis zu den immer stärker spezialisierten und formalisierten Evaluationstechniken und Kosten-Nutzen-Kalkülen nach.

2   Wie immer, wenn sich wissenschaftliche Disziplinen differenzieren und spezialisieren, droht die Gefahr, dass der Blick auf das „Große Ganze", auf das „System" und seine Interdependenzen verloren geht. Dabei ist der Gegenstandsbereich der Gesundheitsökonomie, nämlich die medizinische Versorgung der Patienten, selbst Opfer dieser Entwicklung. Die auch gesundheitsökonomisch begründeten Forderungen nach Koordination, Kooperation und Kommunikation im Rahmen integrierter Versorgungsmodelle folgen ja gerade der Analyse, dass die arbeitsteilige Zusammenarbeit hochspezialisierter Einzelakteure in Bezug auf die Versorgung konkreter, oft multimorbider und älterer Patienten eine Struktur, eine gemeinsame Strategie braucht.

3   Nicht anders braucht auch die Gesundheitsökonomie wieder den stärkeren Fokus auf das Gesundheitssystem in allen seinen Teilen und auf die wechselseitigen Abhängigkeiten der Teile untereinander. Die „Interdependenz der Ordnungen" (W. Eucken) sollte wieder stärker in den Blick genommen werden. Da ist die Gesundheitsökonomie in den letzten Jahren merkwürdig leise geworden.

4   Die aktuellen gesundheitspolitischen Reformen und die angekündigten Reformvorhaben benötigen dringend diese Begleitung: Politik ist stark in der Lösung konkreter Probleme, aber erschreckend schwach in der ordnungspolitischen Fundierung ihres Tuns. Die Genese der Entwicklung einer solidarischen Wettbewerbsordnung zeugt von der ordnungsökonomischen Unsicherheit und der Ignoranz dieser Zusammenhänge.

Die aktuelle Themenliste, die dieser Fundierung bedarf, ist lang: sie reicht von der 5
fairen Finanzverfassung im Rahmen einer Reform des Risikostrukturausgleichs,
vom Charakter von Beitragssätzen im Wettbewerb und den staatlichen Einfluss-
nahmen darauf, von den Anreizen zur Innovationsförderung über einen zentralen
und gar nicht wettbewerblichen Innovationsfonds, über die innere Logik eines
DRG-Systems (Stichwort: Pflegepersonalkosten) bis hin zu den methodischen
Fragen einer Nutzenbewertung im Arzneimittel- und Medizinproduktebereich.
Der zunehmend sorglosere Umgang mit modernen Formen rein paternalistischer
Anreize, Stichwort: Nudging, auch anlässlich der DGGÖ-Jahrestagung, gibt zu
denken. Auch der aktuelle Sonderbericht des Bundesversicherungsamtes zum
Wettbewerb in der Krankenversicherung verdient eine gesundheitsökonomische
Replik, zumal er eng (aufsichts-)rechtlich angelegt ist und ohne jede ökonomische
Fundierung auskommt. Soweit die alten Herausforderungen.

2 Digitalisierung

Neue Herausforderungen an die Gesundheitsökonomie resultieren aus den dis- 6
ruptiven Konsequenzen der Digitalisierung und dessen, was gemeinhin unter
„Big Data" subsumiert wird. Diese Entwicklung wird Märkte verändern, gewohnte
Kooperationsmuster zerstören und neue Abhängigkeiten (von Daten) schaffen.

Technikgetrieben werden Märkte zusammenwachsen. Hilfsmittel werden zu Me- 7
dizinprodukten, Medizinprodukte zu Untersuchungsmethoden, Untersuchungsmethoden zu Behandlungsmethoden. Die heutigen regulatorischen Bedingungen
und die sektoralen Vergütungsmodelle verlieren im gleichen Zug ihre Berechti-
gung.

Die elektronische Patientenakte wird eine zentrale Rolle im vernetzten Informa- 8
tionssystem der Zukunft spielen. Die Daten aller informationengenerierenden
Lösungen, ob neue Apps, Smart-Home-Lösungen, Assistenzsysteme oder messende und therapieunterstützende Medizinprodukte, müssen zusammengeführt,
beurteilt und daraus Konsequenzen für weitere therapeutische Schritte abgeleitet
werden. Einiges ist bereits in der Erprobung, bisher in überschaubaren Projekten,
die integrierenden Prozessschritte stehen noch weitgehend aus. Die Vernetzung
dieser Möglichkeiten wird den Quantensprung bewirken.

Eine kleine Auswahl der schon heute im Einsatz befindlichen Lösungen illustriert 9
diesen Prozess: Molekulare und gentechnische Methoden in der Onkologie,
telemedizinische Übertragungen von Verlaufskontrollen in der Herz-Kreislauf-
Therapie inkl. der Lungenfunktionstests, Schlaganfallnachsorge durch dauerhafte
Überwachung wichtiger Parameter (Vorhofflimmern), Fernübertragung von Organfunktionen und Labortests, telemedizinische Überwachungsmodule zur Arzneimittel-Compliance der Patienten, Prothetik-Module zur Funktionssicherheit
von TEPS, Fernwundversorgung durch digitale Bild-Befundung, Diabetescontrolling mit integrierter Insulindosierung.

10 Gut und sorgfältig instrumentiert und von überbordenden Erwartungen und dem aktuellen Hype befreit, kann die Digitalisierung bei wesentlichen prozessualen Herausforderungen unterstützen:

- Sie kann Raum und Zeit überwinden und Daten über diagnostische und therapeutische Prozessketten hinweg online verfügbar machen.
- Sie kann arbeitsteilig getrennte Daten zusammenführen und für die ganzheitliche Versorgung vor Ort nutzbar machen.
- Sie kann den interprofessionellen Diskurs durch gemeinsame Fallbesprechungen/-konferenzen online unterstützen.
- Sie kann Patienteninformationen (Vitalfunktionen/Patientencompliance/Notfallsignale) aus dem häuslichen Umfeld zur Betreuungseinheit übertragen und Maßnahmen auslösen.

11 Technische Unterstützungsprozesse gehören jedenfalls zwingend zu einer Diskussion der bedarfsadäquaten Infrastruktur der Zukunft. Sie auch vergütungstechnisch und honorarpolitisch sinnvoll einzubinden, ist keine triviale Angelegenheit für die beteiligten Akteure, da sie generell die einzelnen Sektoren und ihre tradierten Vergütungsmuster überwinden.

3 Plattform- und Netzwerkökonomie

12 In vielen Branchen und Sektoren unserer offenen und globalisierten Volkswirtschaften kann man gegenwärtig einen Prozess der zunehmenden Konzentration der gesamten Wertschöpfungskette (oder wesentlicher Teile) beobachten. Plattform- und Netzwerkökonomie sind die theoretischen Herausforderungen der Zukunft. Vorreiter sind Amazon, Google, Microsoft, Apple und Facebook. Diese sind vorwiegend wegen ihrer Bedeutung für den Endverbraucher, den Handel, insbesondere den Einzelhandel, und wegen ihrer jeweiligen Weltmarktführerschaft im Fokus des ökonomischen und politischen Interesses.

13 Den Trend kann man allerdings ebenfalls auf anderen Märkten wie Energie, Mobilität, Kommunikation verfolgen. Das Gesundheitssystem ist ebenfalls bestens für diese Entwicklung geeignet. Und bei genauer Betrachtung lassen sich diese Entwicklungen schon heute gut herausarbeiten. Das gesamte Konzept der integrierten Versorgung fußt auf der Netzwerkidee. Die Organisation der Zusammenarbeit arbeitsteilig vernetzter Akteure ist das gemeinsame Ziel.

14 Was als Koordination eines arbeitsteiligen Prozesses beginnt, kann leicht zu einem gesellschaftsrechtlichen Ganzen verbunden werden. Noch stehen dieser Entwicklung die sektoralen Besonderheiten von Zulassung, Regulierung, Vertragssystem und Honorierungssystematik im Wege, diese sind jedoch grundsätzlich überwindbar.

15 Nicht nur durch die Gründung von Managementgesellschaften als Netzwerkkoordinatoren, sondern auch in einzelnen Leistungsbereichen wie der Dialysever-

sorgung, im Home Care Bereich, aber auch in der Arzneimittelversorgung bei schulungs- und betreuungsintensiven Patienten gibt es entsprechende Entwicklungen. Aber auch bei großen Krankenhausketten sind erste Plattform- und Netzwerkbildungen durch vor- und nachgelagerte Versorgungsbereiche (über Akutversorgung und Rehabilitation hinaus) denkbar und in Planung.

Die Ökonomie insgesamt hat noch keine schlüssigen Antworten für diese angebotsstrukturellen Entwicklungen. Bisher werden lediglich die Probleme dieser Märkte und Grenzen atomisierenden Entwicklung beschrieben: Ökonomische Machtkonzentration durch Datennutzung, Steuervermeidung durch Standortstrategien (wo/wie/wieviel), Regulierungsnotwendigkeit im übernationalen Kontext (Datenschutz), Vermachtung und Kartellierung von ganzen Wertschöpfungsketten, Verdrängung einer nationalen und regionalen Wirtschaftsstruktur insbesondere des Einzelhandels. Es ist viel zu tun für eine adäquate ordnungsökonomische Durchdringung der entgrenzten und vermachteten Ökonomie.   16

Die gleichen und noch sensibleren Fragen stellen sich im Gesundheitswesen. Hier werden klare normative Botschaften und Regulierungsentscheidungen notwendig sein. Einige Debatten werden ja schon aktuell geführt und müssen normativ entschieden werden: Was sind die adäquaten Datenschutzregeln bei datentechnischen Abhängigkeiten vernetzter Angebotsstrukturen? Was ist konkret eine wohnortnahe stationäre Versorgung und wo beginnt dieses Ziel, in Konflikt zum Qualitäts- und Sicherheitsziel zu treten? Was ist die Rolle und Funktion der wohnortnahen Apotheke mit Blick auf die Möglichkeiten des Versandhandels? Sollen Versicherungen den Preiswettbewerb bei Hilfsmitteln z. B. durch europaweite Ausschreibungen forcieren oder die häusliche Versorgung durch Sanitätshäuser schützen? Konkrete Fragen, die noch in der laufenden Legislaturperiode zur Klärung anstehen.   17

Gesundheitsökonomie hat hier eine große Aufgabe vor sich, aber ihrerseits noch keine fertigen Antworten. Es müssen Lösungen gefunden werden, die vom konkreten Einzelfall bis zur abstrakten Marktverfassung die zentralen Fragen beantworten: Eine ordnungsökonomische Fundierung ist dazu zwingend, anders sind stimmige ordnungspolitische Entscheidungen nicht zu haben.   18

Teil II   Recht und Regeln

Beschaffung und öffentliches Vergaberecht (Deutschland/EU)

Heiner Osterhues

Schlagwortübersicht

Abstract: Beschaffung im Gesundheitswesen steht im Spannungsfeld der unterschiedlichen Trägerschaften und damit verbunden der unterschiedlichen rechtskonformen Wege der umzusetzenden Maßnahmen. Dieser Aspekt prägt das Handeln von Beschaffungsinstitutionen und Verbünden, auf welche Krankenhäuser die Beschaffung häufig überleiten. Die unterschiedlichen gesetzlichen Grundlagen des Einkaufs werden dabei häufig als Diskriminierung der Institutionen im Gesundheitswesen angesehen, welche das Vergaberecht anzuwenden haben und dementsprechend in den Zuschlagsentscheidungen an formale Aspekte gebunden sind. Unter diesem Blickwinkel werden in dem Beitrag die unterschiedlichen Handlungsoptionen verglichen und abgewogen.

1 Bestimmung der Beschaffung Ärzte und Einkäufer

Das Gesundheitswesen verändert sich stetig. Verbunden mit jeder Änderung sind auch Veränderungen der Schwerpunkte des Handelns. Gerade im Bereich Healthcare hat es in der Vergangenheit unterschiedliche Ansatzpunkte aus Sicht der Beschaffung gegeben. Während in den konjunkturellen Hochzeiten Ärzte die Richtung in der Beschaffung vorgegeben haben, wuchs der Einfluss des betriebswirtschaftlichen Einkaufs in konjunkturschwächeren Zeiten. Heute gilt wohl eine Einkaufspolitik der Mitte, welche grundsätzlich das Gespräch zwischen Einkauf und Ärzten notwendig macht, um den steigenden Anforderungen aus medizinischer und betriebswirtschaftlicher Sicht nachzukommen. Unabhängig davon bleiben aber Veränderungen die Regel, die stets Anpassungen im Umgang mit Beschaffungsprozessen notwendig werden lassen.

2 Von der individuellen Beschaffung zu Verbünden

Der Gesundheitsmarkt wird immer weiter durch Zusammenschlüsse der Verbraucherseite von Medical- und Pharmaprodukten in Beschaffungsinstitutionen geprägt. Hintergrund dieser Entscheidung ist hierbei nicht alleine der primäre Gedanke, durch eine solche Volumenbündelung die Einkaufskonditionen zu verbessern, auch die Wünsche nach Standardisierung und nach Qualitätsverbesserung spielen eine Rolle. Derzeit beschränkt sich das Handeln der verschiedenen am Markt tätigen Beschaffungsinstitutionen im Wesentlichen auf den jeweiligen nationalen Markt. Ein übergreifendes Handeln ist aufgrund länderspezifischer Unterschiede und der herstellerbedingten, jeweils nationalen Ausrichtung schwierig, was dem europäischen Gedanken zuwiderläuft. Es ist allerdings zu beobachten, dass der Ruf nach einem grenzüberschreitenden Handeln immer lauter wird. Dies sind einerseits häufig Gründe einer naheliegenden Zusammenarbeit aufgrund räumlicher Verbindungen trotz nationaler Grenzen sowie andererseits der Wunsch nach echter Harmonisierung der europäischen Wirtschaftlichkeits- und Qualitätsstandards. Grenzüberschreitende Beschaffungsmaßnahmen und Kooperationen werden damit in der Zukunft auch weiterhin zu beobachten sein.

3 Wer ist mit Beschaffungen beschäftigt?

3 Initiatoren von Beschaffungsmaßnahmen sind zunächst Verbrauchsinstitutionen, wie klinische Einrichtungen, Pflegeeinrichtungen und andere im Gesundheitswesen tätige Institutionen. Die Größen und Strukturen der Einrichtungen sind unterschiedlichster Art und Weise und häufig nicht vergleichbar. So fällt es schwer, eine Universitätsklinik mit einem kleineren Krankenhaus oder einer Reha-Einrichtung, bezogen auf das Einkaufsvolumen und Preiskonditionen, zu vergleichen. Unabhängig von der Größe der Einrichtungen lässt sich aber feststellen, dass alle Einheiten immer mehr einen Zusammenschluss suchen oder sich bestehenden Verbünden anschließen, um so bessere Preiskonditionen und Qualitäten verhandeln zu können, die für die Wirtschaftlichkeit und Stabilität der Institutionen notwendig sind. Wesentlich ist dabei eine Erhöhung des Beschaffungsvolumens durch Bündelung nebst einer Erhöhung der Verbindlichkeit.

4 Die Bündelung der Einkaufsvolumen führt aber auch zu einem geänderten Beschaffungsverhalten. Es ist dabei von großer Bedeutung, ob die Institution dem Bereich der öffentlichen Auftraggeber zuzuordnen ist oder in privater oder freigemeinnütziger Trägerschaft steht. Auch wenn die Grundlagen einer Beschaffung stets einem gängigen Muster entsprechen, so ändert die entsprechende Zuordnung die formellen Erfordernisse erheblich. Insoweit ist der Kreis der Anwender bereits auf Ebene der Träger differenziert zu betrachten, da Art und Umfang der Beschaffung in seiner formellen Umsetzung unterschiedlichen Anfordernissen entsprechen.

5 Ebenso ist das Tätigkeitsfeld der Institutionen zu differenzieren. Auch wenn unterschiedliche Institutionen im Gesundheitswesen, wie exemplarisch Krankenhäuser zu Rehabilitationseinrichtungen, überschneidende Produkte verwenden, so ist der Beschaffungsbedarf und die daraus erwachsende Tätigkeit insgesamt nur schwer vergleichbar.

4 Statistische Zahlen zu Krankenhäusern

6 Zum Jahresende 2016 waren in der Bundesrepublik noch 1.951 Krankenhäuser tätig. Im gleichen Jahr betrugen die Kosten der gesetzlichen Krankenversicherungen für Krankenhausbehandlungen 72,95 Mrd. EUR. In Mecklenburg-Vorpommern standen dabei 51,3 % der Krankenhäuser in privater Trägerschaft. Die Gesamtsachkosten deutscher Krankenhäuser im Jahr 2016 beliefen sich dabei auf rund 37,9 Mrd. EUR.

7 In der differenzierten Betrachtung (ausgehend von statistischen Zahlen des Jahres 2013) gestaltet sich die Aufteilung der Krankenhäuser in ihrer Trägerschaft wie folgt:

Ausgehend von einer Gesamtanzahl von 1.996 Krankenhäusern in der Bundes-   8
republik Deutschland befanden sich im Jahr 2013 596 Krankenhäuser in öffentlicher Trägerschaft, 706 Kliniken in freigemeinnütziger und 694 Kliniken in privater Trägerschaft.

Es ist bekannt, dass die Zahl der Krankenhäuser in Deutschland sinkt. Ausgehend   9
von den öffentlich zugänglichen Zahlenangaben des Jahres 2017 gab es in
Deutschland noch 1.948 Krankenhäuser. Annähernd jedes zweite Krankenhausbett (47,8 %) stand in der Einrichtung eines öffentlichen Trägers, jedes dritte Bett
(33,5 %) in einem freigemeinnützigen Haus. Zu freigemeinnützigen Kliniken
zählen zum Beispiel Einrichtungen kirchlicher Träger. Der Anteil der Betten in
privaten Krankenhäusern betrug 18,7 %. Klarstellend teilt sich damit der Gesundheitsmarkt im Bereich der Krankenhäuser unter Bezugnahme auf Krankenhaus-
betten paritätisch zwischen öffentlichen und weiteren Trägern auf.

Die Zahl der Betten gibt aber nicht den tatsächlichen aktuellen Sachstand, welcher   10
im Rahmen der Beschaffung relevant ist, wieder. Im Jahr 2000 gab es hierzulande
noch 2.242 Einrichtungen, wovon die meisten freigemeinnützig waren, gefolgt von
öffentlichen Trägern. Diese Zahlen haben sich bis 2016, dem Zeitraum der
aktuellen Betrachtung, deutlich verändert. Mittlerweile stellen Häuser in privater
Trägerschaft, als gewerbliche Unternehmen, den größten Teil dar.[1]

Während mithin in der Vergangenheit der überwiegende Anteil der Kranken-   11
häuser in öffentlicher Trägerschaft stand, so hat es eine deutliche Verlagerung in
den Bereich der privaten Trägerschaft, mithin auf gewerbliche Unternehmen,
gegeben. Es besteht daraus hergeleitet ein Wettbewerb zwischen gewerblichen
Unternehmen und Krankenhäusern in öffentlicher Trägerschaft, welcher sich
bereits in den Grundlagen der Beschaffung nur schwer vergleichen lässt.

5 Statistische Zahlen zu weiteren Einrichtungen im Gesundheitswesen (Reha-Einrichtungen)

Wiederum reflektierend auf das Jahr 2016 bestanden zu diesem Zeitpunkt 1.149   12
Reha-Einrichtungen in der Bundesrepublik Deutschland.[2] In der Trägerschaft ist
eine gleichartige Entwicklung wie im Bereich der Krankenhäuser gegeben.

Die Anzahl der Reha-Einrichtungen in Deutschland in privater Trägerschaft belief   13
sich im Jahr 2016 auf 611. Mehr als die Hälfte der im Jahr 2016 bestehenden Reha-
Einrichtungen wurden damit durch gewerblich handelnde Unternehmen geführt.

---

1 Vgl. RP-Online v. 14.8.2017: Krankenhausstatistik 2017. Weniger Krankenhäuser aber mehr
   Patienten.   Online: https://rp-online.de/leben/gesundheit/news/weniger-krankenhaeuser-
   aber-mehr-patienten_aid-19581735 [abgerufen am 21.8.2018].
2 Angabe statista – Das Statistik Portal.

14 Die Gesundheitsausgaben in Deutschland haben im Jahr 2017 erstmals die Marke von 1 Mrd. EUR pro Tag überschritten. Für das Jahr 2017 prognostiziert das Statistische Bundesamt (Destatis) einen Anstieg der Gesundheitsausgaben gegenüber 2016 um 4,9 % auf 374,2 Mrd. EUR. Dies entspricht einem Anteil von 11,3 % am Bruttoinlandsprodukt.

15 Unter Sichtung der statistischen Zahlen kann man daher feststellen, dass die Anzahl der Krankenhäuser und Reha-Einrichtungen bei gleichzeitiger Steigerung der Gesundheitsausgaben stetig sinken. Aufseiten der Beschaffungsinstitutionen ist daraus abzuleiten, dass sich der Umfang des Beschaffungsvolumens auch weiterhin erhöht, aber unterschiedliche Beschaffungswege beschritten werden müssen.

16 Beschaffungen müssen daher einerseits den Vorgaben von Einrichtungen gewerblicher (privater) Trägerschaft sowie öffentlicher Trägerschaft entsprechen.

6 Unterschiede aus gesetzlicher Sicht

6.1 Private Trägerschaft

17 Private Träger sowie auch Kliniken und Reha-Einrichtungen in freigemeinnütziger Trägerschaft sind in ihren Beschaffungsvorgängen an nahezu keine gesetzlichen Rahmenbedingungen gebunden. Entsprechende Einrichtungen unterliegen nicht dem Vergaberechtskonvolut.

18 Die notwendigen und ausgewiesenen Beschaffungsvorgänge erfolgen in der Regel nach den Vorgaben eines ordentlich handelnden Kaufmanns. Im Rahmen der Beschaffung bedeutet dies, dass gesetzliche Vorgaben, wie die Verordnung über die Vergabe öffentlicher Aufträge (VgV) oder die Verfahrensordnung für die Vergabe öffentlicher Liefer- und Dienstleistungsaufträge unterhalb der EU-Schwellenwerte, nicht zu beachten sind. Konditionen werden in der Regel in Verhandlungen unter Berücksichtigung entsprechender Volumenangaben verhandelt. Die Auswahl der Produkte ist frei, sodass es sich, mit Ausnahme der grundsätzlichen Berücksichtigung der gesetzlichen Vorgaben im Gesundheitswesen, um eine typische Einkaufstätigkeit handelt.

19 Aufsichtsbehörden, welche Art und Weise der Beschaffung kontrollieren, bestehen nicht – mit Ausnahme kartellrechtlicher Belange.

6.2 Öffentliche Trägerschaft

20 Kliniken und Reha-Einrichtungen in öffentlicher Trägerschaft unterliegen anderen Rechtskonstituten, welche ein höheres Maß an die Einhaltung formeller Grundlagen beinhalten. Auch wenn die Anwendung des Vergaberechts die logische Umsetzung eines Beschaffungsvorganges in formeller Sicht darstellt, so stößt es häufiger und wiederkehrend auf Widerstand bei den Anwendern.

Das Vergaberecht ist grundsätzlich auf öffentliche Auftraggeber anzuwenden. 21
Subsumiert man aber die wesentlichen Institutionen des Gesundheitswesens unter
die gesetzlichen Definitionen, insbesondere in ihrer Ausprägung durch die Recht-
sprechung des Europäischen Gerichtshofs (vgl. an dieser Stelle nur die Entscheidung zur Ausschreibungspflicht von Krankenkassen und dem Merkmal der
mittelbaren Finanzierung), so müssten eine Vielzahl von Institutionen, welche
heute den vergaberechtlichen Anforderungen nicht nachkommen, sich tatsächlich
dem Vergaberechtsregime unterwerfen.

Auf die Voraussetzungen zur Anwendung des Vergaberechts entsprechend den 22
gesetzlichen Bestimmungen soll vorliegend nicht eingegangen werden, wohl aber
rudimentär auf die unterschiedlichen Arten der Ausschreibung.

7 Ober- und Unterschwellenvergabe

Man unterscheidet insoweit zwei wesentliche Ausschreibungsarten, nämlich Aus- 23
schreibungen oberhalb des Schwellenwertes in Höhe von derzeit 221.000 EUR für
Liefer- und Dienstleistungsaufträge sowie 5.548.000 EUR für Bauaufträge. Ab dem
10. Oktober 2018 müssen alle Vergabeverfahren zwingend elektronisch abgewickelt werden. Die elektronische Abwicklung impliziert, dass öffentliche Auftraggeber die gesamten Vergabeunterlagen in elektronischer Form mithin digital
für Bieter zur Verfügung stellen und die elektronische Angebotsübermittlung
nebst der gesamten Kommunikation mit den Bietern im Vergabeverfahren digital
abwickeln müssen.

Ab dem 1. Januar 2019, nach Umsetzung der Verfahrensordnung für die Vergabe 24
öffentlicher Liefer- und Dienstleistungsaufträge unterhalb der EU-Schwellenwerte
(UVgO), gilt Gleiches für Ausschreibungen im sogenannten Unterschwellenbereich, mithin unterhalb des vorgenannten Volumens.

8 Vergaberecht

Das Vergaberecht definiert sich selbst als öffentliches Auftrags-, Beschaffungs- 25
und Verdingungswesen und umfasst die Gesamtheit der Regeln und Vorschriften,
die ein Träger öffentlicher Gewalt bei der Beschaffung von sachlichen Mitteln und
Leistungen, die er zur Erfüllung seiner öffentlichen Aufgaben benötigt, zu beachten hat. Das Vergaberecht, fundierend auf dem Haushaltsrecht, hat dabei schon
lange Compliance-Gedanken in sich getragen und sollte Rechtsverletzungen im
öffentlichen Beschaffungswesen entgegenwirken.

Das Regierungsbeschaffungsabkommen vom 1. Januar 1996 schuf wesentliche 26
neue Impulse für das damals schwerfällige deutsche Vergaberecht. Es stellte eine
Vereinbarung der Europäischen Union dar. Seit Februar 2006 führten die europäischen Richtlinien 2001/17/EG und 2004/18/EG zu einer weiteren Reform, auch

des deutschen materiellen Vergaberechts. Die Richtlinien hätten national bereits zum 31. Dezember 2006 umgesetzt werden müssen. Tatsächlich erfolgte dies erst am 24. April 2009 mit dem Inkrafttreten des Gesetzes zur Modernisierung des Vergaberechts. Weitere Reformen und Angleichungen auf europäischer Ebene folgten und führten letztlich zur bisher letzten Änderung des Vergaberechts im April 2016 durch das sogenannte Vergaberechtsmodernisierungsgesetz und damit verbunden der Einführung der Verordnung über die Vergabe öffentlicher Aufträge (VgV). Mit diesem Schritt wurden erneut grundlegende Vorgaben einer europäischen Vergaberichtlinie 2014/24/EU im Gesetz gegen Wettbewerbsbeschränkungen umgesetzt.

27 Eine länderspezifische Umsetzung bezogen auf die Unterschwellenverordnung ist auf Ebene der Länder zwischenzeitlich teilweise aber noch nicht umfassend erfolgt, sodass die gesetzlichen Grundlagen im Unterschwellenbereich heute in der Bundesrepublik nicht einheitlich Anwendung finden.

28 Ein wesentliches Themenfeld unter Anwendung des Vergaberechts stellt aber neben den formellen Umsetzungsvoraussetzungen (z. B. elektronische Vergabe ab Oktober 2018) das Anforderungsfeld der Leistungsbeschreibung dar. Während im reinen Verhandlungsverfahren nicht öffentliche Auftraggeber die Anforderungen einer Produktneutralität nicht berücksichtigen müssen, ist im Vergabeverfahren eine herstellerorientierte Bezeichnung grundsätzlich unzulässig. Die Anforderung an die Leistungsbeschreibung setzt im Vergabeverfahren eine neutralisierte, objektive herstellerunabhängige Beschreibung voraus. Jede Art der Diskriminierung von Bietern ist unzulässig und kann zu entsprechenden Rügen in Verfahren führen.

29 Fazit dessen ist, dass die Umsetzung in sich zwar logisch ist, aber der öffentliche Auftraggeber grundsätzlich bei Einhaltung der vergaberechtlichen Regelungen erst mit Angebotsöffnung erkennen kann, welchen Vertragspartner er erhält. Ausnahmen bestehen nur bei restriktiv anzuwendenden Handlungsweisen oder im Falle gegebener Alleinstellungsmerkmale. Diese Thematik wird vorliegend jedoch nicht vertieft. Im Rahmen von Bündelungsmaßnahmen und unterschiedlichem Anwenderverhalten erschwert dies gemeinschaftliche Beschaffungsvorgänge auf Ebene von Beschaffungsinstitutionen[3] in unterschiedlicher Trägerschaft.

9 Bedeutung für Beschaffungsvorgänge bei privater und öffentlicher Trägerschaft

30 Man kann in der aktuellen gesetzlichen Situation feststellen, dass im Bereich der privaten Trägerschaft das, was unter Anwendung des Vergaberechts die Ausnahme darstellt, als Regelinstrumentarium anzusehen ist. Die verschiedenen

---

3 Das Themenfeld Rahmenvereinbarung wurde bei diesem Fazit nicht berücksichtigt.

Vergabeverfahren stehen abgegrenzt zueinander. Die Reform des Jahres 2016 hat bereits insoweit eine Öffnung des Regelwerkes beinhaltet, als dass eine Gleichstellung zwischen dem sogenannten „offenen und nichtoffenen Verfahren" bestimmt wurde. Trotzdem stellt das Verhandlungsverfahren – Regelverfahren privater Träger – aber weiterhin eine Ausnahmeregelung dar, welche nur restriktiv angewendet werden darf. Öffentliche Auftraggeber haben daher im Rahmen der Beschaffung höhere Hürden zu nehmen als Institutionen in sonstiger Trägerschaft. Letztgenannten steht die Möglichkeit des Verhandlungsverfahrens als Regelinstrumentarium sanktionslos offen.

10 Europa und Umsetzung europäischer Regelungen

Mit über 512 Mio. Verbrauchern und einer Wirtschaftsleistung von 14,9 Bio. EUR **31** (Stand 2016) gilt der europäische Binnenmarkt als größter einheitlicher Markt der industrialisierten Welt. Dieser Marktzusammenschluss hat bereits unter anderem dazu geführt, dass einige nationale Monopole aufgelöst wurden, was spürbare Einsparungen für Bürger zur Folge hatte. Exemplarisch sei hier auf die Öffnung des Marktes für Telefon-Festnetze, für den Wettbewerb in der Europäischen Union ab dem 1. Januar 1998 hingewiesen, welche zu einer drastischen Senkung der Kommunikationskosten geführt hat. Auch der Mobilfunksektor birgt eine Vielzahl von Beispielen zu Kostensenkungen innerhalb des europäischen Binnenmarktes in sich, zuletzt im Bereich des Daten-Roaming. Der Fall anderer, industriegeschichtlich begründeter Monopole dürfte, zumindest was die Preise angeht, für den Endverbraucher ähnlich angenehme Folgen haben.

Die „Vergaberechtsrichtlinien der EU" verpflichten im Gegensatz zu einigen **32** anderen Richtlinien der EU die Mitgliedsstaaten nicht nur zur Umsetzung der Richtlinien, sondern ordnen für den Fall der Nichtumsetzung (eines Teils des Regelungsinhaltes) derselben deren unmittelbare Anwendung sogar an. Damit dürfte aufgrund der Bedeutung des öffentlichen Beschaffungswesens für den gemeinsamen Binnenmarkt und der Entstehungsgeschichte und den Begründungserwägungen der Richtlinien die Schlussfolgerung zulässig sein, dass der Gesetzgeber grenzüberschreitenden Handel nicht nur vorschreibt, sondern ausdrücklich fordert. Die Bundesrepublik Deutschland stellt ein wichtiges Mitgliedsland im Rahmen der Europäischen Gemeinschaft dar. Nach dem „Brexit" ist ein verstärktes gemeinsames Handeln der Mitgliedsstaaten gewünscht und gefordert. Umfang und Umsetzung europäischer Richtlinien haben sich erhöht. Verbunden mit dem Wunsch nach einem einheitlichen Handeln im europäischen Binnenmarkt gerät aber gerade das Handeln eines Mitgliedes mit der Bedeutung der Bundesrepublik Deutschland in den Fokus der Ausschüsse. Die Europäische Union verfügt derzeit über 28 Mitgliedsstaaten, jedes dieser Mitgliedsstaaten hat einen Sitz in den entsprechenden Ausschüssen. Es besteht eine EU-Kommissionsarbeitsgruppe – Vergaberecht im Gesundheitswesen. Diese Arbeitsgruppe stellte Erhebungen über Art und Umfang der Beschaffungsmaßnahmen in den Mitgliedsstaaten unter Einhaltung des europäischen Vergaberechts dar. Es steht die Einleitung eines möglichen Vertragsverletzungsverfahrens gegen die Bundesrepublik Deutschland im Raum, da die vorgenannte Kommission, ausgehend von den Veröffentlichungen auf TED, zu dem Ergebnis gelangt ist, dass in Deutschland – statistisch betrachtet – zu wenig ausgeschrieben wird. Bei der Auswertung der über TED verfügbaren Daten für Vergaben im Gesundheitswesen kommt die Kommission zu dem weiteren Ergebnis, dass in Deutschland noch immer stark allein nach dem Preis vergeben wird und Qualitätskriterien unzureichend berücksichtigt werden. Hintergrund der Vorhalte war ein Vergleich bei der Beschaffung bildgebender Geräte. Diesbezüglich kam es im Jahre 2017 zu einem informationellen Austausch mit den Verantwortlichen der in Deutschland handelnden Beschaffungsinstitutionen mit dem Bundesgesundheitsministerium.

33 Unabhängig davon, was man von den entsprechenden Vorhalten hält, insbesondere darüber, ob es überhaupt eine Vergleichbarkeit gibt, steht fest, dass Deutschland in den Fokus der Kommission geraten ist. Als Folge wurden seitens der Aufsichtsbehörden Verfügungen an öffentliche Auftraggeber versandt, welche ausdrücklich auf die Einhaltung des Vergaberechts hingewiesen haben.

34 Nach Auffassung des Verfassers ist eine Vergleichbarkeit tatsächlich fraglich. Dort, wo das Krankenhauswesen staatlich gesteuert ist, besteht mit Sicherheit keine Vergleichbarkeit zu dem nicht homogenen System der Bundesrepublik Deutschland. Es wird unabhängig davon aber interessant zu beobachten, wie der Gesetzgeber hierauf reagiert. Ausgehend von den statistischen Erhebungen zur Trägerschaft wächst der Anteil der Krankenhäuser, die nicht öffentliche Auftraggeber sind, stetig, sodass es in der Betrachtung der EU-Kommission auch weiterhin einen zu geringen Anteil an Ausschreibungen gibt. Nach den heute geltenden nationalen Bestimmungen findet auf diese das Vergaberecht aber keine Anwendung. Es bleibt unter Berücksichtigung gegebener Verbräuche bei dem steten Widerspruch zu den Feststellungen der EU-Kommission.

35 Der Gesetzgeber kann hierauf, ähnlich wie seinerzeit bei der Entscheidung zu den Krankenkassen, damit reagieren, den Anwendungsumfang des Vergaberechts zu erweitern und auch auf private bzw. freigemeinnützige Träger zu erweitern oder es letztlich bei den bestehenden Regelungen belassen. Die zukünftige Entwicklung ist mit Interesse zu beobachten.

11 Bedeutung für Beschaffung/Verbund
11.1 Individualbeschaffung kleiner Verbünde

36 Aus der individuellen Betrachtung einer einzelnen Klinik/Reha-Einrichtung ergeben sich aus den vorgenannten Darstellungen verschiedene Konsequenzen. Abhängig von der Trägerschaft kann ein klassischer Einkauf umgesetzt werden, sofern vergaberechtliche Vorgaben nicht einzuhalten sind. Der Umfang des

Bedarfs ergibt sich aus den Vorgaben der Fachabteilungen. Ein Nachteil dabei sind im Rahmen der Kostenbetrachtung sicherlich die Abnahmemengen, welche sich auf die Konditionsgefüge auswirken.

Im Falle der öffentlichen Trägerschaft müssen entsprechende Einrichtungen ab Oktober 2018 vom bekannten und bewährten Umsetzungssystem in manueller Form, zumindest im Bereich der Ausschreibungen oberhalb der Schwellenwerte, auf eine elektronische Ausschreibungsform umstellen. IT-Systeme müssen hierfür nicht zwingend angeschafft werden, da es zwischenzeitlich bereits webbasierte Systeme gibt. 37

Für kleinere Verbünde von Kliniken oder Reha-Einrichtungen gelten grundsätzlich die gleichen Ansätze, sofern im Rahmen der Verbünde auf eine einheitliche Trägerschaft geachtet wird. 38

11.2 Beschaffungsinstitutionen

Der wachsende Kostendruck bringt immer mehr Einrichtungen dazu, sich einer Beschaffungsinstitution anzuschließen. Ausgehend von dem Glauben, dass Beschaffungsmenge und gute Konditionen in einem engen Zusammenwirken stehen, erhoffen sich die Einrichtungen daraus Konditions- und damit Budgetverbesserungen, um dem wachsenden Kostendruck entgegenzuwirken. Gleichzeitig wird häufig mit einer entsprechenden Auslagerung auch der Aspekt von Einsparungen im Personalbereich betrachtet. 39

Anzumerken ist zunächst, dass der Beitritt zu einer Beschaffungsinstitution die Handlungsverantwortlichen einer entsprechenden Einrichtung nicht von der Einhaltung gesetzlicher Vorgaben befreit. Bezogen auf das durchgängig latent angesprochene Thema des Vergaberechts reichen grundsätzliche Zusagen über eine vergabekonforme Beschaffung zur Einhaltung der gesetzlichen Anforderungen für eine öffentliche Einrichtung nicht für ein rechtskonformes Handeln aus, sondern nur deren Umsetzung. 40

Wiederum ausgehend von den zu Anfang ausgeführten Zahlen aus dem Jahre 2016 stehen für entsprechende Entscheidung derzeit (Stand 2016) 1.951 Krankenhäuser und 1.149 Reha-Einrichtungen zur Disposition. Die vorgenannten Einrichtungen stehen in unterschiedlicher Trägerschaft und müssen dementsprechend mit unterschiedlichen Handlungsweisen gemanagt werden. Auch insoweit ist ein Gesichtspunkt für die Entscheidung zum Beitritt zu einer Beschaffungsinstitution sicherlich Art und Umfang der Umsetzung der vergaberechtlichen Vorgaben. 41

Für die am Markt handelnden Beschaffungsinstitutionen ist das Handeln ebenfalls sehr indifferent. Nach wie vor bestehen am Markt Beschaffungsinstitutionen mit unterschiedlicher Ausrichtung. Es existieren Einkaufsgemeinschaften allein für den universitären Bereich, solche nur für öffentliche Auftraggeber und solche mit 42 einer gemischten Mitgliederstruktur. Gleichfalls können Unterscheidungen in der institutionellen Ausrichtung der Einrichtungen getroffen werden. So handeln verschiedene Beschaffungsinstitutionen sowohl den Einkauf für Krankenhäuser und Reha-Einrichtungen oder sind allein auf Beschaffungsmaßnahmen für Krankenhäuser ausgerichtet. Es ist insoweit eine Herausforderung für jede Institution, den richtigen Partner zu finden.

43   Unabhängig von dieser Entscheidung und reflektierend auf die Seite der Verbraucher ist die wirksame Handlungsweise auch für Beschaffungsinstitutionen, welche in erster Linie von Bündelungskomponenten und dem Grad der Verbindlichkeit partizipieren, nicht einfach.

44   Insbesondere im Bereich der gemischten Mitgliederstruktur aus öffentlichen und privaten Trägern sind unterschiedliche Vorgehensweisen notwendig. Während im Bereich der privaten Träger im Sinne des klassischen Einkaufs agiert werden kann und Verträge mit Lieferanten im Verhandlungsverfahren umgesetzt werden können, bedarf dies bei öffentlicher Trägerschaft jeweils der kritischen Betrachtung des geltenden Vergaberechts. Die Umsetzung der Interessen der Mitglieder muss damit auf zwei Ebenen erfolgen. Die Sinnhaftigkeit dieser Differenzierung ist in Frage zu stellen. Man kann vermuten, dass Ergebnisse im Rahmen eines Verhandlungsverfahrens für die Mitglieder in privater Trägerschaft durch industrielle Partner in gleicher Weise für öffentliche Träger auch unter Einhaltung des Vergabekonvoluts angeboten werden. Eine andere Vorgehensweise könnte zumindest bezogen auf den frei verhandelbaren Anteil einen Wegfall der Zusammenarbeit zur Folge haben, was ein stetiges Druckmoment darstellt.

45   Andererseits ist wohl unbestritten, dass gute Konditionen heute nicht mehr der alleinige Maßstab zur Bewertung und Abgrenzung von Beschaffungsinstitutionen sind. In einer neuzeitlichen Betrachtung kommt es auch auf die sogenannten Add-ons an. Ein solches Add-on stellen exemplarisch die sogenannten Standardisierungs- oder Anwenderzirkel innerhalb von Beschaffungsinstitutionen dar. Anwender aus verschiedenen Einrichtungen sollen darin versuchen, sich aus einem komplexen Produktangebot in neutraler Weise auf ein Produkt eines Herstellers zu einigen. Sinn und Zweck sind erhöhte Mengenbündelungen und eine Erhöhung der Verbindlichkeit verbunden mit besseren Konditionsgefügen. Für ein Mitglied in privater Trägerschaft allein ist dies einfach umsetzbar, da die getroffenen Ergebnisse ohne gesetzliche Grenzen umgesetzt werden können. Für Mitglieder in öffentlicher Trägerschaft stellt sich die Umsetzung wesentlich komplexer dar, da die Anforderungen einer neutralisierten Entscheidung erst im Wege eines Vergabeverfahrens umgesetzt werden müssen. Eine rechtskonforme Umsetzung bei einem aus der Trägerschaft gemischten Mitgliederstamm ist daher schwieriger und selten einheitlich. Man kann aus diesem Gesichtspunkt auch Verständnis dafür haben, wenn Verantwortliche aus Institutionen in öffentlicher Trägerschaft, unter Abwägung der monetären Auswirkungen, vergaberechtliche Aspekte nicht in den Vordergrund stellen. Die vergaberechtlichen Möglichkeiten

auf Abschluss von Rahmenverträgen werden innerhalb dieses Beitrages nicht vertieft, obwohl sie zu einer teilweise geänderten Sichtweise führen können.

12 Schlussfolgerung

Im Rahmen der Beschaffung selbst stellen die unterschiedlichen Handlungsoptionen der Einrichtungen im Gesundheitswesen eine Erschwerung dar. Auch wenn die Anwendung des Vergaberechts keine Diskriminierung beinhaltet, da sie auf sachlichen Gründen basiert, bietet sie vielmals einen Wettbewerbsnachteil zu Institutionen in privater Trägerschaft. Es ist hierbei zu berücksichtigen, dass das Vergaberecht auch einen Ursprung aus dem Haushaltsrecht und dem Schutz vor wettbewerbswidrigem Handeln hat. Private Träger können aber schneller und marktorientierter reagieren. Umsetzungen im Bereich der Großgeräte auf einen Hersteller, welche sich in untergeordneten Aktivitäten wie verbundener Wartungsverträge, verbesserter Zugriffszeiten und andere Aspekte auswirken, sind Institution in öffentlicher Trägerschaft nur schwerer zugänglich. Das Handeln solcher Institutionen muss daher grundsätzlich innovativer bezogen auf die Umsetzung und Berücksichtigung des Vergaberechts sein. 46

Hiervon unabhängig gilt aber weiterhin, dass die Einhaltung der vergaberechtlichen Vorgehensweise die logische Umsetzung eines Beschaffungsvorganges beinhaltet. Selbst die Verfahrensdauer eines offenen Verfahrens in elektronischer Form von 51 Tagen ist dabei kein Hemmnis, da es von den Anwendern nur eine ausgewogene Planung fordert. 47

Wenn man daher den Forderungen der Kommission der Europäischen Gemeinschaft – Vergaberecht im Gesundheitswesen – entgegentreten will, so kann es nur so erfolgen, dass ein einheitliches System geschaffen wird. Solange zwei verschiedene Anwendersysteme an einem einheitlichen Markt vorhandenen sind, wird eine gewünschte Durchdringung bereits aus wirtschaftlichen Gründen nicht erfolgen können. Der Kostendruck im Gesundheitswesen veranlasst handelnde Personen wiederkehrend zu Entscheidungen, die ihre Grundlage in der Kostenseite haben. Es ist dabei nicht zu verkennen, dass die am Markt agierenden Institutionen im Wettbewerb stehen und darüber hinaus aus der Trägerschaft unterschiedliche Geschäftsziele verfolgen. Gewerbliche handelnde Institutionen handeln jedenfalls gewinnorientiert. Will man also dauerhaft der Einleitung eines Vertragsverletzungsverfahrens entgegenwirken, so ist die notwendige Handlungsweise, sämtliche Beschaffungsmaßnahmen ohne künstliche Differenzierung dem Vergaberecht zu unterwerfen. Nur dann gelten für alle Marktteilnehmer gleiche Bedingungen und die Grundlagen der Beschaffung werden vereinheitlicht. Mit einem solchen Schritt würde sich Art und Umfang der durchgeführten Vergaben in einer Sicht auf die Veröffentlichungen in TED erhöhen. Gleichfalls wäre damit ein Wettbewerbsnachteil allein in der Beschaffungsart zwischen privaten und öffentlichen Trägern aufgehoben. In konsequenter Anwendung des Vergaberechts 48 bedeutet dies nach Auffassung des Verfassers aber nicht, dass sich die zur Beschaffung stehenden Konditionen verschlechtern, sondern nur Art und Weise der Herleitung ändern.

49 All dies hat seine Grundlage in dem Gedanken eines europäischen Binnenmarktes, dessen Umsetzung bis heute – zumindest im Gesundheitswesen – keine durchgreifende Änderung erfahren hat. Will der Gesetzgeber also einerseits Forderungen aus Ausschüssen der EU gerecht werden, so müssen andererseits die Hemmnisse zur Umsetzung eines europäischen Handelns aufgehoben werden, woran es bislang mangelt.

Literatur

RP-Online v. 14.8.2017: Krankenhausstatistik 2017. Weniger Krankenhäuser aber mehr Patienten. Online: https://rp-online.de/leben/gesundheit/news/weniger-krankenhaeuser-aber-mehr-patienten_aid-19581735 [abgerufen am 21.8.2018].

Rechtssichere Beschaffung durch Compliance Management

Bianca Meier/Ekkehard Zimmer

Literatur

Schlagwortübersicht

Abstract: Der Bereich des Einkaufes in einem Krankenhaus unterliegt diversen gesetzlichen wie unternehmensinternen Regelungen, deren Einhaltung erforderlich ist. Die Befolgung dieser ausschreibungsrelevanten Normen im Rahmen unterschiedlicher Vergabearten lässt Beschaffungsprozesse im öffentlichen Bereich häufig sperrig und kompliziert erscheinen.

Insofern ist es unabdingbar, die geltenden Vergabearten und die sich daran ausrichtenden Vergabeverfahren zu verinnerlichen und im Rahmen einer Beschaffungsordnung den Mitarbeitern des Unternehmens transparent zur Verfügung zu stellen.

Vergaberechtsverstöße führen zu entsprechenden Rügen konkurrierender Bieter, verzögern gegebenenfalls die notwendige Beschaffung und haben damit häufig wirtschaftliche sowie rechtliche Konsequenzen für das Unternehmen, die es möglichst zu vermeiden gilt.

Der Bereich Einkauf eines Unternehmens ist zudem auch unter Korruptionsgesichtspunkten ein sensibler Bereich. Es ist daher für die Unternehmensführung unerlässlich, die Integrität der handelnden Personen zu kontrollieren und den Rahmen rechtlich zulässigen Handelns festzulegen.

Trägt die Geschäftsführung hinsichtlich dieser Themen keine genügende Sorgfalt, etwa indem sie adäquate Vorgaben, Aufsichtsmaßnahmen oder Kontrollen unterlässt, droht ihr selbst die Haftung, welche gemäß § 130 OWiG mit empfindlichen Bußgeldern einhergehen kann. Eine Möglichkeit einen rechtssicheren und verbindlichen Rahmen für die Mitarbeiter und die Unternehmensleitung zu entwickeln ist die Einführung eines Compliance-Management-Systems (CMS).

1 Compliance – was ist das?

Eine Legaldefinition des Begriffes Compliance existiert nicht. Ein Blick in die Gesetzbücher verläuft ergebnislos. 1

In seiner Verwendung als allgemeiner Rechtsbegriff besagt Compliance die Übereinstimmung mit und die Befolgung von rechtlichen oder regulativen Vorgaben.[1] 2

Compliance wird auch von der Politik beschrieben. Im Jahre 2014 erklärte die Bundesregierung, dass ein Compliance-Management-System (CMS) „ein wichtiges Mittel der eigenverantwortlichen Prävention und Aufklärung von Rechtsverstößen" ist.[2] 3

1.1 Compliance – wen geht sie an?

Compliance, also die Einhaltung rechtlicher wie regulativer Vorgaben, geht zweifelsohne jeden Mitarbeiter eines Unternehmens an. Selbstverständlich wird von jedem Mitarbeiter erwartet, dass er sich an Gesetze, untergesetzliche Normen, Verhaltenskodizes und unternehmensintern erlassene Regelungen hält. Um diese Erwartungen erfüllen zu können, muss jeder Mitarbeiter wissen, in welchem Rahmen er sich rechtskonform bewegt; die Regelungen müssen ihm also bekannt sein. 4

---

1 Dieners/Lembeck: Compliance-Management in der betrieblichen Praxis. In: Dieners/Lembeck: (Hrsg.): Handbuch Compliance im Gesundheitswesen. 2010, Rn. 1.
2 BT Drs. 18/2187, S. 3.

1.2 Compliance–Management

5 Die Geschäftsleitung hat dafür Sorge zu tragen, dass ihre Mitarbeiter den Rahmen rechtskonformen Verhaltens kennen. Dieser Anspruch kann durch Einführung eines CMS gelingen.

6 Ein CMS ist die Summe der angemessenen, zumutbaren und miteinander verbundenen Maßnahmen, durch die sich ein Unternehmen organisiert und effektiv auf Compliance hinwirkt. Dabei handelt es sich insbesondere um

– Planungs- und Risikoidentifizierung,
– Kommunikations- und Informationstransfer,
– Wissensvermittlungs-, Dokumentations-, Kontroll- und Reaktionsmaßnahmen.[3]

2 Beschaffung im Universitätsklinikum Düsseldorf AöR (UKD)

7 Damit sich die Mitarbeiter in diesem Unternehmen der öffentlichen Hand im Rahmen von Beschaffungsvorgängen rechtstreu verhalten und sie wissen, wie im Einzelnen regeltreu vorzugehen ist, hat sich das UKD eine umfassende Beschaffungsordnung gegeben.

8 In ihr sind die zahlreichen unterschiedlichen Beschaffungsvorgänge des UKD mit ihren Grundsätzen, Abläufen und Ansprechpartnern geregelt.

9 Für den Geschäftsbereich Einkauf werden Einkaufsgrundsätze, wie Wirtschaftlichkeit, Sparsamkeit, das Trennungsprinzip und das Prinzip der zentralen Beschaffung, als zwingend in der Beschaffungsordnung festgeschrieben. Die Regelungen im Einzelnen:

2.1 Wirtschaftlichkeit und Sparsamkeit

10 Alle Beschaffungen und Auftragsvergaben im UKD sind daraufhin auszurichten, dass die Wirtschaftsführung des Klinikums nach medizinischen, qualitativen und betriebswirtschaftlichen Grundsätzen zur bestmöglichen Erfüllung seiner Aufgaben im Gesundheitswesen erfolgt und das Prinzip von Wirtschaftlichkeit und Sparsamkeit im Vordergrund steht.

11 Diese Beschaffungsgrundsätze gelten generell für alle materialwirtschaftlichen Beschaffungsvorgänge, die aus den dem UKD zur Verfügung stehenden Mitteln abzudecken sind.

---

3 Dann (Hrsg.): Compliance im Krankenhaus. 2015, S. 1.

2.2   Trennungsprinzip

Zuwendungen von Dritten an das Universitätsklinikum oder an Mitarbeiter des   12
Klinikums dürfen nicht in Abhängigkeit von Rechtsgeschäften des Klinikums mit
den Dritten gewährt oder angenommen werden. Ausgeschlossen wird damit die
unzulässige Beeinflussung von Beschaffungsentscheidungen des Klinikums durch
Dritte. Besonders zu beachten ist das Trennungsprinzip bei Personen, die in
Beschaffungsentscheidungen involviert sind oder diese treffen bzw. Einfluss auf
Beschaffungsentscheidungen haben, die auch Produkte von Zuwendungsgebern
betreffen. Vor diesem Hintergrund hat sich auch das sogenannte Vier-Augen-
Prinzip bewährt, das dazu führt, dass Beschaffungsentscheidungen stets von
mindestens zwei Mitarbeitern, je nach Vergabesumme auch mehreren Mitarbei-
tern gezeichnet werden müssen.

2.3   Zentrale Beschaffung

Aus wirtschaftlichen, rechtlichen und organisatorischen Gründen gilt der Grund-   13
satz der zentralen Beschaffung.

Grundsätzlich ist der Einkauf zuständig für alle Beschaffungsmaßnahmen mit   14
Ausnahme der weiter benannten zentralen Beschaffungsstellen und deren definierten Aufgabenspektrum.

Grundlage für alle Bestellungen sind die Allgemeinen Einkaufsbedingungen des   15
Universitätsklinikums Düsseldorf.

Bestellungen und Leistungsanforderungen durch nicht vom Vorstand autorisierte   16
Mitarbeiter werden als rechtlich nicht verbindlich angesehen.

Wird das UKD aufgrund einer vorsätzlichen und nicht vom Vorstand auto-   17
risierten Bestellung zur Zahlung verpflichtet, wird bei unwirtschaftlicher Beschaf-
fungsweise vom Bestellenden Schadenersatz gefordert.

2.4   Grundsätzliches

Die Einhaltung der Beschaffungsgrundsätze   18

- Wahrhaftigkeit,
- Unbestechlichkeit und Loyalität gegenüber dem eigenen Unternehmen und
- Fairness gegenüber dem Lieferanten

ist unabdingbare Voraussetzung einer ordnungsgemäßen Aufgabenerfüllung.
Dabei besteht die wichtigste Voraussetzung für rechtmäßiges Handeln darin,
dass sich die in den Beschaffungsstellen tätigen Mitarbeiter nie in ein Abhängig-
keitsverhältnis zu ihren Geschäftspartnern begeben.

19 Jedes persönliche Interesse in Bezug auf Beschaffungsvorgänge, das die Unvor-
eingenommenheit der Beschaffungsstellen in Zweifel ziehen könnte, ist dem
Vorgesetzten zu melden.

3 Vergabeverfahren im Überblick

20 Öffentliche Auftraggeber haben sich im Gegensatz zu privatrechtlich organisierten
Auftraggebern den Regeln des öffentlichen Vergaberechts zu unterwerfen. Dabei
sind im Wesentlichen zwei unterschiedliche Arten der Ausschreibung zu unterscheiden. Zu differenzieren sind Ausschreibungen oberhalb des durch europäische
Richtlinien festgelegten Schwellenwertes und solche unterhalb des Schwellenwertes, die nationalem Recht unterliegen.

3.1 Europaweites Vergabeverfahren

21 Ein europaweites Vergabeverfahren muss gewählt werden, wenn ein

- öffentlicher Auftraggeber (§§ 98 ff. GWB)

einen

- öffentlichen Auftrag oder eine Konzession (§ 103 ff. GWB)
- oberhalb der Schwellenwerte (§ 106 GWB) Stand seit 1.1.2018:
  - Bauaufträge/Konzessionsverträge: 5,548 Mio. EUR
  - Liefer- und Dienstleistungsaufträge: 221.000 EUR
  - Liefer- und Dienstleistungsaufträge oberer und oberster Bundesbehörden:
    144.000 EUR
  - Soziale/besondere Dienstleistungen: 750.000 EUR

vergeben will und

- kein Ausnahmetatbestand (§ 107 ff. GWB) vorliegt.

3.1.1 Öffentlicher Auftraggeber (§ 98 GWB)

22
- Auftraggeber (§ 98 GWB)
  - Öffentlicher Auftraggeber im Sinne des § 99 GWB
  - Sektorenauftraggeber im Sinne des § 100 GWB
  - Konzessionsgeber im Sinne des § 101 GWB
- Institutionelle Auftraggeber (§ 99 Nr. 1 GWB)
- Gebietskörperschaften (Bund, Land, Städte, Gemeinden)
- Funktionale Auftraggeber (§ 99 Nr. 2 GWB)
- Erfüllung im Allgemeininteresse liegender Aufgaben nicht gewerblicher Art,
  staatliche Beherrschung oder Finanzierung
- Auftraggeber bei bestimmten geförderten Maßnahmen (§ 99 Nr. 4 GWB)

3.1.2 Öffentlicher Auftrag (§ 103 f. GWB)

Öffentliche Aufträge sind entgeltliche Verträge von öffentlichen Auftraggebern oder Sektorenauftraggebern mit Unternehmen über die Beschaffung Lieferleistungen, Dienstleistungen, Bauleistungen, Rahmenvereinbarungen und Wettbewerbe.   23

3.1.3 Oberhalb des Schwellenwertes (§ 106 Abs. 1 GWB, § 3 VgV)

- Voraussichtlicher Gesamtwert netto   24
- Berücksichtigung von Optionen oder Vertragsverlängerungen sowie etwaiger Prämien oder Zahlungen an den Bewerber oder Bieter
- Seriöse Prognose – keine Umgehungsabsicht
- Schätzung des Auftragswertes bei Versendung der Bekanntmachung
- Bei Rahmenvereinbarungen ist der Wert aller Einzelaufträge während der gesamten Laufzeit anzusetzen
- Bei Bauleistungen ist auch der geschätzte Wert aller Liefer- und Dienstleistungen einzubeziehen
- Bei Liefer- und Dienstleistungen ist bei unbegrenzter Laufzeit der 48-fache Monatswert anzusetzen
- Bei Planungsleistungen sind Lose gleichartiger Leistungen zu addieren

3.2 Öffentliche Vergabe unterhalb der Schwellenwerte

Für die nationale Vergabe ist die Unterschwellenvergabeordnung (UVgO) einschlägig. Ihre Endfassung wurde am 7.2.2017 im Bundesanzeiger veröffentlicht. Ziel der UVgO ist die Angleichung des nationalen an das EU-Vergaberecht und die Ablösung des 1. Abschnittes der VOL/A.   25

Die UVgO gilt allerdings noch nicht unmittelbar, sondern erst, wenn sie von Bund und Ländern für anwendbar erklärt worden sind. Hierfür muss der Bund zunächst die Allgemeinen Verwaltungsvorschriften zu § 55 der Bundehaushaltsordnung (BHO) ändern, die Länder die entsprechenden Landesregelungen.   26

Der Bund hat die UVgO in 2017 bereits für anwendbar erklärt, bei den Ländern zeigt sich ein uneinheitliches Bild. In Hamburg, Bremen und Bayern ist sie bereits in Kraft getreten. Die übrigen Bundesländer planen die Inkraftsetzung im Laufe des Jahres 2018.   27

3.2.1 Anwendungsbereich der UVgO

§ 1 UVgO regelt den Anwendungsbereich. Der personelle Anwendungsbereich wird durch den Anwendungsbefehl von Bund und Ländern separat festgelegt. In der UVgO selbst ist daher nur vom Auftraggeber die Rede, nicht vom öffentlichen Auftraggeber. Voraussetzung der Anwendbarkeit ist die Unterschrei-   28 tung des EU-Schwellenwertes. Es wird die Vergabe von öffentlichen Liefer- und Dienstleistungsaufträgen sowie von Rahmenverträgen geregelt. In § 50 UVgO ist eine Sonderregelung zur Vergabe freiberuflicher Leistungen normiert.

3.2.2 Verfahrensarten der UVgO

29 Nach § 8 Abs. 2 UVgO kann der Auftraggeber zwischen der Öffentlichen Ausschreibung und der Beschränkten Ausschreibung mit Teilnahmewettbewerb frei und ohne nähere Begründung wählen. Dabei richtet sich das Verfahren der Öffentlichen Ausschreibung nach § 9 UVgO und das der Beschränkten Ausschreibung mit Teilnahmewettbewerb nach § 10 UVgO.

30 Weitere Verfahrensarten sind nur anwendbar, soweit sie nach § 8 Abs. 3 und 4 UVgO ausnahmsweise gestattet sind.

31 Die Beschränkte Ausschreibung ohne Teilnahmewettbewerb ist in § 8 Abs. 3, 11 UVgO geregelt, die ehemals freihändige Vergabe, jetzt Verhandlungsvergabe mit oder ohne Teilnahmewettbewerb ist in den §§ 8 Abs. 4, 12 UVgO geregelt.

32 Der Direktauftrag ist in § 14 UVgO normiert:

§ 14
Direktauftrag

Leistungen bis zu einem voraussichtlichen Auftragswert von 1 000 Euro ohne Umsatzsteuer können unter Berücksichtigung der Haushaltsgrundsätze der Wirtschaftlichkeit und Sparsamkeit ohne die Durchführung eines Vergabeverfahrens beschafft werden (Direktauftrag). Der Auftraggeber soll zwischen den beauftragten Unternehmen wechseln.

3.3 Folgen von Vergaberechtsverstößen oberhalb der UVgO

33 Bei Verstößen in Verfahren oberhalb der EU-Schwellenwerte ist es dem benachteiligten Unternehmer möglich, ein Nachprüfungsverfahren vor der Vergabekammer zu beantragen, um eine rechtmäßige Vergabedurchführung zu erreichen. Zudem kommen Schadenersatzansprüche und der Verlust von Fördermitteln in Betracht.

34 Es drohen die Untersagung einer Auftragserteilung und die Nichtigerklärung bereits erteilter vergaberechtswidriger Aufträge.

35 Unterhalb der Schwellenwerte können möglicherweise bestehende Schadenersatzansprüche vor den Zivilgerichten durchgesetzt werden.

4 Korruptionsstraftatbestände

Verhalten sich Mitarbeiter im Rahmen von Beschaffungsvorgängen nicht rechts- 36
konform, drohen zum einen strafrechtliche Sanktionen für die betreffenden Personen, zum anderen aber auch erhebliche Reputationsverluste des Unternehmens bereits bei Einleitung von Ermittlungsverfahren. Das Strafgesetzbuch (StGB) enthält unterschiedliche Korruptionstatbestände, wobei im Folgenden die Vorteilsannahme genauer beleuchtet wird.

Im Bereich der Antikorruption gelten vier Prinzipien: 37

- **Äquivalenzprinzip**
  Leistung und Gegenleistung müssen in einem angemessenen Verhältnis stehen.
- **Trennungsprinzip**
  Es ist auf jede Koppelung von Zuwendung und etwaigem Umsatzgeschäft zu verzichten.
- **Transparenzprinzip**
  Zuwendungen werden offengelegt, insbesondere gegenüber dem Dienstherr.
- **Dokumentationsprinzip**
  Vorteilszuwendungen werden schriftlich fixiert und dadurch nachvollziehbar gemacht.

4.1 Überblick über die Korruptionsdelikte mit Relevanz für Krankenhäuser

Vorteilsannahme /-gewährung (Amtsträger)	§§ 331, 333 StGB	
Bestechlichkeit / Bestechung (Amtsträger)	§§ 332, 334 StGB	38
Angestelltenbestechung (Nicht-Amtsträger)	§§ 299, 300 StGB	
Bestechlichkeit / Bestechung im Gesundheitswesen	§§ 299a, b StGB	

4.2 Vorteilsannahme gem. § 331 StGB

§ 331 39
Vorteilsannahme

(1) Ein Amtsträger, ein Europäischer Amtsträger oder ein für den öffentlichen Dienst besonders Verpflichteter, der für die Dienstausübung einen Vorteil für sich oder einen Dritten fordert, sich versprechen lässt oder annimmt, wird mit Freiheitsstrafe bis zu drei Jahren oder mit Geldstrafe bestraft.

(2) [1]Ein Richter, Mitglied eines Gerichts der Europäischen Union oder Schiedsrichter, der einen Vorteil für sich oder einen Dritten als Gegenleistung dafür fordert, sich versprechen lässt oder annimmt, dass er eine richterliche Handlung vorgenommen

hat oder künftig vornehme, wird mit Freiheitsstrafe bis zu fünf Jahren oder mit Geldstrafe bestraft. [2]Der Versuch ist strafbar.

(3) Die Tat ist nicht nach Absatz 1 strafbar, wenn der Täter einen nicht von ihm geforderten Vorteil sich versprechen lässt oder annimmt und die zuständige Behörde im Rahmen ihrer Befugnisse entweder die Annahme vorher genehmigt hat oder der Täter unverzüglich bei ihr Anzeige erstattet und sie die Annahme genehmigt.

40   Der Amtsträgerbegriff ist legal definiert in § 11 Abs. 1 Nr. 2 StGB

[...]

Amtsträger ist, wer nach deutschem Recht:

a) Beamter oder Richter ist,

b) in einem sonstigen öffentlich-rechtlichen Amtsverhältnis steht oder

c) sonst dazu bestellt ist, bei einer Behörde oder sonstigen Stelle oder in deren Auftrag Aufgaben der öffentlichen Verwaltung unbeschadet der zur Aufgaben-erfüllung gewählten Organisationsform wahrzunehmen;

[...]

4.2.1 Schutzzweck und Täterkreis

41   § 331 StGB schützt die Lauterkeit des öffentlichen Dienstes. Es geht also darum, schon den „bösen Anschein möglicher Käuflichkeit" auszuschalten, die die Integrität der Dienstausübung bei Annahme von Zuwendungen für dienstliche Tätigkeiten gefährdet.[4]

42   Amtsträger im Sinne des § 11 Abs. 1 Nr. 2c StGB sind auch Bedienstete einer privatrechtlich juristischen Person, der die Wahrnehmung öffentlicher Aufgaben vertraglich oder satzungsmäßig übertragen sind.[5]

43   Daher können sich auch angestellte Ärzte, Pflegekräfte und sonstige Mitarbeiter in Universitätskliniken, Kreis-, Bezirks- oder Städt. Krankenhäusern strafbar machen.[6]

44   Sie nehmen im Rahmen der sogenannten „Daseinsvorsorge", die auf der Erhaltung der Gesundheit der Bürger sowie der Heilung von Krankheiten als originären staatlichen Zielen basiert, Aufgaben der öffentlichen Verwaltung wahr. Dabei ist die zur Aufgabenerfüllung gewählte Organisationsform nach § 11 Abs. 1 Nr. 2c StGB unerheblich, sodass es nicht darauf ankommt, ob ein öffentliches Krankenhaus in der Rechtsform einer selbständigen GmbH, als unselbständiger Eigenbetrieb einer Kommune oder in Gestalt einer öffentlichen Körperschaft oder

---

4   Ulsenheimer (Hrsg.): Arztstrafrecht in der Praxis. 2015, Rn. 989.
5   BGHSt 43, 370; Fischer: StGB. 2018, § 331, Rn. 4b.
6   OLG Karlsruhe NJW 1983, 352; BGH MedR 2000, 193 m. Anm. Göben.

Stiftung betrieben wird.[7] Krankenhäuser privater Träger unterliegen jedoch nicht diesen Rahmenbedingungen.

4.2.2 Vorteil

Unter Vorteil ist jede Leistung zu verstehen, auf die der Empfänger keinen Anspruch hat und die seine wirtschaftliche, rechtliche oder auch nur persönliche Lage objektiv verbessert.[8]   45

Wie schnell die Grenze zu einer strafbaren Handlung überschritten sein kann, ergibt sich aus der Weite des Vorteilsbegriffs.[9]   46

Neben Bargeld und Geschenken fallen hierunter beispielsweise auch[10]   47

- Rabatte,
- Einladungen/Freikarten für Veranstaltungen (Sportereignisse, kulturelle Veranstaltungen etc.),
- Bezahlung von Kongressreisen,
- Bezuschussung von Weihnachtsfeiern,
- Überlassung eines Leihwagens,
- Vermittlung einer Nebentätigkeit,
- Gewährung eines Darlehens,
- Kostenlose Überlassung medizinischer Geräte.

4.2.3 Dienstausübung

Dienstausübung ist nach seiner bewusst weiten Auslegung jede Tätigkeit, die zu den dienstlichen Obliegenheiten des Amtsträgers gehört und von ihm in dienstlicher Eigenschaft vorgenommen wird.[11]   48

4.2.4 Unrechtsvereinbarung

Hierunter wird die inhaltliche Verknüpfung von Dienstausübung und Vorteilszuwendung verstanden. Der Vorteil muss also **für** die Dienstausübung gefordert, versprochen oder angenommen werden. Es genügt die so genannte **„gelockerte Unrechtsvereinbarung"**.   49

---

7   Ulsenheimer (Hrsg.): Arztstrafrecht in der Praxis. 2015, Rn. 990.
8   BGHSt 47, 295, 304; BGH NStZ 2005, 335; 2001, 425; BGHSt 31, 264,279; Fischer StGB. 2018, Rn. 11.
9   Dann (Hrsg.): Compliance im Krankenhaus. 2015, S. 233.
10 Dann (Hrsg.): Compliance im Krankenhaus. 2015, S. 234.
11 Ulsenheimer (Hrsg.): Arztstrafrecht in der Praxis. 2015, Rn. 1007.

50   Dazu der BGH[12]:

> *„Zwischen dem Vorteil und der Dienstausübung muss ein ‚Gegenseitigkeitsverhält-*
> *nis' in dem Sinne bestehen, dass der Vorteil nach dem (angestrebten) ausdrück-*
> *lichen oder stillschweigenden Einverständnis der Beteiligten seinen Grund gerade in*
> *der Dienstausübung hat […]. Dies erfordert, dass Ziel der Vorteilszuwendung ist,*
> *auf die künftige Dienstausübung Einfluss zu nehmen […] und/oder die vergangene*
> *Dienstausübung zu honorieren […]. In diesem allgemeinen Sinne muss der Vorteil*
> *somit nach wie vor Gegenleistungscharakter haben […]. Unter Dienstausübung ist*
> *dabei grundsätzlich jede dienstliche Tätigkeit zu verstehen. Diese muss nach den*
> *Vorstellungen der Beteiligten nicht – noch nicht einmal in groben Umrissen –*
> *konkretisiert sein; daher genügt es, wenn der Wille des Vorteilsgebers auf ein*
> *generelles Wohlwollen bezogen auf künftige Fachentscheidungen gerichtet ist, das*
> *bei Gelegenheit aktiviert werden kann.“*

4.2.5 Tathandlungen des § 331 Abs. 1 StGB

51   Die einzelnen Tathandlungen sind das Fordern, das Sich-versprechen-Lassen und
das Annehmen.

a) **Fordern**

Fordern ist nicht nur das ausdrückliche, sondern auch das schlüssige „ver-
brämte“ Verlangen eines Vorteils für eine dienstliche Tätigkeit, wobei das
Verlangen objektiv, d. h. durch eine „von einem verständigen Betrachter in der
Situation des Angesprochenen so zu verstehende Erklärung des Amtsträgers“
dem potentiellen Geber zur Kenntnis gebracht werden muss. „Dabei muss der
Vorsatz des Amtsträgers darauf gerichtet sein, dass der Erklärungsempfänger
auch den Sinn der Erklärung versteht“, während ein diesbezüglicher Erfolg
nicht erforderlich ist.[13]

b) **Sich-versprechen-Lassen**

Das Sich-versprechen-Lassen ist die ausdrückliche oder stillschweigende Erklärung, den für die Dienstausübung angebotenen Vorteil anzunehmen. Ob
dieser tatsächlich geleistet wird, ist für den Tatbestand des § 331 Abs. 1 StGB
unerheblich, sofern der Wille des Täters dahin geht.[14]

c) **Annehmen**

Annehmen bedeutet die tatsächliche In Empfangnahme des Vorteils mit dem
Willen, diesen für sich oder im Interesse eines Dritten zu nutzen. Die
Annahme kann konkludent erfolgen; ein dabei gemachter Genehmigungs-
vorbehalt ändert an der Annahme des Vorteils nichts.[15]

---

12   BGH NJW 2008, 3580, 3583.
13   BGH NStZ 2006, 628, 629.
14   BGH NJW 1989, 916.
15   Ulsenheimer (Hrsg.): Arztstrafrecht in der Praxis. 2015, Rn. 1024.

4.2.6 Genehmigung gem. § 331 Abs. 3 StGB

Eine Vorteilsannahme ist straflos, wenn sie durch die zuständige Behörde vorab 52 oder unmittelbar nach Anzeige der Annahme genehmigt wird.

Voraussetzung dafür ist, dass der Vorgang dienstrechtlich genehmigungsfähig ist 53 und von der örtlich und sachlich zuständigen Behörde erteilt wird. Hat der Täter den Vorteil gefordert und handelt es sich um eine pflichtwidrige Diensthandlung, ist eine Genehmigung ausgeschlossen.

In Fällen, in denen die Annahme eines Vorteils nicht einmal den Anschein der 54 Käuflichkeit erweckt, wenn etwa die Vorteilsnahme offensichtlich in keinerlei Zusammenhang zu einer Diensthandlung des Mitarbeiters steht, bedarf es bereits keiner Genehmigung durch die Klinikleitung. Besteht aber umgekehrt ein Bezug bei einer geplanten Vorteilsannahme zum Dienstgeschäft, wird eine Genehmigung bereits aus dienstrechtlichen Gründen nicht möglich sein.[16]

Im Ergebnis sind daher kaum Fälle denkbar, in denen eine Genehmigung der 55 Krankenhausleitung erforderlich und zulässig wäre. Dem Abs. 3 des § 331 StGB kommt daher kaum strafrechtliche Relevanz im engeren Sinne zu.

5 Korrupte Mitarbeiter – ein Risiko auch für die Geschäftsleitung?

Macht sich ein Mitarbeiter strafbar, etwa in dem er Vorteile annimmt, besteht 56 auch für die davon keine Kenntnis habende Geschäftsleitung ein Haftungsrisiko.

5.1 § 130 Gesetz über Ordnungswidrigkeiten (OWiG)

§ 130 57

(1) [1]Wer als Inhaber eines Betriebes oder Unternehmens vorsätzlich oder fahrlässig die Aufsichtsmaßnahmen unterlässt, die erforderlich sind, um in dem Betrieb oder Unternehmen Zuwiderhandlungen gegen Pflichten zu verhindern, die den Inhaber treffen und deren Verletzung mit Strafe oder Geldbuße bedroht ist, handelt ordnungswidrig, wenn eine solche Zuwiderhandlung begangen wird, die durch gehörige Aufsicht verhindert oder wesentlich erschwert worden wäre. [2]Zu den erforderlichen Aufsichtsmaßnahmen gehören auch Bestellungen, sorgfältige Auswahl und Überwachung der Aufsichtspersonen.

(2) Betrieb oder Unternehmen im Sinne des Absatzes 1 ist auch das öffentliche Unternehmen.

---

16 Dann (Hrsg.): Compliance im Krankenhaus. 2015, S. 240.

(3) [1]Die Ordnungswidrigkeit kann, wenn die Pflichtverletzung mit Strafe bedroht ist, mit einer Geldbuße bis zu einer Million Euro geahndet werden. [2]§ 30 Abs. 2 Satz 3 ist anzuwenden. [3]Ist die Pflichtverletzung mit Geldbuße bedroht, so bestimmt sich das Höchstmaß der Geldbuße wegen der Aufsichtspflichtverletzung nach dem für die Pflichtverletzung angedrohten Höchstmaß der Geldbuße. [4]Satz 3 gilt auch im Falle einer Pflichtverletzung, die gleichzeitig mit Strafe und Geldbuße bedroht ist, wenn das für die Pflichtverletzung angedrohte Höchstmaß der Geldbuße das Höchstmaß nach Satz 1 übersteigt.

5.2 Täterkreis

58 § 9 OWiG erweitert den Täterkreis auf alle Personen, die in der Lage sind, die Einhaltung der Vorschriften im Betrieb oder Unternehmen durchzusetzen, also z. B. auf den Geschäftsführer einer – in Form einer GmbH geführten Klinik, den Chefarzt, den ärztlichen Direktor, den Pflegedirektor oder den Kaufmännischen Direktor. Erfasst sind also Leitungspersonen. Zu beachten ist hierbei, dass die Leitungsperson ihre Aufsichtspflicht zwar delegieren, sie sich dadurch aber nie vollständig den Aufsichtspflichten entziehen kann.[17]

5.3 Aufsichtspflichten

59 Der genaue Umfang der Aufsichtspflichten hängt von den Umständen des Einzelfalles ab. Aufsichtsmaßnahmen des Krankenhausträgers oder seines Beauftragten oder Vertreters müssen aber stets objektiv erforderlich und zumutbar sein. Die Erforderlichkeit richtet sich insbesondere nach der Größe, der Organisation und der Anfälligkeit eines Krankenhauses für betriebsbezogene Verstöße sowie nach der Vielfalt und Bedeutung der zu beachtenden Vorschriften, den Überwachungsmöglichkeiten, der praktischen Durchführbarkeit und Zumutbarkeit der Aufsichtsmaßnahmen.[18]

60 Die Kontrollanforderungen verschärfen sich, wenn es bereits Vorfälle gegeben hat oder Unsicherheiten in Bezug auf die Zuverlässigkeit des Mitarbeiters vorhanden sind.

---

17 Vgl. Tsambikakis/Stage: Unwissenheit schützt vor Strafe nicht! § 130 OWiG – ein Haftungsrisiko für die Geschäftsleitung. In: Der Krankenhausjustiziar 4/2017, S. 111.

18 Vgl. Tsambikakis/Stage: Unwissenheit schützt vor Strafe nicht! § 130 OWiG – ein Haftungsrisiko für die Geschäftsleitung. In: Der Krankenhausjustiziar 4/2017, S. 112; LG München, Urt. v. 10.12.2013, Az.: 5HK O 1387 (Neubürger-Entscheidung).

5.4   Folgen des Verstoßes gegen § 130 OWiG

Gem. § 130 Abs. 3 OWiG kann die Ordnungswidrigkeit mit einer Geldbuße   61
geahndet werden. Das heißt, die **Aufsichtsperson** kann zur Zahlung einer nicht
unerheblichen Geldsumme verurteilt werden.

Zudem kann gem. § 30 OWiG auch gegen das **Unternehmen** selbst eine Geldbuße   62
verhängt werden, wenn eine Leitungsperson im Sinne des § 30 Abs. 1 OWiG eine
so genannte Anknüpfungstat begangen hat. Eine solche kann z. B. § 130 OWiG
sein.

6   Fazit

Sicherlich wird ein CMS nicht alle Regelverstöße von Mitarbeitern verhindern, es   63
kann aber den Vorwurf der Aufsichtspflichtverletzung entkräften.

Besteht ein funktionierendes CMS, wird dies sowohl von der Ermittlungsbehörde   64
als auch von den Gerichten positiv wahrgenommen und kann im besten Falle
exkulpierende Wirkung entfalten.

Insgesamt besteht keine Rechtspflicht für Krankernhausträger, ein CMS ein-   65
zurichten. Mit den vorstehenden Darstellungen aber gebietet es die unternehmerische Vorsicht, allein um die Sanktionsfähigkeit von Aufsichtspflichtverletzungen
zu reduzieren oder sogar zu verhindern, ein funktionierendes Compliance-Pro-
gramm im Unternehmen zu etablieren.

Literatur

Dieners, P./Lembeck, U.: Compliance-Management in der betrieblichen Praxis. In: Dieners,
    P./Lembeck, U. (Hrsg.): Handbuch Compliance im Gesundheitswesen. München 2010.
Dann, M. (Hrsg.): Compliance im Krankenhaus. Düsseldorf 2015.
Ulsenheimer, K. (Hrsg.): Arztstrafrecht in der Praxis. Heidelberg 2015.
Tsambikakis, M./Stage, D.: Unwissenheit schützt vor Strafe nicht! § 130 OWiG – ein Haftungs-
    risiko für die Geschäftsleitung. In: Der Krankenhausjustiziar 4/2017.
Fischer, T.: Strafgesetzbuch. 65. Auflage. München 2018.

Compliance Management – Sicherstellung regelkonformen Verhaltens im Beschaffungsmanagement von Krankenhäusern

Univ.-Prof. Dr. Dr. Wilfried von Eiff/Dr. jur. Christoph von Eiff

Schlagwortübersicht

Abstract: Das Thema Compliance gewinnt in der Unternehmenswelt stetig an Bedeutung. Die Frage nach der Sicherstellung rechtskonformen Verhaltens im Unternehmen beschäftigt zunehmend auch Krankenhäuser. Bisher mangelt es im Krankenhausbereich an einer durchgängigen praktischen Umsetzung eines Compliance Management. Dabei geht es insbesondere um die Identifikation gefährdeter Tätigkeitsbereiche, das Erkennen von Ursachen rechtswidrigen Verhaltens sowie die Einführung von Strukturen zur wirksamen Korruptionsbekämpfung bzw. der Sicherstellung regelkonformen Verhaltens.

1 Begriff, Zweck und Funktion eines Compliance Managements

Medizinisch betrachtet beschreibt der Begriff „Compliance" das kooperative, therapiegetreue Verhalten eines Patienten im Rahmen seiner Behandlung. Patienten-Compliance ist eine Voraussetzung für den Therapieerfolg und trägt dazu bei, dass überflüssige Kosten für die Solidargemeinschaft (z. B. verursacht durch Wiederholungsbehandlungen als Folge nicht eingenommener Medikamente) vermieden werden.

1

Compliance (engl.: „to comply with" = befolgen, nachkommen) im unternehmerischen Sinn bedeutet die Sicherstellung des regelkonformen Verhaltens in allen Arbeits-, Informations- und Entscheidungsprozessen eines Unternehmens, insbesondere aber in den typischen Risikobereichen des Medizinbetriebs bzw. Klinikmanagements und denen sich daraus ergebenden Aufgaben und Entscheidungsfeldern. Damit verbunden ist die Anforderung, durch organisatorische/ personalpolitische Maßnahmen dafür zu sorgen, dass bereits im Vorfeld Gesetzesverstöße und Regelverletzungen durch Mitarbeiter der Einrichtung unterbunden werden. Dieser Sicherstellungsauftrag gehört zur Überwachungssorgfalt der Leitungsorgane, da davon auszugehen ist, dass rechtswidrige Handlungen durch unzureichende Organisation und nicht institutionalisierte Kontrolle grundsätzlich erst möglich werden. Compliance bedeutet mehr als sich an geltendes Recht zu halten, es beinhaltet auch die Befolgung von Verträgen, unternehmensinternen Satzungen und Richtlinien sowie Prinzipien und ethischen Regeln, zu deren Einhaltung man sich verpflichtet hat.

2

Compliancegerechtes Verhalten

3

- senkt das Haftungsrisiko für Unternehmen, Entscheidungsorgane und Mitarbeiter,
- dient dem Schutz des Vermögens,
- trägt zur Entwicklung eines Markenstatus bei (guter Ruf, Reputation),
- gibt Rechtssicherheit,
- vermeidet sittenwidriges Verhalten (§ 134 BGB) und
- ermöglicht die Nutzung von Wettbewerbsvorteilen eines „Vorzeigeunternehmens".

2 Das Fraud Triangel Model

4 Nach dem „Fraud Triangel Model"[1] kommen vorsätzliche Regelverletzungen zustande durch *Gelegenheit, Rechtfertigungsmöglichkeit* und *Druck/Motiv*. Die Dimensionen „beabsichtigter Verstöße" führen insbesondere dann zu „Fraud Behaviour" (englisch für betrügerisches Verhalten), wenn sie simultan auftreten (s. Abb. 1).

Fraud Triangel Model

Rechtswidrige Handlungen werden durch mangelhafte Organisation und Aufsicht sowie Fehlanreize (Zielvereinbarungen) begünstigt.

Triangel Model
der vorsätzlichen
Regelverletzung

Gelegenheit
>Fehlende/uneffektive Kontrolle
>Täter kennt Sicherheits-lücken

Recht-fertigung
>Täter muss die Tat nachträglich vor sich rechtfertigen können

Druck/Motiv
>Anreiz/Zielvorgabe
>Tat „lohnt" sich

05-12-02.ppt   Centrum für Krankenhaus-Management, Universität Münster   Geschäftsführung: Prof. Dr. Dr

Abb. 1: Vorsätzliche Regelverletzungen (Korruption) werden durch die Organisation und die Unternehmenskultur begünstigt

Quelle: Eigene Darstellung in Anlehnung an Cressey.

(1) Dimension: *Gelegenheit*

5 Die Dimension *Gelegenheit* setzt bei den unternehmensinternen, strukturellen Gründen an. Gelegenheiten bieten sich aufgrund von Fehlern im System, insbesondere Lücken im Überwachungssystem. Wenn eine Produktauswahlentscheidung (z. B. für einen Ablationskatheter) unkontrolliert durch eine zweite Person von einem Einkäufer alleine getroffen werden könnte, kann dies den Einkäufer dazu verleiten, einen Lieferanten zu bevorzugen, von dem er Zuwendungen erhielt oder dem er aus anderen (z. B. privaten) Gründen besonders

---

1 Cressey: Other People's Money: A Study in the Social Psychology Embezzlement. 1953.

zugeneigt ist. Um die „Gelegenheit" für Korruption zu vermeiden, sollten Präventionsinstrumente für eine transparente, klar definierte Organisation, eine zielorientierte Personalauswahl und vereinfachte Meldewege implementiert werden.

Als Korruptionspräventionsmaßnahme im Einkauf ist die „Job Rotation" zu 6 empfehlen; diese führt zu einer systematischen Verbreiterung der Wissensbasis und hat gleichzeitig den Charakter einer Personalentwicklungsmaßnahme.

(2) Dimension: *Innere Rechtfertigung*

Organisatorische Rahmenbedingungen und offizielle Anreizsysteme können 7 dazu führen, dass Fehler bzw. nicht compliancegerechte Verhaltensformen automatisch entschuldbar sind, weil sie ursächlich immer einer nicht änderbaren Systembedingung zugerechnet werden können. Die Zahlung von Kopfprämien an Zuweiser wird damit begründet, dass es „alle so machen" und dass mit dieser Zahlung keinerlei Qualitätsprobleme einhergehen. Diese Darstellung eines Verhaltens als „allgemein üblich" ist eine Gefahr für die Compliance-Kultur, da sie in allen Bereichen Einzug findet. Die kostenlose Überlassung von medizinischen Geräten vom Krankenhaus an den Vertragsarzt wird mit der Verbesserung der Behandlungsqualität im Netzverbund begründet. Wichtig ist, dass durch Vorleben der Führung sowie durch eigene partizipative Organisationsgestaltung dem Faktor „Transparenz" ein hoher Gestaltungswert beigemessen wird: Transparenz über Ziele, Aufgaben, Arbeitsergebnisse, Bestechungsversuche Dritter, Verbesserungsvorschläge, Umgang mit Fehlern und Reaktion auf abweichende Meinungen.

(3) Dimension: *Anreiz/Motivation* bzw. *Druck/Motiv*

Die Ursachen der Komponente „*Anreiz/Motivation*" liegen zum Teil in der 8 Privatsphäre des Täters begründet. Im Wesentlichen wird dieser Faktor stark durch die Rahmenbedingungen im Unternehmen bestimmt und hier insbesondere, wenn über die Führung Druck erzeugt wird, bestimmte Handlungen zu vollziehen oder implizite Anreize geschaffen werden, die Fraud-Verhalten „begründbar" und damit entschuldbar machen. Sieht sich ein Mitarbeiter z. B. einem Druck durch Zielvorgaben ausgesetzt oder entstehen Interessenkonflikte aufgrund eines ergebnisorientierten Vergütungs- bzw. Sanktionssystems, so hat das Unternehmen nicht zieladäquate Anreizstrukturen und verleitet Mitarbeiter zu „Fraud". Der Einkauf bestellt beispielsweise mehr als nötig und erhält höhere Rabatte, damit der Einkaufsleiter seine Zielvereinbarungen erreicht.

3 Gesetzliche Rahmenbedingungen: Compliance ist Führungsverantwortung

9 Eine grundsätzliche Verpflichtung der Organmitglieder, die Rechtmäßigkeit des Handelns im Unternehmen sicherzustellen, folgt für die GmbH bereits aus § 43 GmbHG und für die AG aus § 93 AktG. Geschäftsführer und Vorstandsmitglieder haben in den Angelegenheiten der Gesellschaft die Sorgfalt eines ordentlichen Geschäftsmannes anzuwenden. Dies bedeutet, dass ihr Handeln den Grundsätzen der Ordnungsgemäßheit, Zweckmäßigkeit, Wirtschaftlichkeit und Rechtmäßigkeit zu folgen hat.[2] Aus der zuletzt genannten sog. Legalitätspflicht folgt, dass nicht nur Geschäftsführer und Vorstandsmitglieder selbst im Einklang mit Recht und Gesetz handeln müssen, sondern auch dafür Sorge zu tragen haben, dass die Mitarbeiter ihres Unternehmens rechtmäßig handeln.[3] Dieses Verständnis der Legalitätspflicht i. S. einer Überwachungspflicht für das rechtmäßige Verhalten der Unternehmensmitarbeiter wird auch durch die Vorschrift des § 130 Abs. 1 OWiG gestützt. Eine Compliance-Pflicht setzt als Unterfall der Legalitätspflicht einen Schritt früher an, soweit bereits im Vorfeld durch Schutzvorkehrungen Gesetzesverstöße verhindert werden sollen.[4]

4 Typische Risikofelder eines Krankenhauses

10 Aus der Besonderheit des Krankenhausbetriebs resultieren eine Reihe typischer Risikofelder wie z. B. Einkauf und Logistik, Hygienemanagement, Betrieb von Medizintechnik, Einsatz von Medizinprodukten, Datenschutz, Arzneimittelsicherheit und Medizin-Controlling, aber auch Presse-/Öffentlichkeitsarbeit sowie Marketing. Hier handelt es sich um Arbeits- und Entscheidungsfelder, die in besonderem Maß anfällig sind für Non-Compliance-Verhalten bzw. in denen bei Vorliegen einer Compliance-Verletzung der Patient in besonderer Weise gefährdet bzw. fehlinformiert wird.

4.1 Gefährdungsbereich Einkauf

11 Der Bereich Einkauf und Logistik (= Beschaffungsmanagement) ist in besonderer Weise der Gefahr von Compliance-Verletzungen ausgesetzt, durch die gegen medizin-ethische Grundregeln verstoßen wird und die zu Patientengefährdungen, aber auch finanziellen Risiken für das Krankenhaus führen können; so z. B. der Einkauf billiger Medizinprodukte, die im klinischen Betrieb Funktionsrisiken aufweisen. Dieses Einkäuferverhalten kann begründet sein in mangelnder Kennt-

---

2 Vgl. Theusinger/Jung, in: Römermann: Münchener Anwaltshandbuch GmbH-Recht. 3. Aufl. 2014, § 24 Rn. 71.
3 Koch, in: Hüffer: AktG. 11. Aufl. 2014, § 93 Rn. 6.
4 Drescher: Die Haftung des GmbH-Geschäftsführers. 7. Aufl. 2013, Rn. 145.

nis über medizinische Handhabungsrisiken eines Produkts oder ist motiviert durch persönliche Vorteilnahme bei Auftragsvergabe an einen bestimmten Lieferanten. Dieses Verhalten ist andererseits dann zu erwarten, wenn Zielvereinbarungen über Einsparpotenziale geschlossen werden, deren Erreichung mit Bonuszahlungen verbunden ist. Oder es wird aus Kostengründen auf die Umsetzung von RKI-Anforderungen verzichtet, was z. B. im Hygienebereich zu Patientengefährdungen führt. Als Instrument zur transparenten Erfassung und Bewertung des Gefährdungsbereichs Einkauf hat sich der „Risiko-Atlas: Einkauf"[5] bewährt. Dieser ist eine strukturierte Bestandsaufnahme potenzieller Gefährdungen des Medizinbetriebs bzw. der Unternehmensposition durch Fehler im Einkauf.

Über die Nutzung eines Risikoatlas hinausgehend ist zu empfehlen, Beschaffungsentscheidungen nach transparenten Regeln (z. B. Ausschreibungsverfahren) und eindeutigen Kriterien zu vollziehen. Insbesondere bei der Kriterienselektion ist darauf zu achten, dass berechtigte Patienteninteressen Berücksichtigung finden (z. B. Gefährdungspotenzial von Medizinprodukten aufgrund eingeschränkter Funktionalität, dysfunktionalem Design, mangelhafter Robustheit etc.), die Anforderungen des Nutzers erfüllt (z. B. einfache, sichere Handhabung) und Rationierungseffekte vermieden werden (s. Abb. 2).[6]   12

Zu empfehlen ist, Einkaufsentscheidungen am Prinzip des „Wertorientierten Beschaffungsmanagements"[7] zu orientieren. Dieser Management-Ansatz ist der Gegenentwurf zu einer „Preisorientierten Einkaufspolitik" und stellt Patientennutzen (kürzere und schmerzfreie Prozeduren), Patientenrisiken (iatrogene Verletzungsrisiken), Handhabungsvorteile für den Operateur (einfache fehlertolerante Bedienung) und Prozessvorteile (kürzere Durchlaufzeiten) in den Mittelpunkt von Beschaffungsentscheidungen.   13

---

5   Vgl. von Eiff: Geschäftsethik und Corporate Compliance. 2014, S. 209.
6   S. z. B.: von Eiff: Beschaffungsmanagement und ethisches Handeln: Patientenorientierung und Nachhaltigkeit im Krankenhaus-Einkauf. 2014, S. 229–241.
7   Vgl. von Eiff: Monitoring des Beschaffungsmanagements im Krankenhaus. 2018.

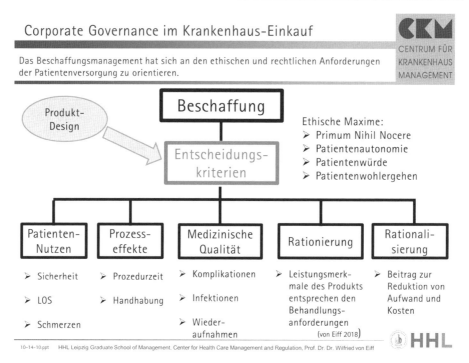

Abb. 2: Entscheidungskriterien für ganzheitliche Beschaffungsentscheidungen im Krankenhaus

Quelle: Eigene Darstellung.

4.2 Gefährdungsbereich Hygiene

14 Der Bereich der Hygiene gilt unter dem Aspekt der Compliance als besonders sensibel. Mangelhafte Hygiene ist eine wesentliche Ursache für nachhaltige gesundheitliche Schädigungen von Patienten und verursacht hohe Folgekosten im Krankenhaus (Ergänzungstherapien, Kittelpflege) sowie in den Systemen der sozialen Sicherung (Arbeitsunfähigkeit, Krankenversicherungskosten). Auch für den Krankenhaus-Einkauf ergeben sich Konsequenzen: Hier ist bei Beschaffungsentscheidungen zu prüfen, inwieweit ein Produkt (z. B. ein Krankenbett) den Hygieneanforderungen genügt und welche Lebenszykluskosten entstehen, wenn z. B. ein Krankenbett auf Station gereinigt und desinfiziert werden kann bzw. welche Zusatzinvestitionen erforderlich sind, wenn das Krankenbett nach jeder Nutzung über die zentrale Bettensterilisation zu steuern ist.

4.3 Gefährdungsbereich Kooperationen mit der Industrie

Kooperationen zwischen der Industrie und Krankenhäusern, z. B. im Hinblick auf die Beschaffung von Medizinprodukten, Arzneimitteln oder die Finanzierung von Forschungsprojekten, sind zum Zwecke der besseren Versorgung von Patienten notwendig und grundsätzlich auch gewollt. Sie bergen jedoch erhebliche Risiken für die Beschäftigten, sich nicht regelkonform zu verhalten. Problematisch und risikobehaftet sind zum einen einseitige Zuwendungen ohne Gegenleistungen („Industrie-Sponsorings"[8]), aber auch Leistungsaustauschverhältnisse. Beispielhaft seien hier die Überlassung von Geräten zur medizinischen Erprobung, Beratungshonorare oder Kongresseinladungen sowie klinische Produktbeobachtungen genannt. Hinsichtlich der Beurteilung der Zulässigkeit derartiger Kooperationen soll hier lediglich auf die vier Grundprinzipien[9] eingegangen werden, die in diesem Zusammenhang stets genannt werden. Das Trennungsprinzip erfordert eine klare Trennung zwischen Zuwendungen und etwaigen Umsatzgeschäften, Beschaffungs-, Verordnungs- oder Therapieentscheidungen. Das Transparenzprinzip/Genehmigungsprinzip erfordert die Offenlegung von Zuwendungen gegenüber der Krankenhausverwaltung, wobei Klinikärzte oder andere Mitarbeiter der Genehmigungspflicht ihrer Vorgesetzten unterliegen (§§ 331 ff. StGB). Das Dokumentationsprinzip verlangt, dass alle entgeltlichen und unentgeltlichen Leistungen an das Krankenhaus/deren Mitarbeiter schriftlich, möglichst in Form eines standardisierten und genehmigten Vertragsmusters, zu fixieren sind. Leistungen und Gegenleistungen müssen letztlich in einem angemessenen Verhältnis zueinander stehen und daher ein äquivalentes Verhältnis aufweisen.

15

4.4 Gefährdungsbereich Fehlerhaftes Verhalten im klinischen Betrieb

Fehler in der Patientenbehandlung sind nicht nur ein Indikator für mangelhafte medizinische Qualität oder ein Indiz für ablauforganisatorische Mängel, sie sind insbesondere auch Ausdruck eines fehlenden Fehlerbewusstseins der handelnden und entscheidenden Personen. Fehler können auch auf dysfunktionale Medizinprodukte zurückzuführen sein, die von der Einkaufsabteilung aufgrund eines attraktiv niedrigen Preises einem vermeintlich teuren Qualitätsprodukt vorgezogen werden.

16

Fehleranalyse ist eine unabdingbare Voraussetzung für wirksame Fehlerpräventionsmaßnahmen. Zweckmäßig i. S. eines Compliance Managements ist es, auch die Erfahrungen aus dem klinischen Gebrauch von Produkten in einer Datenbank zu erfassen und anderen Nutzern verfügbar zu machen. Durch Vernetzung mit klinischen Anwendern anderer Krankenhäuser entsteht eine Art „Shopping Com-

17

---

8 Vgl. Richtlinie zur Vermeidung von Korruption der Universitätsklinik Jena.
9 Vgl. dazu Klümper/Vollebregt, PharmR, 2009, S. 313, 316 f.; ausführlich: Dieners: Handbuch Compliance im Gesundheitswesen. 3. Aufl. 2010, Kapitel 5.

munity": diese Organisationsform nutzt die Schwarmintelligenz („Wisdom of Crowds"), also die Erfahrung von vielen Anwendern, um „Shopping Lists" empfehlenswerter Produkte zu entwickeln. In diesem Bereich liegen große Rationalisierungs- und Qualitätsverbesserungspotenziale, die durch Digitalisierung von Einkaufsprozessen mobilisiert werden.

4.5 Gefährdungsbereich Führung Zielevereinbarungen und Boni-Zahlungen als Instrumente zur Leistungssteuerung im Einkauf

18 Zielvereinbarungen sind ein in der industriellen Praxis häufig verwendetes Führungsinstrument, das mit dem Ziel eingesetzt wird, leistungsvariable Vergütungsanteile als Anreiz für Engagement und Arbeitserfolg zu nutzen. Führungskräfte und Mitarbeiter sollen mit Hilfe dieses Instruments zu unternehmerischem Denken und Handeln angehalten werden und durch ihre Entscheidungen dazu beitragen, die strategischen Ziele des Unternehmens zu realisieren.

19 Auch für Einkaufsmanager kommt dieser Führungsansatz zur Anwendung, wobei die Primärzielsetzung in den meisten Fällen auf die Erzielung möglichst niedriger Einkaufspreise gerichtet ist.

20 Da das Führungskonzept des Management by Objectives eine Reihe von positiven Wirkungen erzeugt (z. B. > Motivationseffekt von Zielen; > Unternehmerisches Bewusstsein; > Abstimmung strategischer und operativer Ziele) stellt sich die Frage, unter welchen Voraussetzungen Zielvereinbarungen dazu beitragen, den Krankenhausbetrieb patientenorientiert und ethisch abgesichert zu führen, nach welchen Prinzipien Zielvereinbarungen zu definieren sind und welche ergänzenden Management-Instrumente den Erfolg von Zielvereinbarungen unterstützen.

21 Aus Sicht des Compliance Managements sollten Zielvereinbarungen zur Steuerung des Medizinbetriebs weitestgehend auf ökonomische Anreize verzichten. Zu belohnen sind primär solche Aktivitäten, durch die eine Sicherstellung ethischer Normen verfolgt und die zur Nachhaltigkeit der Existenz eines Krankenhauses sowie zur Realisierung berechtigter Patienteninteressen dienen.

5 Fazit

22 Aufgrund der besonderen Gefährdungspotenziale im Beschaffungsmanagement ist Korruptionsprävention eine elementare Führungsaufgabe. Wertschöpfungs- und Kooperationsbeziehungen zwischen Krankenhäusern und Industrie sind notwendig, um Innovationen zu entwickeln sowie Change Management-Prozesse bei der Umstellung auf neue Technologien reibungslos zu gestalten. Je tiefgreifender eine Reorganisation als Folge der Beschaffung einer innovativen Technologie und je intensiver die Integration eines Lieferanten in die internen operativen

Prozesse, desto klarer muss darauf geachtet werden, dass alle Beschaffungsent-scheidungen nach transparenten Kriterien erfolgen. Compliance-Regeln sollen sicherstellen, dass alle Aktionen mit Zuwendungscharakter an bzw. durch dritte Personen unterbleiben, die möglicherweise Einfluss auf Beschaffungsentscheidun-gen nehmen. Der Adressatenkreis von Compliance-Regeln ist weit gefasst, da das Buying Center Krankenhaus aus einer Mehrzahl von Personen unterschiedlicher Funktion und verschiedenartiger Rollen (u. a. Initiator, Ratgeber, Begutachter, Entscheider, Anwender) besteht.

Literatur

Blake, R. R./McCanse, A. A.: Das GRID-Führungsmodell. 6. Aufl. München 1998.

Cressey, D. R.: Other People's Money: A Study in the Social Psychology Embezzlement. Michigan 1953.

Dieners, P.: Handbuch Compliance im Gesundheitswesen. 3. Aufl. München 2010.

Drescher, I.: Die Haftung des GmbH-Geschäftsführers. 7. Aufl. Köln 2013.

Flintrop, J.: Zielvereinbarungen in Chefarztverträgen. Und führe uns nicht in Versuchung. In: Deutsches Ärzteblatt 49/2013, S. A2392–A2394.

Klümper, M./Vollebregt, E.: Business Compliance 2.0 – Neue Compliance-Ansätze im Unter-nehmen zur Bewältigung kommender Herausforderungen. In: PharmR 7/2009, S. 313–319.

Koch, J: § 93. In: Hüffer, U.: AktG. 11. Aufl. München 2014.

Norden, G.: Zielvereinbarungen in Chefarztverträgen unter der Lupe. In: Arzt und Krankenhaus 10/2013, S. 292–299.

Theusinger, I./Jung, O.: § 24 Corporate Compliance in der GmbH. In: Römermann, V.: Mün-chener Anwaltshandbuch GmbH-Recht. 3. Aufl. München 2014, S. 1317–1341.

von Eiff, W.: Beschaffungsmanagement und ethisches Handeln: Patientenorientierung und Nachhaltigkeit im Krankenhaus-Einkauf. Heidelberg 2014.

von Eiff, W.: Cost Center Management. Controlling von Leistungs-, Informations- und Ent-scheidungsprozessen nach dem Cost Center Prinzip. In: Schulte, C. (Hrsg.): Effektives Kostenmanagement. Methoden und Implementierung. Stuttgart 1992, S. 31–59.

von Eiff, W.: Geschäftsethik und Corporate Compliance. Heidelberg 2014.

von Eiff, W.: MDK-Prüfung und Compliance Management: Zweck und Funktion des MDK-Prüfverfahren. In: von Eiff, W./Lorenz, O. (Hrsg.): Jahrbuch Gesundheitswirtschaft 2012. Berlin 2012, S. 44–47.

von Eiff, W.: Monitoring des Beschaffungsmanagements im Krankenhaus. Bad Wörishofen 2018.

Medizinproduktegesetz und Medizinprodukte-Betreiberverordnung 2017 – mehr als nur eine Novellierung

Ulrich Hambuch

Schlagwortübersicht

Abstract: Bereits seit 1.1.2017 sind die Regelungen aus den letzten Novellierungen des Medizinproduktegesetzes (MPG) und der Medizinprodukte-Betreiberverordnung (MPBetreibV) von 2016 in Kraft getreten. Maßgeblich wurde die MPBetreibV neu gefasst. Das beinhaltet u. a. neben einer erheblichen Verlagerung von Verantwortlichkeiten von der Hersteller- auf die Anwenderseite auch eine neu einzurichtende Stelle des „Beauftragten für Medizinproduktesicherheit" bei allen Einrichtungen des Gesundheitswesens.
Dieser Beitrag soll Erläuterungen zum Medizinproduktegesetz und Medizinprodukte-Betreiberverordnung geben und Lösungsansätze aufzeigen, den besonderen Herausforderungen der Gesetzesnovelle gerecht zu werden.

1 Einleitung

1 An der grundsätzlichen Intention des Medizinproduktegesetzes (MPG) und dessen Verordnungen, die Sicherheit von Patienten, Anwendern und Dritten zu gewährleisten, hat sich prinzipiell nichts geändert. Durch die Novellierungen sind hingegen verschiedene Definitionen neu eingeführt bzw. präzisiert worden sowie Verantwortlichkeiten von der Hersteller- auf die Betreiberseite verlagert worden. Dadurch gibt die neue MPBetreibV den Betreibern von Medizinprodukten (MP) u. a. bei der erforderlichen Durchführung der Sicherheitstechnischen Kontrolle (STK) und der Messtechnischen Kontrolle (MTK) mehr Gestaltungsmöglichkeiten.

2 Generelle Zusammenhänge

2 In der folgenden Abbildung 1 sind zunächst einmal die Zusammenhänge und Abhängigkeiten der verschiedenen Paragrafen dargestellt.

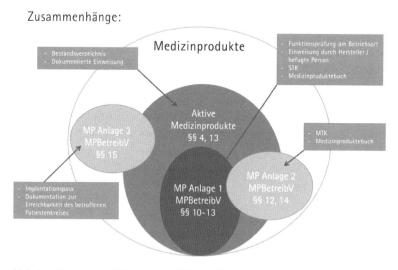

Abb. 1: Zusammenhänge von MP zu relevanten Paragrafen des MPG

Quelle: Eigene Darstellung.

Deutlich herausgestellt wird, dass grundsätzlich alle MP, also auch die sog. „nicht   3
aktiven" Produkte (vom Verbandmaterial bis hin zu Rollatoren/ Rollstühlen) von
den Regelungen betroffen sind.

Abbildung 2 zeigt die Änderungen der MPBetreibVO 2017 gegenüber der alten   4
Fassung 2014.

2014	Titel	2017	Anmerkung
§ 1	Anwendungsbereich	§ 1	Inhaltliche Neufassung
--	Begriffsbestimmung	§ 2	Neuer Paragraf
--	Pflichten des Betreibers	§ 3	Neuer Paragraf
§ 2	Allgemeine Anforderungen	§ 4	Inhaltliche Neufassung
--	Besondere Anforderungen	§ 5	Neuer Paragraf
--	Beauftragter für MP-Sicherheit	§ 6	Neuer Paragraf
§ 3	Instandhaltung von MP	§ 7	Anpassung
§ 4	Aufbereitung von MP	§ 8	Anpassung
§ 5	Betreiben und Anwenden	§ 10	Anpassung
§ 6	Sicherheitstechnische Kontrollen	§ 11	Inhaltliche Neufassung
§ 11	Messtechnische Kontrollen	§ 14	Inhaltliche Neufassung

Abb. 2: Gegenüberstellung MPBetreibV 2014 vs. 2017

Quelle: Eigene Darstellung.

3   Erläuterungen

Mit dem neuen § 2 ist eine erstmals Definition des Betreiberbegriffs eingeführt   5
worden:

§ 2
Begriffsbestimmungen

[...]

(2) Betreiber eines Medizinproduktes ist jede natürliche oder juristische Person, die
für den Betrieb der Gesundheitseinrichtung verantwortlich ist, in der das Medizinprodukt durch dessen Beschäftigte betrieben oder angewendet wird. Abweichend
von Satz 1 ist Betreiber eines Medizinproduktes, das im Besitz eines Angehörigen der
Heilberufe oder des Heilgewerbes ist und von diesem zur Verwendung in eine

Gesundheitseinrichtung mitgebracht wird, der betreffende Angehörige des Heilberufs oder des Heilgewerbes. Als Betreiber gilt auch, wer außerhalb von Gesundheitseinrichtungen in seinem Betrieb oder seiner Einrichtung oder im öffentlichen Raum Medizinprodukte zur Anwendung bereithält.

[...]

6 Mit dem Begriff der „Gesundheitseinrichtung" sind neben den bekannten Akteuren aus den Bereichen der Akut- und Rehakliniken oder Senioren- und Pflegeeinrichtungen auch explizit z. B. die MVZ, Sozialdienste und Sanitätshäuser – sofern sie Medizinprodukte ihren Patienten und Kunden zur Verfügung stellen – gemeint. Ebenfalls geregelt ist hier, wie es sich mit medizintechnischen Geräten verhält, die Belegärzte oder Therapeuten als Eigentümer ihren Häusern/Stationen zur Verfügung stellen. Damit sind Betreiber- und Anwenderpflichten auf Personen und Einrichtungen erweitert worden, die sich bisher möglicherweise nicht in dieser Rolle gesehen haben.

Tipp

Diese Verantwortlichkeiten sollten in den entsprechenden Belegungs- und Nutzungsverträgen möglichst genau (Art und Umfang des Equipments, Verantwortlichkeiten für Wartung und Instandhaltung einschließlich der Kostenübernahmen) geregelt werden.

7 In dem ebenfalls neuen § 3 heißt es in Abs. l:

§ 3
Pflichten eines Betreibers

(1) Der Betreiber hat die ihm nach dieser Verordnung obliegenden Pflichten wahrzunehmen, um ein sicheres und ordnungsgemäßes Anwenden der in seiner Gesundheitseinrichtung am Patienten eingesetzten Medizinprodukte zu gewährleisten.

[...]

8 Speziell in den Fällen, in denen Patienten MP (z. B. C-PAP-Geräte, Schmerzpumpen, Rollstühle) mit in die Gesundheitseinrichtung bringen, besteht für die Betreiber ein entsprechender Handlungsbedarf – mindestens in der Überprüfung von ggf. bereits bestehenden Regelungen.

Tipp

Mit den Aufnahmedokumenten sollten dem Patienten bereits entsprechende Hinweise gegeben werden, welche sicherheitstechnischen Auflagen die Geräte zu erfüllen haben. Daneben sind die internen Abläufe im Hinblick auf die Erfassung der Geräte sowie Prüfung der elektrischen Sicherheit nach DGUV 3 zu überprüfen. Diese elektrische Sicherheit haben im Übrigen alle mitgebrachten Geräte zu erfüllen!

Die „Allgemeinen Anforderungen" sind in § 4 inhaltlich neu gefasst und struktu- 9
riert worden.

§ 4
Allgemeine Anforderungen

[...]

(2) Medizinprodukte dürfen nur von Personen betrieben oder angewendet werden, die die dafür erforderliche Ausbildung oder Kenntnis und Erfahrung besitzen.

(3) Eine Einweisung in die ordnungsgemäße Handhabung des Medizinproduktes ist erforderlich. Abweichend von Satz 1 ist eine Einweisung nicht erforderlich, wenn das Medizinprodukt selbsterklärend ist oder eine Einweisung bereits in ein baugleiches Medizinprodukt erfolgt ist. Die Einweisung in die ordnungsgemäße Handhabung aktiver nichtimplantierbarer Medizinprodukte ist in geeigneter Form zu dokumentieren.

(4) Miteinander verbundene Medizinprodukte sowie mit Zubehör einschließlich Software oder mit anderen Gegenständen verbundene Medizinprodukte dürfen nur betrieben und angewendet werden, wenn sie zur Anwendung in dieser Kombination unter Berücksichtigung der Zweckbestimmung und der Sicherheit der Patienten, Anwender, Beschäftigten oder Dritten geeignet sind.

Diese wenigen Absätze beinhalten einerseits in Abs. 2 Selbstverständlichkeiten 10
und andererseits in Abs. 3 Neuerungen und Erweiterungen. Die allgemeine Einweisungspflicht stellt hier eine besondere Neuerung insofern dar, als dass danach in alle Medizinprodukte einzuweisen und speziell für alle aktiven, nichtimplantierbaren MP „in geeigneter Form" zu dokumentieren ist. Die Einweisungs- und Dokumentationspflicht für Geräte der sog. „Anlage 1" bleibt davon unberührt. Der Fachverband für biomedizinische Technik (fbmt) schreibt in einer Stellungnahme dazu:

„Bleibt abzuwarten, wie die Formulierung ‚in geeigneter Weise' in den Fachkreisen interpretiert wird und welche Empfehlungen ausgesprochen werden. Interessant wird auch sein, wie die Aufsichtsbehörden die neuen Regelungen auslegen und bei ihren Überwachungen und Besichtigungen anwenden. In jedem Fall steigt der Dokumentationsaufwand und er muss auch in der Durchführung der Einweisungen bewältigt werden."

Zu Abs. 4 ist zu betonen, dass hier die fachlichen Anforderungen an die Anwender 11
erheblich steigen, denn sowohl die Einbeziehung der Software als auch die Vielzahl von Kombinationsmöglichkeiten verlangt nach kompetenter und umfassender Einweisung durch Hersteller oder Lieferanten der Medizinprodukte, um über die gesamte Einsatzdauer der MP den Anwendern entsprechende Handlungssicherheit zu geben.

12 § 5 mit den „Besonderen Anforderungen" ist insofern ein neuer Paragraf, als dass hier Regelungen, die zuvor über mehrere andere Paragrafen und Vorschriften verteilt waren, inhaltlich zusammengefasst wurden. Unabhängig davon wird im § 5 geregelt, wer unter welchen Voraussetzungen Wartungs- und Instandhaltungsmaßnahmen vornehmen darf.

13 Daneben wird in Abs. 2 mit dem Nachweis der Qualifikation zur Erfüllung der besonderen Anforderungen schon eine Regelung eingefügt, die erst ab dem 1.1.2020 vollumfänglich in Kraft tritt.

Tipp

Nicht jeder/jede Firma, der/die von sich sagt „Ich kann das", darf das auch! Damit soll gesagt werden, dass es seitens des Auftraggebers durchaus legitim ist, die beauftragte Firma oder Person nach entsprechenden Zertifikaten, Zulassungen oder Autorisierungen zu fragen. Damit soll sichergestellt werden, dass an den vorhandenen MP entsprechend qualifizierter und sicherer Service durchgeführt wird.

14 Die wesentliche Neuerung in der MPBetreibV ergibt sich mit der Einführung des Beauftragten für Medizinproduktesicherheit in § 6.

§ 6
Beauftragter für Medizinproduktesicherheit

(1) Gesundheitseinrichtungen mit regelmäßig mehr als 20 Beschäftigten haben sicherzustellen, dass eine sachkundige und zuverlässige Person mit medizinischer, naturwissenschaftlicher, pflegerischer, pharmazeutischer oder technischer Ausbildung als Beauftragter für Medizinproduktesicherheit bestimmt ist.

(2) Der Beauftragte für Medizinproduktesicherheit nimmt als zentrale Stelle in der Gesundheitseinrichtung folgende Aufgaben für den Betreiber wahr:

1. die Aufgaben einer Kontaktperson für Behörden, Hersteller und Vertreiber im Zusammenhang mit Meldungen über Risiken von Medizinprodukten sowie bei der Umsetzung von notwendigen korrektiven Maßnahmen,

2. die Koordinierung interner Prozesse der Gesundheitseinrichtung zur Erfüllung der Melde- und Mitwirkungspflichten der Anwender und Betreiber und

3. die Koordinierung der Umsetzung korrektiver Maßnahmen und der Rückrufmaßnahmen durch den Verantwortlichen nach § 5 des Medizinproduktegesetzes in den Gesundheitseinrichtungen.

(3) Der Beauftragte für Medizinproduktesicherheit darf bei der Erfüllung der nach Absatz 2 übertragenen Aufgaben nicht behindert und wegen der Erfüllung der Aufgaben nicht benachteiligt werden.

(4) Die Gesundheitseinrichtung hat sicherzustellen, dass eine Funktions-E-Mail-Adresse des Beauftragten für die Medizinproduktesicherheit auf ihrer Internetseite bekannt gemacht ist.

Aus den unterschiedlichen Diskussionen und Stellungnahmen zu diesem Paragrafen ergibt sich im Moment folgendes Bild: 15

- Eine Auslagerung dieser Funktion an einen externen Dienstleister (analog z. B. zum Beauftragen für Datenschutz) ist nicht möglich und gestattet.
- Bei der angegebenen Grenze von „20 Beschäftigten" wird nicht zwischen Voll- und Teilzeitkräften unterschieden!
- Eine Übertragung der Aufgabe an den oder die bereits vorhandenen „Medizinproduktebeauftrage/n" erscheint nicht sinnvoll, da ja alle Medizinprodukte zu überwachen sind und nicht nur die Medizintechnik.
- Die organisatorische Anbindung der Funktion des Beauftragten für Medizinproduktesicherheit möglichst nahe zur Geschäftsführung erscheint sehr wünschenswert, um entsprechende Durchgriffsmöglichkeiten zu schaffen.
- Die Einbindung der maßgeblichen Stellen aus Verwaltung, Ärzteschaft, Einkauf, Technik und – falls vorhanden – Apotheke ist zwingend.
- Die evtl. vorhandenen internen Prozesse im Hinblick auf die Handhabung von Produktmeldungen, Rückrufaktionen oder korrektiven Maßnahmen sind zu prüfen und ggf. zu adaptieren.
- Vorsichtige Schätzungen kalkulieren mit einem Zeitaufwand von ca. 0,1 bis 0,15 VK-Stellen pro 100 Betten.
- An welcher Stelle auf der jeweiligen Internetseite die Funktions-E-Mail Adresse anzugeben ist, wurde nicht definiert. Aus Gründen der Transparenz empfiehlt sich jedoch eine möglichst prominente Stelle, wie z. B. die Startseite oder „unser Personal" zu wählen.

Im Folgenden werden die weiteren Änderungen und Ergänzungen behandelt. Darunter fallen dann Stichworte wie   16

- Instandhaltung,
- Aufbereitung von Medizinprodukten,
- Betreiben und Anwenden von ausgewählten aktiven Medizinprodukten,
- Sicherheitstechnische Kontrolle,
- Messtechnische Kontrolle,
- Medizinproduktebuch und Bestandsverzeichnis und
- besondere Pflichten bei implantierbaren Medizinprodukten.

Der überarbeitete § 7 der MPBetreibV definiert erstmals konkret, was unter Instandhaltung zu verstehen ist und wer diese durchführen darf.   17

§ 7
Instandhaltung von Medizinprodukten

(1) Die Instandhaltung von Medizinprodukten umfasst insbesondere Instandhaltungsmaßnahmen und die Instandsetzung. Instandhaltungsmaßnahmen sind insbesondere Inspektionen und Wartungen, die erforderlich sind, um den sicheren und ordnungsgemäßen Betrieb der Medizinprodukte fortwährend zu gewährleisten. Die Instandhaltungsmaßnahmen sind unter Berücksichtigung der Angaben des Herstellers durchzuführen, der diese Angaben dem Medizinprodukt beizufügen hat. Die Instandsetzung umfasst insbesondere die Reparatur zur Wiederherstellung der Funktionsfähigkeit.

(2) Der Betreiber darf mit der Instandhaltung nur Personen, Betriebe oder Einrichtungen beauftragen, die selbst oder deren Beschäftigte, die die Instandhaltung durchführen, die Voraussetzungen nach § 5 hinsichtlich der Instandhaltung des jeweiligen Medizinproduktes erfüllen.

(3) Nach der Instandhaltung nach Absatz 1 müssen die für die Sicherheit und Funktionstüchtigkeit der Medizinprodukte wesentlichen konstruktiven und funktionellen Merkmale geprüft werden, soweit sie durch die Maßnahmen beeinträchtigt werden können.

(4) Die durch den Betreiber mit den Prüfungen nach Absatz 3 beauftragten Personen, Betriebe oder Einrichtungen müssen die Voraussetzungen nach Absatz 2 erfüllen und bei der Durchführung und Auswertung der Prüfungen in ihrer fachlichen Beurteilung weisungsunabhängig sein.

18   Der Verordnungsgeber hat sich mit hier mit der Wortwahl zu „Instandhaltungsmaßnahmen" und „Instandsetzung" stark an die DIN 31051 angelehnt, in der die Grundlagen der Instandhaltung beschrieben werden (s. Abb. 3).

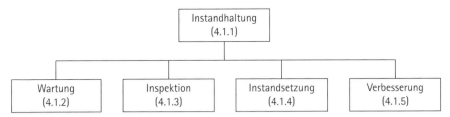

(Die Ziffern beziehen sich auf die Unterkapitel der DIN-Norm)

Abb. 3: Unterteilung der Instandhaltung
Quelle: DIN 31051:2012-09.

19   Dadurch, dass der Hersteller jetzt explizit verpflichtet ist, Informationen und Angaben zu Instandhaltungsmaßnahmen zu seinen Produkten mitzuliefern, soll auch Dritten die Möglichkeit zur Durchführung dieser Arbeiten gegeben werden.

Tipp

Bei Wartungen und Instandsetzungen an MP, die nicht vom Hersteller oder Lieferanten durchgeführt werden, ist darauf zu achten, dass bei Bedarf nur Original-Ersatzteile verbaut werden. Das ist damit zu begründen, dass die Zulassung bzw. Konformitätsbescheinigung der MP sich auf einen konkreten und genau definierten Aufbau der Geräte bezieht. Bei Verwendung von „ähnlichen" Bauteilen verfällt die Zulassung und es stellt sich dann für den Betreiber die Frage nach einer „Eigenherstellung" des Medizinproduktes.

4 Aufbereitung von Medizinprodukten

Das Thema Aufbereitung von Medizinprodukten ist bis heute Gegenstand zahl- 20
reicher Diskussionen. Die Schnittstelle zwischen der Medizinproduktesicherheit und der Gewährleistung von hygienerechtlichen Anforderungen hat sich dabei in der Praxis als besonders risikobehaftet und mögliche Schwachstelle herausgestellt. So sind aktuell (2017) sogenannte „Hygieneskandale" in Krankenhäusern und Kliniken zu verzeichnen, die ihren Ursprung in der hauseigenen ZSVA (Zentrale-Sterilisations-Versorgungs-Anlage) und der fehlenden oder mangelhaften Organisation des Medizinprodukte- und Hygienemanagements seitens der Geschäftsführung haben. Mit der Überarbeitung des MPG und der MPBetreibV stellt der Gesetzgeber nochmals ausdrücklich die Verantwortung der Geschäftsführung (als patientenferne Entscheider) einer Einrichtung für ein funktionierendes „Compliance Management System (CMS) der Medizinproduktesicherheit" heraus.

Im § 8 sind mit der Neufassung der MPBetreibV die Aufgaben und Pflichten des 21
Betreibers einer Einrichtung an die Aufbereitung von Medizinprodukten klargestellt.

§ 8
Aufbereitung von Medizinprodukten

(1) Die Aufbereitung von bestimmungsgemäß keimarm oder steril zur Anwendung kommenden Medizinprodukten ist unter Berücksichtigung der Angaben des Herstellers mit geeigneten validierten Verfahren so durchzuführen, dass der Erfolg dieser Verfahren nachvollziehbar gewährleistet ist und die Sicherheit und Gesundheit von Patienten, Anwendern oder Dritten nicht gefährdet wird. [...]

Tipp

Unter dem Aspekt der Risikoabschätzung- und Bewertung ist die theoretisch mögliche Aufbereitung von sog. „Einmalprodukten" sehr kritisch zu hinterfragen. Mir ist bewusst, dass gerade bei hochwertigen Einmalprodukten, wie z. B. Herzkathetern, die Überlegung nach Aufbereitung durchaus diskutiert wird. Hierzu liegen i. d. R. keine Herstellerangaben vor und der Aufwand, ein (hauseigenes) validiertes Verfahren zu entwickeln, welches den Kriterien des

Robert Koch-Institutes (RKI) entspricht, ist sehr hoch und umfangreich. Diese Forderung gilt auch für den Fall, dass die Aufbereitung an externe Dienstleister ausgelagert wurde.

[...]

(4) Der Betreiber darf mit der Aufbereitung nur Personen, Betriebe oder Einrichtungen beauftragen, die selbst oder deren Beschäftigte, die die Aufbereitung durchführen, die Voraussetzungen nach § 5 hinsichtlich der Aufbereitung des jeweiligen Medizinproduktes erfüllen. Sofern die beauftragte Person oder die Beschäftigten des beauftragten Betriebs oder der beauftragten Einrichtung nicht über eine nach § 5 erforderliche Ausbildung verfügen, kann für den Nachweis der aktuellen Kenntnis die Teilnahme an fachspezifischen Fortbildungsmaßnahmen berücksichtigt werden. Die Validierung und Leistungsbeurteilung des Aufbereitungsprozesses muss im Auftrag des Betreibers durch qualifizierte Fachkräfte, die die Voraussetzungen nach § 5 hinsichtlich der Validierung und Leistungsbeurteilung derartiger Prozesse erfüllen, erfolgen.

Es kann hier nur nochmals betont werden, dass die Vermutungsregelung zur Einhaltung der RKI-Empfehlung (www.rki.de) an eine ordnungsgemäße Aufbereitung von Medizinprodukten nicht greift, wenn kein validiertes Verfahren nachgewiesen wird.

22 Im § 10 werden Aussagen zum „Betreiben und Anwenden von ausgewählten aktiven Medizinprodukten" getroffen. Grundsätzlich sind mit der Novellierung des Gesetzes die bestehenden Regelungen übernommen worden. Eine wesentliche Ergänzung ergibt sich in Abs. 4:

§ 10
Betreiben und Anwenden von ausgewählten aktiven Medizinprodukten

[...]

(4) Absatz 2 gilt nicht für in der Anlage 1 aufgeführte Medizinprodukte, die nach der Kennzeichnung, der Gebrauchsanweisung oder den Werbematerialien durch den Personenkreis nach § 3 Nummer 15 des Medizinproduktegesetzes zur Anwendung durch Laien vorgesehen sind. [...]

23 An einem Beispiel vereinfacht ausgedrückt: AEDs (Automatische Externe Defibrillatoren) bedürfen keiner Einweisung.

5   Sicherheitstechnische Kontrolle

24 Eine grundsätzliche Verlagerung von Verantwortung von Seiten der Hersteller auf die Betreiber hat sich in § 11 „Sicherheitstechnische Kontrollen" ergeben.

In Abs. 1 heißt es jetzt:

25

§ 11
Sicherheitstechnische Kontrollen

(1) Der Betreiber hat für die in der Anlage 1 aufgeführten Medizinprodukte sicherheitstechnische Kontrollen nach den allgemein anerkannten Regeln der Technik und nach Satz 2 oder Satz 3 durchzuführen oder durchführen zu lassen. Er hat für die sicherheitstechnischen Kontrollen solche Fristen vorzusehen, dass entsprechende Mängel, mit denen aufgrund der Erfahrung gerechnet werden muss, rechtzeitig festgestellt werden können. Die sicherheitstechnischen Kontrollen sind jedoch spätestens alle zwei Jahre mit Ablauf des Monats durchzuführen, in dem die Inbetriebnahme des Medizinproduktes erfolgte oder die letzte sicherheitstechnische Kontrolle durchgeführt wurde. Die sicherheitstechnischen Kontrollen schließen die Messfunktionen ein. Für andere Medizinprodukte sowie Zubehör einschließlich Software oder andere Gegenstände, die der Betreiber mit Medizinprodukten nach Satz 1 verbunden verwendet, gelten die Sätze 1 bis 3 entsprechend.

Bisher haben die Hersteller Angaben zu Fristen zur Durchführung der Sicherheitstechnischen Kontrolle (STK) gemacht. Jetzt hat der Betreiber „aufgrund seiner Erfahrung" selbst Fristen zu definieren.

26

▓ Tipp

Diese bisher vorhandenen Vorgaben können als erste Orientierung zur neuen Festlegung der Fristen durch den Betreiber dienen. Eine starre Änderung auf die gesetzliche Mindestvorgabe „alle 2 Jahre" seit Inbetriebnahme halte ich, abhängig vom Medizinprodukt, nicht für angemessen.

Bisher haben die Hersteller Angaben zu Fristen zur Durchführung vorgegeben. In der Praxis finden sich gleichwohl immer wieder Medizinprodukte, für die keine ausreichenden Informationen für die Umsetzung der STK-relevanten Anforderungen (wie z. B. Prüfintervalle, Prüfumfang) in der Gebrauchsanleitung bzw. begleitenden Produktinformation vorliegen. Um dem Grundgedanken des Medizinprodukterechtes gerecht zu werden, nämlich die Verantwortung für ein Produkt über den gesamten Lebenszyklus hinweg beim Hersteller zu belassen, sollte jeder Betreiber bereits bei der Beschaffung von Medizinprodukten darauf achten, dass diesen auch Informationen über erforderliche Instandhaltungsmaßnahmen mitgegeben werden.

27

Hinweis

Die Pflicht zur Durchführung von Sicherheitstechnischen Kontrollen entfällt bei AEDs, sofern diese selbsttestend sind und der Betreiber eine regelmäßige Sichtkontrolle durchführt.

6 Medizinproduktebuch/Bestandsverzeichnis

28 Bei der Führung des Medizinproduktebuches (§ 12) hat sich mit der Novellierung eine Vereinfachung ergeben, als dass einige Dokumentationen und Kennzeichnungen nicht mehr vorgenommen bzw. gepflegt werden müssen. So entfällt die Führung der DIMDI-Nomenklatur (Deutsches Institut für medizinische Dokumentation und Information) für das jeweilige Medizinprodukt; ebenfalls fortgefallen sind die Angaben zu ggf. abgeschlossenen Wartungs- oder Serviceverträgen.

29 Der Gebrauch jedweder üblicher Datenträger ist nach wie vor erlaubt. Durch die sich weiter verbreitende Nutzung entsprechender Verwaltungsprogramme für die Medizintechnik ergeben sich für die Praxis leider an dem Punkt besondere Herausforderungen, an denen durch eine persönliche Unterschrift z. B. die Teilnahme an Einweisungen dokumentiert werden muss.

Tipp

Es hat sich in der Praxis bewährt, jegliche Einweisungen in Papierform zu dokumentieren, wobei Kopien dieser Unterlagen an die Abteilung weiterzugeben sind, die die elektronische Dokumentation pflegt. Als Ergänzung kann überlegt werden, jeder eingewiesenen Person einen individualisierten „Gerätepass" auszustellen, in der alle Geräte erfasst werden, in deren Nutzung diese Person eingewiesen wurde.

30 Im § 13 (Bestandsverzeichnis) ist eine gravierende Änderung hinzugekommen: In diesem Verzeichnis sind jetzt alle aktiven, nichtimplantierbaren Medizinprodukte zu erfassen! Damit ist die ehemalige Beschränkung auf die Anlagen 1 und 2 zum MPG entfallen und die Dokumentationspflicht erheblich umfangreicher geworden. Für das Bestandsverzeichnis sind alle (üblichen) Datenträger zulässig, sofern sie innerhalb einer angemessenen Zeit z. B. für die Aufsichtsbehörden, lesbar und zugänglich gemacht werden können.

Tipp

Da jetzt auch die „alten" Medizinprodukte erfasst werden müssen, empfiehlt es sich hier in diesem Zusammenhang, auch die geforderten Unterlagen (Gebrauchsanweisung/Kurzanleitung; Einweisungsnachweise etc.) sowie Informationen zur STK auf Vollständigkeit zu prüfen bzw. abzufragen.

7 Implantate

31 Als Konsequenz des sog. Brustimplantateskandals hat der Gesetzgeber mit dem § 15 „Besondere Pflichten bei implantierbaren Medizinprodukten" in die MPBetreibV aufgenommen.

32 Diese besonderen Pflichten gelten für die Produkte der jetzt ebenfalls neu geschaffenen Anlage 3:

Anlage 3 (zu § 15 Absatz 1 und 2)

1. Aktive implantierbare Medizinprodukte

2. Nachfolgende implantierbare Produkte:

   2.1 Herzklappen

   2.2 nicht resorbierbare Gefäßprothesen und -stützen

   2.3 Gelenkersatz für Hüfte oder Knie

   2.4 Wirbelkörperersatzsysteme und Bandscheibenprothesen

   2.5 Brustimplantate

§ 15
Besondere Pflichten bei implantierbaren Medizinprodukten

(1) Die für die Implantation verantwortliche Person hat unverzüglich nach Abschluss der Implantation eines in der Anlage 3 aufgeführten Medizinproduktes dem Patienten folgende Dokumente auszuhändigen:

1. eine schriftliche oder elektronische Information, die

   a) in allgemein verständlicher Weise die für die Sicherheit des Patienten nach der Implantation notwendigen Verhaltensanweisungen einschließlich der Maßnahmen, die bei einem Vorkommnis mit dem Medizinprodukt zu treffen sind, enthält und

   b) Hinweise zu erforderlichen Kontrolluntersuchungen enthält, sowie

2. einen Implantatpass, der mindestens die folgenden Daten enthält:

   a) Vor- und Zuname des Patienten,

   b) Bezeichnung, Art und Typ sowie Loscode oder die Seriennummer des Medizinproduktes,

   c) Name oder Firma des Herstellers des Medizinproduktes,

   d) Datum der Implantation und

   e) Name der verantwortlichen Person und der Einrichtung, die die Implantation durchgeführt hat.

(2) Der Betreiber einer Einrichtung [...] hat die Dokumentation zu diesen Implantaten [...] so aufzubewahren, dass der betroffene Patientenkreis innerhalb von drei Werktagen über den Typ und die Chargen- oder Seriennummer des Implantates [...] ermittelt werden kann. Die Aufzeichnungen sind für die Dauer von 20 Jahren nach der Implantation aufzubewahren; danach sind sie unverzüglich zu vernichten.

(3) Kann der Patient über die Dokumentation gemäß Absatz 2 nicht erreicht werden, kann die Einrichtung unter Angabe der Krankenversicherungsnummer die Übermitt-

lung der für die Kontaktaufnahme erforderlichen Daten des Patienten von seiner Krankenkasse verlangen.

33 Mit diesen „Besonderen Pflichten" ergeben sich für die Einrichtungen spezifische Herausforderungen:

- Die ggf. vorhandenen Implantatpässe müssen auf Vollständigkeit nach dieser Verordnung überprüft werden.
- Mit der IT-Abteilung bzw. den Systemanbietern ist zu klären, welche Datenträger bzw. Systeme die Datensicherheit für die geforderten 20 Jahre Aufbewahrungspflicht gewährleisten.
- Für Patienten, die nicht dem deutschen Sozialversicherungsrecht unterliegen und somit keine Krankenversicherungsnummer haben, sind Regelungen zu finden, wie die Auffindung dieser Patienten sichergestellt werden kann.
  - Hierzu wären ggf. bereits bei der Patientenaufnahme entsprechende Informationen zu geben.
- Da in der Verordnung unter Abs. 1 Bst. a) der Begriff „Vorkommnis" erwähnt ist, ohne diesen näher zu definieren, sind hier auch entsprechende allgemeine Definitionen zu treffen.

8 Zusammenfassung

34 Mit dem vorliegenden Beitrag zum MPG und der MPBetreibV wurde eine kurze Übersicht über den aktuellen Stand und sich daraus abzuleitende mögliche Handlungsfelder gegeben. Im Zuge der Harmonisierung von EU-Vorschriften ist abzusehen, dass nationale Sonderregelungen an Bedeutung verlieren und an deren Stelle direkt EU-Recht treten wird.

35 In diesem Übersichtsartikel kann nur skizzenhaft auf die wesentlichen Änderungen und Ergänzungen für Betreiber und Anwender von MP eingegangen werden. Herstelleraspekte bleiben ausdrücklich von der Betrachtung ausgenommen. Ebenso die weiteren im Zusammenhang zu sehenden Verordnungen zum MPG oder weitere Rechtsvorschriften (Arbeitssicherheit, Strahlenschutz etc.) müssen unberücksichtigt bleiben.[1]

Literatur

Hill, R./Schmidt, J. M.: Medizinprodukterecht (WiKo). Köln 2017.
Hofmann-Rinker, M./Nippa, J.: Das deutsche Medizinprodukterecht. Rechtslage ab dem 1.1.2017. Wetzlar 2016.

---

1 Für tiefergehende Informationen empfiehlt sich der Besuch eines entsprechenden Seminars (s. auch das Programm der PEG – DIE AKADEMIE) oder der Kontakt zum Autor.

Teil III Patientensicherheit

Patientensicherheit als globale Herausforderung und lokale Aufgabe

Dr. Peter Gausmann

Schlagwortübersicht

Abstract: Sicherheit für Patientinnen und Patienten bei Maßnahmen zur Diagnostik, Therapie und Pflege ist so alt wie die Medizin selbst. Die moderne Gesundheitsversorgung ist komplex, arbeitsteilig organisiert und muss sich ständig am Fortschritt der Wissenschaft neu ausrichten. Neben der Verfügbarkeit von hochqualifiziertem Personal ist die Nutzung angemessener Technik in transsektoralen Prozessen zu gewährleisten. Patientensicherheit in der Operationalisierung der Versorgung stellt nicht nur ein Ziel, sondern auch eine Bindegliedfunktion dar. Die vergangenen 20 Jahre wurden intensiv genutzt, internationale Vorgaben in praxisorientierte Maßnahmenkataloge einzubringen, deren Anwendung Wirkung zeigt. Die Patientensicherheitsbewegung hat dabei die Perspektiven verändert. Nicht mehr der Fehler, sondern das System steht im Mittelpunkt, nicht der einzelne Versorgungsbereich, sondern das therapeutische Netzwerk findet Beachtung und eine Betonung der Stärken und des Erreichten hat die traditionelle Fokussierung auf die Schwächen im System ersetzt.

1 Patientensicherheit als institutioneller Auftrag

Patientensicherheit wurde im Verlauf der letzten Dekade in deutschen Krankenhäusern und Gesundheitseinrichtungen zu einer zentralen Zielsetzung der Organisationsentwicklung. Nicht zuletzt das Inkrafttreten des Patientenrechtegesetzes, vielfältige Initiativen und Vorgaben des Gemeinsamen Bundesausschusses (G-BA) zur Prävention, ein nationales Gesundheitsziel „Patientensicherheit" und die Berücksichtigung präventiver Maßnahmen in den Empfehlungen der medizinischen Fachgesellschaften führten dazu, dass sich ein klinisches Risikomanagement entwickelte und gezielte Sicherheitsmaßnahmen vielfach erfolgreich umgesetzt werden konnten. Ein konstruktiver Dialog über kritische Ereignisse und der Nutzung eines Critical Incident Reporting Systems, retrospektive Fallanalysen nach einem Schadenereignis und prospektiv ausgerichtete Sicherheits- und Risikoanalysen kombiniert mit Peer Review-Verfahren gehören heute zum klinischen Alltag und unterstützen und ergänzen Qualitätsmanagementsysteme. Kriterienkataloge für letztgenannte Verfahren haben längst die Anforderungen des Risikomanagements integriert.

„Primum nihil nocere" – zunächst einmal nicht schaden. Das ist der alte Grundsatz aus der hippokratischen Tradition des moralisch geforderten ärztlichen Handelns, der nicht an Aktualität verloren hat. Das allein reicht natürlich nicht aus für eine Versorgung im System der medizinischen und pflegerischen Hochleistung. Patienten erwarten eine hochprofessionelle Versorgung in Medizin und Pflege, die sich an den neuesten Erkenntnissen der Wissenschaft und Forschung orientiert und dabei stets ein Höchstmaß an Sicherheit garantiert. Neben den Begriffen „evidence based medicine" und „evidence based nursing" hat sich in jüngster Zeit eine „evidence based patient safety" etabliert. Die in vielen Kliniken mittlerweile systematisch umgesetzten Sicherheitsstandards und etablierte Präventionsmaßnahmen in patientennahen Prozessen zeigen Wirkung. In den Hochrisikobereichen, wie der Geburtshilfe, Anästhesie und Notfallversorgung, nehmen

Schadenereignisse in Relation zu den Behandlungsfällen ab.[1] Diese Erfolge gilt es zu kommunizieren, nicht nur an die Adresse von Patienten und Mitarbeitenden, sondern auch an Haftpflicht-Versicherer, die heute vielfach ein klinisches Risikomanagement zur Absicherung fordern. Bei den Präventionsverfahren liegt der besondere Fokus auf der Kommunikation und Kooperation aller Akteure innerhalb der therapeutischen Teams mit Blick auf Zuverlässigkeit. Wir wissen mittlerweile, dass und wie Präventionsmaßnahmen wirken, aber nicht alle Mitarbeitenden halten sich an die Regeln. Sicherheit ist in der Umsetzung also nicht zuletzt, sondern vor allem eine Frage der Haltung des Einzelnen und des Unternehmens insgesamt. Auf organisatorischer Ebene haben einige Kliniken in Deutschland Patientensicherheit mittlerweile zu einem ihrer Unternehmensziele erklärt. Einige andere Akteure in der Gesundheitswirtschaft begeben sich auf den Weg, in einigen Jahren die Kriterien von High Reliability Organizations zu erfüllen. Das Niveau der Patientensicherheit wird damit nutzenstiftend auch zu einem Wettbewerbsfaktor. Die politische Diskussion um Qualitätsstandards, Mindestmengen und qualitätsorientierte Vergütung wird diesen Prozess noch befördern.

3 Pfaff definiert Sicherheitskultur als gemeinsamen Wissens-, Werte- und Symbolvorrat einer sozialen Einheit, der deren Kapazität erhöht, Sicherheit zu fördern.[2] Die Sicherheitskultur einer Gesundheitseinrichtung spiegelt die Einstellung und die Werteorientierung der Mitarbeitenden in therapeutischen Teams wider. Das große Wort der „Safety Culture" gilt es zu operationalisieren. Dafür sind die stringente Umsetzung der internationalen und nationalen Empfehlungen zur Patientensicherheit, die nationalen gesetzlichen Vorgaben und nicht zuletzt die Berücksichtigung der konkreten klinischen Arbeitswelten obligatorisch. Und bei all den Überlegungen dürfen die Patienten nicht fehlen. Diese haben ihre eigenen Vorstellungen und Erwartungen. Die organisatorisch in Gesundheitseinrichtungen für Patientensicherheit Verantwortlichen (also fast alle!) sollten daher „ein Ohr" an den Patienten haben und diese in die Gestaltungsprozesse der Patientensicherheit miteinbeziehen. Die WHO fordert dies mit ihrer Initiative „Patient for Patient Safety".[3]

2 Patientensicherheit als globale Herausforderung

4 Im Jahre 2009 forderte die Europäische Union die Mitgliedsstaaten auf, Patientensicherheit als vorrangiges Ziel in ihre gesundheitspolitischen Strategien zu integrieren. Dies geschah vor dem Hintergrund der Erkenntnis, dass die Mortali-

---

1 Klocke: Versicherungskonzepte für das stationäre Gesundheitswesen. In: Gausmann u. a.: Patientensicherheitsmanagement. 2015, S. 385.
2 Gausmann: Safety Clip: Chirurgie und Zuverlässigkeit. 2012. Online: https://www.bdc.de/safety-clip-chirurgie-und-zuverlaessigkeit/ [abgerufen am 20.3.2018].
3 World Health Organization: Patients for Patient Safety. Online: http://www.who.int/patientsafety/patients_for_patient/en/ [abgerufen am 20.3.2018].

tät und die Morbidität von Patienten durch Behandlungs- und Pflegefehler mit den Folgen wesentlicher Volkserkrankungen vergleichbar sind. Anlässlich des 2nd Global Ministerial Summit on Patient Safety im März 2017 in Bonn stellte die OECD die Studie „The Economics of Patient Safety" vor.[4] Diese internationale Untersuchung kommt zu dem ernüchternden Ergebnis, dass rund 15 % der Ausgaben in Krankenhäusern dafür genutzt werden müssen, die Folgen von Fehlbehandlungen, Fehlern und Komplikationen zu kompensieren. Durch Sicherheitsdefizite ausgelöste Beeinträchtigungen von Patienten belegen Platz 14 in der Liste der Ursache der weltweiten Krankheitslast. Laut OECD stehen die häufigsten Schädigungen mit nur wenigen kritischen Ereignissen im Zusammenhang:

- nosokomiale Infektionen,
- venöse Thromboembolien,
- Durckläsionen,
- Fehler im Bereich der Arzneimitteltherapie sowie
- Diagnosefehler.

Ein starker Impulsgeber für die internationalen Entwicklungen ist ohne Zweifel die Weltgesundheitsorganisation WHO. Mit den aufrüttelnden Studien zu Behandlungsfehlerauffälligkeiten der späten 1990er-Jahre in den USA wurde im Jahre 2004 die World Alliance for Patient Safety als Organisation der WHO gegründet. Damit lag und liegt ein Schwerpunkt der internationalen Initiativen der WHO momentan im Bereich der akuten Krankenhausbehandlung. Dabei wurde von Anfang an aber auch das Ziel verfolgt, sowohl das ambulante Gesundheitswesen mit einem weitaus größeren Anteil von Patienten einzubeziehen als auch die besondere Situation in Ländern mit geringem und mittlerem Einkommen zu berücksichtigen. Zwei Projekte der WHO sind prominent hervorzuheben: die Initiative „**Clean Hands Save Lives**" führte weltweit zu einer Renaissance der Händedesinfektion. In Deutschland entwickelte sich daraus die erfolgreiche Kampagne „Aktion Saubere Hände" (s. u.). Durch eine Bildungsoffensive, der Optimierung der technische Ausstattung und ein interprofessionelles Marketing ist die Compliance dieser Maßnahme heute auf deutlich höherem Niveau als noch vor 10 Jahren. Gleichwohl halten sich noch nicht alle Akteure an die Hygieneregeln. 5

„**Safe Surgery Saves Lives**" ist die zweite globale Initiative der WHO zur Patientensicherheit. Im Rahmen einer internationalen Studie konnte nachgewiesen werden, dass bei Anwendung einer Checkliste für den perioperativen Prozess das Mortalitäts- und Komplikationsrisiko gesenkt werden konnte.[5] Die WHO-Checkliste kommt heute standardisiert in adaptierter Form im überwiegenden Teil der 6

---

4   Slawomirski u. a.: The economics of patient safety. Strengthening a value-based approach to reducing patient harm at national level. 2017. Online: https://doi.org/10.1787/5a9858cd-en [abgerufen am 19.3.2018].

5   Heidecke: Checklisten zur Vermeidung von Patientenschäden. In: Gausmann u. a.: Patientensicherheitsmanagement. 2015, S. 362.

Operationssäle zur Anwendung. Dieses Instrument fördert nicht nur die Sicherheit, sondern dient dem interprofessionellen Dialog und schont ökonomische Ressourcen.

7 Mit dem Jahr 2017 rief die WHO nunmehr die dritte Challenge „**Medication Without Harm**" ins Leben, die folgerichtig ähnlich ambitioniert in das Netzwerk der Gesundheitseinrichtungen weltweit eingeführt werden soll. „Medication Without Harm" konzentriert sich auf die Medikation in *„High Risk Situations"* und das Training für Situationen in der Medizin, in denen ad hoc-Entscheidungen getroffen werden müssen und Medikamente mit hohem Wirkungspotential zum Einsatz kommen. Eine weitere Problemstellung innerhalb des Projektes ist die *Polypharmazie*. Darunter versteht man den gleichzeitigen Gebrauch mehrerer Arzneimittel mit unterschiedlichem Wirkmechanismus, die nicht nur therapeutisch nutzenstiftend, sondern in der Kombination auch sicherheitsgefährdend sein können. Die Situation berücksichtigend, dass im Rahmen des demografischen Wandels immer mehr hochbetagte Patienten das Gesundheitssystem nutzen. Eine Minimierung der Risiken der Polypharmazie ist eine besondere Herausforderung für eine diversifizierte Medizin, die sich in einzelnen Bereichen spezialisiert hat, der aber oft der Blick für das große Ganze fehlt. Mit diesem Thema beschäftigt sich die dritte Facette des Projektes *„Transition of Care"*. Die sektorale Organisation des Gesundheitswesens mit vorstationären, stationären und nachstationären Einrichtungen, die vielfach von unterschiedlichen Trägern betrieben werden, führt zu Friktionen und Störungen in den sektoralen Übergangsstellen. Der Lösungsweg ist nicht zuletzt die konsequente Nutzung einer Informations- und Kommunikationstechnologie (IKT). Die Optimierung transsektoraler Übergänge unter dem Gesichtspunkt der Patientensicherheit fördert die Patientenzufriedenheit und bedient auch ökonomische Aspekte.

3 Global Ministerial Summit on Patient Safety

8 Als bilaterale Initiative trafen sich im Jahre 2016 der britische Gesundheitsminister Jeremy Hunt und sein deutscher Kollege Hermann Gröhe zum ersten Ministerial Summit on Patient Safety in London. So wurde die Bedeutung des Themas auch in diesem politischen Kontext etabliert. Der 2nd Ministerial Summit on Patient Safety 2017 in Bonn beschäftigte sich in Arbeitsgruppen intensiv mit der Frage der ökonomischen Bedeutung von Behandlungsfehlern sowie mit den Themen „mHealth" und „Big Data" zur Förderung der Patientensicherheit und der Prävention und der Vermeidung von Diagnosefehlern.[6] Der dritte globale Ministergipfel fand im April 2018 in Tokio statt und fokussierte

---

6 Bundesministerium für Gesundheit: Patient Safety Summit 2017. Patientensicherheit hat Vorfahrt. 2018. Online: www.bundesgesundheitsministerium.de/themen/internationale-gesundheitspolitik/patient-safety-summit-2017/ [abgerufen am 26.4.2018].

- die notwendigen Voraussetzungen für den Aufbau einer Sicherheitskultur in Gesundheitseinrichtungen,
- die besonderen Herausforderungen für den Aufbau von Patientensicherheitsstrukturen in Ländern mit sehr niedrigem und mittlerem Einkommen,
- die Unterstützung durch die Informations- und Kommunikationstechnologien sowie die ökonomische Bedeutung der Patientensicherheit im nichtklinischen Bereich.

Ein besonderer Blick wurde auf die Anforderungen an die Sicherheitsarchitektur in der alternden Bevölkerung gelegt: „Patient Safety in the aging Society". In seinem Bericht kommt der Summit zu dem Ergebnis, dass ältere Menschen aufgrund der im Alter vorherrschenden Multimorbidität häufiger von unerwünschten Ereignissen betroffen sind. Patientensicherheit im Alter hängt von den komplexen Wechselwirkungen zwischen dem individuellen Gesundheitszustand, sozialen und umweltbedingten Faktoren und der Fähigkeit von entwickelten Gesundheitssystemen, personenzentrierte integrierte medizinische Versorgung zu erbringen, ab und erfordert damit einen ganzheitlichen Ansatz für Ältere. In der alternden Bevölkerung liegt die Versorgung stärker in der häuslichen Umgebung mit weniger Ressourcen für die Patientensicherheit. Dabei sollten die etablierten Maßnahmen und Verfahren in der stationären Versorgung systematisch auf ambulante Einrichtungen übertragen werden, um Patienten, Angehörige und die Gemeinschaften zu entlasten. Die im stationären Bereich vielfach etablierten Analysen patientensicherheitsrelevanter Vorkommnisse und die daraus gewonnenen Erkenntnisse sollten ebenfalls systematisch auf den Bereich der ambulanten Versorgung übertragen werden.

9

Mit der Ausrichtung der globalen Konferenz zur Patientensicherheit und hier insbesondere dem Blick auf den ambulanten Bereich und auf Erhebungen bzw. Daten mit geringerem und mittlerem Einkommen zeigen deutlich, dass die Staatengemeinschaft das Thema „Patientensicherheit" als eine ihrer vorrangigen Aufgaben erkannt hat.

10

Für Patientensicherheit stehen unterschiedliche Definitionen zur Verfügung. Etabliert ist der Begriff als die „Abwesenheit unerwünschter Ereignisse". Für PatientInnen bedeutet dies in der Regel eine fehler- und schadenfreie ärztliche Behandlung und medizinisch-pflegerische Gesundheitsversorgung und umfasst sämtliche Maßnahmen in unterschiedlichen Gesundheitseinrichtungen, um PatientInnen vor vermeidbaren Risiken und Schäden in Diagnostik, Therapie und Pflege zu schützen. Präventionsmaßnahmen sollten dabei stets sektorübergreifend, multiprofessionell und interdisziplinär umgesetzt werden. Dabei gibt es bereichs- und leistungsbezogen große Unterschiede im Anwendungsbereich. Bei der Notfall- und Akutversorgung kommen andere Präventionsmaßnahmen zum Tragen als in der Geburtshilfe oder in der gerontopsychiatrischen Langzeitpflege. Ein Bündel von Maßnahmen ist bereichsübergreifend relevant und universell anwendbar.

11

12   Im deutschsprachigen Bereich stehen hierzu konsentierte Handlungsempfehlungen des Aktionsbündnis Patientensicherheit (Deutschland), der Plattform Patientensicherheit (Österreich) sowie der Stiftung Patientensicherheit (Schweiz) zur Verfügung. In all den oben beschriebenen Leistungsbereichen kommen in nicht unerheblichem Maße Informations- und Kommunikationstechnologien sowie Medizintechnik zur Anwendung. Letztgenannte sollte die Patientensicherheit als ein Versorgungsziel in den Mittelpunkt stellen. Medizintechnik darf sicherheitsrelevante Aspekte nicht außer Acht lassen. Der Bedienkomfort komplexer, medizintechnischer Aggregate muss so gestaltet sein, dass die Anwendung möglichst einfach und intuitiv erlernbar ist. Alarmvorrichtungen müssen Fehler schnell erkennbar werden lassen und umgehend notwendige Intervention ermöglichen. Dafür stehen Modelle des „**Patient Safety Design**" zur Verfügung. Eine Denkweise, die sich in den letzten Jahren mit der Gestaltung von Medizintechnik etabliert hat und in der Beschaffungswirtschaft von besonderer Bedeutung ist. Design steht für Formgebung, Funktion und Gebrauchstauglichkeit von Produkten und Dienstleistungen kombiniert mit der Interaktion zum Benutzer. Der Prozess zur Organisation der Patientensicherheit ist häufig komplex und kann effizient nur im interprofessionellen Team gestaltet werden. Bei dieser Gestaltung kommt das Safety Design ins Spiel. Designaspekte können einen konkreten und unmittelbaren Einfluss auf die Patientensicherheit haben, wenn Produkte, aber auch Prozesse und Kommunikationsmerkmale, etwa im Bereich der Hygiene und Infektionsprophylaxe, der Arzneimittelgabe und der Vermeidung von Sturzereignissen, anwender- und präventionsorientiert gestaltet werden.

4   Patientensicherheit in der Umsetzung

13   Im Folgenden werden besonders sicherheitsrelevante Prozesse skizziert, die durch spezifische und bekannte Risiken gekennzeichnet sind. Die Präventionsmaßnahmen sind auf sämtliche Krankenhäuser übertragbar.

4.1   Aufnahmeprozess des Patienten

14   Für die Patientensicherheit ist dieser Prozess entscheidend und dient dem zielorientierten, effizienten und sachgerechten Informationstransfer im sektoralen Übergang. Es bedarf einer sehr genauen interprofessionellen Anamnese, etwa bei der Aufnahme des Medikationsschemas und der Identifizierung der notwendigen Unterstützung, die Aktivitäten des täglichen Lebens (ATL) betreffend. Die ärztliche Anamnese wiederum ist Voraussetzung für die Therapieplanung und die Vermeidung von Diagnosefehlern. Mit der Aufnahme beginnt in der Regel der Entlassprozess aus der Akutversorgung, wobei hier bereits berücksichtigt werden sollte, unter welchen häuslichen Bedingungen und Voraussetzungen poststationär der therapeutische und pflegerische Heilerfolg gesichert werden kann. Die zwischenzeitlich in Deutschland formulierten Voraussetzungen für ein Entlassmana-

gement mit Blick auf die Patientensicherheit sind zweckdienend. Ziel des Rahmenvertrages nach § 39 Abs. 1a S. 9 SGB V ist es, die bedarfsgerechte, kontinuierliche Versorgung der Patienten im Anschluss an die Krankenhausbehandlung zu gewährleisten. Hierzu gehört eine strukturierte und sichere Weitergabe versorgungsrelevanter Informationen.

4.2 Dringlichkeitseinschätzung

Im Aufnahmeprozess von Patienten mit akuten Beschwerden in der zentralen Notaufnahme ZNA galt lange Zeit das Prinzip der „Abarbeitung" nach der Reihenfolge des Eintreffens. Zwar wurden hochakute Fälle in der Regel priorität behandelt, aber die Einschätzung der Dringlichkeit folgte keinem einheitlichen Prinzip. Heute hat sich in den meisten Kliniken die Triagierung der Patienten etabliert. Nicht der Ankunftszeitpunkt, sondern die Behandlungsdringlichkeit ist entscheidend. Diese wird häufig mit dem „Manchester-Triage-System" (MTS) verifiziert. Voraussetzung sind entsprechende Qualifikationsprogramme, mit denen Mitarbeitende des ärztlichen oder des pflegerischen Teams gezielt geschult werden. Mit dem MTS wird eine symptombasierte Einteilung der Patienten in 5 Dringlichkeitskategorien vorgenommen. Durch die Verknüpfung der Ergebnisse der Ersteinschätzung mit definierten Handlungsanweisungen (Standard Operating Procedure (SOP)) und diagnostischen Prozessen kann der Diagnostik- und Behandlungsablauf für den Patienten und für die aufnehmende Klinik erheblich optimiert werden. Die Zeit vom Erstkontakt des Patienten mit einer Pflegekraft bis zur ersten ärztlichen Sichtung wird erheblich verkürzt und die Umsetzung des standardisierten und dokumentierten Triage-Systems erhöht die Patientensicherheit.[7]

15

4.2 Diagnosesicherung

Gut ein Viertel der vorgeworfenen Behandlungsfehler in der Akutversorgung in Krankenhäusern sind Diagnosefehler. Dieser Begriff kommt zur Anwendung, wenn in einer ex ante Betrachtung des diagnostischen Prozesses „aus einem für einen gewissenhaften Arzt nicht mehr vertretbar gehaltenen Fehler" eine Fehldiagnose resultiert.[8] Dabei kann es sich um verspätete Indikationsstellungen, die Wahl der falschen Therapie oder die unzureichende Würdigung bzw. Nutzung diagnostischer Maßnahmen handeln. Die Risiken einer Fehldiagnose sind durch eine strukturierte und umfassende Anamnese, eine konsequente Umsetzung des Vier-Augen-Prinzips in der Diagnostik mit bildgebenden Verfahren sowie der zeitnahen Auswertung der Labordiagnostik vermeidbar. Regelmäßig stattfindende

16

---

7   Krey: Notaufnahme. In: Gausmann u. a.: Patientensicherheitsmanagement. 2015, S. 194.
8   Lauterberg: Diagnostische Fehler. In: Gausmann u. a.: Patientensicherheitsmanagement. 2015, S. 152.

Früh- und Spätbesprechungen im ärztlichen Team sowie interprofessionelle Visiten sind einzuplanen. Bewährt haben sich insbesondere obligatorisch interdisziplinäre Tumor- und Therapie-Konferenzen.

4.3 Arzneimitteltherapiesicherheit

17 Die Problematik hierzu wurde weiter oben bereits beschrieben. In der praktischen Umsetzung bedarf es einer professionellen An- und Weiterverordnung der (Vor-)Medikation und einer sachgerechten Vorbereitung von Arzneimitteln mit der Wahl der richtigen Darreichungsform und Dosierung. Dies stellt insbesondere die Pflegedienste im Kontext der zur Verfügung stehenden (knappen) Zeitressourcen vor besondere Herausforderungen. Verwechslungen von Arzneimitteln aufgrund ähnlich klingender Bezeichnungen (Soundalike) und ähnlich aussehender Verpackungen (Lookalike) sind ein bedeutendes Problem der Medikationssicherheit im Besonderen und der Patientensicherheit im Allgemeinen. Professionelles Wissen und technische Hilfsmittel für die richtige Kennzeichnung von hochpotenten Medikamenten und der Anzeige des Wechsels von Präparatsnamen sind von Nöten. In den Prozess der Arzneimitteltherapiesicherheit können allerdings auch Patienten miteingebunden werden, wenn mit ihnen zuvor über das Medikationskonzept und die Zielrichtung gesprochen wurde. Die Patienten sollten stets motiviert werden, sich bei jeglichen Unstimmigkeiten, die sie bemerken, nicht zuletzt bei der Arzneimitteltherapiesicherheit, zu artikulieren.

4.4 Infektionsprävention und Hygienemanagement

18 Fragt man Bürger in der Öffentlichkeit, wovor sie sich bei der Aufnahme als Patient in einem Krankenhaus fürchten, wird häufig die „Angst vor dem Killerkeim" genannt. Das Aktionsfeld „Krankenhaushygiene" ist vielfältig und reicht von der Händehygiene über empfohlenen Desinfektionsmitteln bis zur Prävention nosokomialer Infektionen und der Vermeidung von Antibiotikaresistenzen, z. B. bei MRSA und ESBL-Bakterien.

19 Das Verfahren zur Händedesinfektion hat sich mit dem Programm „Aktion Saubere Hände", wie oben bereits beschrieben, nachhaltig verbessert und die Vermeidung nosokomialer Infektionen gehört zum Standardmaßnahmenprogramm der Akut- und Langzeitversorgung. Hier gibt es sowohl auf Bundes- als auch auf Landesebene zahlreiche Initiativen und Handlungsempfehlungen, die zuverlässig umzusetzen sind und die idealerweise die Wahrnehmung der Patienten erreichen und diese aktiv miteinbeziehen.

4.5 Patientenidentifikation und Vermeidung von Verwechselungen

Patientenidentifizierungsarmbänder, wie sie bis vor 15 Jahren nur in der Geburts-hilfe üblich waren, wurden in den Gesundheitseinrichtungen – zumindest der Akutversorgung – weitgehend etabliert. Die Patienten erhalten dieses Instrument bei der Aufnahme und tragen das Identifizierungsband bis zur Entlassung. 20

Sofern ein Identifizierungsband im Rahmen des Aufenthaltes in der Gesundheits-einrichtung entfernt werden muss, so wird der hierfür verantwortliche Mitarbei-tende zum Risikoeigner und verpflichtet, die Sicherheitskette wieder zu schließen. Dies bedarf beispielsweise der Vorhaltung von Reserve-ID-Bändern im Bereich der perioperativen Prozesse, etwa in der Anästhesie, da es dort Anlässe geben kann, ein ID-Band zu entfernen (z. B. bei der Anlage eines arteriellen Zugangs). 21

Neben Patienten-ID-Systemen stehen heute im Kontext der Anwendung der WHO-OP-Sicherheitscheckliste Kennzeichnungssysteme für die Operation paa-riger Organe zur Verfügung. Nach diesem standardisierten Verfahren werden beispielsweise Knie- und Fußgelenks-Operationen, Leistenhernien, aber auch augen-/ohren- und hirnchirurgische Operationsfelder zweifelsfrei gekennzeich-net. Die Besonderheit sind Etagenfehler im Bereich der Wirbelsäulenchirurgie, wenn ein falsches Wirbelsegment operiert wird. Auch hierfür stehen sachgerechte Kennzeichnungssysteme zur Verfügung. 22

4.6 Vermeidung von Druckläsionen

Nicht zuletzt durch den nationalen Expertenstandard „Dekubitusprophylaxe" des Deutschen Netzwerkes für Qualitätsmanagement in der Pflege (DNQP) ist es gelungen, die Inzidenz der schwerwiegenden und hochgradigen Dekubiti in den vergangenen 2 Dekaden deutlich zu senken. Diese Prophylaxe bedarf einer definierten und zuverlässig umzusetzenden Gefährdungseinschätzung, die Ent-lastung disponierter Hautareale und die damit verbundene konsequente Anwen-dung von technischen Hilfsmitteln, wie Spezialauflagen und -betten. Im Kontext der zunehmenden Versorgung älterer und hochbetagter Patienten ist die Dekubi-tusprophylaxe auch künftig intensiv zu betreiben, nicht zuletzt vor dem Hinter-grund knapper personeller Ressourcen in qualitativer und quantitativer Hinsicht. Patientensicherheit ist personalintensiv. 23

4.7 Sturzprävention

Häufigstes Schadenereignis im Bereich der Inneren Medizin ist der Sturz. Mul-timorbide Patienten höheren Alters sind in besonderem Maß disponiert. Zur Prävention stehen sachgerechte Maßnahmen zur Erhebung des Sturzrisikos und zur Umsetzung einer patientenzentrierten Sturzprophylaxe zur Verfügung. Ge- 24

fährdet für Sturzereignisse sind Patienten, die unter dem Einfluss bewegungs-
einschränkender Medikamente stehen, die eine chronische Bewegungseinschrän-
kung durch Verletzung oder Prothetik mit sich bringen oder die in der Vergangenheit bereits häufiger gestürzt sind. Für diese Patientengruppen ist ein Sturz-
Assessment nach internationalen Standards unerlässlich.

25   Kommt es zu einem Sturz, ist neben der Behandlung potentieller Folgen die
Evaluation des Ereignisses nicht zuletzt aus forensischen Gründen notwendig.

4.8   Spezielle Präventionsmaßnahmen im OP-Management

26   Hierzu zählen die standardisierte Identifizierung des Pateinten im Einschleu-
sungsprozess, die umfassende Kommunikation operationsspezifischer Besonderheiten im operativ-anästhesiologischen Team, eine sachgerechte perioperative
Lagerung des Patienten, die Umsetzung der zuverlässigen Zählkontrolle von
intraoperativ genutzten Fremdmaterialien, die Vermeidung von Schäden durch
die HF-Chirurgie, Prävention bei der Vermeidung von Verwechselungen von
interoperativ entnommenen Proben sowie die spezifische perioperative Infektionsprävention.

4.9   Patientensicherheit in der Geburtshilfe

27   Als weiterer spezifischen Bereich für das klinische Risikomanagement muss die
Geburtshilfe bezeichnet werden. Hier greifen insbesondere die Präventionsmaßnahmen im Kontext der präpartalen CTG-Diagnostik und vor allem das Alarmie-
rungskonzept für eine notfallmäßig durchzuführende Kaiserschnittentbindung.
Die von der Fachgesellschaft zugrundeliegende E-E-Zeit (Entschluss-Entwick-
lungs-Zeit) von 20 Minuten geht davon aus, dass die Entscheidung zur Sectio
caeserea auf einer ärztlich kompetenten Beurteilung basiert. Die E-E-Zeit beginnt
daher mit einer Indikationsstellung durch den Facharzt. Die Zeitvorgabe von
20 Minuten stellt eine Orientierung dar. In dieser Zeit sollte das Kind entbunden
werden, um irreparable Schäden zu vermeiden. Die meisten Kliniken liegen durch
Etablierung geeigneter Alarmierungsketten, der Vorhaltung zentraler Eingriffsräume sowie durch regelmäßige Teamtrainings heute messbar unter den Vorgaben der Fachgesellschaften. Gleichwohl ist die Geburtshilfe aus der Perspektive
der Haftlicht-Versicherer ein High-Risk-Bereich, weil zwar die Rate der schwerwiegenden hypoxischen Hirnschäden bei Kindern zurückgegangen ist, gleichwohl
bei der Verwirklichung eines solchen Schadens hohe Entschädigungssummen
gezahlt werden müssen. Aus der Perspektive der Assekuranz stellt sich somit die
Geburtshilfe nach wie vor als ein High-Risk-Bereich mit einer ganz besonderen
Notwendigkeit für ein klinisches Risikomanagement dar.

5   Ein Fazit

Patientensicherheit hat sich als globale Herausforderung von einer fehler- zu einer   28
systemzentrierten Perspektive weiterentwickelt, von einer sektoralen zu einer
transsektoralen Betrachtung und nicht zuletzt von einer defizit- zu einer stärken-
orientierten Debatte. Letztgenannter Punkt wurde insbesondere durch die Veröffentlichung von Hollnagel[9] und der von ihm ins Leben gerufenen Diskussion
der notwendigen Entwicklung vom „Safety-I" zum „Safety-II"-Ansatz initiiert.
Lange Zeit schauten die Einrichtungen in der Gesundheitswirtschaft auf ihre
Defizite, d. h. auf Komplikationserfassungen, Schadenereignisse und Fehlfunk-
tionen personeller und technischer Art. Die Betrachtungsweise ist notwendig, aber
nur bedingt motivationsfördernd für die vielen Professionen in der Gesundheitsversorgung. Der „Safety II-Ansatz" stellt den Erfolg in den Mittelpunkt und
hinterfragt, warum letztendlich so wenig „in der komplexen" Gesundheitsversorgung passiert. Safety II dient aber auch einer kritischen Betrachtung, setzt
Sicherheitssysteme voraus und identifiziert Potentiale, in denen bereits Erreichtes
durch neue Organisationsformen und ein reduzierter Personalstandard wieder in
Frage gestellt wird.

Patienten erwarten eine am aktuellen Wissen orientierte Diagnostik, Therapie und   29
Pflege und einen sicheren Umgebung. Sie haben ein Recht auf Patientensicherheit.

Literatur

Bundesministerium für Gesundheit: Patient Safety Summit 2017. Patientensicherheit hat Vor-
fahrt. 2018. Online: www.bundesgesundheitsministerium.de/themen/internationale-gesund-
heitspolitik/patient-safety-summit-2017/ [abgerufen am 26.4.2018].
Gausmann, P.: Safety Clip: Chirurgie und Zuverlässigkeit. 2012. Online: https://www.bdc.de/
safety-clip-chirurgie-und-zuverlaessigkeit/ [abgerufen am 20.3.2018].
Heidecke, C. D.: Checklisten zur Vermeidung von Patientenschäden. In: Gausmann, P. u. a.:
Patientensicherheitsmanagement. Berlin 2015, S. 362.
Hollnagel, E. u. a.: From Safety-I to Safety-II: A White Paper. 2015. Online: https://www.england.
nhs.uk/signuptosafety/wp-content/uploads/sites/16/2015/10/safety-1-safety-2-whte-papr.pdf
[abgerufen am 2.4.2018].
Klocke, M.: Versicherungskonzepte für das stationäre Gesundheitswesen. In: Gausmann, P. u. a.:
Patientensicherheitsmanagement. Berlin 2015, S. 385.
Krey, J.: Notaufnahme. In: Gausmann, P. u. a.: Patientensicherheitsmanagement. Berlin 2015,
S. 194.
Lauterberg, J.: Diagnostische Fehler. In: Gausmann, P. u. a.: Patientensicherheitsmanagement.
Berlin 2015, S. 152.
Slawomirski, L. u. a.: The economics of patient safety. Strengthening a value-based approach to
reducing patient harm at national level. 2017. Online: https://doi.org/10.1787/5a9858cd-en
[abgerufen am 19.3.2018].
World Health Organization: Patients for Patient Safety. Online: http://www.who.int/patient-
safety/patients_for_patient/en/ [abgerufen am 20.3.2018].

---

9   Hollnagel u. a.: From Safety-I to Safety-II: A White Paper. 2015. Online: https://www.
england.nhs.uk/signuptosafety/wp-content/uploads/sites/16/2015/10/safety-1-safety-2-
whte-papr.pdf [abgerufen am 2.4.2018].

Patienten- und Klienten-bezogene Perspektive: Patientenrechte, Patientensicherheit, Medizinproduktesicherheit

PD Dr. Alexandra Busemann/Prof. Dr. Claus-Dieter Heidecke

Schlagwortübersicht

Abstract: Die Patientensicherheit und die Patientensouveränität haben im vergangenen Jahrzehnt eine zunehmende Bedeutung erhalten. Dies betrifft einerseits gesetzgeberische (Patientenrechtegesetz, Medizinproduktegesetz etc.) wie behördliche (Gemeinsamer Bundesausschuss, Institut für Qualitätssicherung und Transparenz im Gesundheitswesen (IQTiG) etc.) Maßnahmen sowie Aktivitäten von Gesundheitsorganisationen wie der WHO. Ziel all dieser Maßnahmen ist der bessere Patientenschutz und die stärkere Patientenautonomie

1 Einleitung

1 Im Mittelpunkt einer qualitätsorientierten Gesundheitsversorgung steht die Sicherheit des Patienten. In den letzten Jahren ist das Thema Patientensicherheit zunehmend in den Fokus der Öffentlichkeit gerückt. Dazu haben maßgeblich auch die verschiedenen engagierten und schlagkräftigen Patientenvertretungen beigetragen. Darüber hinaus hat sich das Aktionsbündnis Patientensicherheit vor 13 Jahren etabliert, das als gemeinsame Initiative von Vertretern der Gesundheitsberufe, ihrer Verbände und der Patientenorganisationen eine gemeinsame Plattform zur Verbesserung der Patientensicherheit in Deutschland aufgebaut hat.

2 In den vergangenen beiden Legislaturperioden des Deutschen Bundestags standen Themen wie die Patientensicherheit, die Patientenorientierung und die Qualität der medizinischen Versorgung im Mittelpunkt des gesundheitspolitischen Diskurses. Hieraus resultierte

- das Patientenrechtegesetz mit seinem Inkrafttreten im Februar 2013,
- die Qualitätsmanagement-Richtlinie Krankenhäuser des Gemeinsamen Bundesausschusses (G-BA), aktualisiert im Januar 2014 mit der Implementierung eines klinischen Risikomanagements und von Fehlermeldesystemen sowie
- die Gründung des Instituts zur Qualitätssicherung und Transparenz im Gesundheitswesen (IQTIG) auf der Basis des Krankenhausstrukturgesetzes (KHSG) im Januar 2016.

2 Patientenrechte

3 Viele Patienten waren und sind allerdings nicht ausreichend über ihre Rechte informiert bzw. haben diese nicht vollständig verstanden. Tatsächlich waren die Rechte und Pflichten der Patienten in vielen Bereichen über lange Zeit nicht gesetzlich festgeschrieben; stattdessen resultierte das praktizierte Regelwerk aus einem Flickenteppich (höchst)richterlicher Entscheidungen. Aus diesem Grund wurde schließlich das Patientenrechtegesetz verabschiedet, welches seit dem 26.2.2013 erstmals die Rechte und Pflichten der Patientinnen und Patienten im Behandlungsverhältnis regelt. Das Patientenrechtegesetz hat zum Ziel, das Recht der Patienten auf eine angemessene Aufklärung und Beratung sowie auf eine sorgfältige, qualifizierte und individuelle Behandlung zu gewährleisten. Zudem soll damit das Selbstbestimmungsrecht des Einzelnen sichergestellt werden. Die

Patienten sollen zu mündigen Partnern des Arztes gemacht werden, mit dem sie auf Augenhöhe kommunizieren können. Ebenso wurde der Behandlungsvertrag im Bürgerlichen Gesetzbuch (BGB) ausdrücklich verankert. Somit sollen die Patienten nach weitreichender Aufklärung über ihren Gesundheitszustand sowie die verschiedenen Therapieoptionen einschließlich der Risiken und Erfolgsaussichten selbst über ihre Behandlung entscheiden können.

Das Patientenrechtegesetz stärkt deutlich die Rechte der Patienten in folgenden konkreten Punkten. 4

2.1 Pflichten beim Behandlungsvertrag

Der Patient hat Anspruch auf die versprochene Behandlung, die nach den zum gegenwärtigen bestehenden, allgemein anerkannten fachlichen Standards erfolgen muss. Individuelle Absprachen und damit ein bewusstes Abweichen vom Standard sind aber möglich, sofern beide Vertragspartner zustimmen. Andererseits hat der Behandler Anspruch auf die vereinbarte Vergütung der Leistung. 5

2.2 Informationspflichten

Arzt und Patient sollen zur Durchführung einer Behandlung zusammenwirken. Der Arzt muss den Patienten vor Beginn der Therapie umfassend und in für diesen verständlicher Art und Weise über seine Diagnose, den zu erwartenden weiteren Verlauf der Erkrankung sowie die Therapieoptionen und Behandlungsalternativen mit den entsprechenden Aussichten und Konsequenzen informieren. Im Falle eines vermeintlich aufgetretenen Behandlungsfehlers muss der Arzt den Patienten auf Nachfrage oder bei drohenden gesundheitlichen Beeinträchtigungen informieren. Bei einer unaufschiebbaren Notfallsituation kann der Arzt auf die Aufklärung verzichten, sofern die medizinische Maßnahme in Einklang mit dem mutmaßlichen Patientenwillen stattfindet. Sollte dem Behandler bewusst sein, dass die Kosten nicht durch einen Dritten getragen werden, dann muss er den Patienten schriftlich vor der Behandlung über die zu erwartende Höhe informieren. Dies gilt insbesondere für individuelle Gesundheitsleistungen („IGeL"). 6

2.3 Aufklärungspflichten und Einwilligung

Vor jeder medizinischen Maßnahme muss der Arzt das Einverständnis des Patienten bzw. des gesetzlichen Betreuers einholen. Hierzu muss der Patient so rechtzeitig über Art, Umfang, Durchführung, zu erwartende Folgen und Risiken der Maßnahme sowie ihre Notwendigkeit, Dringlichkeit, Eignung und Erfolgsaussichten sowie Behandlungsalternativen aufgeklärt werden, dass er seine Entscheidung wohlüberlegt treffen kann. Dem Patienten muss eine Kopie seiner unterzeichneten vollständigen Einwilligungserklärung ausgehändigt werden und er kann die Einwilligung jederzeit widerrufen. 7

2.4 Dokumentation der medizinischen Maßnahmen und Recht zur Einsichtnahme

8   Das Behandlungsteam ist verpflichtet, zeitnah sämtliche durchgeführte Maßnahmen sowie erhobene Befunde schriftlich zu dokumentieren, insbesondere Anamnese, Diagnosen, Untersuchungen, Untersuchungsergebnisse, Befunde, Therapien und Eingriffe einschließlich ihre jeweiligen Wirkungen sowie Einwilligungen und Aufklärungen. Die Patientenakte muss auch die Arztbriefe enthalten. Was nicht dokumentiert ist, gilt juristisch dabei als nicht durchgeführt! Werden zu einem späteren Zeitpunkt Änderungen oder Ergänzungen vorgenommen, muss erkennbar sein, wann diese Einträge vorgenommen wurden. Außerdem muss der ursprüngliche Inhalt erkennbar bleiben. Der Patient hat das Recht, seine Akte jederzeit einzusehen und Kopien anzufertigen. Die Patientenakte muss 10 Jahre aufbewahrt werden.

2.5 Behandlungs- und Aufklärungsfehler

9   Der Patient soll sich darauf verlassen können, dass die Behandlung entsprechend dem aktuellen Standard und von einem dafür ausreichend qualifizierten Arzt vorgenommen wird. Ein Behandlungsfehler wird angenommen, wenn sich allgemeine Behandlungsrisiken verwirklicht haben, die zu einer deutlichen Beeinträchtigung des Patienten führten, welche aber voll beherrschbar gewesen wären. Der Arzt muss beweisen, dass er die Aufklärung vorschriftsgemäß durchgeführt und der Patient der medizinischen Maßnahme zugestimmt hat. Der Behandler muss über eine ausreichende Qualifikation für den jeweiligen Eingriff verfügen. Im Regelfall muss der Patient sowohl den Behandlungsfehler als auch dessen Ursächlichkeit für eine gesundheitliche Beeinträchtigung beweisen. Liegt ein grober Behandlungsfehler vor, der geeignet ist, einen Gesundheitsschaden herbeizuführen, dann wird automatisch davon ausgegangen, dass der eingetretene Schaden auf den Behandlungsfehler zurückzuführen ist (Beweislastumkehr). Das Gleiche gilt auch für einen Befunderhebungsfehler, sofern der Befund mit hinreichender Wahrscheinlichkeit eine Änderung der Therapiemaßnahmen ergeben hätte und das Unterlassen solcher Maßnahmen grob fehlerhaft war.

10 Sollte dennoch ein Eingriff nicht wie erwartet verlaufen sein bzw. ein Behandlungsfehler vermutet werden, dann haben die Patienten die Möglichkeit einer kostenlosen, außergerichtlichen und gutachterlichen Beurteilung des Falles durch ihre Krankenkasse oder die Schlichtungsstellen der Ärztekammern. Diese Möglichkeiten sollte ein Patient – ggf. unter Mitwirkung eines Rechtsbeistands – ausschöpfen, bevor er für ihn kostenpflichtige zivilrechtliche Schritte vor Gericht einleitet. Von einem strafrechtlichen Vorgehen zum Nachweis von Fehlbehandlungen ist dem Patienten in den meisten Fällen abzuraten, da die Hürden für die Verurteilung eines Behandelnden ungleich höher sind als im Zivilprozess.

Es war befürchtet worden, dass nach der Inkraftsetzung des Patientenrechtege- 11
setzes eine Tsunami-Welle von Verfahren auf die außergerichtlichen und gericht-
lichen Institutionen zurollen würde. Dies ist jedoch im Wesentlichen ausgeblie-
ben. Die Anzahl der zu entscheidenden Anträge ist mit rund 15.000 beim
Medizinischen Dienst der Krankenversicherung und mit knapp 12.000 bei den
Schlichtungsstellen der Ärztekammern konstant geblieben wie auch der Prozentsatz der zugunsten der Patienten entschiedenen Fälle (stabil bei knapp unter 25 %
bei den Schlichtungsstellen genauso wie beim Medizinischen Dienst der Krankenversicherung).

Auch bezüglich der Sicherheit von Medizinprodukten ist der Patient grundsätzlich 12
durch die Gesetzgebung (MPG, MPBetrV, MPSV) geschützt (s. u.). Nach der
Gesetzeslage ist der Patient aber kein Player, der sich aktiv in den Behandlungsprozess einbringen kann. Vielmehr hängt es von den Behandlern ab, ob dem
Bundesamt für Arzneimittel und Medizinprodukte (BfArM) eine Sicherheitslücke
oder ein Fehler beim Medizinprodukt gemeldet wird. Gleichermaßen bleibt es
häufig dem Zufall überlassen, ob die Verordnung über das Errichten, Betreiben
und Anwenden von Medizinprodukten (MPBetrV) bezüglich von Medizinpro-
dukte-Einweisungen oder die Röntgenverordnung bezüglich der Belehrungen bzw.
Befähigungen eingehalten wird. Eventuell in diesem Zusammenhang entstandene
Patientenschäden werden in den seltensten Fällen transparent (gemacht).

3   Patientensicherheit

Wie eingangs beschrieben ist die Patientensicherheit ein übergeordnetes gesell- 13
schaftliches Gut. Daher wurde im Jahr 2013 die Patientensicherheit zu einem
Nationalen Gesundheitsziel erklärt. Dies bedeutet gleichzeitig, dass noch umfassender Handlungsbedarf bei der Umsetzung des Ziels besteht. In einem Übersichtsartikel wurde die Handlungsfelder „Patientensicherheit in Deutschland" im
Jahr 2014 beschrieben.[1] Zu diesen Handlungsfeldern gehören die Sicherheit in der
Diagnostik, der Schutz vor Infektionen, die perioperative Sicherheit bei Operationen, die Sicherheit bei der Arzneimitteltherapie, die Sicherheit in der Pflege sowie
die Sicherheit beim Einsatz von Medizinprodukten. Unter den genannten Zielen
lassen sich grundsätzlich in allen Bereichen durch die Einführung geeigneter Maßnahmen messbare Verbesserungen erzielen. Im Rahmen des Spektrums
dieses Buchs wird auf die in diesem Segment enthaltenen Maßnahmenbündel
fokussiert. Zu diesen Bereichen zählen die (Krankenhaus-)Hygiene, die perioperativen Sicherheitsstrategien und die Medizinproduktesicherheit.

Bezüglich der Patientensicherheitsstrategien beim Schutz vor Krankenhausinfek- 14
tionen ((Krankenhaus-)Hygiene) sei auf Beitrag 8 verwiesen.

---

1   Hölscher u. a.: Patientensicherheit als nationales Gesundheitsziel: Status und notwendige
    Handlungsfelder für die Gesundheitsversorgung in Deutschland. In: ZEFQ 1/2014, S. 6–14.

3.1 Perioperative Sicherheitsstrategien

WHO-OP-Checkliste

15   Durch die Einführung der sog. „Safe Surgery Checklist"[2] konnte die perioperative Letalität und die Rate an postoperativen Komplikationen deutlich gesenkt werden. Die WHO-OP-Checkliste wird in verschiedenen Versionen mittlerweile nahezu flächendeckend in Deutschland eingesetzt.[3] Dennoch war ihre Einführung holprig und geprägt von Schwierigkeiten beim Verständnis und bei der Implementierung. Es fehlte das fundierte Verständnis, wieso eine einfache Checkliste die Komplikationsrate senken kann, zumal sie ausschließlich Dinge erhielt, die jeder verantwortungsbewusste Arzt vermeintlich automatisch durchführte. Daher wurde sie zunächst oft als störender Ballast bzw. Zeitverschwendung empfunden und teilweise ignoriert.[4] Mittlerweile wurden mehrere Faktoren identifiziert, die die Akzeptanz besonders beeinträchtigen: Doppelabfragen aufgrund bereits existierender Checklisten, Kommunikationsdefizite zwischen Chirurgen und Anästhesisten, fehlender Informationsfluss am Ende einer OP über die Art der OP und die Nachbehandlung, vermeintlich zeitraubende Tätigkeit ohne zunächst sichtbaren Effekt, mangelndes Problembewusstsein sowie v. a. schlechtes Checklisten-Design. Um die Akzeptanz der Checkliste zu fördern, sollte eine Checkliste daher bestimme Voraussetzungen erfüllen: Sie muss so kurz wie möglich sein, maximal eine Seite und nur Punkte mit hohem Gefährdungspotential enthalten. Außerdem soll ihre Bearbeitung nicht länger als 60–90 Sekunden dauern. Korrekturen im laufenden Prozess müssen möglich sein, ohne zum Prozessabbruch (i. e. OP-Verschiebung) zu führen und die Abfrage muss zu einem Zeitpunkt erfolgen, an dem das Team noch die Gelegenheit hat, Fehler zu korrigieren. Zudem muss sie an die lokalen Gegebenheiten angepasst sowie regelmäßig reevaluiert und modifiziert werden. Schließlich muss ihr positiver Effekt messbar sein.[5] Wenn diese Punkte beachtet werden, dann beruht die Steigerung der Patientensicherheit auf einer Veränderung der Sicherheitskultur und verbesserten Teaminteraktion bzw. Kommunikation.[6] Sicherheit beginnt im Kopf, und Mitarbeiter, die die Prinzipien verstanden haben, werden auch eine moderne Sicherheitskultur leben. Entschei-

---

2 Haynes u. a.: A Surgical Safety Checklist to Reduce Morbidity and Mortality in a Global Population. In: NEJM 5/2009, S. 491–499.

3 Rothmund u. a.: Einführung und Beurteilung von Maßnahmen zur Fehlerprävention in chirurgischen Kliniken: Ergebnisse einer aktuellen Online-Befragung. In: ZEFQ 4–5/2015, S. 384–393.

4 Fourcade u. a.: Barriers to staff adoption of a surgical safety checklist. In: BMJ Qual Saf 3/2012, S. 191–197.

5 Weiser u. a.: Perspectives in quality: designing the WHO Surgical Safety Checklist. In: Int J Qual Health Care 5/2010, S. 365–370.

6 Haynes u. a.: Changes in safety attitude and relationship to decreased postoperative morbidity and mortality following implementation of a checklist-based surgical safety intervention. In: BMJ Qual Saf 1/2011, S. 102–107; Mazzocco u. a.: Surgical team behaviors and patient outcomes. In: Am J Surg 5/2009, S. 678–685.

dend ist das Verhalten der Klinikleitung, steht diese nicht aktiv dahinter oder ignoriert sie sogar, dann wird sich die OP-Checkliste nicht durchsetzen.[7]

In einer Chirurgenbefragung aus dem Jahr 2014 wurden die Vorhaltung, die Sinnhaftigkeit und die Wirksamkeit von perioperativen Checklisten mit weit über 90 % angesehen. Somit ist die Verwendung von OP-Checklisten aktuell gelebter Standard in Deutschland.[8]

Sichere Patienten-Identifizierung und Seiten- bzw. Schnittführungsmarkierung

Eine Patientenverwechslung oder die Operation an einer falschen Seite (und natürlich auch die Durchführung einer falschen Operation ebenso wie die unbeabsichtigte Zurücklassung eines Fremdkörpers) gehört zu den sog. „Never Events", also zu Ereignissen, die nicht passieren dürfen und auch ausgesprochen selten eintreten. Die WHO-OP-Checkliste fragt beim „sign in" die Patientenidentität ab. Das Tragen eines Patientenidentifikationsarmbandes oder eines entsprechenden Chips war bislang in den Checklisten nicht obligat vorgesehen. Da Checklisten aber an lokale Gegebenheiten angepasst werden sollen, ist auch in Deutschland die Lage bezüglich einer verpflichtenden Verwendung von entsprechenden Armbändern heterogen. In der o. a. Chirurgenbefragung[9] wurde die Verwendung eines „Patientenidentifikationsarmbands" zu 74,9 % als angewendet, zu 86,2 % als (sehr) sinnvoll und zu 79,0 % als (sehr) wirksam angesehen. Dabei machte es keinen Unterschied, ob die Befragten weiblich oder männlich waren, in welcher Hierarchie-Stufe sie tätig waren oder an welchem Krankenhaustyp sie beschäftigt waren. Somit scheint sich eine eineindeutige Identifizierung von Patienten in Deutschland weitgehend durchgesetzt zu haben.

Die Seitenmarkierung (für Eingriffe, die an Extremitäten oder paarigen Organen durchgeführt werden) ist Gegenstand der ursprünglichen WHO-OP-Checkliste. Eine signifikante Reduktion von Seitenverwechslungen war aber aufgrund der Seltenheit solcher Ereignisse nicht zu erwarten und ist auch nicht eingetreten.[10] In der o. g. Chirurgenbefragung[11] wurde die präoperative Seitenmarkierung mit 93,1 % als angewendet, mit 96,3 % als (sehr) sinnvoll und mit 95,0 % als (sehr)

16

17

18

---

7   Conley u. a.: Effective surgical safety checklist implementation. In: J Am Coll Surg 5/2011, S. 873-879.

8   Rothmund u. a.: Einführung und Beurteilung von Maßnahmen zur Fehlerprävention in chirurgischen Kliniken: Ergebnisse einer aktuellen Online-Befragung. In: ZEFQ 4–5/2015, S. 384–393.

9   Rothmund u. a.: Einführung und Beurteilung von Maßnahmen zur Fehlerprävention in chirurgischen Kliniken: Ergebnisse einer aktuellen Online-Befragung. In: ZEFQ 4–5/2015, S. 384–393.

10 Haynes u. a.: A Surgical Safety Checklist to Reduce Morbidity and Mortality in a Global Population. In: NEJM 5/2009, S. 491–499.

11 Rothmund u. a.: Einführung und Beurteilung von Maßnahmen zur Fehlerprävention in chirurgischen Kliniken: Ergebnisse einer aktuellen Online-Befragung. In: ZEFQ 4–5/2015, S. 384–393.

wirksam angesehen. Auch hier gab es keine Geschlechts-, Hierarchie- bzw. Krankenhaustypunterschiede. Neben einer Seitenmarkierung wird von einigen Experten auch die Markierung der Schnittführung als Patienten-Sicherheitsinstrument angegeben. Diese hat beispielsweise erstmals Eingang in die OP-Checkliste der Universitätsmedizin Greifswald im Februar 2009 gefunden. Das Anzeichnen der Schnittführung, welches auch bei minimal-intensiv durchgeführten Operationen möglich ist, ermöglicht dem Patienten, vor der Operation noch mal Rückfragen zur OP und den Zugangswegen zu stellen und Unsicherheiten zu beseitigen. Die befragten Chirurgen bewerteten dies mit 28 % nicht mit einem hohen Patientensicherheitspotential, mit 56,1 % als (sehr) sinnvoll und mit 43,7 % als (sehr) wirksam.[12] Somit hat sich das Anzeichnen der Schnittführung in Deutschland bislang nicht durchgesetzt, wird von den Autoren aber weiterhin ausdrücklich empfohlen.

3.2   Medizinproduktesicherheit

19   Das Medizinproduktegesetz (MPG) und nachgeordnete Verordnungen regeln nach Deutschem Recht den Verkehr mit Medizinprodukten und sorgen „dadurch für die Sicherheit, Eignung und Leistung der Medizinprodukte sowie die Gesundheit und den erforderlichen Schutz der Patienten, Anwender und Dritter" (§ 1 MPG). Die Deutsche Gesetzgebung ist grundsätzlich in Europäischem Recht gespiegelt, hierbei sind durch eine offenbar schwierige Konsensfindung auf Europäischer Ebene einige Schlupflöcher offen geblieben (z. B. die Wiederaufbereitung von Einwegprodukten). Dennoch sind das Inverkehrbringen von Medizinprodukten und deren Betreibung streng reguliert und an der Sicherheit der Patienten ausgerichtet. Durch die EU-Verordnung 2017/745 sind die „Spielregeln" des Herstellers, der Inverkehrbringung, Betreibung und Anwendung von Medizinprodukten neu definiert worden. Alle in der EU vertriebenen Medizinprodukte müssen zur Sicherheit des Anwenders und des Patienten einem Konformitätsbewertungsverfahren unterzogen werden und eine CE-Kennzeichnung tragen. Klinische Prüfungen müssen der Inverkehrbringung vorausgegangen sein. Die Sicherheit von Medizinprodukten wird behördlich überwacht. Die Rolle der Betreiber von Medizinprodukten ist in der MP-Betreiberverordnung geregelt. Zum Betreiben und Anwenden von Medizinprodukten (MP) gehören das Errichten, das Bereithalten, die Instandhaltung, die Aufbereitung sowie die sicherheits- und messtechnischen Kontrollen. Medizinprodukte dürfen nur ihrer Zweckbestimmung entsprechend durch Personen betrieben und angewendet werden, die hierfür die erforderliche Ausbildung oder Kenntnis und Erfahrung besitzen. Somit ist eine Einweisung in die ordnungsgemäße Handhabung des MP erforderlich, die zu dokumentieren ist. Für größere Medizinbetriebe, wie Krankenhäuser,

---

12   Rothmund u. a.: Einführung und Beurteilung von Maßnahmen zur Fehlerprävention in chirurgischen Kliniken: Ergebnisse einer aktuellen Online-Befragung. In: ZEFQ 4–5/2015, S. 384–393.

muss ein MP-Beauftragter bestimmt werden. Ferner ist ein Medizinproduktebuch zu führen. Die MP-Sicherheitsplanverordnung adressiert Funktionsstörungen, Ausfälle, Änderungen der Merkmale bzw. der Leistungen oder unsachgemäße Kennzeichnungen und Gebrauchsanweisungen eines Medizinproduktes, die unmittelbar oder mittelbar zum Tod oder zu einer schwerwiegenden Verschlechterung des Gesundheitszustands eines Patienten, eines Anwenders oder einer anderen Person geführt haben oder geführt haben könnten. Als Funktionsstörung gilt auch ein Mangel der Gebrauchstauglichkeit, der eine Fehlanwendung verursacht. Die MP-Sicherheitsplanverordnung hält diverse korrektive Maßnahmen zur Risikobeseitigung resp. Risikoreduzierung vor, vom Austausch, der Um- oder Nachrüstung, der Aussonderung oder Vernichtung des betreffenden Medizinprodukts bis hin zum kompletten Chargenrückruf.

Voraussetzung für solche Maßnahmen ist die Erkenntnis von Funktionsstörungen 20
bei einem MP. Hierzu hat der Gesetzgeber Vigilanzsysteme im Sinne von Meldeverfahren der Betreiber, Anwender oder Vertreiber eingerichtet. Gerade hier liegt aber das Problem, dass trotz gesetzlich vorgeschriebener Meldepflicht der Informationsfluss über fehlerhafte MPs nicht alle Beteiligten im Gesundheitswesen verlässlich erreicht, die daraus lernen oder darauf reagieren sollen: Hersteller ähnlicher Produkte, Betreiber, Anwender, aber auch Patienten.[13] Hier sind vor allem die Anwender („mehr melden") und die Behörden („strenger kontrollieren und Meldungen nachgehen") gefordert. Der Brustimplantate-Skandal[14] und der Hüftprothesen-Skandal[15] sind den meisten von uns in Erinnerung. In diesem Zusammenhang ist es mehr als notwendig, Register zu entwickeln, mit denen die Funktionsfähigkeit und die Sicherheit von Implantaten/Medizinprodukten dauerhaft nachverfolgt werden kann, wie es vom Deutschen Endoprothesenregister erwartet wird.[16]

Literatur

Cohen, D.: How a fake hip showed up failings in European device regulation. In: BMJ 7090/2012.

Conley, D. M. u. a.: Effective surgical safety checklist implementation. In: J Am Coll Surg 5/2011, S. 873-879.

Fourcade, A. u. a.: Barriers to staff adoption of a surgical safety checklist. In: BMJ Qual Saf 3/2012, S. 191–197.

Hassenpflug, J./Liebs, T. R.: Register als Werkzeug für mehr Endoprothesensicherheit. In: Bundesgesundheitsblatt Gesundheitsforschung Gesundheitsschutz 12/2014, S. 1376–1383.

---

13   Hölscher u. a.: Patientensicherheit als nationales Gesundheitsziel: Status und notwendige Handlungsfelder für die Gesundheitsversorgung in Deutschland. In: ZEFQ 1/2014, S. 6–14.

14   Martindale/Menache: The PIP scandal: an analysis of the process of quality control that failed to safeguard women from health risks. In: J Roy Soc Med 5/2013, S. 173–177.

15   Cohen: How a fake hip showed up failings in European device regulation. In: BMJ 7090/2012.

16   Hassenpflug/Liebs: Register als Werkzeug für mehr Endoprothesensicherheit. In: Bundesgesundheitsblatt Gesundheitsforschung Gesundheitsschutz 12/2014, S. 1376–1383.

Haynes, A. B. u. a.: A Surgical Safety Checklist to Reduce Morbidity and Mortality in a Global Population. In: NEJM 5/2009, S. 491–499.

Haynes, A. B. u. a.: Changes in safety attitude and relationship to decreased postoperative morbidity and mortality following implementation of a checklist-based surgical safety intervention. In: BMJ Qual Saf 1/2011, S. 102–107.

Hölscher, U. u. a.: Patientensicherheit als nationales Gesundheitsziel: Status und notwendige Handlungsfelder für die Gesundheitsversorgung in Deutschland. In: ZEFQ 1/2014, S. 6–14.

Martindale, V./Menache, A.: The PIP scandal: an analysis of the process of quality control that failed to safeguard women from health risks. In: J Roy Soc Med 5/2013, S. 173–177.

Mazzocco, K. u. a.: Surgical team behaviors and patient outcomes. In: Am J Surg 5/2009, S. 678–685.

Rothmund, M. u. a.: Einführung und Beurteilung von Maßnahmen zur Fehlerprävention in chirurgischen Kliniken: Ergebnisse einer aktuellen Online-Befragung. In: ZEFQ 4–5/2015, S. 384–393.

Weiser, T. G. u. a.: Perspectives in quality: designing the WHO Surgical Safety Checklist. In: Int J Qual Health Care 5/2010, S. 365–370.

Steigende Anforderungen bei der Auswahl von Krankenhausprodukten und deren Einsatz unter hygienischen Gesichtspunkten

Prof. Dr. Axel Kramer/Dr. Christian Jäkel/Univ.-Prof. Dr. Dr. Kai Zacharowski/Sebastian Kramer/
Prof. Dr. Claus-Dieter Heidecke

Schlagwortübersicht

Abstract: Bei der Auswahl von Krankenhausprodukten unter hygienischen Gesichtspunkten ist zu unterscheiden zwischen Medizinprodukten, Mobiliar und Inventar sowie Materialien für den Einsatz zur Infektionsprävention. Bei ersteren muss die Aufbereitung vom Hersteller detailliert und plausibel ausgeführt sein. Der Auswahl von Produkten zur Infektionsprävention ist eine Nutzen-Risiko-Analyse zugrunde zu legen; diese sollte bei Produkten gleicher Indikation zusätzliche Aspekte, wie Wirksamkeit, Sicherheit und selbstverständlich auch Kosten, einschließen. Grundsätzlich ist die Nachhaltigkeit eines Produkts in die Entscheidung einzubeziehen.

1 Einleitung

1 Vor der Anschaffung von steril oder keimarm zu verwendenden Medizinprodukten (MP) ist zu überprüfen, ob die vom Hersteller bereitzustellenden Informationen für MP, die zur Wiederverwendung vorgesehen sind und eine Aufbereitung erfordern oder die für den Einmalgebrauch unsteril vertrieben werden, aber vor ihrer Benutzung für die Anwendung aufbereitet werden müssen (Reinigung, Desinfektion und/oder Sterilisation) gemäß Abschnitt 13.6. des Anhangs I der Richtlinie 93/42/EWG und der DIN EN ISO 17664[1] vorliegen und fachlich plausibel erscheinen. Herstellerangaben zur Aufbereitung von MP sind gemäß Medizinprodukte-Betreiberverordnung (MPBetreibV) zu berücksichtigen. Sofern von den Angaben des Herstellers zur Aufbereitung abgewichen wird, muss dies validiert und dokumentiert werden. Bei unvollständigen und/oder nicht plausiblen Angaben in der Gebrauchsanweisung des Herstellers ist eine Vervollständigung, Präzisierung und/oder Korrektur der Angaben beim Hersteller anzufordern. Im Einzelfall ist zu prüfen, ob ein Vorkommnis gemäß § 2 Nr. 1 Medizinprodukte-Sicherheitsplanverordnung (MPSV) vorliegt und eine Meldung an das BfArM erforderlich ist.

2 Sofern Mobiliar oder Inventar angeschafft werden soll, das im Bereich der Patientenversorgung eingesetzt wird, muss das Material einer Reinigung und Desinfektion zugänglich sein und standhalten. Hierzu muss der Hersteller um valide Angaben gebeten werden (Effektivitätsnachweis für Reinigungs- und ggf. Desinfektionsverfahren, Materialverträglichkeit und ggf. Einfluss auf die Lebensdauer des Produkts).

3 Vor der Anschaffung von Produkten für den Einsatz zur Infektionsprävention (z. B. Desinfektionsmittel, Desinfektionsmittelspender, Antiseptika, antimikrobiell ausgerüstete Materialien, endständige Sterilfilter für Wasserauslässe, Reinigungs-Desinfektions-Geräte) ist die Notwendigkeit der Anschaffung aus infektionspräventiver Sicht unter Berücksichtigung des aktuellen Wissensstands

---

1 DIN EN ISO 17664. Aufbereitung von Produkten für die Gesundheitsfürsorge – Vom Medizinprodukt-Hersteller bereitzustellende Informationen für die Aufbereitung von Medizinprodukten. 04-2018.

(Einschätzung der Evidenz anhand von Leitlinien, Empfehlungen von Fachgesellschaften, Metaanalysen und Lehrbüchern) abzuwägen; sofern Produkte mit ähnlicher Zielsetzung bzw. gleicher Indikation zur Auswahl stehen, ist der Auswahl eine vergleichende Nutzen-Risiko-Analyse mit zusätzlicher Berücksichtigung der Kosten zugrunde zu legen.

In jedem Fall ist bei der Produktauswahl der Aspekt der Nachhaltigkeit ein   4
weiteres wichtiges Kriterium, um einen Beitrag zur nachhaltigen, zukunftssicheren Entwicklung (sustainable development) zu leisten.

Zu beachtende hygienische Kriterien bei der Anschaffung von Medizinprodukten (MP), Mobiliar oder Inventar

In der Universitätsmedizin Greifswald (UMG) wurde 2018 eine Verfahrungs-   5
anweisung (VA) eingeführt, die sich an alle Mitarbeiter richtet, die in den Prozess der Beschaffung von MP involviert sind. Mit Hilfe der VA sollen folgende Punkte vor der Neuanschaffung geklärt werden:

- Übermittlung der erforderlichen Angaben zur Aufbereitung von MP nach § 8 MPBetreibV[2] vom Anbieter,
- Auflistung der infrage kommenden Aufbereitungsverfahren durch den Anbieter,
- interne Überprüfung, ob die für die Aufbereitung benötigten Voraussetzungen (apparativ, Reinigungs- und Desinfektionsmittel, Hilfsmittel) in der UMG gegeben sind; ist Letzteres nicht gegeben, muss geprüft werden, ob die Aufbereitung an einen externen Dienstleister vergeben werden kann.

Der Geschäftsbereich Einkauf fügt jeder Ausschreibung für MP das hierfür   6
erarbeitete Formblatt (Abb. 1) bei. Nach Angebotsabgabe durch die Anbieter lädt der Geschäftsbereich Einkauf Vertreter der Krankenhaushygiene, des Nutzers und den Beauftragter für MP-Sicherheit zur Konsensusbildung ein. Bei Entscheidungen mit hoher strategischer Relevanz wird der Ärztliche Vorstand eingebunden.

---

2 Verordnung über das Errichten, Betreiben und Anwenden von Medizinprodukten (Medizinprodukte-Betreiberverordnung – MPBetreibV) in der Fassung der Bekanntmachung vom 21. August 2002 (BGBl. I S. 3396), zuletzt geändert durch Artikel 4 der Verordnung vom 7. Juli 2017 (BGBl. I S. 2842).

---

1. Empfehlung zur Einstufung des MP (Zutreffendes bitte ankreuzen!):

☐ unkritisch ☐ semikritisch A ☐ semikritisch B ☐ kritisch A ☐ kritisch B ☐ kritisch C

2. Angaben zur Aufbereitung

2.1 Reinigung und Desinfektion (Zutreffendes bitte ankreuzen!)

☐ maschinell ☐ chemothermisch ☐ thermisch ☐ manuell ☐ single use ☐ physikalisch;

Verfahren bitte angeben:

2.2 Sterilisation

VDV-Verfahren: ☐ autoklavierbar bei 134°C ☐ autoklavierbar nur bei 121°C;

Niedertemperaturverfahren: ☐ Dampf-Formaldehyd ☐ Plasma ☐ Ethylenoxid ☐ Ionisierende Strahlung

Liegen Validierungsprotokolle zum Aufbereitungsprozess vom Hersteller vor? ☐ ja ☐ nein

3. Angaben zur Teilschritten der Aufbereitung
3.1 Falls maschinell: Prozesstemperatur: _____ °C

Prozesschemikalie (bitte angeben): _____

3.2 Falls manuell:

- Reinigung

    Reinigungsmittel/ Prozesschemikalie (bitte angeben): _____

    benötigte Hilfsmittel (bitte angeben): _____

- Desinfektion

    Desinfektionsmittel (bitte angeben): _____

    oder Angabe der Wirkstoffgruppe zur Desinfektion, z.B. geeignet sind (bitte ankreuzen!):

    ☐ Quats ☐ Alkohole ☐ Aldehyde ☐ Phenole

    ☐ Guanidine ☐ Alkylamine ☐ Säuren ☐ Laugen

    ☐ Oxidantien/Peroxide

    Gibt es Wirkstoffe, die für das MP inkompatibel sind (bitte ankreuzen!)?

    ☐ Quats ☐ Alkohole ☐ Aldehyde ☐ Phenole Guanidine ☐ Alkylamine ☐ Säuren ☐ Laugen

    ☐ Oxidantien/ Peroxide

Abb. 1: Vom Hersteller zusätzlich zum Angebot auszufüllendes Formblatt als Voraussetzung für die Anschaffung eines MP

Quelle: Kramer: Verfahrensanweisung Hygienische Kriterien für die Anschaffung von Medizinprodukten (MP). Institut für Hygiene und Umweltmedizin der UMG. 1.2.2018.

7   Häufig geben unterschiedliche Hersteller für unterschiedliche MP (z. B. Ultraschallsonden) unterschiedliche Präparate zur Desinfektion an. Das kann zu einer unübersichtlichen Situation mit Verwechslung der Desinfektionsmittel führen. Um das Sortiment in Grenzen zu halten, habt die UMG für diesen Fall eine selbstständige Garantie zur Anwendung eines nicht vom Hersteller vorgesehenen

Desinfektionsmittels seitens des Desinfektionsmittelherstellers vorgesehen (Abb. 2); das wurde bereits erfolgreich prozessiert.

Selbstständige Garantie

1. Die Universitätsmedizin Greifswald, Körperschaft des öffentlichen Rechts, Fleischmannstraße 8, 17475 Greifswald, - nachfolgend „UMG" - möchte zur Aufbereitung (Desinfektion) der im Anhang 1 gelisteten Medizinprodukte (MP) das Produkt „x" - nachfolgend „Produkt" der Fa. Y verwenden. Das Produkt oder die Desinfektionsmittelgruppe, zu der das Produkt gehört (z.B. Desinfektionsmittel mit Alkohol), ist vom Hersteller der betreffenden MP, die desinfiziert werden sollen, als zulässiges Desinfektionsmittel wegen Materialunverträglichkeit ausgeschlossen.

2. Y garantiert, dass das Produkt zur Desinfektion der in Anlage 1 aufgeführten MP geeignet ist und verwendet werden kann, insbesondere werden alle hygienischen Anforderungen an die Aufbereitung erfüllt, die Materialverträglichkeit wurde geprüft, ist gutachterlich belegt und damit gegeben. Schädigungen der Geräte, insbesondere Blindwerden von Schallköpfen oder Risse im Gehäuse, sind bei sachgemäßer Verwendung des Produktes ausgeschlossen.

3. Darüber hinaus garantiert Y, dass eine Patientengefährdung durch die Verwendung des Produkts anstelle der vom Gerätehersteller empfohlenen oder vorgegebenen Desinfektionsmittel ausgeschlossen ist, sofern die Verwendung entsprechend der Herstellerangaben erfolgt.

4. Y haftet gegenüber der UMG uneingeschränkt für alle Schäden, die bei sachgemäßer Verwendung des Produkts verursacht wurden und stellt die UMG in vollem Umfang und auf erstes Anfordern von allen Ansprüchen Dritter frei, die durch die Verwendung des Produkts zur Desinfektion der in Anlage 1 aufgeführten MP verursacht wurden, sofern diese Schadensersatzansprüche Dritter nicht nachweislich auf ein Verschulden der UMG zurückzuführen sind.

5. Bei Schäden an den MP, die üblicherweise auf die Verwendung eines nicht geeigneten Desinfektionsmittels zurückzuführen sind, wie z.B. Blindwerden von Monitoren oder Schallköpfen, wird eine Verursachung durch die Verwendung des Produkts vermutet.

6. Die Garantie gilt unbeschadet zwingender gesetzlicher Haftungsvorschriften (wie z.B. nach dem Produkthaftungsgesetz, in Fällen des Vorsatzes und der groben Fahrlässigkeit, wegen Verletzung des Lebens, des Körpers oder der Gesundheit durch Y oder deren Erfüllungsgehilfen).

7. Die Garantie wird durch eine im Zeitpunkt der Garantieerklärung vorliegenden Versicherungspolice von Y abgesichert, in der die Deckung des mit der Garantie verbundenen Risikos erklärt ist (sog. erweiterte Produkthaftpflichtversicherung) und die auch für einen Zeitraum von 2 Jahren nach einer eventuellen Insolvenz von Y gilt.

8. Mündliche Nebenabreden bestehen nicht. Sollten einzelne Bestimmungen dieser Vereinbarung ganz oder teilweise unwirksam oder undurchführbar sein, wird hiervon die Wirksamkeit dieser Vereinbarung im Übrigen nicht berührt. Die Parteien verpflichten sich, anstelle der unwirksamen/undurchführbaren Bestimmung eine Bestimmung zu vereinbaren, die in rechtlich zulässiger Weise dem rechtlich und wirtschaftlich Gewolltem möglichst nahe kommt. Entsprechendes gilt für den Fall einer ergänzungsbedürftigen Lücke.

Ort, Datum_____   Unterschrift_____

Abb. 2: Erklärung zur Übernahme der selbständigen Garantie
Quelle: Rechtsabteilung der Universitätsmedizin Greifswald.

Auch wenn nicht als MP deklariertes Mobiliar oder Inventar beschafft werden soll, 8 muss die Möglichkeit der Aufbereitung (Reinigung und/oder Desinfektion) und der Materialverträglichkeit gegenüber den zur Aufbereitung infrage kommenden Produkten durch gezielte Anfrage beim Hersteller überprüft werden.

2 Anschaffung erforderlicher Produkte zur Realisierung infektionspräventiver Zielsetzung

9 Beispielhaft soll das Vorgehen zur Identifizierung geeigneter Produkte anhand ausgewählter Produktkategorien erläutert werden. Die Auswahl erfordert im Allgemeinen die Zusammenarbeit von Hygienefachpersonal (Krankenhaushygieniker, Hygienefachkraft) ggf. unter Einbeziehung des hygienebeauftragten Arztes mit dem Nutzer. Ebenso kann die fachliche Beratung durch den Hersteller nützliche Hinweise geben.

10 **Apparative Aufbereitungsverfahren**: Reinigungs-, Desinfektions- und Sterilisationstechnologien haben sich innerhalb der letzten zehn Jahre wesentlich geändert und zu neuen Systemen und Ansätzen geführt, die zur Aufbereitung von MP zur Anwendung kommen. Das führte zu wachsender Wertschätzung der Notwendigkeit für die Validierung der einzelnen Aufbereitungsschritte.

11 Sofern MP mit der Zielsetzung des Einsatzes zur Aufbereitung angeschafft werden sollen, hat die „Typprüfung" gemäß RKI-/BfArM-Empfehlung durch den Hersteller vorzuliegen. Vor der Inbetriebnahme ist die „Prüfung nach Aufstellung" durch den Hersteller oder in dessen Auftrag durchzuführen. Sie beinhaltet die „Abnahmebeurteilung" zum Nachweis, dass die Ausrüstung ihrer Spezifikation entsprechend bereitgestellt und in Betrieb genommen wurde, und die „Funktionsbeurteilung" zum Nachweis, dass die installierte Ausrüstung innerhalb vorgegebener Grenzwerte ihre Funktion erfüllt, wenn sie entsprechend Arbeitsanweisung eingesetzt wird. Die Einzelheiten ergeben sich aus der RKI-/BfArM-Empfehlung.

12 **Desinfektionsmittel**: Werden Desinfektionsmittel für Hände, Flächen, Instrumente und Wäsche aus der Desinfektionsmittel-Liste des Verbunds für Angewandte Hygiene (VAH)[3] ausgewählt, werden die Qualitätssicherungsanforderungen der Hygieneverordnungen der Länder erfüllt. Häufig entspricht die Verwendung VAH-gelisteter Desinfektionsmittel auch Empfehlungen der Liste der vom Robert Koch-Institut geprüften und anerkannten Desinfektionsmittel und -verfahren. Gemäß § 23 Abs. 1 Satz 2 IfSG wird die Einhaltung des Standes der medizinischen Wissenschaft auf dem Gebiet der Verhütung nosokomialer Infektionen und der Vermeidung der Weiterverbreitung von Krankheitserregern, insbesondere solcher mit Resistenzen, vermutet, wenn jeweils die veröffentlichten Empfehlungen der KRINKO und der Kommission Antiinfektiva, Resistenz und Therapie beim Robert Koch-Institut beachtet worden sind. Werden diese Empfehlungen beachtet und bei entsprechender Empfehlung ein Produkt aus der

---

3 Verbund für Angewandte Hygiene: Desinfektionsmittel-Liste. 2017.

Desinfektionsmittelliste des VAH gewählt, kann von der Einhaltung des Standes der medizinischen Wissenschaft auf dem Gebiet der Verhütung nosokomialer Infektionen und der Vermeidung der Weiterverbreitung von Krankheitserregern, insbesondere solcher mit Resistenzen, ausgegangen werden (gesetzliche Vermutung). Für die Aufnahme in die VAH-Desinfektionsmittelliste sind zwei unabhängige Gutachten gemäß den VAH-Standardmethoden zur Prüfung chemischer Desinfektionsmittel erforderlich, die als Voraussetzung zur Zertifizierung durch den VAH innerhalb der Desinfektionsmittelkommission des VAH auf Einhaltung der Prüfvorschriften und Plausibilität überprüft werden.

Da mit der Aufnahme eines Desinfektionsmittels in die VAH-Liste nur die Wirksamkeit gewährleistet ist, aber z. B. nicht das wichtige Kriterium der Verträglichkeit für Mensch und Material bewertet wird, müssen in der Regel diese Informationen aus der Literatur entnommen werden. Das ist deshalb unerlässlich, weil Desinfektionswirkstoffe wegen ihrer mikrobiziden Wirkungsweise der sorgfältigen Nutzen-Risiko-Bewertung bedürfen, um Nebenwirkungen auf Mensch und Umwelt so weit wie möglich zu minimieren. Weil hierzu keine Leitlinien oder Metaanalysen vorliegen, bleibt als Informationsquelle nur die für diesen Bereich relevante Monographie[4] übrig. Um darüber hinaus neue Erkenntnisse berücksichtigen zu können, empfiehlt sich in Abhängigkeit von der Fragestellung eine Literaturrecherche z. B. in Medline und PubMed. Im Fall von Produktzulassungen als Arzneimittel, als Medizinprodukt oder künftig auch als Biozidprodukt sind derartige Prüfungen auch Voraussetzung einer Zulassungsentscheidung. 13

Antiseptika: Für Antiseptika existiert keine der VAH-Desinfektionsmittelliste vergleichbare Listung. Als Grundlage für die Auswahl können Empfehlungen von Expertengremien der World Health Organization (WHO), der Centers for Disease Control and Prevention (CDC) und der Kommission für Krankenhaushygiene und Infektionsprävention (KRINKO) beim Robert Koch-Institut sowie Aussagen in Leitlinien der Arbeitsgemeinschaft der Wissenschaftlichen Medizinischen Fachgesellschaften (AWMF), einzelner Fachgesellschaften sowie internationaler Consensus Guidelines dienen. Hierfür werden nachfolgend Beispiele aufgeführt. 14

Zur Hautantiseptik werden von der KRINKO vor Injektionen und Punktionen Alkohole ohne remanenten Zusatz[5], präoperativ[6] und vor der Anlage von Blutge- 15

---

4 Kramer/Assadian/Wilhelm: Konsequenzen der Nutzen-Risiko-Bewertung von Desinfektionswirkstoffen. In: Kramer u. a. (Hrsg.): Krankenhaus- und Praxishygiene. 3. Aufl. 2016, S. 62–64.
5 Trautmann u. a.: Anforderungen an die Hygiene bei Punktionen und Injektionen. Empfehlung der Kommission für Krankenhaushygiene und Infektionsprävention beim Robert Koch-Institut (RKI). In: Bundesgesundheitsbl 9–10/2011, S. 1135–1144.
6 Hansis u. a.: Prävention postoperativer Wundinfektionen. Empfehlung der Kommission für Krankenhaushygiene und Infektionsprävention (KRINKO) beim Robert Koch-Institut. In: Bundesgesundheitsbl 4/2018, S. 448–473.

fäßkathetern[7] Alkohole mit remanentem Zusatz empfohlen. Zugleich wird sowohl in der KRINKO Empfehlung[8] als auch in einer Leitlinie der AWMF[9] darauf hingewiesen, dass bei der Auswahl von Schleimhautantiseptika zur präoperativen Antiseptik die Besonderheiten des OP-Areals zu beachten sind, wobei Hinweise zur Auswahl gegeben werden. In den Richtlinien der WHO[10] und der CDC[11] werden vergleichbare Empfehlungen zur präoperativen Hautantiseptik gegeben, sodass bei Berücksichtigung dieser Empfehlungen der aktuelle Wissensstand eingehalten ist.

16 Auch zur Auswahl von Mundhöhlenantiseptika werden Hinweise in einer KRINKO-Empfehlung[12] gegeben.

17 Ein Beispiel für die Empfehlung einer Fachgesellschaft ist die gemeinsame Stellungnahme der Deutschen Ophthalmologischen Gesellschaft, der Retinologischen Gesellschaft und des Berufsverbandes der Augenärzte Deutschlands zur Endophthalmitisprophylaxe mittels Antiseptika.[13]

18 Für die Auswahl von Wundantiseptika gibt eine S3-Leitlinie[14] Hilfestellung, die durch eine internationale Consensus Guideline im Detail vertieft wird[15].

19 Die Beispiele verdeutlichen, dass für die Auswahl von Antiseptika unterschiedliche Informationsquellen mit unterschiedlicher Verbindlichkeit infrage kommen, was vor einer Entscheidung zur Anschaffung eine gründliche Recherche voraussetzt.

7 Simon u. a.: Prävention von Infektionen, die von Gefäßkathetern ausgehen Teil 1 – Nichtgetunnelte zentralvenöse Katheter. Empfehlung der Kommission für Krankenhaushygiene und Infektionsprävention (KRINKO) beim Robert Koch-Institut. In: Bundesgesundheitsbl 2/2017, S. 171–206.

8 Hansis u. a.: Prävention postoperativer Wundinfektionen. Empfehlung der Kommission für Krankenhaushygiene und Infektionsprävention (KRINKO) beim Robert Koch-Institut. In: Bundesgesundheitsbl 4/2018, S. 448–473.

9 Arbeitskreis Krankenhaus- und Praxishygiene der AWMF: Hygieneanforderungen beim ambulanten Operieren. AMWF-Leitlinienregister Nr. 029/014 02-2018.

10 Allegranzi u. a.: Global guidelines for the prevention of surgical site infection. 2016. Online: http://apps.who.int/iris/bitstream/10665/250680/1/9789241549882-eng.pdf?ua=1 [abgerufen am 1.11.2017].

11 Kluytmans/Donlan/Schecter, for the Healthcare Infection Control Practices Advisory Committee: Centers for Disease Control and Prevention Guideline for the Prevention of Surgical Site Infection. In: JAMA Surg 8/2017, S. 784–791.

12 Becker u. a.: Infektionsprävention in der Zahnheilkunde – Anforderungen an die Hygiene. Mitteilung der Kommission für Krankenhaushygiene und Infektionsprävention beim Robert Koch-Institut. In: Bundesgesundheitsbl Gesundheitsforsch Gesundheitsschutz 4/2006, S. 375–394.

13 Hoerauf u. a.: Stellungnahme der Deutschen Ophthalmologischen Gesellschaft, der Retinologischen Gesellschaft und des Berufsverbandes der Augenärzte Deutschlands: Endophthalmitisprophylaxe bei intravitrealer operativer Medikamenteneingabe (IVOM) (Stand Juli 2013). In: Klin Monatsbl Augenheilkd 11/2013, S. 1157-1161.

14 Deutsche Gesellschaft für Wundheilung und Wundbehandlung: Lokaltherapie chronischer Wunden bei Patienten mit den Risiken periphere arterielle Verschlusskrankheit, Diabetes mellitus, chronische venöse Insuffizienz. S3-Leitlinie 091-001, 06-2012.

15 Kramer u. a.: Consensus on Wound A1ntisepsis: Update 2018. In: Skin Pharmacol Physiol. 1/2018, S. 28–58.

Auswahl von zur Infektionsprävention bei medizinischen Eingriffen benötigte 20
MP: Für die Katheterisierung von Blutgefäßen[16] und der ableitenden Harnwege[17] sowie zur Prophylaxe der Beatmungs-assoziierten Pneumonie[18] wird in den entsprechenden KRINKO Empfehlungen die Evidenz einzelner infektionspräventiver Maßnahmen, die an MP gebunden ist, bewertet, woraus die Entscheidung zur Anschaffung abgeleitet werden kann. Das betrifft z. B. den Verzicht auf Bakterien- und Endotoxinfilter zur Prävention Katheter-assoziierter Blutstrominfektionen, den Einsatz fertig konfektionierter Spritzen mit steriler 0,9 %-Natriumchlorid-Lösung oder den Einsatz antimikrobiell beschichteter Zentraler Venenkatheter bei spezieller Risikokonstellation. Harnwegkatheter sollen nicht routinemäßig gewechselt werden. Ein häufiger als alle 7 Tage durchgeführter Wechsel von Beatmungsschläuchen führt nicht zu einer Senkung der Pneumonierate.

Bei der Auswahl von Zubehör zur Katheterisierung von Blutgefäßen ist eine Reihe 21 von Anforderungen zu beachten. Da vor jeder Manipulation die Desinfektion des Katheterzugangs state of the art ist, muss das MP gegenüber dem Desinfektionsmittel stabil sein. Die Desinfektion mittels Sprüh-Schütteltechnik mit einem Hautantiseptikum ist in ihrer Effektivität nicht untersucht; dagegen spricht die Datenlage zur Effektivität sog. Desinfektionskappen für deren Einsatz anstelle der Sprühdesinfektion.[19] Als Konsequenz sollten Venenverweilkanülen keinen Einspritzport mehr haben, da dieses nicht zu desinfizieren ist. Anstatt der Verwendung eines Mandrins[20] empfiehlt die KRINKO den Einsatz eines sterilen Extensionssets, das mit steriler NaCl-Lösung gespült und mit einem sterilen Stopfen verschlossen werden kann (bewährte klinische Praxis). In praxi wurde mehrfach beobachtet, dass es unabhängig vom Verschluss (Kombistopfen oder nadelfrei zugängliche Konnektionsventile) zu einem Blutrückfluss in das Extensionsset kommen kann. Hier scheinen der hydrostatische Druck und das vorhandene Totraumvolumen im Extensionsset eine Rolle zu spielen. Vorteile des Extensionssets sind die Möglichkeit der „Zugumleitung" beim Infusionssystem, weniger

16 Simon u. a.: Prävention von Infektionen, die von Gefäßkathetern ausgehen Teil 1 – Nichtgetunnelte zentralvenöse Katheter. Empfehlung der Kommission für Krankenhaushygiene und Infektionsprävention (KRINKO) beim Robert Koch-Institut. In: Bundesgesundheitsbl 2/2017, S. 171–206.
17 Martius u. a.: Prävention und Kontrolle Katheter-assoziierter Harnwegsinfektionen. Empfehlung der Kommission für Krankenhaushygiene und Infektionsprävention (KRINKO) beim Robert Koch-Institut. In: Bundesgesundheitsbl 6/2015, S. 641–650.
18 Suger-Wiedeck u. a.: Prävention der nosokomialen beatmungsassoziierten Pneumonie. Empfehlung der Kommission für Krankenhaushygiene und Infektionsprävention (KRINKO) beim Robert Koch-Institut. In: Bundesgesundheitsbl 11/2013, S. 1578–1590.
19 Voor In 't Holt u. a.: Antiseptic barrier cap effective in reducing central line-associated bloodstream infections: A systematic review and meta-analysis. In: Int J Nurs Stud. 69/2017, S. 34–40.
20 Simon u. a.: Prävention von Infektionen, die von Gefäßkathetern ausgehen. Teil 2 – Periphervenöse Verweilkanülen und arterielle Katheter. Empfehlung der Kommission für Krankenhaushygiene und Infektionsprävention (KRINKO) beim Robert Koch-Institut. In: Bundesgesundheitsbl 2/2017, S. 207–215.

Manipulationen direkt an der Verweilkanüle mit geringerer Gefahr der mechanischen Phlebitis und ein etwas weiter vom peripheren Venenkatheter entfernter Manipulationspunkt. Das Extensionsset sollte, außer bei Notfallbehandlung und bei geforderter hoher Durchflussrate, möglichst dünnlumig sein, über eine Verschlussklemme verfügen, ca. 10 cm lang und alkoholkompatibel sein. Beim Durchmesser der Extensionsleitung sollte darauf geachtet werden, dass die Flussrate durch die liegende Verweilkanüle ausreichend hoch ist. Gängige, dünne Extensionsleitungen haben einen Innendurchmesser von 1 mm und entsprechen somit einer grünen Verweilkanüle mit 18 Gauge. Das Personal sollte darauf geschult werden, die Extensionsleitung im ruhenden Zustand möglichst nah am Patienten durch die vorhandene Klemme zu verschließen, um das Totraumvolumen zu minimieren. Es empfiehlt sich, die Leitung mit einer Desinfektionskappe für offene, weibliche Luer-Lock-Anschlüsse zu verschließen.

3   Beachtung der Nachhaltigkeit bei der Produktauswahl

22   Die nachhaltige, zukunftssichere Entwicklung (sustainable development) ist eine globale Herausforderung für die Menschheit. Nur durch eine nachhaltige Entwicklung kann sichergestellt werden, dass heutige Generationen ihre Bedürfnisse befriedigen können, ohne die Möglichkeiten künftiger Generationen zu gefährden, deren Bedürfnisse befriedigen zu können.[21]

23   Beim Schutz vor Krankheitserregern konkurrieren der Infektionsschutz des Patienten mit dem Schutz der Umwelt vor dem Eintrag ökotoxikologisch relevanter antimikrobieller Wirkstoffe vor allem via Abwasser sowie mit dem Verbrauch der zur Infektionsverhütung und -bekämpfung erforderlichen Ressourcen an Energie, Wasser und Chemie. Das Leitbild der nachhaltigen Entwicklung ist daher auch in diesem speziellen Bereich so auszuarbeiten und zu konkretisieren, dass die bestehenden Zielkonflikte transparent dargestellt und Lösungsansätze erarbeitet werden, um den Natur-, Kultur- und Lebensraum mit seiner Schönheit für alle Lebewesen zu erhalten.[22] Zielsetzung ist die Bewahrung der umwelthygienischen Unversehrtheit von Boden, Wasser und Luft ebenso wie der Schutz der belebten Umwelt, einschließlich des Menschen, vor ungewollten Auswirkungen des Einsatzes antimikrobieller Wirkstoffe bzw. Verfahren.

24   Die Verantwortung zur Nachhaltigkeit umfasst die Reduzierung von Umweltbelastungen durch Stoffeinträge, den verantwortungsbewussten Umgang mit Ökosystemen, die Minimierung toxischer Risiken für den Menschen und den Einsatz umweltverträglicher Produkte und Verfahren.

---

21   Hauff: Unsere gemeinsame Zukunft: Der Brundtland-Bericht der Weltkommission für Umwelt und Entwicklung. 1987.
22   Kramer u. a.: Ethik der Nachhaltigkeit in der Infektionsprävention durch antimikrobielle Wirkstoffe bzw. Verfahren. In: Kramer/Assadian (Hrsg.): Wallhäußers Praxis der Sterilisation Desinfektion, Antiseptik und Konservierung. 5. Aufl. 2008, S. 577–584.

Resistenzentwicklung von Mikroorganismen: Besonders deutlich wird die Einfluss antimikrobieller Wirkstoffe auf Mensch und Umwelt bei den Antibiotika, weil durch deren wachsenden und nicht ausreichend kontrollierten Einsatz bei Mensch und Tier die Ausbreitung der Antibiotikaresistenz zu einem globalen Problem geworden ist. Aber auch für antiseptische Wirkstoffe ist das Risiko einer Resistenzentwicklung immer dann gegeben, wenn nur eine mikrobiostatische anstatt einer unspezifischen mikrobiziden Wirkung vorliegt. Nur wenn der Wirkungsmechanismus auf einer globalen Zerstörung der Zellstruktur beruht, können Bakterien keine Resistenz entwickeln. Letzteres trifft zu für die Wirkstoffe Ethanol, n- und iso-Propanol, PVP-Iod, Hypochlorit, Polihexanid, Octenidindihydrochlorid und Essigsäure. Dagegen ist für Chlorhexidindigluconat[23], quarternäre Ammoniumverbindungen[24], Triclosan[25] und Silberionen[26] eine Plasmid bzw. genetisch codierte Resistenzentwicklung nachgewiesen. Dieses Risiko ist bei der Auswahl von Antiseptika bzw. Desinfektionsmitteln zu berücksichtigen, sodass bei gleichen Produkteigenschaften Präparate ohne diese Wirkstoffe ausgewählt werden sollten.

25

Aquatische Toxizität: Aufgrund der langsamen Abbaubarkeit von Triclosan ist die Problematik seiner Akkumulation in Größenordnungen bis zu mg/kg bzw. mg/l vor allem in aquatischen Bereichen (Flusswasser, aquatische Ökosysteme, Sedimente, Klärschlämme, Ausläufen von Kläranlagen) mit gravierenden Nebenwirkungen für aquatische Organismen entstanden.[27] Hierbei werden z. T. Konzentrationen für toxische Wirkungen in Oberflächengewässern für Fische, Krebstiere und Algen erreicht. Neben der direkten toxischen Wirkung gefährden genotoxische, immunsuppressive und endokrine Nebenwirkungen die aquatischen Organismen. Hinzu kommt die Umwandlung von Triclosan zu weitaus toxischeren Abbauprodukten wie chlorierte Phenole, Biphenylether und Dibenzodioxine.[28] Produkte, in denen Triclosan eingesetzt wird, sind aus ökotoxischer Sicht abzulehnen. Das betrifft vor allem Haut- und Zahnpflegeprodukte, Handwaschseifen, Mundwässer, imprägnierte Textilien und Haushaltgegenstände. Ein-

26

---

23 Poole: Efflux pumps as antimicrobial resistance mechanisms. In: Ann Med 3/2007, S. 162–176.

24 Costa: Multidrug efflux pumps in Staphylococcus aureus: an Update. In: Open Microbiol J 7/2013, S. 59–71.

25 Carey/McNamara: The impact of triclosan on the spread of antibiotic resistance in the environment. In: Front Microbiol 2014, S. 1–11.

26 Silver: Bacterial silver resistance: molecular biology and uses and misuses of silver compounds. In: FEMS Microbiol Rev 2–3/2003, S. 341–353.

27 Chu/Metcalfe: Simultaneous determination of triclocarban and triclosan in municipal biosolids by liquid chromatography tandem mass spectrometry. In: J Chromatogr 1–2/2007, S. 212–218; Chalew/Halden: Environmental exposure of aquatic and terrestrial biota to triclosan and triclocarban. In: J Am Water Resour Assoc 1/2009, S. 4–13; Reiss/Lewis/Griffin: An ecological risk assessment for triclosan in the terrestrial environment. In: Environ Toxicol Chem 7/2009, S. 1546–1556.

28 Bedoux u. a.: Occurrence and toxicity of antimicrobial triclosan and by-products in the environment. In: Environ Sci Pollut Res 4/2012, S. 1044–1065.

zige Ausnahme ist mit Triclosan imprägniertes chirurgisches Nahtmaterial, weil hier das Nutzen-Risiko-Verhältnis den Einsatz von Triclosan rechtfertigt.[29] Dieses Beispiel[30] soll aufzeigen, wie differenziert bei der Produktauswahl vorgegangen werden muss.

27 Auch für die Auswahl von Desinfektions- und Reinigungsmitteln ist die biologische Abbaubarkeit in aquatischen Bereichen zu ökotoxikologisch unbedenklichen Metaboliten ein wichtiges Kriterium für die Präparateauswahl. Schwer abbaubar ist z. B. der antimikrobielle Wirkstoff Polihexanid, was bei der Auswahl von Präparaten zur Flächen- und Instrumentendesinfektion beachtet werden sollte. Im Unterschied dazu sind Sauerstoffabspalter ökotoxikologisch unbedenklich und aufgrund ihres breiten Wirkspektrums bevorzugt einzusetzen.

28 **Antimikrobielle Imprägnierung**: Jedes zur Imprägnierung von Textilien sowie von Oberflächen von Mobiliar und Innenausstattung eingesetzte Biozid muss der Risikoanalyse für Mensch und Umwelt unterzogen werden, d. h., für jeden vorgesehenen Anwendungsbereich antimikrobiell imprägnierter Materialien muss der Nutzen gegen potenzielle Risiken, wie Sensibilisierung, mikrobielle Resistenzentwicklung, toxische Gefährdung und Ökotoxizität, abgewogen werden. Nur sofern der Einsatz z. B. antimikrobiell imprägnierter Textilien anderen antimikrobiellen Therapieverfahren bzw. Präventionsmaßnahmen gleichwertig oder überlegen ist, spricht nichts gegen den Einsatz. Das betrifft z. B. die Beeinflussung des Erkrankungsverlaufs von Dermatosen durch antimikrobiell imprägnierte Textilien, die Prävention bzw. Therapie von Wundinfektionen durch antimikrobiell imprägnierte Wundauflagen sowie spezielle Aufgabenstellungen der Infektionsprävention in medizinischen Einrichtungen mit Raumtextilien.[31]

---

29 Hansis u. a.: Prävention postoperativer Wundinfektionen. Empfehlung der Kommission für Krankenhaushygiene und Infektionsprävention (KRINKO) beim Robert Koch-Institut. In: Bundesgesundheitsbl 4/2018, S. 448–473; Allegranzi u. a.: Global guidelines for the prevention of surgical site infection. 2016. Online: http://apps.who.int/iris/bitstream/10665/ 250680/1/9789241549882-eng.pdf?ua=1 [abgerufen am 1.11.2017]; Kluytmans/Donlan/ Schecter, for the Healthcare Infection Control Practices Advisory Committee: Centers for Disease Control and Prevention Guideline for the Prevention of Surgical Site Infection. In: JAMA Surg 8/2017, S. 784–791; Konstantelias/Andriakopoulou/Mourgela: Triclosan-coated sutures for the prevention of surgical-site infections: a meta-analysis. In: Acta Chir Belg. 3/2017, S. 137–148; Henriksen u. a.:Triclosan-coated sutures and surgical site infection in abdominal surgery: the TRISTAN review, meta-analysis and trial sequential analysis. In: Hernia 6/2017, S. 833–841.

30 Vgl. Hansis u. a.: Prävention postoperativer Wundinfektionen. Empfehlung der Kommission für Krankenhaushygiene und Infektionsprävention (KRINKO) beim Robert Koch-Institut. In: Bundesgesundheitsbl 4/2018, S. 448–473; Allegranzi u. a.: Global guidelines for the prevention of surgical site infection. 2016. Online: http://apps.who.int/iris/bitstream/ 10665/250680/1/9789241549882-eng.pdf?ua=1 [abgerufen am 1.11.2017]; Kluytmans/Donlan/Schecter, for the Healthcare Infection Control Practices Advisory Committee: Centers for Disease Control and Prevention Guideline for the Prevention of Surgical Site Infection. In: JAMA Surg 8/2017, S. 784–791.

31 Kramer u. a.: Hygienic relevance and risk assessment of antimicrobial-impregnated textiles. In: Curr Probl Dermatol. 2006, S. 78–109.

Für Einrichtungsgegenstände mit ständig wiederholtem Handkontakt, die für eine 29 Übertragung von Krankheitserregern relevant sind, ist die Unterbrechung der potenziellen Infektionskette durch Desinfektion nicht fortlaufend realisierbar. Hierfür bieten sich berührungslose Technologien an, wie es z. B. für Türklinken gelungen ist. Bei Kontaktflächen, auf denen nach einer Kontaktkontamination genügend Zeit (mindestens 6–12 h) bis zum nächsten Kontakt bleibt, können antimikrobiell imprägnierte Oberflächen einen Vorteil bringen, wobei auch hier toxikologische und ökotoxikologische Gesichtspunkte einschließlich des Risikos einer Resistenzentwicklung zu beachten sind.

Die antimikrobielle Ausstattung mit Metallen in nanokristalliner Form hat ein 30 starkes, teils kritikloses Ausmaß erlebt. Wenn auch je nach eingesetzter Technologie und chemisch-physikalischen Möglichkeiten der beteiligten Komponenten eine Wirksamkeit von Objekten durch Beschichtung oder Imprägnierung mit antimikrobiellen Stoffen gegen bestimmte Mikroorganismenspezies erzielt werden kann, ist die Bezeichnung „antimikrobiell" weder mit einer spezifischen Infektionsprävention verknüpft, noch liegen ihr einheitliche Kriterien zugrunde. Jedes als „antimikrobiell" gekennzeichnete Produkt muss neben dem Nachweis der antimikrobiellen Wirkung auch unter praxisrelevanten Bedingungen einen belegten oder zu erwartenden Vorteil zur Infektionsprävention vorweisen können. Der Nutzen der antimikrobiellen Imprägnierung oder Beschichtung für den jeweils vorgesehenen Anwendungsbereich muss kritisch gegen mögliche Risiken und unerwünschte Wirkungen für Mensch und Umwelt abgewogen werden. Sofern die Ausrüstung MP betrifft, z. B. mit Silberfäden gewirkte Textilien zur unterstützenden Behandlung der atopischen Dermatitis, werden Sicherheit und Wirksamkeit gemäß MPG geprüft. Allerdings konnte für Rettungsdienstbekleidung keine Wirksamkeit nachgewiesen werden.[32]

Sind Mobiliar und Ausstattung im Krankenhausbereich antimikrobiell ausgerüstet, kann falsches Vertrauen auf die Wirkung dazu verleiten, die desinfizierende Reinigung kontaminierter Oberflächen zu vernachlässigen. Deshalb ist die antimikrobielle Imprägnierung häufig kontaktierter Krankenhausoberflächen insbesondere mittels Nanotechnologie durchaus entbehrlich und mit unnötigen Kosten verbunden sowie aus folgenden weiteren Gründen kritisch einzuschätzen[33]:

---

32 Groß/Cremer/Kramer: Analyse des Hygienestatus und des Personalschutzes im deutschen Rettungsdienst und Krankentransport. In: Anästh Intensivmed Oktober/2013, S. 523–533.

33 Kramer u. a.: Stellenwert der antimikrobiellen Ausstattung von Objekten in der Infektionsprävention. Gemeinsame Stellungnahme der Sektion Klinische Antiseptik der Deutschen Gesellschaft für Krankenhaushygiene (DGKH) und der Desinfektionsmittelkommission des Verbunds für Angewandte Hygiene (VAH). In: Hyg Med 12/2010, S. 476–478.

- Bei Anwesenheit von Eiweißverunreinigungen wird die Wirksamkeit von Silber- und Kupferionen aufgehoben.
- Bei Einsatz auf mechanisch beanspruchten Oberflächen muss mit einer Verringerung der wirksamen Oberfläche der Nanopartikel durch Abrieb gerechnet werden, d. h. die Wirkung wird allmählich nachlassen.
- Bisher ungeklärt ist, ob mit zunehmender Nutzungsdauer durch Abrieb Nanopartikel in die Raumluft freigesetzt werden, was toxikologisch kritisch wäre. Solange dieses Risiko nicht ausgeschlossen ist, kann die Anschaffung antimikrobiell mit Nanopartikeln ausgerüsteter Materialen nicht befürwortet werden.

32 **Einweg- vs. Mehrwegprodukte**: Grundsätzlich sollte überprüft werden, ob Einmal- oder Mehrwegartikel verwendet werden sollen und ob erstere aufbereitet werden können. Bei der Auswahl sollen der Ressourcenverbrauch, die Hygienesicherheit, die Langlebigkeit und die Kosten gegeneinander abgewogen werden. Bei nachfolgend beispielhaft aufgeführten Einwegprodukten sprechen die Ökobilanz und die Kosten für den Einsatz aufbereitbarer Produkte: textile Retraktivspender anstatt Papierhandtücher, sterile OP-Kittel, Sterilverpackung (Metallcontainer), Vernebelereinheiten, Sekretsammelflaschen, die in Reinigungs-Desinfektionsgeräten (RDG) aufbereitet werden können. Auf entbehrliche Einwegmaterialien sollte verzichtet werden. Beispiele sind Einwegnierenschalen aus Pappe, Einmalgeschirr, Einwegmedikamentenbecher, Schuhüberzüge, EKG-Elektroden und Unterlagen für Untersuchungsliegen.

33 **Einsparung von Ressourcen**: Bei der Auswahl endständiger Wasserfilter für den Auslass von Wasserhähnen in Risikobereichen ist Produkten mit der längsten Standzeit der Vorzug zu geben. Der Einsatz hydrophober Atemsystemfilter zwischen Patient und Beatmungsschlauchsystem (BSS) ermöglicht eine Verlängerung der Wechselzeit des BSS von 24 h auf 7 Tage. Durch Inline-Infusionsfilter verlängert sich die Liegedauer von Infusionssystemen von 24 h auf 96 h, verbunden mit einer Minimierung des Infektionsrisikos, dem Schutz der Endstrombahn vor dem Eintrag von Partikeln mit den damit verbundenen Risiken sowie einer Einsparung von 55 %, ohne dass die Entsorgungskosten einberechnet und der ökologische Nutzen betrachtet sind.[34]

34 Durch den Einsatz wischdesinfizierbarer Matratzenüberzüge mit zertifizierter Barrierefunktion für Mikroorganismen und Viren entfällt die zentrale Matratzenaufbereitung mit den damit verbundenen höheren Kosten und ökologischen Nachteilen.[35] Bei Einsatz mikrobiell dichter Encasings für Kopfkissen und Bettdecken muss nur das Encasing aufbereitet werden.

---

34 Karmann: Experimentelle und klinische Untersuchungen zum Einsatz von Inline-Infusionsfiltern. Diss Med Fak Univ Greifswald; 1999.
35 Winkelmann/Fleßa/Kramer: Wirtschaftlichkeitsanalyse der dezentralen Bettenaufbereitung im Vergleich zentralen Bettenaufbereitung und Schlussfolgerungen zur Optimierung in

Der Verbrauch von Wasser und Energie ist bei Aufbereitung in RDG bei kompletter Nutzraumauslastung geringer als bei manueller Aufbereitung, ganz abgesehen von der mit der Validierbarkeit verbundenen höheren Hygienesicherheit der Aufbereitung und der Arbeitszeiteinsparung. 35

Fazit: Sofern sich der Sicherheitsstandard unterschiedlicher MP mit gleicher Zweckbestimmung in Bezug auf Infektionsschutz und Funktionssicherheit nicht unterscheidet, sollen ökonomische und ökologische Gesichtspunkte die Auswahl bestimmen. 36

4   Einweisung, Schulung und Supervision

Der Einsatz ausgewählter MP erscheint auf den ersten Blick unproblematisch, sofern er der Zweckbestimmung entspricht und die Herstellerempfehlungen eingehalten werden. Aufgrund der zunehmend komplexer werdenden MP und der Verfügbarkeit von MP mit gleicher Zweckbestimmung, aber unterschiedlichen Eigenschaften bedarf es jedoch der Fachberatung sowohl bei der Auswahl als auch beim Einsatz. Grundsätzlich dürfen MP nur von Personen angewendet werden, die eine einschlägige Ausbildung besitzen oder über die dafür erforderliche Kenntnis und Erfahrung verfügen. Jeder Anwender muss in die ordnungsgemäße Handhabung aller MP eingewiesen sein, die nicht selbsterklärend sind oder für die eine Einweisung in ein baugleiches MP bereits erfolgt ist. Die Handhabung sollte durch Supervision überprüft werden. Ein MP der Anlage 1 MPBetreibV darf nur dann am Patienten angewendet werden, wenn zuvor vom Hersteller oder einer vom Hersteller befugten Person eine Funktionsprüfung durchgeführt wurde und die vom Betreiber beauftragte Person eingewiesen wurde. Das betrifft z. B. Säuglingsinkubatoren und die maschinelle Beatmung mit oder ohne Anästhesie. 37

Bei der Einführung neuer Desinfektionsmitteln und Antiseptika ist deren Einsatzbereich zu erläutern und ggf. über Schutzmaßnahmen beim Einsatz zu informieren. 38

Die Mitarbeiter sind aufgabenbezogen zu sensibilisieren, auf Produktmängel hinzuweisen und ggf. sind Anregungen für einen Produktwechsel zu geben. 39

Literatur

Allegranzi, B. u. a.: Global guidelines for the prevention of surgical site infection. 2016. Online: http://apps.who.int/iris/bitstream/10665/250680/1/9789241549882-eng.pdf?ua=1 [abgerufen am 1.11.2017].
Arbeitskreis Krankenhaus- und Praxishygiene der AWMF: Hygieneanforderungen beim ambulanten Operieren. AMWF-Leitlinienregister Nr. 029/014 02-2018.

einem Krankenhaus der Maximalversorgung. In: GMS Krankenhaushyg Interdiszip 2/2008, Doc17 (20080528).

Becker, J. u. a.: Infektionsprävention in der Zahnheilkunde – Anforderungen an die Hygiene. Mitteilung der Kommission für Krankenhaushygiene und Infektionsprävention beim Robert Koch-Institut. In: Bundesgesundheitsbl 4/2006, S. 375–394.

Bedoux, G. u. a.: Occurrence and toxicity of antimicrobial triclosan and by-products in the environment. In: Environ Sci Pollut Res 4/2012, S. 1044–1065.

Carey, D. E./McNamara, P. J.: The impact of triclosan on the spread of antibiotic resistance in the environment. In: Front Microbiol 2014, S. 1–11.

Chalew, T. E. A./Halden, R. U.: Environmental exposure of aquatic and terrestrial biota to triclosan and triclocarban. In: J Am Water Resour Assoc 1/2009, S. 4–13.

Chu, S./Metcalfe, C. D.: Simultaneous determination of triclocarban and triclosan in municipal biosolids by liquid chromatography tandem mass spectrometry. In: J Chromatogr 1–2/2007, S. 212–218.

Costa, S. S.: Multidrug efflux pumps in Staphylococcus aureus: an Update. In: Open Microbiol J 7/2013, S. 59–71.

Daeschlein, G. u. a.: Hygienic safety of reusable tap water filters (Germlyser) with an operating time of 4 or 8 weeks in a haematological oncology transplantation unit. In: BMC Infect Dis. 2007, S. 45.

Deutsche Gesellschaft für Wundheilung und Wundbehandlung: Lokaltherapie chronischer Wunden bei Patienten mit den Risiken periphere arterielle Verschlusskrankheit, Diabetes mellitus, chronische venöse Insuffizienz. S3-Leitlinie 091-001, 06-2012.

DIN EN ISO 17664. Aufbereitung von Produkten für die Gesundheitsfürsorge – Vom Medizinprodukt-Hersteller bereitzustellende Informationen für die Aufbereitung von Medizinprodukten. Berlin 04-2018.

Groß, R./Cremer, S./Kramer, A.: Analyse des Hygienestatus und des Personalschutzes im deutschen Rettungsdienst und Krankentransport. In: Anästh Intensivmed Okt./2013, S. 523–533.

Hansis, M. u. a.: Prävention postoperativer Wundinfektionen. Empfehlung der Kommission für Krankenhaushygiene und Infektionsprävention (KRINKO) beim Robert Koch-Institut. In: Bundesgesundheitsbl 4/2018, S. 448–473.

Hauff, V.: Unsere gemeinsame Zukunft: Der Brundtland-Bericht der Weltkommission für Umwelt und Entwicklung. Greven 1987.

Henriksen, N. A. u. a.: Triclosan-coated sutures and surgical site infection in abdominal surgery: the TRISTAN review, meta-analysis and trial sequential analysis. In: Hernia 6/2017, S. 833–841.

Hoerauf, H. u. a.: Stellungnahme der Deutschen Ophthalmologischen Gesellschaft, der Retinologischen Gesellschaft und des Berufsverbandes der Augenärzte Deutschlands: Endophthalmitisprophylaxe bei intravitrealer operativer Medikamenteneingabe (IVOM) (Stand Juli 2013). In: Klin Monatsbl Augenheilkd 11/2013, S. 1157–1161.

Karmann, C.: Experimentelle und klinische Untersuchungen zum Einsatz von Inline-Infusionsfiltern [Dissertation]. Med Fak Univ Greifswald 1999.

Kluytmans, J. A. J. W./Donlan, R./Schecter, W. P. for the Healthcare Infection Control Practices Advisory Committee: Centers for Disease Control and Prevention Guideline for the Prevention of Surgical Site Infection. In: JAMA Surg 8/2017, S. 784–791.

Konstantelias, A. A./Andriakopoulou, C. S./Mourgela, S.: Triclosan-coated sutures for the prevention of surgical-site infections: a meta-analysis. In: Acta Chir Belg. 3/2017, S. 137–148.

Kramer, A./Assadian, O./Wilhelm, M.: Konsequenzen der Nutzen-Risiko-Bewertung von Desinfektionswirkstoffen. In: Kramer, A. u. a. (Hrsg.): Krankenhaus- und Praxishygiene. 3. Aufl. München 2016, S. 62–64.

Kramer, A. u. a.: Consensus on Wound Antisepsis: Update 2018. In: Skin Pharmacol Physiol. 1/2018, S. 28–58.

Kramer, A. u. a.: Ethik der Nachhaltigkeit in der Infektionsprävention durch antimikrobielle Wirkstoffe bzw. Verfahren. In: Kramer, A./Assadian, O. (Hrsg): Wallhäußers Praxis der Sterilisation Desinfektion, Antiseptik und Konservierung. 5. Aufl. Stuttgart 2008, S. 577–584.

Kramer, A. u. a.: Hygienic relevance and risk assessment of antimicrobial-impregnated textiles. In: Curr Probl Dermatol. 2006, S. 78–109.

Kramer, A. u. a.: Infection prevention during anaesthesia ventilation by the use of breathing system filters (BSF): Joint recommendation by German Society of Hospital Hygiene (DGKH) and German Society for Anaesthesiology and Intensive Care (DGAI). In: GMS Krankenhaushyg Interdiszip 2/2010, Doc13 (20100921).

Kramer, A. u. a.: Stellenwert der antimikrobiellen Ausstattung von Objekten in der Infektionsprävention. Gemeinsame Stellungnahme der Sektion Klinische Antiseptik der Deutschen Gesellschaft für Krankenhaushygiene (DGKH) und der Desinfektionsmittelkommission des Verbunds für Angewandte Hygiene (VAH). In: Hyg Med 12/2010, S. 476–478.

Martius, J. u. a.: Prävention und Kontrolle Katheter-assoziierter Harnwegsinfektionen. Empfehlung der Kommission für Krankenhaushygiene und Infektionsprävention (KRINKO) beim Robert Koch-Institut. In: Bundesgesundheitsbl 6/2015, S. 641–650.

Poole, K.: Efflux pumps as antimicrobial resistance mechanisms. Ann Med 3/2007, S. 162–176.

Reiss, R./Lewis, G./Griffin, J.: An ecological risk assessment for triclosan in the terrestrial environment. Environ Toxicol Chem 7/2009, S. 1546–1556.

Silver, S.: Bacterial silver resistance: molecular biology and uses and misuses of silver compounds. In: FEMS Microbiol Rev 2—3/2003, S. 341-353.

Simon, A. u. a.: Prävention von Infektionen, die von Gefäßkathetern ausgehen. Teil 1 – Nichtgetunnelte zentralvenöse Katheter. Empfehlung der Kommission für Krankenhaushygiene und Infektionsprävention (KRINKO) beim Robert Koch-Institut. In: Bundesgesundheitsbl 2/2017, S. 171–206.

Simon, A. u. a.: Prävention von Infektionen, die von Gefäßkathetern ausgehen. Teil 2 – Periphervenöse Verweilkanülen und arterielle Katheter. Empfehlung der Kommission für Krankenhaushygiene und Infektionsprävention (KRINKO) beim Robert Koch-Institut. Bundesgesundheitsbl 2/2017, S. 207–215.

Suger-Wiedeck, H. u. a.: Prävention der nosokomialen beatmungsassoziierten Pneumonie. Empfehlung der Kommission für Krankenhaushygiene und Infektionsprävention (KRINKO) beim Robert Koch-Institut. In: Bundesgesundheitsbl 11/2013, S. 1578–1590.

Trautmann, M. u. a.: Anforderungen an die Hygiene bei Punktionen und Injektionen. Empfehlung der Kommission für Krankenhaushygiene und Infektionsprävention beim Robert Koch-Institut (RKI). In: Bundesgesundheitsbl 9–10/2011, S. 1135–1144.

Verbund für Angewandte Hygiene: Desinfektionsmittel-Liste. Wiesbaden 2017.

Verordnung über das Errichten, Betreiben und Anwenden von Medizinprodukten (Medizinprodukte-Betreiberverordnung – MPBetreibV) in der Fassung der Bekanntmachung vom 21. August 2002 (BGBl. I S. 3396), zuletzt geändert durch Artikel 4 der Verordnung vom 7. Juli 2017 (BGBl. I S. 2842).

Voor In 't Holt, A. F. u. a.: Antiseptic barrier cap effective in reducing central line-associated bloodstream infections: A systematic review and meta-analysis. In: Int J Nurs Stud. 69/2017, S. 34–40.

Winkelmann, C./Fleßa, S./Kramer, A.: Wirtschaftlichkeitsanalyse der dezentralen Bettenaufbereitung im Vergleich zentralen Bettenaufbereitung und Schlussfolgerungen zur Optimierung in einem Krankenhaus der Maximalversorgung. In: GMS Krankenhaushyg Interdiszip 2/2008, Doc17 (20080528).

Teil IV Aspekte des modernen Beschaffungsmanagements

Ökonomie, Qualität und Sicherheit – Beschaffung von Medizinprodukten unter DRG-Bedingungen

Prof. Dr. h.c. Herbert Rebscher

Schlagwortübersicht

Abstract: Nach welchen Kriterien erfolgt der Beschaffungsprozess von Medizinprodukten unter DRG-Bedingungen in den Kliniken? Ist es die Produktqualität, die Produktsicherheit, die Anwendungs- oder Anwenderfunktionalität, die Patientenorientierung, die Prozessintegration, die Lebenszyklusbetrachtung oder schlicht der Preis? Fragen, die einen Blick auf die Anreize des DRG-Systems lenken. Fragen, die aber auch einen Blick auf Transparenz, Versorgungsforschung und Sicherheitskultur in diesem Bereich notwendig machen. Und Fragen, die die Marktentwicklung in Zeiten digitaler Umbrüche in den Fokus nehmen.

1   Medizinprodukte – eine thematische Eingrenzung

1   Nachfolgende Ausführungen sind nicht als weiterer Beitrag zu einer nur schwer zu durchschauenden Klassifizierung und definitorischen Präzisierung von „Medizinprodukten"[1] gedacht. Es geht also nicht um die Unterscheidung in „Hilfsmittel zum äußerlichen Gebrauch", „Verbandmittel", „aktive Medizinprodukte", „inaktive Medizinprodukte", „implantierbare", „therapeutische" oder „diagnostische" Produkte. Es geht auch nicht um die im ambulanten Setting verordneten Hilfsmittel, die üblicherweise über den Sanitätsfachhandel bezogen werden.

2   Es geht hingegen zentral um die Frage, ob ökonomische Instrumente (hier das DRG-System) im Beschaffungsprozess von Kliniken zielführend Qualität und Effizienz anreizen oder ob dazu weitere Instrumente (regulatorische, ökonomische, qualitätssichernde) notwendig sind.[2]

3   Hierzu gibt es Anlass: In den letzten Jahren wurde nicht nur in Fachdiskussionen, sondern mit einer breiten öffentlichen Aufmerksamkeit in Presse, Funk und Fernsehen über fehlerhafte Implantate, die Verwendung nicht zugelassener Produkte, Brustimplantate aus Billig-Silikon, unzureichend getestete Materialkombinationen und ähnliche Fälle berichtet und diskutiert.[3]

4   Diese Diskussionen münden regelhaft in Forderungen an den Gesetzgeber nach weiteren regulatorischen Eingriffen und Kontrollinstrumentarien zur Sicherung von Qualität und Patiennutzen. Stichworte dafür sind etwa: strengere Zulas-

---

1   Hill/Schmitt: WiKo – Medizinprodukterecht. Loseblatt-Kommentar. August 2010.

2   Grundlegende Einführung: Schmid/Schmidt (Hrsg.): Beschaffung in Gesundheitseinrichtungen. 2012.

3   Frankreich. Hunderte Patienten erhielten nicht zugelassene Hüftprothesen. In: Spiegel Online v. 2.5.2013. Online: http://www.spiegel.de/gesundheit/diagnose/hunderte-patienten-erhielten-nicht-zugelassene-hueftprothesen-a-897745.html [abgerufen am 18.6.2018]; Billig-Silikon. Ehemaliger PIP-Chef entschuldigt sich bei Opfern. In: Spiegel Online v. 26.04.2013. Online: http://www.spiegel.de/panorama/prozess-um-brustimplantate-hersteller-entschuldigt-sich-a-896854.html [abgerufen am 18.6.2018]; Künstliche Hüftgelenke. Bessere Überwachung für Metallprothesen. In: Spiegel Online v. 18.6.2012. Online: http://www.spiegel.de/wissenschaft/medizin/kuenstliche-hueftgelenke-hueftprothesen-aus-metall-besser-ueberwacht-a-839303.html [abgerufen am 18.6.2018]; Marke Adept. Rückruf von künstlichen Hüftgelenken. In: Spiegel Online v. 15.2.2013. Online: http://www.spiegel.de/gesundheit/diagnose/rueckruf-von-hueftgelenksprothesen-gefahr-bei-implantaten-a-883687.html [abgerufen am 18.6.2018].

sungsverfahren, klinische Studien, Nutzenbewertung, Register zur Nachverfolgung, Schadensersatzregelungen etc.

Eine Analyse der Anreizmechanismen für die handelnden Akteure im Klinik- und Versorgungsalltag unterbleibt jedoch regelhaft. Die Skandalisierung einzelner Ergebnisse verstellt zudem den Blick auf die notwendige Systematisierung regulatorischer Settings in diesem wichtigen Marktsegment.[4] Auch die Notwendigkeit einer Sicherheitskultur für diesen Bereich wird zunehmend diskutiert.   5

Ein wesentlicher Teil der speziell den höheren Risikoklassen zuzuordnenden Medizinprodukte wird im stationären Umfeld angewendet. Es handelt sich in der Regel um therapeutisch wirksame, implantierte Produkte (z. B. Prothetik/Schrittmacher) oder um diagnostisch wirksame, oft kurzzeitig in den Körper eingebrachte Produkte (z. B. Katheter).   6

Die Einteilung von Medizinprodukten in Risikoklassen folgt dem nachvollziehbaren Schema, dass ein Produkt umso sicherer zu sein hat, je länger es vitale Körperfunktionen unterstützt oder ersetzt und je tiefer es in den menschlichen Körper implantiert wird. Diese Sicherheit sollte auch garantiert sein. Es ist unmittelbar evident, dass von einer Brille oder einer Mullbinde kein signifikantes Nutzerrisiko ausgeht, dieses hingegen bei Infusionspumpen, Defibrillatoren, Hüft- und Knieprothesen, Herzschrittmachern oder medikamentenbeschichteten Stents eine zentrale Beurteilungskategorie sein muss.   7

Die Beschaffung von Medizinprodukten in Kliniken wurde jahrelang im öffentlichen Diskurs kaum wahrgenommen, gesundheitsökonomische Analysen gab es nur wenige. Erst die jahrelange Debatte um eine EU-Medizinprodukteverordnung (in Kraft seit 25.5.2017) führte zu einer intensivierten Diskussion über den regulatorischen Rahmen und die ökonomischen Bedingungen der Produktverwendung.   8

Für das Management in den Kliniken war und ist dieses Thema jedoch seit langem eine zentrale Stellschraube im Kosten- und Qualitätsmanagement. Doch auch hier veränderten sich die Perspektiven. Eine neue Perspektive scheint die Bedingungen abermals nachhaltig zu verändern: die neuen Möglichkeiten der digitalen Umbrüche in diesem Bereich.   9

2   Marktentwicklung – eine kleine historische Skizze mit Ausblick

Historisch war die Verwendung der Medizinprodukte weitgehend eine ärztliche Entscheidung, die entsprechend favorisierten Produkte wurden von der Verwal-   10

---

4 Guter Einstieg in die Gesamtthematik: ersatzkasse magazin. Schwerpunktheft Medizinprodukte 5./6.2012; G+G Spezial. Medizinprodukte – Mehr Sicherheit für Patienten 11/2012.

tung beschafft. Die Fachkongresse der medizinischen Gesellschaften waren die Vertriebsmessen der Hersteller. Die Folgen für die Ökonomie des Systems waren erwartbar: ein hohes Preisniveau, kleinteilige und aufwendige Lagerhaltung, kein systematischer Vergleich des Nutzens, der Qualitäten und der langfristigen Ergebnisse (Haltbarkeit/Funktionstauglichkeit etc.).

11   Die Einführung des DRG-Systems änderte diese Situation nachhaltig. Das Kosten-, Leistungs- und Beschaffungsmanagement rückte in den Fokus. Neben dem Personal wurde die Beschaffung von Medizinprodukten zur zentralen Managementaufgabe. Stichworte hierzu waren und sind: Beschaffungsorganisationen zur Bündelung von Marktmacht, Wiederaufbereitung von Einmalprodukten, Standardisierung der Bestände etc. Selbst die Beteiligung oder Nichtbeteiligung als „Kalkulationshaus" zur möglichst realitätsgerechten Kalkulation der DRG beim InEG soll vom Beschaffungsmanagement angereizt worden sein. Das gegenwärtige Absinken der Sachkostenpauschale wäre dann eine durchaus erwartbare Konsequenz dieser Strategie.

12   Wie so oft, wenn historische Brüche (DRG) die Anreize fundamental verändern, verengen sich auch die Perspektiven der beteiligten Akteure auf einen zentralen Fixpunkt: den Preis. Ausschreibungen, Nachfragebündelung, Ein-Produkt-Strategie und konzern-/kettenweite Verhandlungsführung durch das Management waren die Folgen. Auch hierbei entstehen erwartbare Konsequenzen: eine intensive Debatte um die Qualität der verwendeten Produkte, eine Debatte über die „wahren" Kostenstrukturen, die nicht nur im Produktpreis, sondern im gesamten Handling (OP-Zeiten, Nachsorgeaufwand, Personaleinsatz und -schulung etc.) liegen, eine Debatte über die Sicherheitsinfrastruktur und Fehlervermeidung und nicht zuletzt über die Haltbarkeit und Funktionstüchtigkeit im Zeitablauf beim Patienten. Die Gründung des BVBG-Gütesiegels und neue Initiativen zur Verbesserung der Patientensicherheit sind Zeichen dieser Entwicklung.

13   Was wir erleben, ist ein Perspektivenwechsel von der ökonomischen Fiktion homogener Güter (Medizinprodukte) und damit eines über Preise zu steuernden Produktmarktes hin zu einer differenzierten Betrachtung der unterschiedlichen Qualitäten, Funktionstauglichkeiten und der therapeutische Nutzen alternativer Produkte.

14   Nun stellen wir erstaunt fest, dass teilweise über Jahre und Jahrzehnte Medizinprodukte unterschiedlichster Art verwendet wurden, ohne dass systematische Analysen über die genannten Punkte vorliegen. Eine Registerforschung, die dazu wichtige Erkenntnisse generieren könnte, steckt in den Kinderschuhen und ist, wenn überhaupt, nur vereinzelt und unvollständig vorhanden (z. B. das Endoprothesen-Register). Es ist deshalb richtig, dass der Gesetzgeber auch für Medizinprodukte bestimmter Gefahrenklassen eine Nutzenbewertung und den Aufbau entsprechender Register verbindlich macht. Auch die Patientensicherheit in der Nutzung von Medizinprodukten verdient stärkere Aufmerksamkeit.

Diese Informationen bilden den Grundstein für Produktauswahl, Produktbevorratung, die Verhandlungen zwischen Kliniken und Herstellern, aber auch für die Kalkulation im InEG und ihre nachhaltige und qualitative Begründung. Ohne diese Informationen bleibt das Beschaffungsmanagement unter DRG-Bedingungen eine preisgetriebene Veranstaltung. 15

Zwei Rahmenbedingungen sind dabei zunehmend zu berücksichtigen. 16

Zum einen wachsen technikgetrieben die Märkte Hilfsmittel, Heilmittel, Medizinprodukte inhaltlich zusammen. Gewohnte Hilfsmittel werden zu Medizinprodukten, Medizinprodukte zu Untersuchungsmethoden und Untersuchungsmethoden zu Behandlungsmethoden. Das stellt die unterschiedlichen regulatorischen Regime vor neue Herausforderungen. Die gegenwärtigen Unterscheidungslinien verlieren ihre Gültigkeit. Ein bisheriges Hilfsmittel (einfache Aufnahme in den Hilfsmittelkatalog nach § 139 SGB V) wird bei geringer Weiterentwicklung seiner Funktionalität zu einem Medizinprodukt, einer Untersuchungs- oder gar Behandlungsmethode (NUB-Bewertung, Nutzenbewertung durch G-BA § 137 SGB V). Auch die streng sektoral geregelte Zuständigkeit und ökonomische Zuordnung verliert ihre Trennschärfe. Dies hat erhebliche Konsequenzen in der Versorgung und für die ökonomischen Konsequenzen der Versorgung. 17

Zum anderen, und da stehen wir wahrscheinlich noch ganz am Beginn einer nachhaltigen Entwicklung, wird die Digitalisierung der Medizin zu „disruptiven" – so das neue Modewort – Prozessen führen. Die Digitalisierung ist dabei keine Weiterentwicklung oder Modernisierung der IT-Infrastruktur von Kliniken, sondern wird eine gänzlich andere Unternehmensphilosophie und Unternehmenspolitik bewirken. Tradierte Rollenbilder werden überwunden, Unternehmensmanagement und insbesondere auch das Beschaffungsmanagement werden die institutionelle Grenze des Krankenhauses verlassen und zu einem patientenorientierten Prozessmanagement werden, das die Versorgung der Patienten und die dazu notwendigen kommunikativen, kooperativen und koordinierenden Funktionen zum Gegenstand hat. 18

Erste Beispiele zeigen die Richtung und das Potenzial; die Entwicklung beschleunigt gerade enorm und nimmt Fahrt auf. Die Entwicklungspipelines der Industrie (und nicht nur der gewohnten Med.-Tech.-Partner) und von vielen kleinteiligen, aber höchst kreativen Start-Ups bieten einen ganzen Strauß von Möglichkeiten in der Zukunft. 19

Die elektronische Patientenakte wird eine zentrale Rolle im vernetzten Informationssystem der Zukunft spielen. Das ist der Grund, warum in den Kliniken, im Vertragsarzt-System und bei den Krankenkassen fieberhaft an entsprechenden Entwicklungen gearbeitet wird. Die Daten aller informationengenerierenden Lösungen, ob neue Apps, Smart-Home-Lösungen, Assistenzsysteme oder messende und therapieunterstützende Medizinprodukte, müssen zusammengeführt, 20 beurteilt und aus diesen Konsequenzen für weitere therapeutische Schritte abgeleitet werden.

21 Einiges ist bereits in der Erprobung, bisher in überschaubaren Projekten, die integrierenden Prozessschritte stehen noch weitgehend aus. Die Vernetzung dieser Möglichkeiten wird den Quantensprung bewirken.

22 Eine kleine Auswahl der schon heute im Einsatz befindlichen Lösungen von Medizinprodukten illustriert diese Chancen: Molekulare und gentechnische Methoden in der Onkologie, telemedizinische Übertragungen von Verlaufskontrollen in der Herz-Kreislauftherapie inkl. der Lungenfunktionstests, Schlaganfallnachsorge durch dauerhafte Überwachung wichtiger Parameter (Vorhofflimmern), Fernübertragung von Organfunktionen und Labortests, telemedizinische Überwachungsmodule zur Arzneimittel-Compliance der Patienten, Prothetik-Module zur Funktionssicherheit von TEPS, Fernwundversorgung durch digitale Bild-Befundung, Diabetescontrolling mit integrierter Insulindosierung. Selbst in der Psychiatrie ist die Mitgabe von Online-Therapiemodulen zur Fernüberwachung des Therapieverlaufs in der Klinik und der nachsorgenden Stabilisierung möglich und schon heute Gegenstand entsprechender Versorgungsmodelle.

23 Das vorausschauende Beschaffungsmanagement der Zukunft wird diese Möglichkeiten sehr genau analysieren und die Unternehmensstrategie des Hauses als vernetztes Informations- und Kommunikationszentrum begreifen. Hieraus entsteht dann gleichzeitig eine neue Rolle der Krankenhäuser in einem digitalen Versorgungskonzept der Zukunft – und diese Zukunft ist jetzt. Krankenhäuser haben dabei die besten Chancen, zum Nukleus der Entwicklung zu werden.

3 Versorgungsforschung bei Medizinprodukten – ein unterentwickeltes Thema

24 Während sich das Verfahren von Forschung, Entwicklung, Zulassung und (früher) Nutzenbewertung im Arzneimittelbereich seit Jahrzehnten zunehmend etabliert hat und stetig weiterentwickelt wurde, blieb der Bereich der Medizinprodukte analytisch weitgehend unbeobachtet.

25 Über Qualität, Wirksamkeit und therapeutischen Nutzen gibt es kaum belastbare Studien. Insbesondere der systematische Vergleich von therapeutisch vergleichbaren Konkurrenzprodukten ist unterentwickelt.

26 Jetzt erst hat der Gesetzgeber reagiert und im Versorgungsstärkungsgesetz eine systematische Bewertung von „Hochrisiko-Medizinprodukten" vorgesehen. Danach sollen „neu" in die Versorgung eingeführte Medizinprodukte „hoher Risikoklassen" immer dann systematisch bewertet werden, wenn der G-BA dies beschließt.

Unbeschadet der Tatsache, dass die Restriktionen des Gesetzes auf „neu einge- 27 führte" Verfahren, Anwendungen mit „besonders invasivem Charakter", „neuem theoretisch-wissenschaftlichem Konzept" und „hoher Risikoklasse" die Wirksamkeit des Ansatzes deutlich einschränken und Aussagen bzgl. der Qualität und des Nutzens im Bestandsmarkt bei nicht „neuartigen", aber „neuen" Konkurrenzprodukten und durch Umgehungsstrategien bzgl. der Risikoklassen verwässern werden, ist das ein richtiger und wichtiger, aber eben nur erster Schritt.

Das neue Verfahren im Überblick: 28

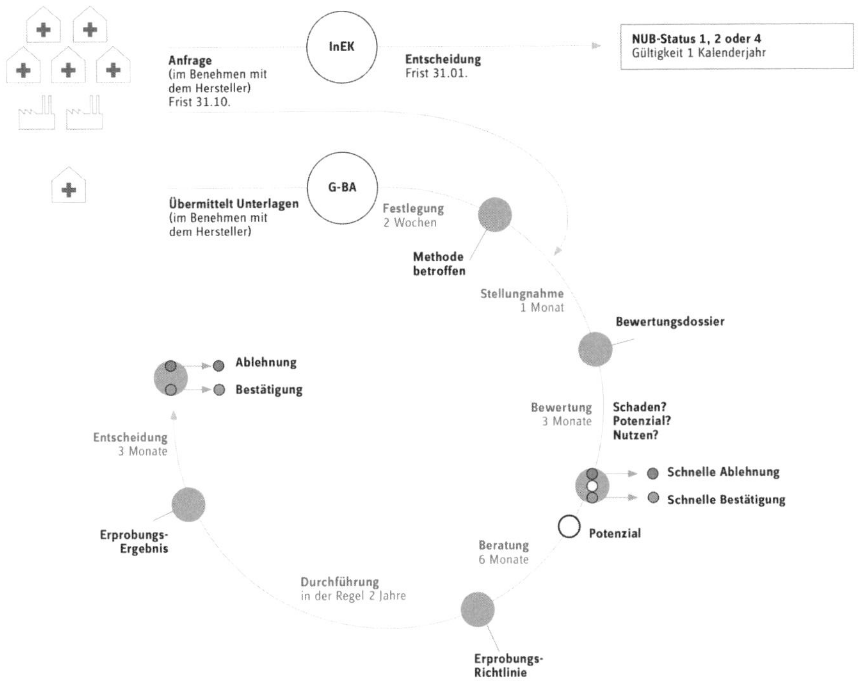

Abb. 1: Systematische Bewertung von Hochrisiko-Medizinprodukten wie im Entwurf vom Versorgungsstärkungsgesetz vorgesehen

Quelle: GKV-Spitzenverband: Geschäftsbericht 2015 „Qualität – verbessern, sichern, veröffentlichen, S. 67.

4 Beschaffung von Medizinprodukten im Anreizmodell der DRG-Honorierung in Krankenhäusern

Medizinprodukte hoher Risikoklassen werden vorwiegend in Krankenhäusern 29 verwendet. Das DRG-System überantwortet den Kliniken die Beschaffung ihrer Vorprodukte nach medizinisch/klinisch und kaufmännischen Erwägungen.

30   Das System der dualen Krankenhausfinanzierung in Deutschland ordnet seit 1972 die Finanzierung der Investitionskosten den Bundesländern und die Finanzierung der Betriebskosten den Krankenkassen zu. Im Jahr 2004 erfuhr es bezüglich der Betriebskostenfinanzierung eine nachhaltige Veränderung. Damit wurde insbesondere auch das Anreizsystem im Beschaffungsmanagement der Kliniken erheblich verändert.[5]

31   Vor 2004 wurden krankenhausindividuelle Pflegesätze (teilweise auch ergänzende speziellere Entgeltformen wie Pauschalen, Sonderentgelte, Abteilungspflegesätze) auf Basis der nachgewiesenen Selbstkosten der Krankenhäuser vereinbart.

32   Die Einführung der DRG-Systematik änderte dies grundlegend.[6] Im Kern ist das DRG-Modell ein Patientenklassifikationssystem, das die ca. 18 Millionen Krankenhausfälle in ca. 1.200 aufwands- und kostenhomogene Cluster vergleichbarer Patienten gruppiert. Innerhalb dieser Gruppen weist es einen leistungsbezogenen Eurobetrag zu.[7]

33   Die Zuweisung leistungsgerechter „Preise" für jedes Krankenhaus erfolgt auf Basis der durchschnittlichen Kosten aller Krankenhäuser in Deutschland, die vom Institut für das Entgeltsystem im Krankenhaus (InEK GmbH) jährlich neu kalkuliert werden.

34   Damit werden die Durchschnittskosten der deutschen Krankenhäuser für jede einzelne Klinik zum zentralen Parameter für die eigene ökonomische Situation. Diese Orientierung an einem gleitenden Durchschnitt führt im G-DRG-System zu einer sog. „Yardstick-Competition, d. h. es werden explizit Anreize für eine ständige Steigerung der Effizienz gesetzt."[8]

35   Dies gilt grundsätzlich für alle Kostenarten, auf allen Kostenstellen und für alle Kostenträger. Das Management des Krankenhauses übernimmt im DRG-System die Verantwortung für die Erlössituation und damit die Gewinn- und Verlustverantwortung des Hauses.[9]

---

5   Da Cruz/Schwegel/Oberender: Strategien in der Krankenhausbeschaffung. In: Schmidt/Schmidt (Hrsg.): Beschaffung in Gesundheitseinrichtungen. 2012, S. 35 ff.

6   Vgl. dazu Rau/Roeder/Hensen (Hrsg.): Auswirkungen der DRG-Einführung in Deutschland. 2009.

7   Vgl. Busse/Schreyögg/Stargardt (Hrsg.): Management im Gesundheitswesen. 3. Aufl. 2013, S. 51 ff.

8   Busse u. a.: Leistungsmanagement im Krankenhaus. In: Busse/Schreyögg/Stargardt (Hrsg.): Management im Gesundheitswesen. 3. Aufl. 2013, S. 65.

9   Wolf: Strategische Anlagenwirtschaft. In: KU-Spezial. Medizintechnik 5/2010, S. 2 ff.; Müller: Vom Kostenverursacher zum Erlösmanager – die Bedeutung des Einkaufs für das Krankenhaus. In: von Eiff/Lorenz (Hrsg.): Jahrbuch Gesundheitswirtschaft 2012. 2012, S. 110; Strauss: Trends im Krankenhauseinkauf – Kooperation statt Konfrontation. In: Wirtz/Michel/Kollig (Hrsg.): DRG's in Orthopädie und Unfallchirurgie. 2004, S. 157 ff.; Oberender/Rudolf: Krankenhausmanagement unter DRG-Bedingungen. In: Wirtz/Michel/Kollig (Hrsg.): DRG's in Orthopädie und Unfallchirurgie. 2004, S. 142 ff.

Unternehmenspolitische Strategien der Häuser unter DRG-Bedingungen sind 36
deshalb – eingegrenzt auf die Thematik der Beschaffung von Medizinprodukten
– vor allem

- Spezialisierung des Leistungsportfolios zum Zwecke der Erzielung von Skalen-
  erträgen,
- Aufbau- und Ablaufprozessoptimierung u. a. durch Standardisierung des
  Einsatzes von Medizinprodukten, Industrialisierung der Produktentwicklung/
  Wiederaufbereitung von Produkten,[10]
- Organisation von Marktmacht auf Beschaffungsmärkten durch Größe (Ket-
  tenbildung),
- Organisation von Marktmacht durch Kooperationsverbünde (Einkaufsge-
  meinschaften/-genossenschaften etc.).

Ziel dabei ist immer, die eigene ökonomische Position gegenüber den „einge- 37
preisten" Durchschnittskosten zu verbessern.

Von diesem System ökonomischer Anreize werden vielfältige, teils konfliktäre 38
Zielsetzungen der Akteure provoziert, die erhebliche Auswirkungen auf Qualität
und Effizienz der Versorgung haben. Insbesondere stellt sich die Frage, ob das
Beschaffungsmanagement auf einem transparenten, qualitätsgesicherten Markt
agiert, auf dem die Medizinprodukte getestet und vergleichbar sind, sodass das
Preis-/Leistungsverhältnis beurteilt werden kann.

Folgende Fragen stehen dabei im Mittelpunkt des Interesses: 39

1. Ist das gegenwärtige „Konformitätsbewertungsverfahren", das von benannten
   privatwirtschaftlichen Stellen durchgeführt wird, ein verlässlicher Hinweis auf
   eine „Gleichartigkeit" der Produkte im Hinblick auf Qualität und Patientennutzen?
2. Gibt es verlässliche Qualitäts- und Sicherheitskontrollen nach Markteintritt?
3. Gibt es eine verlässliche und transparente Meldepflicht „unerwünschter Vorkommnisse" bei Medizinprodukten analog zum Arzneimittelrecht?
4. Gibt es eine Nutzenbewertung vor Markteinführung auf Basis patientenrele-
   vanter Endpunkte?
5. Gibt es hinreichende Transparenz und eine Langzeitbeobachtung insbesondere von langlebigen Medizinprodukten hoher Risikoklassen (Medizin-
   produkte-Register), um diese unter „real-life" Bedingungen evaluieren zu
   können?

Die beschaffenden Kliniken können diese Transparenz selber unterstützen, indem 40
sie intern wie auch extern explizit die „Total Costs of Ownership" (TCO) aus-

---

10   von Eiff: Wiederaufbereitung als Investitionsentscheidung – Kosten, Nutzen, medizinische
     und ethische Aspekte. In: von Eiff/Lorenz (Hrsg.): Jahrbuch Gesundheitswirtschaft 2012.
     S. 102.

weisen und begründen. Danach reduziert sich die Kalkulation eben nicht auf den Einkaufspreis eines Produktes, sondern berücksichtigt auch die Kosten der Beschaffung und Bereitstellung, der eigentlichen Nutzung und der Nachnutzungsphase.

1. Bereitstellungsphase (Anschaffungsphase): Einkaufspreis, Kosten der Verwaltung, Lieferantenbeziehungen, Ausschreibung, Lagerhaltung etc.
2. Nutzungsphase: Kosten des Behandlungsprozesses, Zeit des Prozesses, Schulungsnotwendigkeiten, Qualität und Garantiezeiten (Nutzungsdauer), Patientensicherheit etc.
3. Nachnutzungsphase: Entsorgungsaufwand, Verwertungsmöglichkeit, Aufbereitung, Verlaufskontrolle (Supervision).

41 Intern ist diese Transparenz notwendig, um das Controlling und andere Stakeholder von der Rationalität des Beschaffungsverfahrens zu überzeugen, extern, um überzeugend gegenüber Vertragspartnern die Überlegenheit einer kurzfristig vielleicht teureren Lösung zu dokumentieren.

42 Bei einer systematischen Durchdringung des Beschaffungsprozesses bieten die Instrumente

- Interne Qualitätssicherung (Struktur-, Prozess-, Ergebnisqualität),
- Externe Qualitätssicherung (z. B. IQTIG-Verfahren) und
- Analyse von und aktive Beteiligung an Registerdaten (z. B. Endoptothesenregister)

wertvolle Managementinformationen, um Kostengesichtspunkte mit Patientensicherheit und Qualität zu verbinden und um die eigenen Prozesse zu optimieren.

Abb. 2: Kosteneinsparung durch qualitätsbewussten Einkauf

Quelle: Eigene Darstellung.

5 Rahmenbedingungen für die Beschaffung von Medizinprodukten

5.1 Ökonomische Mindestbedingungen

„Haften und Handeln" ist das Grundprinzip für die Rationalität von Wettbewerbsmärkten. Ein Preiswettbewerb ohne verlässliche Vergleichbarkeit alternativer Produkte (Homogenitäts-Kriterium) hinsichtlich ihrer 43

- dauerhaften ökonomischen Vorteile,
- nachgewiesenen Qualität,
- langfristigen Wirksamkeit,
- Nützlichkeit für patientenrelevante Funktionen sowie
- Sicherheit für Anwender und Nutzer

ist sinnlos und eine Karikatur jeder wettbewerbstheoretischen und -politischen Logik. Die Gefahr besteht jedoch, dass trotz der belegbaren Heterogenität des Produktportfolios und trotz der Unsicherheit bzgl. aller relevanten Vergleichskriterien unter den Bedingungen der ökonomischen Situation der Krankenhäuser genau dieser „sinnlose Wettbewerb"[11] gefördert wird. Die Gefahr besteht, dass damit mittelfristig eine Gefährdung von Qualität und Sicherheit, aber auch der Wirtschaftlichkeit im Zeitablauf provoziert wird.

44 Das Entscheidungsdilemma der Akteure im Beschaffungsmanagement lässt sich grob wie folgt skizzieren:

Medizinprodukt	Teurer		Billiger	
Besser	Krankenhaus-Erlös	–	Krankenhaus-Erlös	+
	Patienten-Nutzen	+	Patienten-Nutzen	+
Schlechter	Krankenhaus-Erlös	–	Krankenhaus-Erlös	+
	Patienten-Nutzen	–	Patienten-Nutzen	–

45 Neben dem ökonomisch und versorgungspolitisch unsinnigen Quadranten (Teurer/Schlechter) und dem ökonomisch und versorgungspolitisch uneingeschränkt sinnvollen Quadranten (Billiger/Besser) markieren die beiden übrigen Quadranten die häufigsten und die interessantesten Fallkonstellationen. Beim Quadranten Teurer/Besser (die typische „Innovationskonstellation") stellt sich die Frage, unter welchen versorgungspolitischen Rahmenbedingungen die Krankenversicherer den „Mehrnutzen" bepreisen wollen (sollen), um das Mindererlösrisiko des Krankenhauses auszugleichen und den Anreiz auf bessere Versorgung zu erhöhen. Schon heute gibt es dazu ein institutionelles Arrangement im bestehenden DRG-System: das NUB-Verfahren, das auf Antrag von Kliniken greift und das Erlösrisiko nimmt.

46 Im Quadranten Billiger/Schlechter wird die Entscheidungssituation komplexer. Krankenkassen und Produktanwender (Ärzte) wollen eine „Schlechterversorgung" vermeiden, die gerade wegen der Erlösoptimierung angereizt wird. Die Schlechterversorgung optimiert aber nicht nur kurzfristig den Krankenhauserlös, sondern stellt sogar mittel- und langfristig neue Erlöse in Aussicht (z. B. wegen notwendiger Revisionen kurzlebiger Implantate oder wegen der Behandlung von induzierten Begleittherapien). Deshalb stellt sich hier zentral die Frage nach zielführenden ökonomischen Anreizen und regulativen Sicherheitsinfrastrukturen sowie nach dem Umgang mit ethischen Dilemmasituationen im Beschaffungsmanagement der Kliniken.

---

11 Binswanger: Sinnlose Wettbewerbe. 2010.

5.2 Zulassung, Zertifizierung, Konformitätsbewertung

In einer Artikelserie des British Medical Journal haben Cohen u. a.[12] die unzureichende Zulassungspraxis, das sog. Konformitätsbewertungsverfahren, innerhalb der EU untersucht. Ergebnis: 80 sog. „benannte Stellen" urteilen mit hohem ökonomischem Interesse und ohne einheitliche Zertifizierungskriterien im Sinne des Antragstellers (Vergabe CE-Kennzeichen). Es gibt einen Wettbewerb um Antragsteller, die sich international frei für einen CE-Kennzeichen-Vergabepartner entscheiden können. Fazit: Auch schon längst als gefährlich eingestufte Produkte können auf diesem Wege CE-Kennzeichen erhalten. Das Verfahren ist intransparent, willkürlich und in keiner Weise als „sicherer Standard" zu akzeptieren. 47

Daran ändert auch die in Deutschland erlassene Verwaltungsvorschrift nichts, wonach die Kontrollen in Deutschland nach einheitlichen Kriterien erfolgen sollen. Der Wettbewerb in der Regulierungs- und Sicherheitsinfrastruktur führt zu einem systematischen Druck, die Zertifizierung so zu organisieren, „dass man im Geschäft bleibt" – wirtschaftliche Interessen rangieren vor Patientensicherheit und Markttransparenz. 48

Es ist deshalb dringend eine europaweit einheitliche Zulassungs- und Zertifizierungsinstanz zu etablieren, die verbindlich und nach gleichen Standards entscheidet. Die europäischen Regulierungsideen dazu sind versorgungspolitisch enttäuschend und industriepolitisch nachvollziehbar. 49

5.3 Nutzenbewertung mit patientenrelevanten Endpunkten

Sofern überhaupt eine klinische Prüfung von Medizinprodukten erfolgt, stehen die technischen und funktionalen Aspekte im Vordergrund. Nicht untersucht wird, ob ein neues Medizinprodukt bezüglich des Nutzens für den Patienten gleichwertig oder besser ist als die bisher angewandte Standardtherapie. 50

Es ist auf eine Reihe von Fällen zu verweisen, in denen zunächst als „innovativ" erscheinende Produkte in der Anwendung versagt haben; durch höheren Verschleiß, Funktionsausfälle, massive Nebenwirkungen oder eine höhere Mortalitätsrate. Unter den geltenden rechtlichen Bestimmungen kommen neue Verfahren – und dazu zählt auch der Einsatz neuer Medizinprodukte im Rahmen einer Behandlung – wegen der Geltung des Verbotsvorbehalts[13] im Krankenhaus 51

---

12 Cohen u. a.: Artikelservice zum Thema Medical Device Regulation. In: BMJ 2012, doi: 10.1136/bmj.e7179, e7197, e7225 und e7090; Roick: Medizinprodukte vor Zertifizierung – teilweise nur unzureichend geprüft. In: GGW 1/2013, S. 35.

13 Die Entscheidungen des Gemeinsamen Bundesausschusses (G-BA) gründen auf der gesetzlich vorgegebenen Unterscheidung, dass für Leistungen im ambulanten Bereich die Evidenz belegt werden muss und explizit über die Zulassung entschieden wird (Erlaubnisvorbehalt), während im stationären Bereich die Anwendung neuer Leistungen grundsätzlich erlaubt ist und nur bei Nachweis der Nichtwirksamkeit explizit verboten (Verbotsvorbehalt) werden kann.

zur Anwendung, ohne dass zuvor Nutzen und Notwendigkeit hinreichend überprüft worden sind.

52   Dies ist kritisch, da so Methoden und Produkte in die Versorgung gelangen, ohne dass ihre Überlegenheit gegenüber bekannten Standardverfahren oder Produkten erwiesen ist. Das schließt die Möglichkeit mit ein, dass sie sogar der bekannten Standardbehandlung unterlegen sein können. Ein jüngeres Beispiel hierfür ist der 2008 auf den deutschen Markt gebrachte „Wingspan"-Stent, der bei gefäßbedingten Verengungen im Gehirn die Durchblutung verbessern sollte. Eine amerikanische Studie, die auf Druck von Krankenversicherern durchgeführt wurde, zeigte aber, dass die Mortalität das 2,5-Fache der medikamentösen Standardtherapie überschritt. Die Studie musste deshalb abgebrochen werden. Bis dahin wurden allein in Deutschland über 3.500 Patienten mit dem Wingspan-Stent versorgt.[14]

53   Eine hochrangig besetzte internationale Expertengruppe[15] hat sich (im März 2013) an das Europäische Parlament, den Rat und die Kommission gewandt und im Rahmen der ausstehenden Revision der europäischen Medizinproduktrichtlinie (Medical Device Directive) eine systematische und konsequente klinische Evaluation von Medizinprodukten angemahnt. Sie verlangt in ihrer Stellungnahme

- eine zentralisierte Marktzulassung anlog zur EMA (im Arzneimittelbereich),
- die Förderung der Sicherheit und des patientenrelevanten Nutzens durch gute klinische Studien und
- die Veröffentlichung sämtlicher Informationen aus dem Zertifizierungsprozess der Medizinprodukte.

54   Ein weiterer Ansatz wäre, die Studienprotokolle und die Ergebnisse in einem Studienregister zu veröffentlichen. Dieses könnte als Grundlage für weitergehende Nutzenanalysen dienen, die sich an patientenrelevanten Endpunkten ausrichten und insofern verlässliche Aussagen zu Nutzen oder Mehrnutzen im Vergleich zu alternativen Therapien/Produkten liefern.

5.4   Medizinprodukteregister

55   Registerforschung ist ein wichtiges Instrument der Versorgungsforschung. Versorgungsforschung ergänzt die klinischen Studien oder Zulassungsstudien um die Erfahrungen in der realen Versorgungssituation im Alltag populationsorientierter Versorgungsprozesse. Gute klinische Studien (RCT) haben eine extrem gute

---

14   Wingspan-Stent erhöht Schlaganfall-Risiko. In: aerzteblatt.de v. 8.9.2011. Online: http:// www.aerzteblatt.de/nachrichten/47274/Wingspan-Stent-erhoeht-Schlaganfall-Risiko [abgerufen am 18.6.2018].

15   Kontakt: Edmund Neugebauer, Uni Witten/Herdecke. https://www.uni-wh.de/detailseiten/ news/medizinprodukte-forschergruppe-reicht-petition-zur-eu-richtlinie-ein-1003/ [abgerufen am 18.6.2018].

interne Evidenz, aber eine nur schwach ausgeprägte externe Evidenz. Diese mit geeigneten methodischen Instrumenten zu entwickeln, ist Aufgabe der Versorgungsforschung. Insbesondere bei Medizinprodukten hoher Risikoklassen und Produkten mit erhofften Langzeitwirkungen und Langzeitfunktionen sollten deshalb Register zur nachhaltigen Beobachtung eingeführt werden. Solche Register könnten dazu beitragen, Erkenntnisse über die Qualität der Produkte und der Behandlung zu generieren. Langfristig kann so die Wahl des für einen Patienten optimalen Medizinproduktes gefördert werden. So könnten der Aufwand und die individuellen Belastungen erneuter Operationen, z. B. zum Austausch eines fehlerhaften Produktes, verringert und die Nachhaltigkeit implantierter Produkte (Stehzeiten) verlängert werden.

Ein weiterer Vorteil von Registern ist die Möglichkeit der Identifizierung von Patienten, die von schadhaften Medizinprodukten betroffen sind, um diese im Schadensfall (z. B. Rückrufaktionen) schnell zu identifizieren. Unerlässlich für das Gelingen eines Registers ist eine enge Kooperation zwischen Anwendern, Produktanbietern und Kostenträgern. Ebenfalls von besonderer Bedeutung sind die wissenschaftliche Aufbereitung der Erkenntnisse aus einem Register und die Kommunikation der Ergebnisse. Nur wenn die Erkenntnisse an die Anwender und Produkthersteller zurückgespiegelt werden, können diese in ihrer Produktentwicklung darauf reagieren und es tritt ein ständiger Verbesserungsprozess ein. Nur eine Vollanwendung aller Patientenfälle und aller Produkte innerhalb einer Produktklasse würden den materiellen und logistischen Aufwand solcher Register rechtfertigen. 56

Register eignen sich insbesondere für Produkte mit hohem Gefahrenpotential (Klasse III der Richtlinie 93/42/EWG). Dazu gehören u. a. Herzschrittmacher, Defibrillatoren, Stents, Herzklappen, Gelenkendoprothesen etc. Diese umfassen circa 2 % aller Medizinprodukte. Dem G-BA wird die Aufgabe zukommen zu identifizieren, wo es bereits geeignete Register gibt und für welche Produkte zwingend ein Register geführt werden sollte. 57

Darüber hinaus sollte der G-BA methodische und organisatorische Voraussetzungen definieren, die ein Register erfüllen muss. Kriterien könnten hier z. B. sein: Das Register greift alle Anwendungsfälle auf und ist wissenschaftlich-methodisch so angelegt, dass es die jeweilige Fragestellung valide beantworten kann. Nur entsprechend methodisch angelegte Register geben hinreichende Auskünfte darüber, wie sich ein Medizinprodukt im Alltag verhält, welche Medizinprodukte schadensanfällig sind oder eine nicht-akzeptable Lebensdauer haben. Register dienen auch der Sammlung unerwünschter Wirkungen. Zentral sind sie jedoch für die nachhaltige Beobachtung der in Studien nachgewiesen Wirkungen, für umfassende Untersuchungen zu Krankheitszuständen, für Therapieoptionen, Therapiekosten und die Beurteilung der Lebensqualität von Patienten. 58

6 Beschaffungsmärkte harren der Gestaltung

59 Die Beschaffung von Medizinprodukten unter DRG-Bedingungen in deutschen Krankenhäusern stellt sich als weitgehend intransparent dar. Sie ist im Zugang ungeregelt, von analytischen Nutzenbewertungen weitgehend frei und in ihren ökonomischen insbesondere langfristigen Konsequenzen nicht analysierbar.

60 Hier gilt es anzusetzen. Eine Strategie, diese Märkte zu ordnen und zielkompatible Anreize zu setzen, ist die Voraussetzung, um auf einer transparenten Basis vergleichbarer Produkte (Homogenitätskriterium) Wettbewerbsprozesse wirksam werden zu lassen. Eine solche Strategie bedarf der Kooperation aller Beteiligten.

61 Das Interesse der Krankenversicherung kann sich nicht auf die Beobachtung der Preisschlachten im Einkaufsprozess von Krankenhäusern oder Einkaufsgemeinschaften beschränken oder diese gar unbesehen als Erfolg des DRG-Modells feiern.

62 Es gilt im Interesse der Patienten, über die Lebenszyklen der Produkte und deren Beitrag in der Versorgung

- Sicherheit,
- Qualität,
- Funktionstauglichkeit und
- Wirtschaftlichkeit

sicherzustellen und nachhaltig zu verfolgen. Dann erst können Märkte funktionieren – dies gilt auch für das Beschaffungsmanagement von Medizinprodukten. Engagierte Versorgungsforschung ist das Mittel der Wahl, um ökonomische Allokationsentscheidungen inhaltlich zu bestimmen.

Literatur

Billig-Silikon. Ehemaliger PIP-Chef entschuldigt sich bei Opfern. In: Spiegel Online v. 26.4.2013. Online: http://www.spiegel.de/panorama/prozess-um-brustimplantate-hersteller-entschuldigt-sich-a-896854.html [abgerufen am 18.6.2018].

Binswanger, M.: Sinnlose Wettbewerbe. Freiburg 2010.

Busse, R./Schreyögg, J./Stargardt, T. (Hrsg.): Management im Gesundheitswesen. 3. Aufl. Berlin 2013.

Busse, R. u. a.: Leistungsmanagement in Krankenhäusern. In: Busse, R./Schreyögg, J./Stargardt, T. (Hrsg.): Management im Gesundheitswesen. 3. Aufl. Berlin 2013, S. 51–76.

Cohen, D. u. a.: Artikelservice zum Thema Medical Device Regulation. In: BMJ 2012, doi: 10.1136/bmj.e7179, e7197, e7225 und e7090.

Da Cruz, P./Schwegel, P./Oberender, P.: Strategien in der Krankenhausbeschaffung. In: Schmidt, R./Schmidt, A. J. (Hrsg.): Beschaffung in Gesundheitseinrichtungen. Heidelberg 2012, S. 35–52.

ersatzkasse magazin. Schwerpunktheft Medizinprodukte 5./6.2012.

Frankreich. Hunderte Patienten erhielten nicht zugelassene Hüftprothesen. In: Spiegel Online v. 2.5.2013. Online: http://www.spiegel.de/gesundheit/diagnose/hunderte-patienten-erhielten-nicht-zugelassene-hueftprothesen-a-897745.html [abgerufen am 18.6.2018].

G+G Spezial. Medizinprodukte – Mehr Sicherheit für Patienten 11/2012.

Hill, R./Schmitt, J. M.: WiKo – Medizinprodukterecht. Loseblatt-Kommentar. Köln August 2010.

Künstliche Hüftgelenke. Bessere Überwachung für Metallprothesen. In: Spiegel Online v. 18.6.2012. Online: http://www.spiegel.de/wissenschaft/medizin/kuenstliche-hueftgelenke-hueftprothesen-aus-metall-besser-ueberwacht-a-839303.html [abgerufen am 18.6.2018].

Marke Adept. Rückruf von künstlichen Hüftgelenken. In: Spiegel Online v. 15.2.2013. Online: http://www.spiegel.de/gesundheit/diagnose/rueckruf-von-hueftgelenksprothesen-gefahr-bei-implantaten-a-883687.html [abgerufen am 18.6.2018].

Müller, R.: Vom Kostenverursacher zum Erlösmanager – die Bedeutung des Einkaufs für das Krankenhaus. In: von Eiff, W./Lorenz, O. (Hrsg.): Jahrbuch Gesundheitswirtschaft 2012. Berlin 2012, S. 110.

Oberender, P. O./Rudolf, T.: Krankenhausmanagement unter DRG-Bedingungen. In: Wirtz, D./Michel, M./Kollig, E. (Hrsg.): DRG's in Orthopädie und Unfallchirurgie. Heidelberg 2004, S. 142–148.

Rau, F./Roeder, N./Hensen, P. (Hrsg.): Auswirkungen der DRG-Einführung in Deutschland. Stuttgart 2009.

Roick, C.: Medizinprodukte vor Zertifizierung – teilweise nur unzureichend geprüft. In: GGW 1/2013, S. 35.

Schmidt, R./Schmidt, A. J. (Hrsg.): Beschaffung in Gesundheitseinrichtungen. Heidelberg 2012.

Strauss, G.: Trends im Krankenhauseinkauf – Kooperation statt Konfrontation. In: Wirtz, D./Michel, M./Kollig, E. (Hrsg.): DRG's in Orthopädie und Unfallchirurgie. Heidelberg 2004, S. 157–170.

von Eiff, W.: Wiederaufbereitung als Investitionsentscheidung – Kosten, Nutzen, medizinische und ethische Aspekte. In: von Eiff, W./Lorenz, O. (Hrsg.): Jahrbuch Gesundheitswirtschaft 2012. Berlin 2012, S. 102–105.

Wingspan-Stent erhöht Schlaganfall-Risiko. In: aerzteblatt.de v. 8.9.2011. Online: http://www.aerzteblatt.de/nachrichten/47274/Wingspan-Stent-erhoeht-Schlaganfall-Risiko [abgerufen am 18.6.2018].

Wolf, M.: Strategische Anlagenwirtschaft. In: KU-Spezial. Medizintechnik 5/2010, S. 2–5.

Moderne Beschaffung:
strategisch, effizient, sicher

Prof. Dr. Kurt Marquardt/Dr. Achim Michel-Backofen/Matthias Paetzold

Schlagwortübersicht

Abstract: Wenn man den Titel des Buches zur Kenntnis nimmt, dann könnte man sich die Frage stellen, was denn wohl so Besonderes vom Inhalt zu erwarten ist, da sich die Gestaltung des Beschaffungswesens im Krankenhaus auch in der Vergangenheit an den Begriffen „modern, strategisch, effizient und sicher" orientierte. Doch leider fehlten dieser „Orientierung an den genannten Prinzipien" weitgehend vorgegebene Rahmenbedingungen einer geplanten und organisierten Prozesslandschaft im Krankenhaus. Ohne solche Strategievorgaben sind innovative und zukunftsfähige Beschaffungskonzepte aber nur partiell brauchbar und verlieren ihre Effizienz in der Prozessoptimierung. Auch Digitalisierungsinitiativen nach Maßgabe 4.0 sind hier kein Allheilmittel, sondern bieten der Materialwirtschaft lediglich interessante Optionen, dürfen aber in der Sichtweise nicht das Grundverständnis „als Werkzeug" verlieren oder gar den Status „Strategie" erhalten.

1 Begrifflichkeiten und deren Sichtweise

1 Die im Titel dieses Beitrages verwendeten Begriffe sind zwar nicht neu und wurden schon in vielen Beiträgen verwendet und diskutiert, doch sie erhalten im Zeitalter des „Digitalen Wandels" der Gesellschaft und der Wirtschaft eine neue Bedeutung. Insbesondere die Adjektive „modern und strategisch" müssen unabdingbar im Kontext des angesprochenen digitalen Wandels nach Maßgabe der Industrieinitiative 4.0 in ihrer Fokussierung und Bandbreite ausführlich erörtert werden. **Dieser Beitrag darf nicht als Fachkonzept- und Strategieempfehlung für die Materialwirtschaft im Krankenhaus verstanden werden, sondern stellt eine Digitalisierungsstrategie dar, die dem Materialwirtschaftler im Krankenhaus für geplante innovative Prozesse und den späteren Betrieb dann hilfreich sein kann, wenn die Materialwirtschaft selbst so kompetent aufgestellt ist, dass sie gewünschtes innovatives Prozessgeschehen und Digitalisierungsoptionen im Gesamtbild (Big Picture) versteht.**

2 Modernes und strategisches Beschaffungswesen im Zeitalter des digitalen Wandels

2 Modern und strategisch wird gern mit den Begrifflichkeiten 4.0 ausgeschmückt, um sich den Anstrich der Zukunftsfähigkeit und Innovationsfreudigkeit zu geben. Allerdings ist es eine absolute Fehleinschätzung, aus der digitalen Initiative 4.0 gute Gesamt-Prozess-Modelle oder beispielsweise Partial-Modelle für das Beschaffungswesen im Krankenhaus ableiten zu können. Digitalisierung ist weder Versorgungs- noch Geschäftsmodell für ein Krankenhaus, sondern sie bietet lediglich Unterstützungspotenzial für aktuelle und zukünftige Versorgungsprozesse oder Geschäftsmodelle. In der aktuellen Diskussion um moderne Prozessgestaltung im Krankenhaus gewinnt man leider den Eindruck, dass die Mittel-Zweck-Beziehung zwischen Digitalisierung und Prozessstrategien weder verstanden noch umgesetzt werden soll. Aber nicht nur das Unverständnis zu Prozessstrategien und Digitalisierung ist problematisch, auch die Sicht und Ein-

stellung zur Digitalisierungsinitiative an sich ist äußerst fatal. Die meisten Entscheidungsträger im Krankenhaus haben sich weder intensiv mit 4.0 beschäftigt noch haben sie die Kerngedanken verstanden. Die wenigen Führungskräfte im Management, die das Thema vom Grundsatz her verstanden haben, sind aus Kostengründen zurückhaltend oder aber blockieren das Thema, da es mit der eigenen Vertragslaufzeit und den Vergütungsrahmenbedingungen kollidiert. Ein PET amortisiert sich nun mal eben schneller als es über Digitalisierung absehbar ist. Oft wird aber aufgrund des Image-Gewinns oder aber zur Darstellung gegenüber den Trägern mit Scheinaktivitäten oder kleinen digitalen Inseln im Haus der „Digitalisierungsforderung" Rechnung getragen. **Stellt man nun wieder den Bezug zum Beschaffungswesen her, dann sollten folgende Regeln gelten:**

- Das Beschaffungswesen darf sich nicht über einen Digitalisierungsstatus als innovativ und strategisch definieren.
- Eine moderne Beschaffungsstrategie kann nur integraler Bestandteil einer vollumfänglichen Prozessstrategie sein.
- Die Gesamt-Prozessstrategie und die „Organisationsumgebung Beschaffungswesen" geben über eine Mittel-Zweck-Beziehung (Zielvorgabe und Hilfsmittel) die Art und Breite der Digitalisierung vor.
- Der Digitalisierungsrahmen ist natürlich nach Maßgabe der Machbarkeit und Bezahlbarkeit zu skalieren.

Diese Regeln sind eine klare Absage an die Gleichsetzung von „modernem 3
Beschaffungswesen" und „Digitalisierungsgrad" in diesem Arbeitsumfeld:

- Digitaler Wandel im Sinne 4.0 ist lediglich ein Orientierungsbegriff.
- Digitalisierung hat keinen Selbstzweck.
- Digitale Strategien sind wertlos, wenn sie nicht nach Maßgabe von Prozessstrategien und in Abstimmung mit Prozessexpertise stattfinden.
- Digitaler Wandel ist weder Geschäftsmodell noch Heilsbringer.

In der heutigen Realität muss man aber feststellen, dass wir von einer solchen 4
wünschenswerten Denk- und Vorgehensweise weit entfernt sind. In wenigen Häusern, weitgehend in universitären Umgebungen, ist man durchaus dabei, über klar definierte Gesamtprozessstrukturen die Vorgaben für einzelne Organisationseinheiten (z. B. die Materialwirtschaft) zu erarbeiten. In den meisten Krankenhäusern ist man aber noch weit weg von hausspezifischen Gesamtstrategien oder durchdachten Partialstrategien bestimmter Arbeitsumgebungen. Wenn hier von Haus-Gesamtstrategien gesprochen wird, dann ist damit nicht eine grundsätzlich im gesamten Krankenhausbereich zu praktizierende Strategie gemeint, sondern eine Strategie, die den jeweils spezifischen Krankenhäusern (Leistungsportfolio, Region etc.) angemessen ist. Wie man sich dennoch unter diesen nicht optimalen Rahmenbedingungen in Richtung moderner und strategischer Prozessstrategien bewegen kann und welche Art der Digitalisierung notwendig ist, wird an späterer Stelle erläutert.

3 Effizientes und sicheres Beschaffungswesen im Zeitalter des digitalen Wandels

5 **Effizienz** im Beschaffungswesen darf sich nicht ausschließlich auf erreichbare Einkaufsbedingungen beziehen, sondern muss die klar definierte Qualität des Produktes und definierte Verwendungsmerkmale als unabdingbare Nebenbedingung berücksichtigen. Man muss hier streng nach folgender Variante des ökonomischen Prinzips vorgehen:

- Beschaffung eines nach Verwendungszweck und Qualität erforderlichen Produktes (fixer/definierter Output) zu möglichst günstigen Konditionen (minimaler Input).
- Das zu beschaffende Produkt (hauptsächlich bei Medizinprodukten) muss darüber hinaus aufgrund der erforderlichen Prozess-Integration bestimmten Kommunikationsanforderungen (Vernetzbarkeit) und Funktionalitäten entsprechen.

6 Zielt man auf das Thema **Sicherheit** im Beschaffungswesen ab, dann sind eigentlich folgende Aspekte angesprochen:

- Versorgungssicherheit bei versorgungstechnisch notwendigen Produkten (Einkaufsorientierung)
- Patientensicherheit bei Produktverwendung und Behandlungseignung
- Medizinische Dokumentation der Produktverwendung (Produktdaten und Patientenbezug)
- Virtuelle Bedrohungsrisiken bei vernetzten Medizinprodukten (BSI-Fokus)
- Fälschungssicherheit bei Arzneimitteln (ab 2019 gesetzliche Auflagen)

7 Unabhängig von einer Gewichtung der einzelnen Punkte ist es offenkundig, dass auch hier **die Qualität der Datendokumentation und brauchbarer Datenbereitstellung für mehr Sicherheit** in den unterschiedlichen Risikoklassen unabdingbar ist.

4 Handelnde Personen im innovativen Beschaffungswesen

8 Unabhängig von den Entscheidungsträgern einer optionalen hausbezogenen Prozess-Gesamtstrategie, einschließlich der bereits ausgeführten dortigen Defizite, verlangt ein modernes Beschaffungswesen auch von den Führungskräften der Materialwirtschaft Kompetenzen, die über das historisch gewachsene Verständnis einer „Produkt- und Preisstrategie" weit hinausgehen. Das einzelne Produkt mit seinen spezifischen Merkmalen ist in der heutigen Zeit nicht mehr der ultimative Fokus eines Materialwirtschaftlers. Jedes Produkt ist nach Maßgabe aufbau- und ablauforganisatorischer Vorgaben (in der Medizin Behandlungsinstanzen und Behandlungspfade) nur noch im Gesamtverständnis zum Prozess zu sehen. Wer also für den Einkauf von Produkten (insbesondere digital sprechender und

vernetzter Medizinprodukte) zuständig ist, muss das gesamte Prozessmuster mit den Behandlungspfaden und den notwendigen Digitalisierungsbedingungen kennen. Moderne und strategische Beschaffungsumgebungen benötigen Personal, welches ein Wissen zur Prozesslandschaft des ganzen Krankenhauses mitbringt (medizinische und kaufmännische Prozesse), aber gleichzeitig die Adaptionsfähigkeit in Bezug auf Produkte und Leistungsprozesse aufweist. Letztlich spiegelt sich in der Forderung der Adaptionsfähigkeit auch die Digitalisierungsproblematik deutlich wider. Modernes und strategisches Beschaffungswesen verlangt auch Verständnis und Kompetenz für die Gestaltungsoptionen dieses Arbeitsumfeldes.

5 Moderne realisierbare Prozess–Strukturen in der Gesamtorganisation und im Beschaffungswesen

Wie schon ausgeführt, kann man bei der Realisierung des modernen und strategischen Beschaffungswesens nicht unbedingt auf Vorgaben einer Hausstrategie zurückgreifen. Es gibt weder ein grundsätzliches noch ein standardisiertes Prozessmodell für Krankenhäuser. Allerdings gibt es in einzelnen Häusern sog. Standort-Prozessmodelle, welche dann durchaus für nachgelagerte Prozessstufen nutzbar sind. Großteils muss man die Krankenhauslandschaft in Bezug auf Prozessmodelle aber als heterogen und intransparent bezeichnen. Es gibt nicht „das Geschäftsmodell", sondern nur ein Sammelsurium von Ansätzen, Ideen und Vorstellungen zum lokalen bzw. intersektoralen Prozessgeschehen. Überlagert wird die Thematik noch von der neuen EU-Datenschutzverordnung und den Sicherheitsanforderungen (KRITIS) zur IT-Struktur in den Krankenhäusern, welche über definierte Merkmale, wie stationäre Fälle pro Jahr, betroffen sind. **Aus der Sicht der Digitalisierung ist die Problematik „moderne Geschäftsprozesse des Hauses und nachgelagert im Beschaffungswesen" nicht wirklich griffig.** Gefordert wird also eine Digitalisierungsstrategie, welche diesen vielen unterschiedlichen Konzepten für Geschäftsmodelle im Haus und/oder in organisatorischen Teilbereichen des Hauses gerecht werden soll. Da berechtigterweise Geschäftsmodelle aus hausspezifischen oder regionalen Gründen abweichen können, soll sich die Krankenhaus-IT der Herkules-Aufgabe stellen, bezahlbare Lösungen anzubieten. Würde die Krankenhaus-IT jeweils Einzellösungen für diese heterogene Landschaft anbieten wollen, dann würde dies bedingungslos an Personal und Kosten scheitern. Um aber dennoch verschiedenste Prozessansätze, und hier insbesondere im Beschaffungswesen, notwendigerweise digital zu unterstützen, kann das Gießener Architektur-Modell eine interessante Option einer grundlegenden Digitalisierungsstrategie im Krankenhaus sein. Im Folgenden werden der strategische Ansatz und die Arbeitsweise dieses Modells beschrieben.

9

5.1 Der „Modulare Quer-Baukasten der Krankenhaus-IT" als Architektur zur Unterstützung verschiedener Geschäftsmodelle des Hauses und des Beschaffungswesens

10 Die Überlegungen zu einer innovativen IT-Architektur waren getrieben von der Fragestellung, wie man a priori unbekannte und heterogene künftige Geschäftsmodelle (auch Partialmodelle in der Materialwirtschaft) unterstützen kann, ohne für jegliche einzelne Fachkonzeption eine eigenständige IT-Lösung in Bezug auf Infrastruktur und Applikationen zu bauen. Eigentlich war diese Herausforderung die Quadratur des Kreises. Doch dann ist man auf eine in der Anforderungsstruktur vergleichbare Fragestellung in der Automobilindustrie gestoßen. Dort stand man vor einigen Jahren vor einer ähnlichen Problematik. Unterschiedliche Fahrzeuglinien, Typendiversifizierung und der Kunde im Internet mit beliebigen Konfigurationsmöglichkeiten seines Traumautos führten zu nicht mehr beherrschbaren Produktions- und Servicekosten. In dieser Situation entwickelte VW in der Ära Winterkorn den sog. „Modularen Quer-Baukasten" (MQB). Während sich das „quer" nur auf die Positionierung des Motors bezieht, hat das Wort „Baukasten" die große Relevanz. Ein Basis-Chassis und eine Reihe von Standardkomponenten bilden den Kern dieser Strategie. Unabhängig von der Produktlinie oder den Konfigurationsoptionen werden mit diesen Basis-Komponenten unterschiedliche Baureihen und Typen ausgestattet. Es gibt damit zwar keine gänzliche Produktionsstandardisierung, was auch aufgrund der individuellen Diversifikation nicht gewünscht sein kann, aber es gibt Basis-Standardisierung in der Produktion mit erheblichen Kostenreduktionen, ohne dabei Vielfalt oder Qualität der Fahrzeuge zu reduzieren. Genau aber diese Herausforderung in der Automobilindustrie ist vergleichbar mit unserer Problematik der Geschäftsmodelle im Krankenhaus. Es gibt keinen grundsätzlichen Ansatz für Geschäftsmodelle im Krankenhaus, sondern vielmehr (durchaus sinnvolle) Partialansätze für Prozessstrukturen. Diese sind dann ganzheitlich zu planen oder aber es bleibt bei Überlegungen zu Teilbereichen der Krankenhausorganisation. Aus dieser Vergleichbarkeit der Problemstellungen im Krankenhaus und in der Automobilindustrie ist in Gießen der Gedanke für einen modularen IT-Quer-Baukasten im Krankenhaus entstanden. Als absolut hilfreich für diese neuen Architekturansätze hat sich die Gießener IT-Historie erwiesen, da man bereits in der Vergangenheit mit dem selbst entwickelten KAS und der Eigenentwicklung eines zentralen Befundmanagements schon nutzbare Vorarbeiten für eine MQB-IT-Philosophie geleistet hatte. Folgende Rahmenbedingungen wurden zunächst für diesen Baukasten definiert:

- Schaffe über ein internes Integrations-Archiv (zwanghafte Verpflichtung auch der KIS-KAS-Lieferanten und anderer Systemlieferanten) die Datenkonsolidierung aller digital verfügbaren Daten, unabhängig von Datenquelle, Datentyp, Struktur der Daten und einer späteren Verwendung (Waggon-Prinzip: alles rein, ohne vorher zu wissen, was damit geschehen soll).

- Digitalisiere dort, unabhängig von Geschäftsmodellen, wo aus einer Digitalisierung optional Netto-Vorteile für das Haus entstehen könnten und integriere diese Daten im internen Archiv.
- Gestalte das interne Archiv so intelligent, dass es nach Standards (z. B. FHIR) offen kommunizieren kann und unterschiedliche Anfragen aus allen Bereichen befriedigen kann.
- Schaffe über dieses intelligente Archiv eine Quelle für Wissensgenerierung zwecks späterer Nutzung des Wissens im Regelprozess.
- **Nutze das Basisarchiv als Daten-Navigator und Ankerplatz für neue sinnvolle Applikationen.**
- Werde wieder Herr über die Daten des eigenen Krankenhauses.
- Schaffe im intelligenten Archiv, dem modularen Querbaukasten der Krankenhaus-IT, ein vollständiges Abbild aller erfassten Daten zwecks Navigation der Daten und Aufbereitung der Daten für beliebige Zwecke.
- Nutze den modularen IT-Querbaukasten auch als Ankerinstanz der Datenkommunikation nach außen zu anderen Krankenhäusern, niedergelassenen Ärzten und Homecare.

Diese noch etwas globalen Rahmenbedingungen für den modularen IT-Querbaukasten zeigen schon tendenziell, dass dem „intelligenten Archiv" als IT-Basis-Chassis die zentrale Rolle zukommt, was im Detail erläutert werden soll. Unabhängig von der generellen Heterogenität und Qualität der Geschäftsmodelle im Krankenhaus gibt es durchaus Prozessvorstellungen, welche das Niveau der Patientenversorgung deutlich steigern. Diese Konzepte gilt es unabdingbar mit Digitalisierungsstrategien zu unterstützen.

5.2 Ursachen/Motivationen für ein Change Management der Prozesskette im Krankenhaus

Zunächst einmal muss man festhalten, dass Impulse für patientenorientierte Prozessverbesserungen in den meisten Fällen seitens der Ärzteschaft initiiert werden. Diese Denkanstöße resultieren weitgehend aus den nachfolgenden Vorstellungen:

- Neue medizinische Methoden an das Patientenbett oder in den Behandlungspfad einbringen
- Normal-Stationen mit Sensorik-Überwachung sicherer machen (IOT)
- Vorhandene Datenbestände im Sinne der Wissensgenerierung endlich für die Patientenversorgung erschließen
- Roboter-Umgebungen in der Behandlung einsetzen
- Molekularbiologische Expertise für Tumor-Boards nutzen
- Daten für spezielle Studien bereitstellen
- Verlängerung der Behandlungskette in das private Umfeld des Patienten

- Unkomplizierte Nutzung neuer angebotener Applikationen für spezielle medizinische Fragestellungen
- Einweisungsportale
- Etc.

13   Man kann die Liste der Anlässe für Change Management beliebig verlängern, doch bereits in diesem Auszug an Ursachen für Change Management des Prozessgeschehens kann man erkennen, dass dazu notwendige Digitalisierungsstrategien aus Ressourcengründen nicht auf die Themen einzeln abzielen können. Es gilt, mit Hilfe des modularen IT-Querbaukastens einen hohen Prozentsatz des notwendigen digitalen Geschehens als Basisfunktionalität anbieten zu können. **Anhand von Projektüberlegungen aus Gießen sollen Anforderungen und Arbeitsteilung zwischen den Personalgruppen der Ärzteschaft, der Materialwirtschaft und der IT erläutert werden, um einzelne Projektschritte zu verstehen aber auch die Kompetenzanforderungen insbesondere an die IT und die Materialwirtschaft deutlich zu machen.**

5.3   Projektimpulse durch Ärzteschaft

14   Natürlich durchaus angeregt über die Diskussion Industrie 4.0 wurden/werden in Gießen seitens der Ärzteschaft im ständigen Dialog mit der IT-Expertise der Medizininformatik/Krankenhaus-IT folgende Wünsche/Forderungen in interdisziplinären Runden in den Raum gestellt:

- Ist es nicht möglich, mit IOT (hier Sensorik) die Normalstation sicherer zu machen?
- Kann man nicht endlich mal alle Daten einsammeln und nutzen, welche im Patientenzimmer anfallen und heute in keiner Weise weiter verwendet werden (z. B. Infusionspumpen)?
- Kann ich nicht Sensorik nutzen, um unsere Patienten nach der Entlassung weiter zu überwachen?
- Wir haben in der Intensivmedizin so viele wertvolle Daten aus über 20 Jahren PDMS, aus welchen endlich Wissen generiert werden muss. Die Risiken solcher Patienten müssen dadurch doch abschätzbar sein!

5.4   Vom Projektimpuls zum Konzept-Ansatz

15   Um solche Impulse der Facharbeitskreise in Konzepte und später in Prozesse zu transformieren, bedarf es verschiedener Arbeitsschritte. Zunächst einmal gilt es, die globalen Forderungen zu gruppieren. Über die **Gruppierung der häufig nur in Schlagworten vorliegenden Projektideen** gelangt man in einer ersten Annäherung an einen Projektrahmen. Für die so abgrenzbaren Projektvorstellungen kann man dann **zunächst ein „Big Picture" entwerfen.**

Aus dem Big Picture müssen sich zumindest folgende Erkenntnisse ableiten lassen: 16

- Ziel/Ergebnisvorgaben (versorgungstechnisch und wirtschaftlich)
- Implementierungsumgebung (Fachgebiet, klinische Abteilung etc.)
- Patientenspezifikation (Ein-/Ausschluss-Kriterien)
- Prozesskette, verstanden als Abfolge medizinischer Leistungen (nur Inhouse und/oder über Grenzen des Krankenhauses hinweg)
- Optional betroffene Instanzen in der Prozesskette:
  - **Ärzte/Pflegepersonal** für patientennahe Versorgungsaktivitäten (primäre medizinische Leistung)
  - **MAWI** zwecks prozessgerechter Bereitstellung notwendiger und qualitätsbestätigter Güter
  - **IT** zur Bereitstellung der notwendigen Digitalisierung
  - **Technik** für Prozess-Rahmenbedingungen
  - **Industrie** mit Komponenten-Expertise und Prozess-Erfahrung im Krankenhaus

Unabhängig von der Erarbeitung eines Detailkonzeptes wird bereits über das „Big Picture" deutlich, dass die an der Modellierung beteiligten Dienstarten nur im Verbund ein sinnhaftes Ergebnis erreichen. Und dies schließt die unabdingbare Beteiligung der Komponentenlieferanten ein, denn nur im Dialog mit der Industrie können MAWI, IT und Technik die Herausforderungen (neben den ärztlichen und pflegerischen Leistungen) in den definierten Leistungsinstanzen (point of care) und zwischen den Leistungsinstanzen bewältigen. Auch die notwendige physische Mobilität der Patienten zwischen den Leistungsinstanzen und begleitende notwendige Kommunikation können nur in einer solchen Kompetenzbündelung bewältigt werden. **Aber wie das Wort „Kompetenzbündelung" schon aussagt, werden bei den genannten Dienstarten (auch in der MAWI und der IT), welche im Verbund agieren müssen, Kompetenzen unterschiedlicher Fokussierungen erwartet:** 17

Globale Prozess-Kompetenzen der Dienstarten: 18

- Globale Prozesskompetenz im Hausgeschehen (von der Aufnahme bis zur Entlassung des Patienten)
- Fachgebietsbezogene (medizinisches Umfeld) Detail-Expertise zum Prozess
- Gesetzliche Rahmenbedingungen zum MPG
- Fokus Datenschutzverordnung
- KRITIS-Bezug

5.5 Materialwirtschaft/Beschaffung als kompetente Projektträger/Projektpartner in einer digitalen Umgebung

19 Wie schon in den vorherigen Abschnitten beschrieben, ändern sich im Rahmen der zunehmenden Digitalisierung auch die Beschaffungsprozesse. Systeme und Prozesse sind immer mehr miteinander verzahnt und müssen optimal ineinandergreifen. Dabei wird die Beschaffung zu einer multidisziplinären Aufgabe, in die nicht nur der Beschaffer Krankenhaus, sondern auch die verschiedenen Lieferanten der einzelnen Systeme oder Sub-Systeme einzubinden sind.

20 Die Beschaffung ist nicht mehr – wie bisher – als der klassische Einkauf von Komponenten zu sehen, sondern eher als Projekt. Wird bei der Beschaffung die Komplexität nicht entsprechend berücksichtigt, ist das Vorhaben schon zu Beginn fast zum Scheitern verurteilt.

21 **Zu berücksichtigende Komplexität:**

- Moderne digital sprechende Geräte sollen in bestehende Infrastruktur/Systeme integriert werden. Ist diese leistungsfähig genug?
- Keine klare Anforderungsdefinition an das Gesamtsystem
- Klärung der Schnittstellen zwischen den einzelnen Systemen
- Fehlende klare Abgrenzung der Verantwortlichkeiten und Leistungen der Projektpartner
- Fehlende Projektstruktur und Projektleitung durch den Auftraggeber

22 Diese Liste kann beliebig erweitert werden. Klar ist, der Beschaffungsprozess geht weit über den Einkauf und die reine Preisverhandlung hinaus. Der Druck der Preisreduktion im Einkauf ist sehr hoch, doch sollte dies nicht das primäre Leitmotiv sein. Beschaffung heißt heute neben dem Material auch die Beschaffung von Dienstleistungen. Klassische Gerätehersteller in der Welt von Industrie 4.0 und Krankenhaus 4.0 werden immer mehr auch zu Service- und Dienstleistungsanbietern. Die Integration von IT-Systemen oder digital sprechenden Geräten ist ohne die Unterstützung der Hersteller/Lieferanten heute nicht mehr zu bewältigen. Der Lieferant wird zum Projektpartner und muss seine Dienstleistungen auch über dies hinaus zur Verfügung stellen können. Diese Leistungen müssen im gesamten Prozess entsprechend berücksichtigt werden.

23 Daher sollten einige Leitfragen berücksichtigt werden:

- Kann die IT-Integration durch den Bieter begleitet werden (Stichwort Projektmanagement)?
- Welchen Service kann der Lieferant nach der Integration bzw. im Lebenszyklus des Systems liefern (Stichwort Lifecycle-Support und Cyber Security-Support)?

- Welchen Service-Level erwartet meine Organisation vom Lieferanten und welche kann der Lieferant überhaupt bereitstellen?
- Wie sind die Lieferantenbeziehungen untereinander und welche Erwartungen hat meine Organisation?

Die Rolle der eigenen Organisation ist im Kontext von Krankenhaus 4.0 ebenfalls   24
anders zu bewerten. Im vernetzen Krankenhaus ist der Betreiber ebenfalls als Teil der Lieferantenkette zu betrachten. Digital sprechende Geräte und Systeme werden über das Krankenhaus-IT-Netzwerk miteinander verbunden und dieses hat somit einen direkten Einfluss auf das Ergebnis. Wie diese Art der Verbundenheit zu verstehen ist, zeigen die nachfolgenden Beispiele.

Über viele Jahre war der Bereich der Patientenüberwachung und Sensorik die   25
Domäne der Medizingerätehersteller und damit auch des besonders technisierten Bereiches der intensivmedizinischen Überwachung und Therapie. Technisch führte das zu einer proprietären Bindung des Monitorings an die PDMS-Systeme der Gerätehersteller und einer Verengung der datentechnischen Sicht auf die direkte Dokumentation.

Seit Ende der 1990er Jahre entstand aber ein zunehmender Impuls, durch herstell-   26
unabhängige PDMS-Lösungen und die zunehmende Verwendung von Überwachungslösungen im Intermediate Care-Bereich die Schnittstellen für die Medizingeräte offenzulegen. Dieser Trend wird durch die Verwendung von Monitoring-Verfahren im Rahmen der Low Care- bzw. Lifestyle-Medizin momentan sehr verstärkt:

- Herzfrequenzmessung mit der Smartwatch zur Ermittlung der kardialen Belastbarkeit
- Pulsoximetrie zur Atemkontrolle bei Schlafapnoe
- Bewegungssensorik für Trainingsfeedback
- Digitales Spirometer für COPD-Therapieüberwachung
- Etc.

Denkt man diese Situation konsequent zu Ende, so muss man sich von der   27
Bindung jedweder Sensorik an ein bestimmtes PDMS oder KIS als Datenkonsument verabschieden und landet auch hier zwangsläufig beim digitalen Universalarchiv (MQB der Krankenhaus-IT) als zentraler Kommunikationsinstanz und Ankerplatz für interessante neue Apps. Unabhängig vom Gedanken der MQB-IT haben die Medizingerätehersteller diese Denkrichtung schon teilweise erkannt und in ihrer Produktphilosophie umgesetzt.

So ist beim Philips IntelliVue System schon die Möglichkeit gegeben, die Daten   28
aller angeschlossenen Monitoring Devices (inklusive der über die IntelliBridge angeschlossenen Fremdprodukte, wie z. B. Beatmungsgeräte) zentral über ein HL7-Version 2.x-Gateway an Drittinstanzen auszuleiten. Bei Space-Infusionssystemen von B. Braun finden wir ein sehr innovatives Modell im Bereich der Infusionstherapie umgesetzt. Über eine intelligente Administrationsumgebung

und ein offenes Kommunikationskonzept lassen sich die Datenbewegungen der Pumpen prozessorientiert integrieren. Mit Hilfe z. B. der Qualcomm-Capsule Produktlinie lassen sich auch ältere serielle Geräte auf diese Art integrieren. Die Tendenz macht auch vor dem Homecare-Bereich nicht halt. In Gießen werden jetzt testweise Homecare Devices über das Qualcomm-2Net System angebunden.

29   All diese Lösungen werden im Moment jedoch zum Großteil noch inselmäßig eingesetzt, um in einem bestimmten Bereich eine Geräteanbindung zu einem bestimmten Informationskonsumenten (PDMS/KIS-KAS) zu realisieren. Die Monitoring-Daten liegen dann am Ende in einem bestimmten KIS/KAS in der von diesem System zu verarbeitenden Datengranularität (z. B. Blutdruck 4 mal/ Stunde) vor. Eine Weiterverwendung für andere Konsumenten ist nachträglich nicht möglich. Hier setzt die nächste logische Entwicklungsstufe des Modularen IT-Quer-Baukastens in Form des intelligenten Universalarchivs, basierend auf modernen Standards der Medizininformatik (RESTful-API, HL7-FHIR) an. Grundgedanke ist jetzt eine frühzeitige Konversion der Sensorik-Daten auf den HL7-FHIR Standard unter Beibehaltung einer hochgranularen Informationsüber-nahme in ein Zentralarchiv, das aufgrund seiner hohen möglichen Datenvolumina (hochauflösendes dynamisches CT oder MRT) eine Datenfilterung/Reduktion an der Quelle überflüssig macht. Eine Organisation der Informationseinheiten analog zu radiologischen Entitäten (Snapshot/Sequenz/Studie) ermöglicht einer Vielzahl von Datenkonsumenten (Anzeige auf Mobilgerät, Webapplikation, Analysesoft-ware) einen effizienten Datenzugang. Die konsumentenneutrale Repräsentation trägt den Erfordernissen der Langzeitbereitstellung von Daten für zukünftige Forschungsprojekte Rechnung

6   Resümee

30   In den vorangegangenen Ausführungen lag der Fokus auf der künftigen Prozess-landschaft im Kontext der aktuellen Digitalisierungsinitiative in unserer Gesell-schaft und auch im Gesundheitswesen. Unabhängig von den unterschiedlichen Zukunftskonzepten und Strategien der Entscheidungsträger im Krankenhaus, müssen sich alle Dienstarten mit der Thematik auseinandersetzen und ihr eigenes Berufsbild überdenken. Insbesondere in der Materialwirtschaft darf dies aber keinesfalls als globale Kritik am Wirken und Handeln in der Vergangenheit verstanden werden, vielmehr soll es ein Weckruf zum aktiven Mitgestalten der Zukunftsprozesse im Dialog und in Kooperation mit den primären Leistungs-erbringern der Patientenversorgung, aber auch mit Vertretern und Kompetenz-trägern einer notwendigen Digitalisierungsstrategie sein. Gerade die Mandatsträ-ger der Materialwirtschaft erhalten aufgrund ihrer Kompetenz für Produkte, deren Funktionalität, Verwendungsmöglichkeit und letztlich ihrer Nutzbarkeit (im ver-netzten Umfeld) in einer definierten Prozesskette, im Kontext innovativer auf Digitalisierung gestützter Strategien, eine deutlich gestärkte Positionierung. Der Materialwirtschaftler, der sich künftig dieser Aufgabenstellung stellt und diese als

wichtige Prozessinstanz bewältigt, verlässt die Nische des „reinen Produkt-Be-schaffers" und wird zu einem echten dispositiven Faktor in der Organisation des Krankenhauses. Der Materialwirtschaftler ist dann beteiligt an Planung, Umsetzung und Kontrolle neuer Prozessketten, welche die Patientenversorgung optimieren und natürlich auch wirtschaftlicher Effizienz Rechnung tragen. Auf diese Weise stärkt der Materialwirtschaftler auch seine Wettbewerbsposition in der Unternehmenshierarchie. Er wird nicht mehr gegenüber den Finanzern oder anderen Mandatsträgern als reiner Dienstleister gesehen, sondern kann aufgrund seiner Prozessrelevanz durchaus Ansprüche auf Mitwirkung in der Geschäftsführung stellen. Letztlich darf jedoch auch die Kehrseite der Thematik nicht unerwähnt bleiben. Verschließt sich der Materialwirtschaftler diesen Anforderungen, dann wird er aufgrund eingeschränkter Produktexpertise (zu enger Fokus auf Produkteigenschaft und Preis) künftig in einer Welt digital unterstützter Prozessketten sein Mandat vollständig verlieren. Zusammenfassend bietet das künftig benötigte Arbeitsprofil für Materialwirtschaftler in einer digital geprägten Welt aber weit mehr Chancen als Risiken.

Krankenhauseinkauf 2.0

Einkaufscontrolling, Lieferantenmanagement, Systempartnerschaften

Sebastian Reich

Schlagwortübersicht

Abstract: Krankenhauseinkauf 2.0 beschreibt den Wandel im Beschaffungsmanagement von einem eher reaktiven Verhalten hin zu einem proaktiven. Hierzu bedarf es eines intensiven und kontinuierlichen Dialogs zwischen Medizin, Pflege und Einkauf sowie einem systematischen Einkaufs- und Erlöscontrolling, um Transparenz über Informationen und Daten zu erhalten. Der Aufbau von Systempartnerschaften kann in einem modernen Lieferantenmanagement darüber hinaus wesentliche Vorteile für ein Krankenhaus bieten.

1 Einführung

1 Das Beschaffungsmanagement von Krankenhäusern zeigt einige Besonderheiten und unterscheidet sich daher grundlegend vom Einkauf anderer Branchen. Insbesondere die Meinungen und Anforderungen der medizinischen und pflegerischen Fachkräfte wirken sich in der Praxis stark auf den Einkauf aus und müssen in der strategischen Ausrichtung berücksichtigt werden.[1] Den Krankenhauseinkauf kennzeichnen sehr spezifische Strukturen und besondere Herausforderungen. Dazu gehören ein breites Spektrum der zu beschaffenden Güter, regulatorische Vorgaben wie das Medizinproduktegesetz sowie Unterschiede in der Refinanzierung von Sachkosten durch die duale Finanzierung, die Investitionskosten und Betriebskosten verschiedenen Erstattungsmodalitäten unterwirft. Erfahrungen und Erkenntnisse aus anderen Branchen lassen sich daher nicht immer ohne Weiteres übertragen.[2]

2 Steigende Qualitätsanforderungen und gleichzeitig ein hoher Kostendruck bei den Sachmitteln erzeugen divergierende Zielsetzungen im Krankenhausmanagement. In der Folge steigt die Forderung nach einem professionellen Beschaffungsmanagement in den Gesundheitseinrichtungen, das Strategien und Instrumente bereithält, um den wachsenden Ansprüchen gerecht zu werden. Einkauf und Logistik im Krankenhaus befinden sich bereits seit einigen Jahren im Wandel. Der Krankenhauseinkauf sollte sich weiter verstärkt von einem rein produktbezogenen und preisorientierten Einkauf distanzieren und hin zu einem ganzheitlichen Beschaffungsmanagement entwickeln. Dieses orientiert sich noch mehr an den Prozessen und trägt dazu bei, die medizinische Leistung und die Ergebnisqualität von Krankenbehandlungen zu verbessern, Risiken in den Patientenversorgungsprozessen zu vermeiden sowie Funktions-, Prozess- und Lebenszykluskosten zu reduzieren.[3]

3 Mit Krankenhauseinkauf 2.0 soll der Wandel von einem eher reaktiven Verhalten im Beschaffungsmanagement hin zu einem proaktiven Verhalten beschrieben

---

1 Vgl. Rapp/Schmola: Grundlagen des Krankenhausmanagements. 2014, S. 167.
2 Vgl. Bundesverband Materialwirtschaft, Einkauf und Logistik e. V.: Strategischer Einkauf im Krankenhaus. 2016, S. 9 f.
3 Vgl. von Eiff: Warum ist Beschaffungsmanagement Chefsache? Konzept und Vorteilswirkungen eines ganzheitlichen Beschaffungsmanagements im Krankenhaus. 2011, S. 243.

werden. Eine wesentliche Voraussetzung hierfür ist eine interdisziplinäre Organisation des Beschaffungsmanagements durch einen gemeinsamen Dialog zwischen Medizin, Pflege und Einkauf. Dieser erfordert eine breite und transparente Informationsbasis, um die Entwicklungen der Sachkosten präzise zu erfassen, das Materialverbrauchsverhalten der Anwender in den unterschiedlichen Bereichen zu erkennen und ganzheitliche Strategien für das Beschaffungsmanagement zu erarbeiten.

2 Einkaufscontrolling und proaktives Beschaffungsmanagement

Zur Professionalisierung des strategischen Einkaufs sind der Aufbau eines umfassenden Einkaufscontrollings sowie die Erhebung aussagekräftiger Kennzahlen unumgänglich. Im Vergleich zu anderen Branchen ist der Einkauf im Krankenhaus in diesem Bereich noch im Rückstand und das Vorhandensein eines spezialisierten Einkaufscontrollings ist eher die Ausnahme.[4]

Allgemeine Auswertungen des Klinikcontrollings beinhalten zwar häufig auch Aspekte der Sachkostenentwicklung, für das strategische Beschaffungsmanagement sind diese in aller Regel jedoch nicht ausreichend. Die Anzahl an möglichen Instrumenten für ein Einkaufscontrolling ist sehr umfangreich. Das Berichtswesen beinhaltet Instrumente wie ABC-Analysen, Budget- und Mengenbetrachtungen, Abweichungsanalysen sowie viele weitere Kennzahlensysteme und Wertanalysen. In der Regel ist es für den praktischen Einsatz aber nicht zielführend, den gesamten Umfang zu nutzen. Vielmehr ist es empfehlenswert, je nach Anforderungen sowie den verfügbaren Informationen und Daten, eine individuelle Auswahl für die Gestaltung des Einkaufscontrollings zu wählen.[5]

Darüber hinaus sollte das Einkaufscontrolling im Krankenhaus ein kontinuierliches und zeitnahes Verbrauchsmonitoring auf der Lieferanten-, Artikel- und Kostenstellenebene ermöglichen und zusätzliche Informationen aus einer Warengruppenklassifikation zur Verfügung stellen. Diese Blickwinkel sind die erforderliche Grundlage für die strategische Bearbeitung von Warengruppen durch den Einkauf. Die zeitnahe und kontinuierliche Datenerhebung sowie -auswertung lässt das Beschaffungsmanagement schneller reagieren und sorgt für eine bessere Informationstransparenz. Eine isolierte Betrachtung der Sachkosten ist zur Beurteilung und Planung möglicher Strategien oftmals nicht ausreichend, sodass das Einkaufscontrolling um Informationen aus dem Erlöscontrolling (wie beispielsweise Fallzahlen, DRG-Erlöse, Case-Mix-Punkte, Belegungstage etc.) erwei-

---

4   Vgl. Bundesverband Materialwirtschaft, Einkauf und Logistik e. V.: Strategischer Einkauf im Krankenhaus. 2016, S. 26.
5   Vgl. Tschandl/Schentler: Beschaffungscontrolling: Den Einkauf zielorientiert steuern. 2016, S. 38.

tert werden sollte. Erst dadurch wird eine Gegenüberstellung der Sachkostenentwicklung im zeitlichen Verlauf mit der Erlösentwicklung realisiert, wodurch wiederum bessere Analysemöglichkeiten hinsichtlich der Ursachen von Kostensteigerungen oder -senkungen geschaffen werden. Daneben ist es erstrebenswert, die Informationen zu den Sachkostenanteilen aus den InEK[6]-Kalkulationen für die Erstellung und Betrachtung von Benchmarks zu integrieren. Das Krankenhausstrukturgesetz hat im Jahr 2017 mit einer wesentlichen Änderung der DRG-Kalkulationssystematik dazu geführt, dass der strategische Einkauf im Krankenhaus noch stärker für die Refinanzierung von Sachkosten sensibilisiert wurde und die Bedeutung eines umfassenden Einkaufs- und Erlöscontrollings deutlich gestiegen ist. Neben allgemeinen Einkaufskennzahlen bezüglich Lieferanten, Artikeln, Warengruppen, Umsatzvolumina oder ABC-Klassifizierungen sind im Krankenhaus weitere spezielle Kennzahlen erforderlich, die die Sachkostenentwicklung in Relation zur Leistungserbringung darstellen. Beispielhaft ist die Materialaufwandsquote insgesamt (Verhältnis zwischen Materialaufwand und Betriebsleistung) oder die Bezugnahme von Sachkosten des medizinischen Bedarfs zu Fallzahlen, Bewertungsrelationen, Belegungstagen und DRG-Erlösen zu nennen.

7   Den Status quo des Beschaffungsmanagements in deutschen Krankenhäusern prägt eine starke operative und ausführende Ausrichtung. Diese hat sich in der Vergangenheit durch historische Rahmenbedingungen sowie eine ausgeprägte Dominanz medizinisch-pflegerischer Ziele entwickelt. In der Folge war der Einkauf eher ein ausführendes Organ mit geringem strategischem Qualifikationsniveau.[7] Auch heute wird die strategische Ausrichtung von Beschaffung und Logistik im Krankenhauswesen häufig noch als zu wenig ausgeprägt gesehen.

8   Das Einkaufs- und Erlöscontrolling ist für den strategischen Einkauf die Basis des Dialogs mit den Anwendern. Es sollte ein grundlegendes Ziel sein, das Beschaffungsmanagement im Krankenhaus von einem – in der Praxis häufig vertretenen – eher reaktiven Verhalten hin zu einem proaktiven zu entwickeln, um das Produkteinsatzverhalten fortlaufend zu unterstützen und zu steuern. Im Rahmen von Produktgruppenteams oder im Dialog mit Kostenstellenverantwortlichen nimmt der Einkauf dabei unterschiedliche Rollen an. Er ist beispielsweise Moderator in Workshops und Koordinator der Einkaufsaktivitäten, Experte für medizinische Beschaffungsmärkte sowie Bedarfs- und Kostenmanager. Aufgabe der Geschäftsführung ist es, einen klinikweit anerkannten Einkauf mit einer geeigneten Einkaufsorganisation und einer sinnvollen Verteilung von dezentralen und

---

6   Die Abkürzung InEK steht für das Institut für das Entgeltsystem im Krankenhaus. Dessen Aufgabe ist die kontinuierliche Weiterentwicklung des G-DRG-Systems zur Abrechnung von stationären Krankenhausleistungen ist. Weitere Informationen sind auf der Homepage des InEK zu finden: www.g-drg.de.
7   Vgl. Kriegel: Krankenhauslogistik. 2012, S. 53.

zentralen Aufgaben zu definieren.[8] Als Dialogpartner von Medizin und Pflege wirkt der strategische Einkauf dann bei der Steuerung von Materialverbräuchen effizient mit. Hierzu gilt es, dem Einkauf eine angemessene hierarchische Eingliederung in der Unternehmensorganisation zuzuordnen und moderne Strukturen eines professionellen und proaktiven Beschaffungsmanagements aufzubauen, wie es in anderen Branchen längst üblich ist.[9] Der strategische Einkäufer muss sich hierzu in seinem Rollenverständnis vom klassischen Bestellabwickler zu einem Beschaffungsmanager entwickeln, dessen oberstes Ziel die effiziente Verbrauchssteuerung mit einem adäquaten und indikationsgerechten Produkteinsatzverhalten der Klinik ist. Hierzu bedarf es fachlicher und sozialer Kompetenz, sodass eine kontinuierliche Fort- und Weiterbildung der strategischen Einkäufer in beiden Facetten erforderlich ist.

3 Lieferantenmanagement und Systempartnerschaften

Ein Schwerpunkt des strategischen Einkaufs ist die Steuerung der Lieferantenbasis in einem aktiv betriebenen Lieferantenmanagement. Die Zielsetzung des Lieferantenmanagements lautet dabei, die Zusammenarbeit mit den Lieferanten zu verbessern und die eigenen Leistungen besser, schneller und zu niedrigeren Kosten zu erbringen.[10]   9

Der Prozess des Lieferantenmanagements umfasst die Einzelschritte Planung, Management der Lieferantenbasis, Lieferantenentwicklung, Lieferantenintegration und Controlling. Um die Lieferantenbasis und die Lieferantenbeziehungen auf die Veränderungen innerhalb eines Unternehmens und in seinem Umfeld permanent anpassen zu können, sollte dieser Prozess kontinuierlich fortgesetzt werden.[11]   10

---

8   Vgl. Krämer/Bartel: Power Shopping für Krankenhäuser. 2013, S. 44.
9   Vgl. Schmidt/Foest: Einkäufer in die Chefetage. 2012, S. 40 f.
10   Vgl. Büsch: Praxishandbuch Strategischer Einkauf. 2013, S. 237.
11   Vgl. Wagner: Lieferantenmanagement. 2014, S. 555.

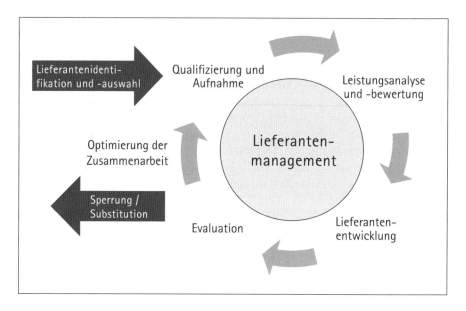

Abb. 1: Lieferantenmanagement-Prozess

Quelle: Eigene Darstellung in Anlehnung an Weigel/Rücker 2013, S. 51; Harer 2014, S. 253; Fleig 2016.

11 Der Kreislauf des Lieferantenmanagements umfasst die in der Abbildung 1 dargestellten Prozessschritte. Nach der Identifikation und Auswahl eines Lieferanten wird er aufgrund seiner Qualifizierung als neuer Lieferant aufgenommen. Seine Leistungserbringung ist fortlaufend zu analysieren und zu bewerten. Gleiches gilt für bestehende Lieferanten, mit denen das Unternehmen bereits länger zusammenarbeitet. Die Leistungsmerkmale und Anforderungen werden aktualisiert, um regelmäßige Verbesserungen zu identifizieren und umzusetzen. Die Qualifizierung des Lieferanten, sein Wertbeitrag und die gemeinsame Zusammenarbeit sollten möglichst kontinuierlich weiterentwickelt werden. Sobald ein Lieferant die Anforderungen nicht mehr erfüllt und eine Optimierung der Zusammenarbeit nicht möglich ist, erfolgt die Trennung von ihm und Substitution durch einen neuen geeigneten Lieferanten.[12]

12 Das Lieferantenmanagement zielt in seiner strategischen Dimension vor allem darauf ab, geeignete Beschaffungsstrategien auf der Basis einer transparenten Entscheidungsgrundlage zu definieren.[13] Die fortlaufende Orientierung an den beschriebenen Prozessschritten im Kreislauf des Lieferantenmanagements dient zur Systematisierung und Erhöhung der Objektivität von Entscheidungen für oder gegen einen Lieferanten.

---

12   Vgl. Weigel/Rücker: Praxisguide Strategischer Einkauf. 2013, S. 51 ff.
13   Vgl. Helmold/Terry: Lieferantenmanagement 2030. 2016, S. 31.

Der Aufbau und die Etablierung von Systempartnerschaften bzw. strategischen 13
Partnerschaften mit hochqualifizierten Lieferanten stellt eine Strategie des modernen Beschaffungsmanagements im Krankenhaus dar. Hierbei geht es darum, die
Lieferantenbeziehung über den isolierten Fokus auf Produkte und Konditionen
hinaus zu entwickeln, um beispielsweise das Know-how des Lieferanten zur
ganzheitlichen Betrachtung von Behandlungsprozessen verstärkt einzubeziehen.
Die Analyse und Optimierung des Produkteinsatzes entlang der Patientenpfade
und damit verbundener Prozesse soll Behandlungskosten senken und die Qualität
im Krankenhaus verbessern. Als Systemlieferant bzw. strategischer Partner kommen Lieferanten in Betracht, die aufgrund ihrer Kompetenzen und Ressourcen
zusätzliche Mehrwerte bieten, über ausgeprägte Qualitäts- und Leistungsfähig-
keiten verfügen und umfängliche Prozesse entlang der Behandlung bedienen und
unterstützen können. Die Ressource des Lieferanten kann dabei auch als Wissens-
quelle verstanden werden. In der Folge muss sich aber der Fokus des Einkaufs
bzw. der Einkaufsphilosophie der Klinik durch eine Systempartnerschaft weg von
der reinen Produkt- und Preisbetrachtung hin zu einer ganzheitlichen Wirtschaftlichkeitsanalyse und -entwicklung bewegen. Neben der Orientierung an
Qualitäts- und Leistungskriterien des Lieferanten sollte ferner ein ehrliches Pro-
duktmanagement von ihm eingefordert werden, das sich an einem indikationsgerechten Produkteinsatz orientiert und nicht die reine Steigerung der Umsätze
und Gewinne des Lieferanten anstrebt. Für den Aufbau von langfristigen und
nachhaltigen Systempartnerschaften ist eine gezielte Auswahl von Partnern, eine
kooperative Ausrichtung der Zusammenarbeit sowie ein fortlaufendes Monitoring
und Controlling der Ergebnisse dringend empfehlenswert.

Für die Analyse, Messung und Bewertung der Qualität von Lieferanten kommen 14
zwei wesentliche Instrumente des strategischen Beschaffungsmanagements in
Betracht: die Lieferantenbewertung und die Lieferantenauditierung. Während die
klassische Lieferantenbewertung ein gängiges und weitverbreitetes Instrument des
Einkaufs in deutschen Krankenhäusern und Einkaufsgemeinschaften darstellt, ist
die systematische Durchführung von Lieferantenaudits durch Kunden oder Einkaufsgemeinschaften bislang kaum verbreitet. Die Lieferantenbewertung erfüllt
zwei wichtige Funktionen: zum einen wird die Leistung der Lieferanten mess- und
damit steuerbar, sodass sie sich in der Folge auch steigern lässt. Zum anderen
werden aus Sicht des Einkaufs Fakten geschaffen, die zu einer objektiveren Wahrnehmung der Leistung führen und so die Planung und Gestaltung von Lieferantenbeziehungen verbessern. Bei der Entscheidung, für welche Lieferanten eine
Lieferantenbewertung durchgeführt werden sollte, hilft die Eingrenzung mittels
ABC-Analyse des lieferantenspezifischen Einkaufsvolumens. Da die A-Lieferan-
ten für die Leistungsfähigkeit des eigenen Unternehmens maßgeblich sind, sollte
die Lieferantenbewertung primär mit diesen durchgeführt werden. Folglich könnten Lieferanten für unkritische Warengruppen ausgeschlossen werden.[14]

---

14 Vgl. Stollenwerk: Wertschöpfungsmanagement im Einkauf. 2016, S. 226.

15   Mit regelmäßigen Lieferantenbewertungen lassen sich Lieferrisiken verringern. Häufig finden diese jedoch nur aus der Ferne statt, ohne dass sich die Beurteilenden ein Bild über die Situation vor Ort machen. Dadurch lassen sich nicht alle Risiken erkennen und Chancen ausnutzen, weshalb viele Unternehmen in unterschiedlichen Branchen bei wichtigen Lieferanten Audits durchführen.[15] Bei der Auditierung von Lieferanten bzw. dem Lieferantenaudit wird der Lieferant vor Ort besucht, um die Abläufe zur Herstellung der Beschaffungsobjekte vom Einkauf selbst wahrzunehmen oder zu erfragen. Im Sinne eines Qualitätsaudits werden dabei das gesamte Qualitätsmanagementsystem des Lieferanten sowie die vorgehaltenen Maßnahmen zur Qualitätssicherung überprüft. Im Unterschied zu einer Produktionsbesichtigung oder einem einfachen Lieferantenbesuch werden beim Audit zusätzliche Nachweise verlangt, die eine detaillierte Prüfung zuvor festgelegter Kriterien ermöglichen.[16]

4   Fazit

16   Der Aufbau einer professionellen und strategisch ausgerichteten Einkaufsabteilung sollte eines der wesentlichen Ziele aller Krankenhäuser sein, um den wachsenden Anforderungen und Herausforderungen zur Sicherung der Wirtschaftlichkeit gerecht zu werden. Das Klinik-Management sollte der Einkaufs- und Beschaffungsfunktion mehr Aufmerksamkeit zollen und überlegen, wie die Funktion aus der übergreifenden Gesamtsicht heraus professionalisiert werden kann.[17] Ein innovatives, gut organisiertes und kennzahlengestütztes Beschaffungsmanagement trägt dazu bei, die Prozesse im Krankenhaus zu optimieren und die Gesamtkosten signifikant zu senken. Die organisatorische Einbindung des Einkaufs ist ein wichtiger Faktor für seine strategische Rolle bei der wirtschaftlichen Steuerung der Klinik.[18]

17   Die Beschaffungsfunktion hat in den vergangenen Jahren einen noch zentraleren Stellenwert eingenommen und die Erwartungen an eine strategische und professionelle Umsetzung werden weiter steigen. Die steigende Komplexität und das wachsende Aufgabenspektrum führen im Gesundheitswesen und all seinen Teilbereichen zu mehr Arbeitsteilung und Segmentierung[19] – dies wirkt sich ebenfalls auf den strategischen Einkauf einer Klinik aus, der hierzu mit den erforderlichen Ressourcen und Kompetenzen ausgestattet werden muss. Durch den Aufbau eines systematischen Einkaufs- und Erlöscontrollings für die Belange des strategischen Einkaufs und einem kontinuierlichen und partnerschaftlichen Dialog mit den Anwendern zur Steuerung von Verbräuchen kann eine weitere Professionalisie-

---

15   Vgl. Wagner: Lieferantenmanagement. 2014, S. 564.
16   Vgl. Stollenwerk: Wertschöpfungsmanagement im Einkauf. 2016, S. 238.
17   Vgl. Korff: Patient Krankenhaus. 2012, S. 60.
18   Vgl. Lorenz: Monitoring Einkauf & Logistik im Krankenhaus. 2014, S. 3 ff.
19   Vgl. Kriegel: Krankenhauslogistik. 2012, S. 22.

rung der Einkaufsfunktion im Krankenhaus stattfinden. Der Aufbau von System-partnerschaften mit qualifizierten Lieferanten schafft eine zusätzliche Möglichkeit, die Effizienz zu steigern und Potenziale optimal auszunutzen. Bei steigenden Qualitätsansprüchen müssen die Hersteller von Medizinprodukten als Lösungs-anbieter verstärkt in die Beschaffungs- und Bewirtschaftungsaufgaben mitein-bezogen werden. Die Kunst des Einkaufs besteht dabei in der Balance von Wirt-schaftlichkeit und Nutzen.[20]

Literatur

Bundesverband Materialwirtschaft, Einkauf und Logistik e. V.: Strategischer Einkauf im Kran-kenhaus. Der Einkauf im Spannungsfeld zwischen Klinikleitung und Ärzten. 2016. Online: https://shop.bme.de/products/bme-leitfaden-strategischer-einkauf-im-krankenhaus-b1f721d7-4267-40d7-9a32-e5ffd1b1a198 [abgerufen am 18.12.2017].

Büsch, M.: Praxishandbuch Strategischer Einkauf. 3. akt. Aufl. Wiesbaden 2013.

von Eiff, W.: Warum ist Beschaffungsmanagement Chefsache? Konzept und Vorteilswirkungen eines ganzheitlichen Beschaffungsmanagements im Krankenhaus. In: Goldschmidt, A. J. W./Hilbert, J. (Hrsg.): Krankenhausmanagement mit Zukunft. Orientierungswissen und Anre-gungen von Experten. Stuttgart 2011, S. 243–254.

Fleig, J.: Prozess der Lieferantenbewertung und Lieferantenauswahl. Online: https://www.busi-ness-wissen.de/hb/prozess-der-lieferantenbewertung-und-lieferantenauswahl/ [abgerufen am 10.1.2018].

Harer, J.: Anforderungen an Medizinprodukte: Praxisleitfaden für Hersteller und Zulieferer. München 2014.

Helmold, M./Terry, B.: Lieferantenmanagement 2030. Wertschöpfung und Sicherung der Wett-bewerbsfähigkeit in digitalen und globalen Märkten. Wiesbaden 2016.

Korff, U.: Patient Krankenhaus. Wie Kliniken der Spagat zwischen Ökonomie und medizinischer Spitzenleistung gelingt. Wiesbaden 2012.

Krämer, N./Bartel, A.: Power Shopping für Krankenhäuser. In: KU Gesundheitsmanagement 6/2013, S. 43–47.

Kriegel, J.: Krankenhauslogistik. Wiesbaden 2012.

Lorenz, O.: Monitoring Einkauf & Logistik Im Krankenhaus 2014.Online: http://www.wegweiser.de/de/content/monitoring-einkauf-logistik-im-krankenhaus-2014 [abgerufen am 20.12.2017].

Schmidt, A. J./Foest, W.: Einkäufer in die Chefetage. In: kma – Das Gesundheitswirtschafts-magazin 11/2012, S. 36–41.

Schwab, S.: Der Lieferant wird Lösungsanbieter. 2013. Online: http://www.medizin-und-technik.de/was-die-zukunft-bringt/-/article/33568401/38747792/Der-Lieferant-wird-L%C3 % B6sungsanbieter/art_co_INSTANCE_0000/maximized/ [abgerufen am 18.12.2017].

Stollenwerk, A.: Wertschöpfungsmanagement im Einkauf. 2. akt. Aufl. Wiesbaden, 2016.

Tschandl, M./Schentler, P.: Beschaffungscontrolling: Den Einkauf zielorientiert steuern. In: Klein, A./Schentler, P. (Hrsg.): Einkaufscontrolling. Instrumente und Kennzahlen für einen höheren Wertbeitrag des Einkaufs. München 2016, S. 25–44.

Rapp, B./Schmola, G.: Grundlagen des Krankenhausmanagements. Betriebswirtschaftliches und rechtliches Basiswissen. Stuttgart 2014.

Wagner, S. M.: Lieferantenmanagement. In: Pfeifer, T./Schmitt, R. (Hrsg.): Masing Handbuch Qualitätsmanagement. 6. akt. Aufl. München 2014, S. 553–579.

Weigel, U./Rücker, M.: Praxisguide Strategischer Einkauf: Know-how, Tools und Techniken für den globalen Beschaffer. 2. akt. Aufl. Wiesbaden 2013.

---

20   Vgl. Schwab: Der Lieferant wird Lösungsanbieter. 2013.

Bessere Patientenversorgung durch transsektorales Prozessmanagement

Prof. Dr. Bernd Griewing/Dominik Walter/Dr. Meinrad Lugan

Schlagwortübersicht

Abstract: Um eine gute Patientenversorgung auch in Zukunft gewährleisten zu können, sind neue unternehmerische Konzepte erforderlich. Die RHÖN-KLINIKUM AG und die B. Braun Melsungen AG haben bereits einen Strategiewechsel vollzogen. Grundsätzlich geht es darum, die verschiedenen Teilnehmer des Systems besser zu vernetzen, die Versorgungsprozesse transsektoral zu organisieren, mehr Transparenz zu schaffen und sich auf seine eigenen Kernkompetenzen zu konzentrieren, um vorhandene Ressourcen effizient einsetzen zu können. Auf diese Weise profitiert insbesondere der Patient, der einen Anlaufpunkt hat und einen durchdachten Prozess durchläuft. Die Autoren analysieren das aktuelle Zeitgeschehen und beschreiben einen kooperativen Ansatz in der optimalen Logistik von Produkten und Dienstleistungen.

1 Paradigmenwechsel in der Versorgung

1 Das deutsche Gesundheitssystem ist gut, aber es könnte besser sein. Ideal wäre ein fließender Prozess, in dem der Patient nach abgesicherten Regeln ambulant und stationär durch Diagnose, Behandlung, Rehabilitation und bis hinein in die häusliche Pflege geleitet und begleitet wird. In Wahrheit aber ähnelt die Versorgungsstruktur einer zerklüfteten Landschaft von teils unüberwindlichen Klippen, in der die Patienten und ihre Angehörigen ihren Weg zu den einzelnen Hilfsangeboten wie in einem Labyrinth – häufig auf sich allein gestellt – suchen müssen. Das ist ineffizient, kostet knappe Ressourcen, verlängert oder vergrößert Leiden und ist mithin ethisch nicht zu verantworten.

2 Seit Jahrzehnten wird diese Diagnose gestellt und beklagt. 135 Jahre nach dem Beginn der Sozialgesetzgebung ist es an der Zeit, den Status quo gemeinsam mit den Kostenträgern zu analysieren, das System der Gesundheitsversorgung in Deutschland neu zu konzipieren und das Versorgungssystem aus Patientensicht über die Sektorengrenzen hinweg in Prozessketten zu organisieren, wie sie in der Industrie State of the Art sind.
Jeder tut, was er am besten kann: Das Krankenhaus muss sich auf seine Kernprozesse konzentrieren können, Dienstleister und Experten hingegen optimieren die Verbindung im Prozessablauf an den Schnittstellen zur ambulanten und häuslichen Versorgung.

3 Wir, die RHÖN-KLINIKUM AG und die B. Braun Melsungen AG, wollen unseren Beitrag zu diesem Paradigmenwechsel leisten. Der Klinikverbund verwirklicht in Bad Neustadt a. d. Saale das Campus-Konzept als Beispiel für eine konzeptionell moderne Versorgung im ländlichen Raum, in der jeder Patient so durch den Behandlungsprozess navigiert wird, dass er weder unter-, fehl- noch überversorgt ist. B. Braun bringt seine Expertise gezielt ein, komplexe Versorgungsketten insbesondere für chronische Patienten in Prozessen transsektoral mit dem Schwerpunkt im häuslich-ambulanten Bereich zu organisieren.

4 Unsere Unternehmen haben zuvor jeweils einen Strategiewechsel vollzogen. Die RHÖN-KLINIKUM AG fokussiert sich zum einen auf eine umfassende Grund-

versorgung und zum anderen auf die Spezial- und Hochleistungsmedizin sowie auf neue Versorgungsstrukturen. Ziel ist es, insbesondere bei komplexen und oft kausal verknüpften multimorbiden Krankheitsbildern eine ganzheitliche Versorgung sektorenübergreifend, auch mit kurativen und präventiven Bestandteilen, sicherzustellen.

B. Braun wiederum definiert sich als Systempartner, der gemeinsam mit seinen   5
Partnern die besten Lösungen in der Praxis schafft. Die Industrie ist zur Entwicklungspartnerschaft bereit. Damit neue Konzepte verwirklicht werden können, müssen alle Beteiligten bereit sein zu kooperieren und ihre jeweiligen Stärken einzubringen. Unsere gemeinsame Autorenschaft steht deshalb für den Eintritt in eine neue Zeit. Es geht um mehr als um ein paar Zehntel-Prozente Rabatt im Einkauf. Es geht um die Zukunft der Gesundheitsversorgung für Menschen.

2   Was ist normal?

Vieles erscheint heute selbstverständlich. Etwa dass zu jeder Jahreszeit am Obst-   6
und Gemüsestand Bananen und Erdbeeren, Auberginen und Spargel zu finden sind und dass dieses Angebot tagtäglich ziemlich pünktlich – also erst abends, kurz vor Ladenschluss – zur Neige geht. Aber das ist ja auch verständlich.

Dem Kunden erscheint das geradezu banal. Doch in Wahrheit ist der Prozess, der   7
unserem Einkauf für Kunden unsichtbar vorausgegangen ist und nach jedem Einkauf sogleich wieder von neuem beginnen wird, hochkomplex.

Haben Sie sich als Kunde schon einmal Gedanken darüber gemacht, welch aus-   8
geklügelter Informations-, Fertigungs- und Lieferprozess nötig ist, damit irgendwo auf der Welt zu jeweils unterschiedlichen Zeitpunkten jene Bananen und Erd-beeren, jene Spargelstangen und Auberginen gepflanzt, herangezogen, geerntet, verpackt, geliefert und am Ende genau dort auf dem Verkaufstisch arrangiert worden sind, wo Sie als Kunde soeben zugegriffen haben? Haben Sie einmal beim Warten in der Schlange an der Discounter-Kasse erwogen, dass schon in dem Moment, in dem die Kassiererin Ihr Bananenbündel über den Scanner der Kasse zieht, irgendwo in Südamerika das nächste „Pflanzsignal" für Ihre künftigen drei Bananen ausgelöst wird? Und haben Sie sich einmal gefragt, warum die Bereitstellung frischer, exotischer Ware in der richtigen Menge zum passenden Zeitpunkt zu einem unglaublich günstigen Preis gelingt, der offenbar auch noch dem Plantagenbauer eine hinreichende Marge lässt?

Und kennen Sie nicht auch diese Geschichte – genau so oder so ähnlich – von der   9
jungen Stationsärztin in einem Krankenhaus, das sich auf ältere, kardiologische Patienten spezialisiert hat? Einem Krankenhaus, in dem auf dieser einen Station jüngst drei Ärzte zum Quartalsende gekündigt haben und deshalb nun die junge Kollegin am Freitag, wenn auch noch zahlreiche Patienten zu entlassen sind, alleine dasteht, und die am Samstagmorgen an ihrem freien Wochenende von den

Angehörigen einer am Tag zuvor entlassenen Patientin mit der Frage kontaktiert wird, welche Tabletten die alte Frau nehmen solle? Das Rezept habe die Patientin nämlich nicht mitgenommen, weil sie bei der Entlassung nicht so lange darauf habe warten wollen. Und übrigens, erfährt die Ärztin, habe die Patientin auch das erst am Nachmittag des Vortages angelegte Langzeit-EKG auf dem Heimweg abgenommen und – welch Glücksfall – es noch im Krankenhaus liegenlassen, denn der Kasten mit den Strippen habe sie doch arg gestört. Die junge Ärztin nimmt sich das alles zu Herzen. 600 Kilometer von ihrem Arbeitsort entfernt – am Familienwochenende bei den Eltern – beginnt sie nun, mit Krankenhaus, Angehörigen und Pflegedienst Telefonate zu führen, um alles noch zu richten. Ihr Vater lächelt ihr aufmunternd zu. Das sei doch normal, findet er – nach drei Dekaden Erfahrung als Arzt in Klinik und Praxis.

10 Was also ist normal? Was ist banal und was komplex? Der Handel mit Äpfeln und Birnen? Oder die Versorgung mit Gesundheitsleistungen? Hat das eine mit dem anderen zu tun?

11 Es geht um ein Modell für die Gesundheitsversorgung der Zukunft, das so ausgeklügelt ist und stetig optimiert werden kann, wie die Prozesse in der Industrie, eben weil Gesundheit keine Ware ist. Darum sollten wir an die Bereitstellung von Gesundheitsleistungen mindestens jene Erwartungen stellen wie an die Versorgung mit frischem Gemüse, und das selbstverständlich zu fairen Preisen. Denn es ist unethisch, mit den knappen Ressourcen verschwenderisch umzugehen. Es ist ethisch, mit ihnen verantwortlich umzugehen. Darum sind Wirtschaftlichkeit und Effizienz auch ein Gebot der Ethik.

3 Die Anamnese

12 Das Deutsche Reich hat mit der Bismarck'schen Sozialgesetzgebung den Grundstein für eines der besten Gesundheits- und Sozialsysteme der Welt gelegt. Das System hat sich über mehr als hundert Jahre selbst durch schwere Krisen hindurch bewährt, hat Kriege und politische Systemwechsel überdauert, hat Deutschland in die Moderne geführt und besteht weit darüber hinaus fort. Aber zur Einführung des Systems entstanden – aus den Umständen der Zeit heraus – Strukturen, die heute seine Fortentwicklung hemmen.

13 Die Krankenversicherung ist historisch eine Einkommensersatzversicherung aus einer Zeit, in der es das jahrzehntelange Überleben eines selbst multimorbiden Menschen einfach nicht gab. Der Zweck des Einkommensersatzes erklärt die Koppelung der Versicherungsbeiträge an das Einkommen aus sozialversicherungspflichtiger Beschäftigung, auch wenn dieses Einkommen in keinerlei Zusammenhang mit dem Erkrankungsrisiko des Beitragszahlers steht. Indes haben andere Einkommen als das unmittelbare Arbeitseinkommen – wie Sozialtransfers, aber auch Einkommen aus Kapital und Vermögen – mit den Jahren an Bedeutung gewonnen.

Die Sozialversicherung integriert und inkludiert nicht, sondern sie segregiert. Sie trennt z. B. zwischen Leistungen der Renten- und Krankenversicherung, auch wenn die Heilung oder Genesung eines Versicherten im Sinne beider sein sollte. Die Krankenversicherung wiederum unterscheidet nach ambulanter und stationärer Versorgung, verwoben mit Leistungen zur Rehabilitation, die eigentlich bei der Rentenversicherung ressortieren. Relativ jung ist der Zweig der Pflegeversicherung. 14

Jedes Subsystem dieses Versicherungsgeflechts und sein Widerpart auf der Seite der Leistungserbringer hat ein originäres Interesse, jeweils für sich das Optimum zu erreichen, incentiviert durch ein Netzwerk an Regularien staatlicher oder selbst verwalteter Natur. 15

Aber ist das vermeintlich Beste für ein Subsystem auch das Beste für das Gesamtsystem? Vor allem aber: Führt die betriebswirtschaftliche Optimierung der Subsysteme zum besten Ergebnis für den einzelnen Menschen in seiner – durchaus vielgestaltigen Rolle – als Versicherter und Patient, als Bürger und Wähler? 16

Strukturen aus der Anfangszeit der Krankenversicherung leben fort. Damals waren die Kassen und die ambulant tätigen Kassenärzte die entscheidenden Akteure, und in einem System der Selbstverwaltung sind sie nicht irgendwelche Lobbyisten, sondern qua Gesetz zum politischen Handeln aufgerufen und legitimiert. Mit dem Sicherstellungsauftrag für die ambulante Versorgung – einem im weitesten Sinne Behandlungsmonopol – wurde die Rolle der Kassen- und späteren Vertragsärzte noch gestärkt. Das sichert den Angehörigen dieses Systems bis heute große Freiräume mit einer entsprechend großen Varianz an Prozess- und Managementqualität. Doch der niedergelassene Arzt scheint sowohl in seiner Rolle als Mediziner als auch als Einzelunternehmer – mit den immer größeren Erwartungen, die auch von außen auf ihn gerichtet werden – strukturell überlastet. Auch erscheinen für die heranwachsende Medizinergeneration Teamarbeit und flexible Arbeitszeiten attraktiver als der traditionelle Ansatz. 17

Krankenhausleistungen waren, als die GKV entstand, noch keine Kassenleistung. Krankenhäuser in nennenswerter Zahl, Größe und Bedeutung entstanden überhaupt erst gegen Ende des 19. Jahrhunderts und zudem in vielfältiger Trägerschaft. Heute sind die Kliniken insbesondere in ländlichen Regionen oft die Stützen der Gesundheitsversorgung. 18

Der Gesetzgeber hat die Schwächen des Systems wahrgenommen und steuert mit zahlreichen Detailmaßnahmen gegen. Da sich aber die Systemstruktur – mit ihrer Segregation in einzelne Versorgungsbereiche sowohl auf Seiten der Leistungserbringer als auch der Kostenträger – langfristig als hartnäckig-stabil erwiesen hat, konzentriert sich die Politik seit Dekaden auf die „Ausgabenseite". Sie will augenscheinlich in erster Linie Effizienzreserven innerhalb der bestehenden Strukturen heben. 19

20 Im Krankenhaus vollzog sich dieser Weg vom Selbstkostendeckungsprinzip kommend bis zum heutigen DRG-System. In letzterem sollen die Erlöse den Kosten entsprechen, die die Bereitstellung der Leistung erfordert. Derjenige, dem es gelingt, die Leistung zu geringeren Kosten bereitzustellen, macht Gewinn. Aber nur so lange, bis das justierbare System nachsteuert.

21 Die Effizienzreserven, die mit der Einführung des DRG-Systems gehoben wurden, waren immens. Doch die Kurve des Erfolgs flacht sich ab, die Optimierungserfolge werden schwächer. „Handwerkliche und pflegeintensive Leistungen" sollen aktuell stärker finanziell belohnt werden, was die Erbringer von Klinikleistungen mit einem hohen Sachbedarf zwangsläufig schwächt. Das sind Indizien für eine „Erschöpfung" der Innovationskraft, die dieses Vergütungssystem freigesetzt und das nun schon eine Generation von Klinikmanagern geprägt hat. Letztere stehen in der Gefahr, zu Gefangenen der Denk-Kategorien des DRG-Systems zu werden. Belegungsquote und Fallzahl sind Termini, die die Manager in ihrem Handeln leiten – und durchaus (Fehl-)Anreize geschaffen haben. Schaffen es diese Manager umzudenken, wenn das System fortentwickelt wird? Wenn es in einem Systemwechsel gesprengt und in einem disruptiven Prozess in andere Systeme überführt werden sollte?

4   Das Krankenhaus stößt an Systemgrenzen

22 Das Krankenhaus ist heute gut, wenn es gilt, medizinisch-kritische Prozesse und diese vor allem häufig durchzuführen. Es stößt aber an Systemgrenzen, wenn es gilt, einen einzelnen Patienten in der Fläche zu versorgen oder diesen Patienten in ein ambulantes medizinisch-pflegerisches Versorgungssystem mit einer Versorgungssicherheit an 24 Stunden von 365 Tagen des Jahres überzuleiten. Die Mühen und Kosten eines solchen Verfahrens wären für die Klinik und ihre Mitarbeiter ohne Systempartner an den Schnittstellen untragbar. Vor allem aber hat das Krankenhaus in der Regel keinen Versorgungsauftrag für die vor- und nachstationäre Begleitung des Patienten in der Fläche und deshalb wenige griffige Instrumente dafür entwickelt.

23 Der medizinisch-technische Fortschritt hat indes längst begonnen, die Grenzen zwischen ambulant und stationär zu verschieben. Lange Zeit verschoben sich die Leistungen aus dem ambulanten in den stationären Sektor. Mit Fortschritten in der Anästhesie – insbesondere durch den Einsatz intravenöser Anästhetika – wurden jedoch immer mehr Eingriffe ambulant möglich. Die Kostenträger setzten alles daran, diesen Wandel zu forcieren, denn er birgt die scheinbar letzten Effizienzreserven – mit Ausnahme des durch Bürokratie erzeugten „Muda", jener Reibung, die überproportional zur Anzahl der beteiligten Stakeholder zu wachsen scheint. Da jedoch neben den Kostenträgern auch die Leistungserbringer ambulant und stationär von den Reserven profitieren wollen, erodiert einerseits die

Trennung zwischen den Sektoren, die andererseits im Kampf um Budgets von den handelnden Akteuren verteidigt wird.

Indes werden die Einzelkämpfer unter den niedergelassenen Ärzten und den 24 Krankenhäusern an der Überforderung durch wachsende Ansprüche und Aufgaben scheitern, während andere Akteure ihren Veränderungswillen in Konzepten münden lassen: Krankenhäuser bilden Ketten und Gemeinschaften, stimmen sich in Netzwerken mit Praxen und Versorgungszentren ab. Somit gilt: Das wirkliche Leben außerhalb des Krankenhauses impliziert Veränderungen im Denken der Krankenhausträger und ihrer Führungsteams.

5 Die Gesundheitsindustrie verknüpft die Sektoren in neuen Geschäftsmodellen

Die Gesundheitsindustrie hat sich auf diesen Wandel eingestellt. Sie baute eigene 25 Systeme für Logistikprozesse auf, um zeitgemäße ambulante Versorgungsstrukturen zu ermöglichen. Dafür musste die Industrie grundlegend umdenken: Ihre Vertragspartner waren nicht mehr allein Krankenhäuser, sondern zunehmend Einzelpraxen und Pflegedienste. Es war die Umstellung von Makro- zu Mikrostrukturen. Die Industrie kooperiert seit Langem mit niedergelassenen Ärzten, Medizinischen Versorgungszentren (MVZ) und Pflegediensten. Und sie baute eigene MVZ und Pflegestrukturen auf, wenn dies opportun war. So organisiert zum Beispiel die zu B. Braun gehörende TransCare Service GmbH als Versorgungsmanagementdienstleister seit Jahren die nachstationären Prozesse für Patienten, ohne die der Patient ambulant schlechter versorgt wäre, häufiger Komplikationen erleiden würde und vielleicht nicht so lange leben könnte.

So wird eine qualitativ hochwertige Anwendung einer Vielzahl von Produkten 26 organisiert – auch durch die Schulung von Ärzten und Pflegepersonal. Rechtzeitig vor der Entlassung wird dafür gesorgt, dass der Patient zu Hause mit einem Pflegebett, der geeigneten Matratze, mit Pumpen, Schmerz- und Ernährungsmitteln sowie der nötigen Pflegeleistung versorgt sein wird. Gemeinsam mit der RHÖN-KLINIKUM AG geht die TransCare Service GmbH als Gewinnerin eines Bewerbungsverfahrens nun neue Wege. Im Sinne einer Qualitätspartnerschaft werden die von der Klinik angesetzten Maßstäbe auch auf Sicherstellung der häuslichen Versorgung übertragen und vertraglich fixiert. Erklärt sich ein Patient einverstanden, so organisiert die TransCare Service GmbH im nahtlosen Anschluss an den Entlassmanagement-Prozess der Klinik alle notwendigen Schritte für eine Versorgung zu Hause, auch unter Einbeziehung weiterer Dienstleister. Damit wird sichergestellt, dass es für den Patienten wie für die Klinik nur einen Ansprechpartner gibt. Darüber hinaus wird sich die TransCare Service GmbH auch mit einem Ladengeschäft in das RHÖN-Campus-Konzept, das wir später ausführlich erläutern werden, einbringen und so eine Anlaufstelle nicht nur für Patienten, sondern auch für die auf dem Campus ansässigen ambulanten Strukturen schaffen.

6   Die bessere Versorgung nutzt allen

27   Die gute Versorgung zu Hause nutzt nicht nur dem Patienten, sondern senkt auch die Quote der Wiedereinweisungen. Sie nutzt auch dem Krankenhaus und dem Kostenträger. Damit diese transsektorale Versorgung organisiert werden kann, braucht es die nötigen (digitalen) Kommunikationsmittel sowie die Bereitschaft und die Fähigkeit zur Kommunikation über die Sektoren- und Branchengrenzen hinweg. Die technische Herausforderung, eine geeignete webbasierte elektronische Patientenakte zu entwickeln ist groß, aber die politischen und kulturellen Herausforderungen, diese in einem nach Sektoren segregierten System zu implementieren, sind wesentlich größer.

28   Industrielle Anbieter von Versorgungen zu Hause stellen drei Aspekte in den Mittelpunkt:

1. Sie möchten ihre Produkte, von deren Qualität sie überzeugt sind, beim Patienten zur korrekten Anwendung bringen und sich damit erfolgreich und profitabel am Markt behaupten. Als Versorger müssen sie jedoch auch im Stande sein, Produkte zu liefern und zu erklären, die sich nicht in ihrem jeweiligen eigenen Portfolio befinden.
2. Sie wollen das Marktsegment HomeCare – das ist die ambulante Versorgung mit Hilfsmitteln und Dienstleistungen, wie Schulungen im Umgang mit diesen – erhalten und ausbauen. So kann der Patient optimal auf dem Weg vom Krankenhaus bis nach Hause ortsnah betreut werden.
3. Die Mangelversorgung selbst schwer kranker Patienten ist ethisch nicht zu tolerieren, wenn die Industrie aufgrund ihres Wissens und Könnens die Versorgungsprozesse optimieren kann.

7   Der Veränderungsdruck steigt

29   Indes wächst der Veränderungsdruck. Vier Megatrends zeichnen sich ab.

1) Der demografische Wandel ist angekommen.

30   Wir wissen es zwar schon alle, werden es aber auch bald glauben, wenn ab Mitte der 2020er Jahre die Babyboomer in den Ruhestand gehen, wenn der ländliche Raum weiter an Attraktivität verliert, weil die Ballungsräume den ihrerseits weniger werdenden jungen Menschen mehr Möglichkeiten bieten, wenn Arztsitze auf den Dörfern mehrheitlich nicht besetzt werden können, indes in den Metropolen die Ärzte ihre Nachbarschaft übertherapieren. Zugleich könnte die Bereitschaft der immer geringer werdenden Zahl an Beitragszahlern in der Sozialversicherung schwinden, die steigenden Ausgaben für die immer größer werdende Zahl an Transferempfängern in diesem System zu finanzieren.

2) Patienten wandeln sich.

Die einen wissen wenig und erwarten viel. Oder sie wollen wenig von Prävention, 31
von Eigenverantwortung für die Gesundheit und von der Organisation des
Gesundheitssystems wissen. Sie kommen an Wochenenden oder nachts in die
Notaufnahmen der Krankenhäuser, weil sie oft keinen anderen Ansprechpartner
mehr kennen oder haben. Oder weil sie just in diesem Moment das Optimum an
Hilfe erwarten, obwohl sie nicht akut krank sind und in der Klinik dringend
notwendige Ressourcen für akut kranke Patienten blockieren.

Die Patienten der anderen, ebenfalls wachsenden Gruppe wissen oft viel und 32
erwarten daher noch mehr. Sie sind gut informiert, haben sich selbst ein EKG
geschrieben und den Blutdruck gemessen, haben ihre potentiellen Diagnosen
gemeinsam mit „Dr. Google" selbst erstellt und erwarten nun umfassende Hilfe.

3) Das Wissen und die Daten wachsen rapide.

In der Medizin, heißt es, verdoppelte das Wissen sich bisher im Abstand von vier 33
bis fünf Jahren. 2020, erwarten Fachleute, soll es sich im Abstand von drei bis
sechs Monaten verdoppeln. Das führt ein System, in dem ein Einzelkämpfer
versucht, Diagnosen zu stellen, um die richtige Therapie zu finden, ad absurdum.

**4) In diesen Systembruch hinein stoßen Startups und Unternehmen der
Informationstechnologie.**

Sie aggregieren vermeintlich zusammenhanglose Einzelinformationen, die für sich 34
genommen wertlos wären, zu großen Datenmengen, aus denen sich von Hypo-
thesen oder Algorithmen geleitet medizinische Erkenntnisse gewinnen lassen.
Smartphones werden zu Diagnostika in einem System der Telemedizin, mit denen
sich Messwerte erheben und Bilder erstellen lassen, die dann wiederum einem
Diagnosesystem zugeleitet werden. Die „User" machen die „Provider" neuer
Gesundheitsangebote richtig schlau, ohne es zu merken und dafür entlohnt zu
werden.

8 Umdenken – bevor es zu spät ist

Zum Umdenken ist es nie zu spät. Wir müssen es nur wollen. Die RHÖN- 35
KLINIKUM AG zum Beispiel hat zur gegebenen Zeit ihre Strategie überdacht.
Der Plan, ineffizient arbeitende und sanierungsbedürftige Krankenhäuser zu kau-
fen, um ihre Effizienzreserven zu heben und damit den Gesamtkonzern wachsen zu
lassen, kam durch viele unterschiedliche Einflüsse ins Stocken. Zudem wurde der
Konzern mit dem Zukauf von Kliniken unterschiedlicher Größe und Struktur
sowie durch den Ausbau der – vielfach ineffizienten – ambulanten MVZ-Struktu-
ren unflexibler. Wohin sollte er in seiner Breite und Vielfalt strategisch wachsen?

Der heutige Klinikverbund fokussiert sich nun auf seine Kernkompetenzen und 36
versucht, modellhaft einen Rahmen zu schaffen, um dem Patienten an einer

zentralen Stelle Gesundheitsdienstleistungen aus einem Guss angedeihen zu lassen. Hierzu sind insbesondere zahlreiche Kooperationen, die Kompetenzen unterschiedlichster Professionen und gegenseitiges Vertrauen, notwendig.

37   Das Infragestellen des Gewohnten, das Neuerfinden des Unternehmens sowie das Entdecken und Entwickeln neuer Geschäftsfelder wiederum sind für die Industrie ganz selbstverständlich. Sie lebt fort durch ständige Veränderung. Unter dem Druck der Globalisierung wurde sie in den 1990er Jahren „schlank". Sie nutzte dazu die Digitalisierung, stellte rigoros alle Prozesse in Frage, bevor sie sich selbst in ihrer Existenz in Frage gestellt sah. Als sich schließlich die Grenzen zwischen ambulant und stationär zu öffnen begannen, entwickelte die Industrie pragmatische Lösungen, die nach den Krankenhäusern auch die niedergelassenen Ärzte und die Pflegedienste erkennen ließen: Die Industrie ist unser Systempartner. Sie hilft uns durch Produkte und Schulungen, Prozesse und Strukturen, unsere Aufgaben effizient und sicher jederzeit für den Patienten und dessen Angehörige erfüllen zu können.

9   Wir wollen die Zukunft mitgestalten

38   Die B. Braun Melsungen AG und die RHÖN-KLINIKUM AG wollen die Zukunft aktiv durch unternehmerischen Mut gestalten. Wir denken das Gesundheitssystem ganzheitlich und wollen den einzelnen Patienten darin über die bisher bestehenden Versorgungsgrenzen von ambulant und stationär, Pflege und Rehabilitation hinweg navigieren, sodass er stets optimal (also weder über-, fehl- noch unter-)versorgt ist.

39   Essenziell ist es, den Patienten beim Eintritt ins Behandlungssystem richtig zu leiten, denn hier entscheidet sich häufig der weitere Weg der Diagnose und Therapie. Wir setzen auf ein Zentrum, in dem die Entscheidung mit Hilfe der passenden Differentialdiagnostik fundiert getroffen und die richtige Behandlung sofort eingeleitet werden kann.

40   Wir wollen darum alle Dienstleister und Anbieter, die an der Versorgung eines Patienten beteiligt sind, lokal zusammenbringen, um unser Konzept gemeinsam zu leben. Wir wollen die Ist-Situation erfassen, Qualität und Prozesse definieren und für die Zukunft optimieren. Digitale Instrumente, wie die elektronische Patientenakte, müssen die Kommunikation erleichtern. Wir wollen wissen, wie ein Patient behandelt worden ist, bevor er zu uns gekommen ist. Was passiert in der ambulanten Versorgung? Welche Qualitätsindizes können wir dort einsetzen? Wie sollten wir die Prozesse dort managen? Wie und wann entlassen wir den Patienten aus dem Krankenhaus? Unter welchen Bedingungen lebt der Patient zu Hause? Ist er in der Lage, sich selbst zu versorgen? Nimmt er seine Medikamente regelmäßig und wer holt diese für ihn aus der Apotheke? Schließlich interessieren wir uns auch für den Verlauf der Genesung eines Patienten weit über die Entlassung aus der Klinik hinaus. Wie geht es ihm nach einem Jahr?

Wir wollen Antworten auf diese Fragen erhalten, um den Menschen, die zu uns kommen, zu helfen. Und wir wollen zugleich aus den Antworten lernen, um schließlich gemeinsam mit den Kostenträgern ein regionales, populationsbezogenes Behandlungsbudget oder Selektivverträge zu verhandeln. 41

Mit einer größeren Ersatzkasse sind wir derzeit dabei, die notwendigen aggregierten Zahlen, die Auskunft über das Leistungsgeschehen und dessen Effekte geben, zu analysieren. Diese Zahlen aus der Versorgungsregion rund um den Campus Bad Neustadt werden uns erlauben, repräsentative Schlüsse zu ziehen. 42

Wir sind überzeugt, dass eine Versorgung, die den einzelnen Menschen und dessen qualitätsvolle, angemessene Versorgung zum Maßstab nimmt, allen dient und wirtschaftliche Reserven freisetzt. Um das Ziel zu erreichen, vereinen ein Krankenhauskonzern – mit einer hohen medizinischen Kompetenz – und ein Versorgungskonzern – mit dem Claim „Sharing Expertise" – ihre Stärken. Bad Neustadt ist als Modellregion ideal, um beispielhaft eine ganzheitliche Gesundheitsversorgung im ländlichen Raum aufzubauen und unter realen Bedingungen funktionsfähig darzustellen. 43

10 Das RHÖN–Campus–Konzept

Das „Fluss-Prinzip" gilt bei der RHÖN-KLINIKUM AG seit Langem. Im Ablauf von Diagnose und Behandlung greift das eine – im Idealfall – sinnvoll ins andere. Dafür wiederum braucht es die passende Architektur, in der sich die medizinischen Prozesse in Gebäuden gleichsam abbilden. Mit dem neuen Campus-Konzept, das derzeit in Bad Neustadt an der Saale modellhaft entsteht, wendet der Klinikverbund diese Grundsätze nicht nur innerhalb eines Krankenhauses an, sondern weitet den Blick auch in die Fläche. 44

Wir sind von dem Konzept überzeugt. Darum investiert die RHÖN-KLINIKUM AG rund 250 Mio. EUR aus eigenen Mitteln in den Neubau mit rund 700 Betten und in eine moderne Infrastruktur. Der gesamte Campus wird mit seinen rund 1.700 Betten in zehn Landkreise im nördlichen Bayern, in Osthessen und in Südthüringen mit insgesamt etwa 1.000.000 Einwohnern ausstrahlen. 45

In den Neubau werden die Betten der ehemaligen letzten Kreisklinik, aber auch das Bayerische Rote Kreuz – als größter Betreiber des Rettungsdienstes und Anbieter ambulanter sowie stationärer Pflege und der regionalen Altenheime – integriert sein. Gut zwei Drittel der 40 relevanten Fachärzte der Versorgungsregion haben sich ein Jahr vor Eröffnung der zentralen Bauabschnitte entschieden, mit ihren Praxen auf den Gesundheitscampus zu ziehen. Dadurch werden ca. 350.000 ambulante Patienten im Jahr zusätzlich diesen besuchen. Nach unseren Erfahrungen ist mindestens bei jedem zehnten Patienten, der einen Facharzt aufsucht, die Indikation für eine stationäre Behandlung gegeben. 46

47 Die ambulante dezentrale Versorgung muss es weiterhin in der Fläche geben, wenn auch die Zahl der Fachärzte für Allgemeinmedizin um die Hälfte zurückgehen dürfte. Aber im Verbund mit einem attraktiven Klinikstandort in einem Konzern mit seiner Universitätsmedizin in Gießen und Marburg und unterstützender Digitalisierung schaffen wir Bedingungen, in denen sich auch junge Ärzte auf dem Land wohl fühlen können. Dank der Entscheidung für einen attraktiven Arbeitgeber müssen sie nicht fürchten, dass ihre Verbindung zur Hochleistungs- und Universitätsmedizin abreißt.

11 Wir sehen den Patienten im Zentrum

48 Die Patienten sollen sich bei uns wohlfühlen. Das beginnt schon im Parkhaus mit ca. 900 Plätzen, das wir zeitgleich am Campus in Bad Neustadt errichten, denn im ländlichen Raum kommen die Patienten und ihre Angehörigen meist mit dem PKW. Das Parkhaus soll hell und sauber sein. Die Stellplätze sollen breit genug werden, sodass das Rangieren auch großer Autos den älteren Patienten und ihren Angehörigen ebenso leichtfällt wie das Ein- und Aussteigen.

49 Das Zentrum für ambulante Medizin (ZaM) – ein neues, für den Klinikstandort charakteristisches Kuppelgebäude – neben dem Parkhaus wird das „Diagnostikdrehkreuz" am Campus. Hier fällt die diagnostisch abgesicherte Entscheidung für eine möglichst schnelle und optimierte Versorgung des Patienten, damit er passend in die stationäre Hochleistungsmedizin oder in eine ambulante Behandlung weitergeleitet wird. Die Praxen der ambulant tätigen Fachärzte liegen im weiten Rund der größten Kuppel an deren Außenseite. Von hier aus führt der kurze Weg aber auch in die stationäre Versorgung.

50 Schnell und anhand einer strukturierten sowie rechnergestützten Basis-Anamnese werden Mitarbeiter mit einer speziellen Ausbildung hierfür eine erste Entscheidung über den richtigen Weg der Patienten zur weiteren Abklärung und Behandlung treffen. Allein der individuelle Zustand des Patienten bestimmt, auf welcher Versorgungsebene er in welchem Takt untersucht und behandelt wird. Wir wollen und dürfen es uns nicht leisten, dass in einer vor allem am Wochenende oder nachts überfüllten Notaufnahme „der Reihe nach bedient wird".

51 Wir werden die richtige Balance austarieren müssen zwischen individueller sowie sozialer und gesellschaftlicher Verantwortung, zwischen freiem Ermessen und prozessorientierten Standards. Wir werden an Mobilitätskonzepten arbeiten, damit der Campus für alle, die ihn nötig haben, erreichbar wird und bleibt. Und wir werden über neue Berufsbilder nachdenken, wie zum Beispiel den des Gesundheitslotsen, der die Patienten mit ihrem unterschiedlichen Wissen, ihrem differenzierten Können und ihren verschieden ausgeprägten Erwartungen an sich und andere beim Navigieren durch die Behandlung und das Leben nach der Entlassung helfen wird.

12 Wir stellen uns den Fragen der Zukunft, weil wir an diese glauben

Schließlich stellen sich unternehmerische, wissenschaftliche, rechtliche und politische Fragen: 52

- Welche Investitionen sind angesichts weiter sinkender Gewinnmargen im Gesundheitswesen finanzierbar?
- Wie bauen wir eine sektorenübergreifende Qualitätsmessung durch validierte Indikatoren auf?
- Wie reagieren andere darauf, sowohl Leistungsanbieter als auch Kostenträger?

Das Campus-Konzept scheint gewollt zu sein. Dies hat zumindest der persönliche Besuch des damaligen Bundesgesundheitsministers Hermann Gröhe im Sommer 2017 gezeigt. 53

Wir finden, dass die Prozesse, die Qualität und die Abläufe, die Entscheidungen und ihre Implementierung in unserem Gesundheitswesen mindestens so durchdacht, strukturiert und fachlich fundiert sein müssen wie beim Hersteller unseres Autos und bei unserem Gemüsehändler. **Wir wollen rationaler behandeln, statt Behandlung zu rationieren.** 54

Wir alle müssen systemisch besser werden. Wir wollen dem Entstehen von Problemsituationen und absehbaren Engpässen sowie Ressourcenknappheit strukturell vorbeugen. 55

Wir haben einen reichen Wissensschatz und wir können ihn mehren, indem wir das Wissen zeitgemäß managen, unser Können im Know-how-Transfer von einem Prozess auf den anderen übertragen und unsere Partner an unserer Expertise teilhaben lassen. 56

Wir wagen den Vorstoß, weil wir überzeugt davon sind. Wir entwickeln uns in die gleiche Richtung und wissen, dass nichts so stark ist wie eine Idee, deren Zeit gekommen ist. 57

Beschaffungsstrategien unter Berücksichtigung von Prozesskosten im Krankenhaus – Theorie und Praxis

Andreas Wolf

Schlagwortübersicht

Abstract: Prozesskosten im Krankenhaus: Sie werden immer wieder thematisiert, ihre Höhe ist vielen Kliniken unbekannt und ihre Berechnung unter der Voraussetzung standardisierter, klinischer Prozesse aufwändig. Nach einer kurzen theoretischen Einordnung folgt eine detaillierte Bewertung der tatsächlichen Prozess- und Sachkosteneffekte für ausgewählte OP-Abdecksets. Im Anschluss daran wird ein Projekt für ein hinsichtlich Kapitalbindung und Prozesskosten optimiertes Stationslager vorgestellt.

1   Einleitung

1   Dieser Beitrag geht der Frage nach, ob im OP das Arbeiten mit Einzelmaterialien oder das Arbeiten mit Abdecksets aus Gesamtkostensicht (Prozess- und Sachkosten) vorteilhafter ist. In einem sog. OP-Abdeckset stellt ein Industrieunternehmen die für einen Eingriff benötigten, meist nicht größenabhängigen Verbrauchsmaterialien für ein Krankenhaus zusammen. Außerdem wird analysiert, ob die Prozesskosteneinsparungen durch den Einsatz von Abdecksets so hoch sind, dass es sich in jedem Fall lohnt, diese einzusetzen. Um dies beurteilen zu können, ist eine Prüfung und Bewertung der Sachkosten der Einzelartikel gegenüber den Sachkosten des entsprechenden Abdecksets nötig. Darüber hinaus werden Optimierungsmöglichkeiten bei den Prozesskosten und der Kapitalbindung im Bereich der Stationslager aufgezeigt.

2   Prozesskosten – Theorie und Praxis in deutschen Krankenhäusern

2   In Fachzeitschriften, Büchern und auf Kongressen sind oft „Krankenhaus 4.0" oder das aus dem Lean Management bzw. der Lean Production abgeleitete „Lean Hospital" ein Thema. Sie implizieren, angelehnt an die Industrie, schlankere Strukturen und Optimierungen, die auch das Ziel einer Reduktion von Prozesskosten verfolgen. Dabei sind die positiven wirtschaftlichen Effekte beim Lean Hospital-Ansatz eigentlich nur Nebenprodukt einer konsequenten Patientenorientierung mit klar definierten Prozessen, weniger Fehlern, reduziertem Stress für die Mitarbeiter und sichererer Medizin.[1] Auch Industrieunternehmen im Gesundheitswesen machen sich bei der Neuentwicklung von Produkten für Krankenhäuser zunehmend Gedanken, wie damit klinische Prozesse besser unterstützt und verkürzt werden können. Manche betreiben sogar eigene Abteilungen, die sich mit Beratungsdienstleistungen für Kliniken rund um dieses Themenfeld beschäftigen.

3   Die Realität in deutschen Krankenhäusern und deren Beschaffungsabteilungen sieht anders aus. Hier ist das prozessorientierte Denken im Klinikalltag noch nicht weit verbreitet. Vielmehr ist „das Handeln in den Krankenhäusern […] häufig nur auf das Ergebnis des Prozesses ausgerichtet"[2]. Es herrscht Zufriedenheit, wenn an

---

1   Vgl. Walker: Lean Hospital. Das Krankenhaus der Zukunft. 2015, S. 2 und S. 5.
2   Bahmann u. a.: Logistik-Reorganisation im Krankenhaus. 2010, S. 541.

verbrauchenden Stellen, wie OP oder Station, das benötigte Material in der gewünschten Menge im Bedarfsfall zur Verfügung steht. „Vergessen wird dabei, den eigentlichen Prozess und dessen wirtschaftliche Auswirkungen zu betrachten und zu optimieren."[3] Insbesondere in einem DRG-finanzierten System, welches „Kliniken und Ärzte dazu [zwingt], die internen Kosten der Leistungserstellung möglichst niedrig zu halten"[4], sollte das Ziel sein, die Verbrauchsstellen prozessoptimiert und damit zu minimalen Kosten zu beliefern.[5]

Vorherrschend in den Kliniken sind aufgrund der mangelnden Prozessorientierung klassische, produktpreisorientierte Einkaufsstrategien mit unterschiedlichen Varianten der Lieferantenbündelung bis hin zum Ansatz des sog. „Cherry Pickings", bei dem keine Bündelung im Vordergrund steht. Die Einkäufer selbst verfügen teilweise nicht über das notwendige Wissen, um z. B. Prozessanalysen selbst durchführen zu können. Aufgrund solcher Wissensdefizite in schlecht organisierten Beschaffungsabteilungen, beschränkt sich dort die Rolle des Einkäufers auf Funktionen wie „‚Bestellscheinschreiber' oder ‚kaufmännischer Erfüllungsgehilfe mit Preisdrückermentalität'"[6].   4

Produktpreisorientiert stehen gemäß den Prinzipien der ABC-Analyse[7] zunächst die hochpreisigen A-Artikel im Fokus, die nur 10 % der eingekauften Menge ausmachen, aber 80 % der Kosten verursachen. Nach den B-Artikeln (Mengenanteil 20 % und Wertanteil 15 %) kommen zuletzt die C-Artikel, denen mit nur 5 % Wertanteil, aber 70 % Mengenanteil eher weniger Aufmerksamkeit geschenkt wird. Aus Produktpreis-Sicht ist dies nicht zu beanstanden. So sind bei den C-Artikeln Preise, Margen und damit auch die Einsparpotenziale gering im Vergleich zu A-Artikeln. Mit Angebotsvergleichen und Preisverhandlungen ist in diesem Artikelsegment folglich wenig zu erreichen.   5

Verändert sich der Blickwinkel von den Materialkosten in Richtung Prozesskosten, so werden die C-Artikel interessanter, da ihre großen Verbrauchsmengen als Multiplikator ineffizienter Prozesse in den Krankenhäusern so hohe Kosten verursachen können, dass es eigentlich nebensächlich ist, ob man ein bestimmtes C-Produkt zu Preis A, B oder C einkauft. Nach Einkaufsanalysen der G.Ö.K. Consulting AG machen die C-Artikel im Krankenhaus 85 % aller Artikel aus, die wiederum 60 % der Bestellvorgänge bei 75 % der Lieferanten verursachen.[8] Allgemein haben C-Artikel „einen geringen Anteil am Beschaffungsgeldvolumen in Einzelpreis und Gesamtwert, durchfluten aber in großen Stückzahlen bei großem   6

---

3   Bahmann u. a.: Logistik-Reorganisation im Krankenhaus. 2010, S. 542.

4   Schulenburg u. a.: Praktisches Lexikon der Gesundheitsökonomie. 2005, S. 22.

5   Vgl. Pieper u. a.: Beschaffungslogistik und Einkauf im Gesundheitswesen. Kosten senken, Qualität erhöhen. 2002, S. 276.

6   Schlüchtermann: Besser günstig einkaufen als den kostenintensiven Umsatz zu steigern. In: f&w 2/2002, S. 148.

7   Vgl. Wöhe u. a.: Einführung in die Allgemeine Betriebswirtschaftslehre. 2002, S. 413.

8   Vgl. Pieper u. a.: Beschaffungslogistik und Einkauf im Gesundheitswesen. Kosten senken, Qualität erhöhen. 2002, S. 17.

internen administrativen und logistischen Aufwand das Krankenhaus"[9]. Somit kann ein Ansetzen „bei diesen z. T. überflüssigen logistischen Vorgängen (wie z. B. Transportieren, Umpacken, Registrieren, Etikettieren, Lagern, Vor- und Endkommissionieren, Auspacken, Entsorgen etc.) [...] mitunter sehr viel größere Effizienz- und Kostenvorteile einbringen, als eine mit viel Mühe in Verhandlungen erzielte Senkung des Einstandspreises eines derartigen C-Artikels um 20 %"[10].

3 Ursachen für eine geringe Berücksichtigung von Prozesskosten im Krankenhaus

7   Nur wenige Kliniken kennen ihre Prozesskosten und dann meist nur in Teilbereichen. Eine übliche Kostenrechnung[11] mit einer Kostenartenrechnung, die anfallende Kosten nach ihrem Ursprung gliedert, einer Kostenstellenrechnung, die „die Kostenarten nach dem Verursachungsprinzip denjenigen Kostenstellen zurechnet, in denen sie auch angefallen sind"[12] und ggf. auch einer Kostenträgerrechnung, die Kosten der Kostenstellen auf Kostenträger – z. B. Patienten – umlegt, liefern keine Aussagen zu Prozesskosten. Auch aus der Bilanz und der Gewinn- und Verlustrechnung lassen sich direkt keine Prozesskosten ablesen. Zuletzt liefert die Kalkulationsmatrix[13] des Instituts für das Entgeltsystem im Krankenhaus (InEK) für die jeweilige DRG nach Sachkosten- und Personalkostengruppen aufgeschlüsselt die mit einer DRG zu vergütenden Kostenanteile für 13 Bereiche der Klinik, wie z. B. den OP-Bereich. Aber auch diese wichtige Informationsquelle gibt entsprechend der Definition einer Fallpauschale als „eine Honorierungsform, bei der alle anfallenden Leistungen (Personal- und Sachmittel) je Behandlungsfall mit einem Pauschalbetrag abgegolten werden"[14], keinen Hinweis auf Prozesskosten. Zusammenfassend wäre zur Erfassung der Prozesskosten eine Prozesskostenrechnung notwendig, mit der für wiederkehrende Abläufe deren jeweilige Kosten berechnet werden können. Dazu müsste ein Krankhaus bereits über standardisierte Prozesse verfügen. Andernfalls wären zunächst umfangreiche Vorarbeiten zur Erhebung und Standardisierung der Klinikprozesse notwendig.[15] So „wundert es nicht, dass die Prozesskostenrechnung auch im Krankenhausbereich vielfach diskutiert wird, aber nur in einigen Häusern Anwendung findet"[16].

---

9   Pieper u. a.: Beschaffungslogistik und Einkauf im Gesundheitswesen. Kosten senken, Qualität erhöhen. 2002, S. 16.

10 Voegele u. a.: Kostensenkung ohne Qualitätseinbußen. Intelligentes Einkaufs- und Logistikmanagement im Krankenhaus. 1997.

11 Vgl. Mühlbradt: Wirtschaftslexikon. Daten, Fakten und Zusammenhänge. 1999, S. 204.

12 Mühlbradt: Wirtschaftslexikon. Daten, Fakten und Zusammenhänge. 1999, S. 204.

13 InEK: Kalkulation von Behandlungskosten. Handbuch zur Anwendung in Krankenhäusern. 2016, S. 252.

14 Schulenburg u. a.: Praktisches Lexikon der Gesundheitsökonomie. 2005, S. 55.

15 Vgl. Terkatz: Kostentransparenz und Kostensteuerung mit ausgewählten Kostenrechnungssystemen in Krankenhäusern. 2009, S. 12.

16 Terkatz: Kostentransparenz und Kostensteuerung mit ausgewählten Kostenrechnungssystemen in Krankenhäusern. 2009, S. 12.

4   Praxisbeispiel – OP-Abdecksets versus Einzelmaterial

Im Folgenden wird die Nutzung von OP-Abdecksets hinsichtlich Materialeinsatz-   8
und Prozesskosten der Arbeitsweise mit Einzelartikeln gegenübergestellt. Die
Analyse wurde am Isar Klinikum in München durchgeführt, einem Krankenhaus
mit 14 Fachbereichen und rund 250 Betten – aufgeteilt auf sieben Normalstationen, eine Intensiv- und eine Intermediate Care Station. Neben zwölf OP-Sälen
verfügt es über zwei Herzkatheterlabore und vier endoskopische Eingriffsräume.
Das Klinikum besitzt kein Zentrallager, sondern wird wöchentlich durch einen
Logistiker mit vorkommissionierter Ware beliefert.

Seit dem Jahr 2012 nutzt das Isar Klinikum Beratungsdienstleistungen eines   9
Industrieunternehmens, das sowohl für den Stationsbedarf als auch für den OP-
Bereich Verbrauchsartikel fertigt. Dieses Unternehmen bietet zusätzlich Analysen
für die Optimierung der Lagerhaltung, Senkung der Kapitalkosten und Optimierung von Prozessen an.

Nach Durchführung von zwei Stationsanalysen auf den Normalstationen in den   10
Jahren 2012 und 2014 konnten spürbare Verbesserungen hinsichtlich einer Verringerung der Vielfalt sowie einer Reduktion der Menge an lagernden Artikeln
erreicht werden. Auch Einsparpotenziale auf Basis von Produktumstellungen und
einer Reduktion der verfallenen Waren wurden realisiert.

Aufgrund dieser guten Erfahrungen bezog die Klinik das Industrieunternehmen   11
auch für eine Optimierung der OP-Abdecksets unterstützend mit ein. Anlass
waren hohe Kostensteigerungen im Bereich der Verbrauchsartikel im OP, für die
sich zunächst keine Erklärung fand. Es stellte sich heraus, dass bei den bereits
vorhandenen Abdecksets eines Wettbewerbers ein erheblicher Anteil der Sach-
kostensteigerungen im Verwurf der eingepackten, nicht mehr benötigten Artikel
und in zusätzlich ergänzten Einzelartikeln begründet war.

Gleichzeitig war der Zeitaufwand durch die für einen Eingriff zusammenzustel-   12
lende, gestiegene Menge an Materialien größer geworden. Neben zwei Versorgungsassistenten banden diese pflegefremden Tätigkeiten so verstärkt auch die
OP-Pflegekräfte. Daraus leitete sich die Zielstellung für das Projekt ab: Verbesserungen in den Bereichen Sachkosten, Lohnkosten, Fachkräftemangel und Prozesskosten realisieren.

Der konkrete Auftrag an das Industrieunternehmen war in der Ausgangslage   13
durchaus herausfordernd. In Ordner abgeheftet übergab das Isar Klinikum knapp
1.000 OP-Standards (1 Standard je Eingriff und Operateur). Aus diesen sollten in
Abstimmung mit der OP-Leitung, dem Einkauf und den Anwendern Vorschläge
für möglichst wenige Abdecksets konzipiert werden.

Als Endergebnis waren 14 OP-Abdecksets (10 individuell zusammengestellte   14
Kitpacks und 4 Standardsets) notwendig, um alle Eingriffe durchführen zu
können. Die Mitarbeiter im OP fanden durch die Reduzierung des Vorbereitungs-

und Dokumentationsaufwandes Entlastung. Diese war so groß, dass einer der beiden Versorgungsassistenten schwerpunktmäßig für andere Tätigkeiten eingesetzt werden konnte. Die Lagerhaltung selbst wurde übersichtlicher durch eine reduzierte Menge an vorzuhaltenden Einzelartikeln. Und die Sachkosten pendelten sich auf einem niedrigeren Niveau ein. Was nun fehlte, war eine detaillierte Analyse der Prozesskosten. Die frei gewordenen Personalkapazitäten konnten ein Indiz für gesunkene Prozesskosten sein, aber eine konkrete Größenordnung war daraus nicht abzuleiten.

15   Es erfolgte deshalb eine genaue Analyse der Prozesskosten- und der Materialkostenunterschiede zwischen der Arbeitsweise mit Abdecksets[17] und der mit Einzelartikeln durch sekundengenaue Erfassung des Arbeitsaufwandes in den Bereichen Einkauf, OP und Entsorgung sowie durch den Preisvergleich der Abdecksets mit den darin enthaltenen Einzelartikeln. Folgende Prozessschritte wurden bei der Analyse verglichen:

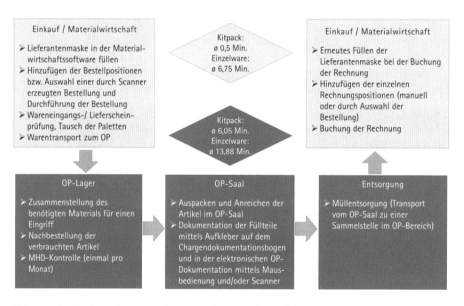

Abb. 1: Analysierte Prozessschritte und Zeitaufwände

Quelle: Eigene Darstellung.

16   Die Abbildung 1 führt die deutlichen Unterschiede sowohl im Einkauf mit einer durchschnittlichen Zeitersparnis von über sechs Minuten als auch im OP-Bereich

---

17   Anmerkung zum Inhalt der am Isar Klinikum eingesetzten OP-Abdecksets: Diese enthalten sechs bis neun Fremdartikel von drei bis fünf Fremdlieferanten. Insgesamt befinden sich 18 bis 26 verschiedene Artikel in einem Abdeckset, wobei zahlreiche Artikel mehrfach benötigt werden und damit die Menge der enthaltenen Artikel eine Größenordnung von 40 bis 75 Stück erreicht.

(OP-Lager, OP-Saal und Entsorgung) von über sieben Minuten zugunsten des Einsatzes von OP-Abdecksets auf. Folgende Abbildung 2 zeigt als Beispiel den Inhalt (26 verschiedene Artikel) des für das Isar Klinikum individuell zusammengestellten „Kitpack Knie-TEP".

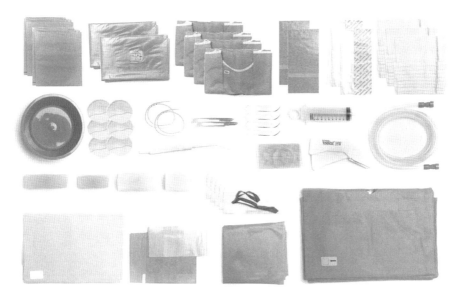

Abb. 2: Kitpack Knie-TEP des Isar Klinikums

Quelle: Lohmann und Rauscher.

Um die zuvor beschriebenen Zeitunterschiede nachvollziehen zu können, muss man sich vorstellen, dass durch den Einkauf z. B. bei fünf Fremdartikeln verschiedener Lieferanten in einem Set insgesamt fünfmal mehr Bestellungen, Warenannahmen und -transporte durchzuführen sowie Rechnungen zu buchen sind. Ohne ein Abdeckset müssten Mitarbeiter im OP-Lager die 26 verschiedenen Artikel des Kitpack Knie-TEP einzeln zusammenstellen. Selbst, wenn die Schränke/Regale im OP-Lager direkt nebeneinander wären, müssten diese 25-mal mehr Entnahmevorgänge durchführen als bei einem OP-Abdeckset. Ebenso wären die 26 Einzelartikel auch einzeln verpackt und müssten zunächst im OP-Saal ausgepackt werden. Die Artikel in einem sterilen OP-Abdeckset sind in der Regel nicht noch einmal einzeln verpackt, was zu einer deutlichen Reduktion des Abfalls führt (s. Abb. 3).

17

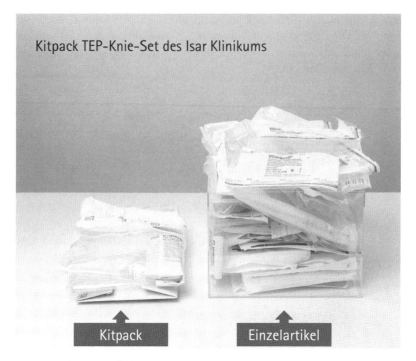

Abb. 3: Verpackungsmüll des OP-Abdecksets gegenüber den entsprechenden Einzelartikeln.

Quelle: Lohmann und Rauscher (Foto), Bearbeitung durch den Autor.

18 Damit verringert sich zum einen die Zahl an Entsorgungsfahrten vom OP-Saal zur
jeweiligen Entsorgungsstelle und zum anderen sinken die Kosten für die Müllent-
sorgung entsprechend der Reduktion der Abfallmenge.

19 In einem weiteren Schritt wurden die ermittelten Einzelzeitwerte für jede Tätigkeit
in den Bereichen Einkauf, OP und Entsorgung addiert und mit den jeweiligen
Lohnkosten bepreist. Damit konnte die konkrete Berechnung der Prozesskosten in
zwei Szenarien erfolgen.

20 Im Szenario 1, das als Optimalfall angesehen werden kann, erfolgten die in
Abbildung 1 aufgeführten Tätigkeiten im OP-Lager ausschließlich durch Versorgungsassistenten und die Nachbestellung der verbrauchten Artikel scannerbasiert.
Demgegenüber war das Szenario 2 der „worst case". Hier führten die Tätigkeiten
im OP-Lager die OP-Pflegekräfte aus und bestellten die verbrauchten Artikel
manuell und damit papierbasiert nach.

21 Diese detaillierte Gegenüberstellung von Prozess- und Sachkosten wurde für die
fünf am häufigsten am Isar Klinikum eingesetzten Sets durchgeführt. Dies entspricht mit einem Verbrauch von 6.420 Kitpacks im Jahr 2017 rund 70 % der am
Isar Klinikum verwendeten Abdecksets.

In Szenario 1 wurden Einsparungen (Summe aus Sach- und Prozesskosten) in Höhe von jährlich 21.768,45 EUR bzw. durchschnittlich von 3,39 EUR je Abdeckset ermittelt. Wird dieser Durchschnittswert für die übrigen OP-Abdecksets in eine Hochrechnung übernommen, läge die Kostenreduktion für alle 14 am Isar Klinikum eingesetzten Abdecksets bei jährlich ca. 30.000 EUR.

22

Durch den schlechteren Ausgangsprozess (manuelle Bestellung) und die höheren Lohnkosten (OP-Pflegekraft statt Versorgungsassistent) fallen in Szenario 2 die Kostenreduktionen höher aus. Die Einsparungen (Sach- und Prozesskosten) belaufen sich hier auf jährlich 34.945,86 EUR, was zu einer Einsparung im Durchschnitt je Kitpack in Höhe von 5,44 EUR führt. Die Hochrechnung auf alle 14 am Isar Klinikum eingesetzten Abdecksets beziffert die Kostenreduktion auf knapp 50.000 EUR im Jahr.

23

Dieses insgesamt positive Gesamtergebnis darf nicht darüber hinwegtäuschen, dass die einzelnen Sets unterschiedliche Ergebnisse lieferten. So gab es zum Beispiel ein Kitpack, durch welches in Szenario 1 Prozesskosteneinsparungen in Höhe von 4,75 EUR je Set erzielt werden konnten, aber die Sachkosten etwa 7 EUR über den Sachkosten der Einzelartikel lagen. Damit führt der Einsatz dieses Sets zu einer Erhöhung der Gesamtkosten. Der Einsatz eines anderen Sets hingegen sparte Prozesskosten in Höhe von 5,45 EUR und lieferte zusätzlich Sachkosteneinsparungen von über 10 EUR.

24

Zusammenfassend lässt sich folglich nicht pauschal sagen, dass die positiven Prozesskosten eines OP-Abdecksets die eventuellen Mehrausgaben bei den Materialkosten immer überkompensieren. Ebenso trifft die Aussage, dass die Sachkosten eines Abdecksets höher sind als die Summe der Sachkosten der eingesetzten Einzelartikel, nicht immer zu. Mehr als die Hälfte der am Isar Klinikum eingesetzten Sets bringen positive Sachkosteneinsparungen mit sich. Alle Abdecksets liefern spürbare Prozesskosteneinsparungen, die in den Fällen höherer Sachkosten diese oft überkompensieren.

25

Für diese unterschiedlichen Kosteneffekte je Abdeckset gibt es mehrere Gründe: Die Kalkulationen der Abdecksets beziehen einerseits die abgenommene Menge je Set mit ein und berücksichtigen andererseits auch, wie aufwändig die Zusammenstellung der Einzelteile zu einem OP-Abdeckset ist. Zusätzlich kommt es darauf an, ob mehrheitlich herstellereigene Produkte bzw. Fremdprodukte, die beim jeweiligen Industrieunternehmen bereits mit verhandelten Preisen lagern, eingepackt werden sollen. Kostensteigernd kann sich auswirken, wenn zusätzliche Fremdartikel erst von einem anderen Industrieunternehmen bezogen werden. Die anderen Industrieunternehmen gewähren den Produzenten von Abdecksets nicht immer Konditionen auf Basis der Klinikpreislisten. Somit hat der Hersteller der Abdecksets unabhängig von der eingekauften Menge teilweise schlechtere Einkaufskonditionen für bestimmte Fremdartikel als ein Krankenhaus. Umgekehrt sind Sachkosteneinsparungen durch das Industrieunternehmen erzielbar,

26

wenn es Materialien in großen Mengen unsteril und damit nicht aufwändig einzeln verpackt einkaufen kann.

5 Praxisbeispiel – Das „optimale" Stationslager

27 Aus dem OP-Bereich begeben wir uns nun auf die sieben Stationen des Isar Klinikums. Hier war der Wunsch, dass mit den am Isar Klinikum eingesetzten Materialien ein einheitliches und für das Klinikum „optimales" Stationslager geplant wird. Das Lager sollte nach ähnlichen Prinzipien wie bei einem Supermarktregal konzipiert werden. Der erste Entwurf des neuen Stationslagers wurde zunächst extern von den Experten des Industrieunternehmens geplant und danach als Gesprächsgrundlage mit den Anwendern verwendet. Das „optimale" Stationslager sollte gleichzeitig auch als stationsübergreifendes, einheitliches Stationslager für die Artikel dienen, die auf allen Stationen verwendet werden. Je Station sollte es zwei identisch aufgebaute Standardschränke und einen vom medizinischen Schwerpunkt abhängigen Individualschrank geben. Zudem sollte eine übersichtlichere Beschilderung der Schränke und Fächer eingeführt werden. Begleitend zu diesem Projekt wurden auch alle Verbandswagen nach den Vorstellungen der Pflegekräfte und nach den Prinzipien der neu konzipierten Stationslager einheitlich strukturiert und übersichtlich beschriftet.

28 Bei der Planung des „optimalen" Stationslagers wurden im Sinne der Arbeitssicherheit schwere Artikel in den unteren und leichte in den oberen Fächern verortet. Auch die Häufigkeit des Einsatzes eines Produktes war zu berücksichtigen: So liegen die häufig verwendeten Artikel dort, wo die Anwender diese leicht erreichen können. Es sollten auch einzelne Elemente aus der Lean Production realisiert werden. Deshalb lag ein Schwerpunkt darauf, dass Artikel, die pflegerisch zusammen verwendet werden, auch räumlich nahe zusammen gelagert werden. Es wurde eine übersichtliche Beschilderung innen und außen auf den Schränken sowie direkt an den Modulkörben angebracht. Im Sinne der Lean Production[18], also dem zeiteffizienten und sparsamen Einsatz der Produktionsfaktoren wie z. B. dem Personal und den Betriebsmitteln, sollte das Ziel einer Reduzierung von unnötig zurückgelegten Wegen, unnötig geöffneten Schränken und Artikelsuchen erreicht werden. Die Etiketten direkt an den Modulkörben sollen die Anwender durch zusätzlichen Ausweis des Artikelpreises neben anderen Artikelinformationen zu einem sparsamen Umgang mit den Produkten anhalten.

29 Neben einer weiteren Senkung der Artikelvielfalt und -menge war mit Blick auf die Ergebnisse dieses Stationsprojektes für alle Beteiligten überraschend, dass es nach bereits zwei durchgeführten Stationsprojekten und damit schon relativ optimierten Stationslagern mit dem hier vorgestellten Vorgehen gelungen ist, die Kapitalbindung erheblich zu reduzieren. Der kumulierte Netto-Wert der lagern-

---

18 Vgl. Hadeler u. a.: Gablers Wirtschaftslexikon. 2000, S. 1951.

den Artikel, ermittelt anhand der Inventurergebnisse der sieben Stationen, wurde durch diese Maßnahme um 43,65 % gesenkt. Bemerkenswert daran ist zudem, dass diese Optimierung nachhaltig ist: Die Umstellung erfolgte im Sommer 2017 und die Inventur rund ein halbes Jahr später. Es wurde damit nicht zu knapp geplant und es wurden nicht zu viele Artikel komplett aus den Lagern entfernt. In einem weiteren Schritt sollen auf den Stationen auch die Prozesskosteneinsparungen durch eine Verringerung von Wegen und Zeiten für die Suche von Artikeln ermittelt werden.

6   Fazit

Zusammenfassend bestärken diese Ergebnisse das Isar Klinikum, den begonnenen   30
Weg einer Einkaufsstrategie weiterzuverfolgen, die neben der Produktqualität die Gesamtkosten anstelle des reinen Produktpreises in das Zentrum der Betrachtung rückt. Ebenso muss an dieser Stelle erwähnt werden, dass die vorgestellten Analysen und Optimierungen alleine nicht hätten zu diesen Ergebnissen gebracht werden können. Die zusätzliche Kompetenz der Mitarbeiter des Industrieunternehmens mit klinischer Erfahrung, die aus zahlreichen Projekten in Kliniken wissen, welche Anpassungen sich bewährt haben und welche besser zu vermeiden sind, waren ein entscheidender Erfolgsfaktor. Zudem ermöglichte erst das umfassende Wissen über die Produktsortimente sowohl der eigenen als auch der Wettbewerbsprodukte eine Komplettanalyse der Stationslager. Die beschlossenen Veränderungen begleiteten die Mitarbeiter des Industrieunternehmens aktiv mit. Es wurde großer Wert auf eine enge Einbindung der Anwender gelegt – von der Analysephase bis hin zur Umsetzung. Eine hohe Akzeptanz für die Veränderungen war eines der erreichten Ergebnisse. Prozesse konnten optimiert, Materialverbrauch und Kapitalbindung gesenkt sowie Kosten reduziert werden.

Literatur

Bahmann, M./Burkart, S./Kraus, G./Goldschmidt, A.: Logistik-Reorganisation im Krankenhaus. In: Debatin, J./Ekkernkamp, A./Schulte, B. (Hrsg.). Krankenhausmanagement. Strategien, Konzepte, Methoden. Berlin 2010, S. 541–554.
Hadeler, T./Winter, E./Arentzen, U.: Gablers Wirtschaftslexikon. Wiesbaden 2000.
InEK: Kalkulation von Behandlungskosten. Handbuch zur Anwendung in Krankenhäusern. Düsseldorf 2016.
Mühlbradt, F. W.: Wirtschaftslexikon. Daten, Fakten und Zusammenhänge. Berlin 1999, S. 204.
Pieper, U. (Hrsg.)/Drauschke, S.: Beschaffungslogistik und Einkauf im Gesundheitswesen. Kosten senken, Qualität erhöhen. Neuwied und Kriftel 2002.
Schlüchtermann, J.: Besser günstig einkaufen als den kostenintensiven Umsatz zu steigern. In: f&w 2/2002, S. 148–153.
Schulenburg, J.-M./Mittendorf, T./Volmer, T./Lützelberger, U./Greiner, W.: Praktisches Lexikon der Gesundheitsökonomie. Unterschleißheim 2005.
Terkatz, S.: Kostentransparenz und Kostensteuerung mit ausgewählten Kostenrechnungssystemen in Krankenhäusern. Apollon Hochschule der Gesundheitswirtschaft. Bremen 2009.

Voegele, A./Goette, T.: Kostensenkung ohne Qualitätseinbußen. Intelligentes Einkaufs- und Logistikmanagement im Krankenhaus. 1997. Online: https://beschaffung-aktuell.industrie.de/allgemein/intelligentes-einkaufs-und-logistikmanagement-im-krankenhaus/ [abgerufen am 31. 3.2018].

Walker, D.: Lean Hospital. Das Krankenhaus der Zukunft. Berlin 2015.

Wöhe, G./Döring, U.: Einführung in die Allgemeine Betriebswirtschaftslehre. München 2002.

Outsourcing

Herausforderung für das Beschaffungsmanagement

Dr. Christine A. von Eiff/Univ.-Prof. Dr. Dr. Wilfried von Eiff

Schlagwortübersicht

Abstract: Die Entscheidungsoption „Make-or-Buy" gehört zu den klassischen Management-Aufgaben.

Outsourcing ist ein strategischer Ansatz, um die Zusammenarbeit zwischen Best-Leistungs-Partnern so zu organisieren, dass sich die Erfolgspositionen aller Partner signifikant verbessern: d. h. niedrigere Kosten, patientenorientierte Veränderungen des Leistungsangebots und höhere Qualifizierung der medizinischen Leistungen. Der Artikel geht folgenden Fragen nach:

- Was ist Outsourcing?
- Welche Aufgaben und Organisationsbereiche können ohne Beeinträchtigung der strategischen Wettbewerbsposition ausgegliedert werden?
- Nach welchen Kriterien können Outsourcing-Entscheidungen transparent überprüfbar gemacht werden?
- Welche Gründe sprechen generell (im Sinn einer normstrategischen Empfehlung) für/gegen ein Outsourcing?

1 Einordnung: Make-or-Buy und Beschaffungsmanagement

1 Die Entscheidungsoption „Make-or-Buy" gehört zu den klassischen Management-Aufgaben, geht es doch um die Frage, inwieweit durch Auslagerung von Aufgaben, Organisationseinheiten oder Unternehmensteilen auf Dauer eine Verbesserung der Wettbewerbsposition erreicht werden kann. Gleichzeitig ist Outsourcing immer auch mit strategischen bzw. ökonomischen Risiken verbunden.

2 Aus Sicht des Beschaffungsmanagements stellt Outsourcing eine besondere Herausforderung dar. Einerseits verlagern sich durch Outsourcing Einkaufsaufgaben vom Vorleistungsbereich in den Bereich der Beschaffung von Endprodukten und/oder Dienstleistungen. D. h., anspruchsvolle Aufgaben bezüglich Lieferanten-Auswahl, Rating und Monitoring sowie Beschaffungsmarkt-Analysen werden auf das Beschaffungsmanagement übertragen. Andererseits ist der Einkaufs- und Logistikbereich selbst oft Objekt von Rationalisierungsvorhaben oder ihm fällt die Rolle des aktiven Treibers von Kostensenkungsmaßnahmen zu; dies insbesondere bei Fusionen und Übernahmen (Mergers & Acquisitions).

3 Nachfolgend wird folgenden Fragen nachgegangen:

- Was ist Outsourcing?
- Welche Aufgaben und Organisationsbereiche können ohne Beeinträchtigung der strategischen Wettbewerbsposition ausgegliedert werden?
- Nach welchen Kriterien können Outsourcing-Entscheidungen transparent überprüfbar gemacht werden?
- Welche Gründe sprechen generell (im Sinn einer normstrategischen Empfehlung) für/gegen ein Outsourcing?

2 Outsourcing als Strategie und Finanzkonzept

4 Outsourcing (= Outside Resource Using) bezeichnet die auf Dauer angelegte Übertragung der eigenen betrieblichen Leistungserstellung in einem organisato-

risch oder funktional abgegrenzten Bereich auf einen externen Leistungspartner. Outsourcing-Entscheidungen sind strategischer bzw. ökonomischer Natur und zielen darauf ab,

- die Qualität der eigenen Leistungserstellung zu verbessern, indem auf Leistungspartner mit Spezialwissen zurückgegriffen wird;
- die Kosten der Leistungserstellung zu senken, indem die Lernkurvenvorteile und Economies of Scale beim Lieferanten genutzt werden;
- zusätzliches Know-how zu mobilisieren, das in Eigenregie nur unter großen finanziellen Anstrengungen aufzubauen wäre (Nutzung von Economies of Scope);
- notwendige Investitionen in einen eigenen Leistungsbereich zu vermeiden (z. B. Erfüllung von Hygieneanforderungen an die eigene Küche), um diese Finanzmittel für Kerngeschäftsaufgaben (z. B. Einrichtung eines Hybrid-OPs) umzuwidmen.

Outsourcing-fähige Bereiche können das klinische Kerngeschäft betreffen (z. B. Labordiagnostik, Apotheke, Anästhesie, Radiologie), sich auf die Forschung beziehen (z. B. Forschungs-GmbH) oder Tätigkeiten des Nicht-Kerngeschäfts (z. B. Wäscheversorgung, Sterilisation, Speisenmanagement) betreffen.   5

Outsourcing ist strategisch betrachtet eine Form der Kooperation, neben strategischer Allianz, Netzwerk und Coopetition.   6

Weiterhin gilt Outsourcing auch als eine spezielle Form der „Rationalisierungs-Finanzierung", da durch Outsourcing Komplexitätskosten reduziert, Prozesskosten eingespart und Investitionen vermieden werden.   7

Schließlich ist Outsourcing eine normstrategische Empfehlung im Rahmen des von PORTER entwickelten Management-Konzepts der Wertschöpfungskette. Eine medizinische Wertschöpfungskette beschreibt die Abfolge von Versorgungsstufen zur fallabschließenden Behandlung eines Krankheitsbildes (z. B. Hüft-Endoprothese) unter der Berücksichtigung der krankheitsindividuellen, persönlichen und sozialen Situation eines Patienten. Eine Krankenhaus-Wertschöpfungskette umfasst alle internen und externen Ressourcen und Institutionen, die erforderlich sind, um Patienten eines bestimmten Krankheitsbildes fallgerecht zu versorgen. Wertschöpfungsketten verschiedener Sektoren (akut und rehabilitativ) werden idealerweise über Kooperationsbeziehungen miteinander vernetzt.   8

Die Wertkettenbetrachtung rückt demnach die Frage nach der Arbeitsteilung zwischen medizinischen und nicht-medizinischen Leistungsanbietern in den Vordergrund und zielt auf die Gestaltung von Outsourcing und Kooperationen. Das Management-Konzept der Wertschöpfungskette lässt sich als Strukturierungsansatz zur Gestaltung von sektorenübergreifenden Versorgungsstrukturen zielführend einsetzen. Solche Kooperationen betreffen Netzwerke in der Notfallversorgung (Schlaganfall, Herzinfarkt, Trauma-Netzwerk, …), aber auch Dienst-   9 leistungsverbünde im Tertiärbereich (Lieferant von Medikalprodukten, Wiederaufbereitungsdienstleister, Finanzierungsagent, Krankenhaus).

3 Outsourcing-Vorbehalte

10 Outsourcing stellt (je nach kerngeschäftsnähe des betroffenen Bereichs) einen fundamentalen Eingriff in die strategische und organisatorische Ausgestaltung einer Unternehmung dar. Aus diesem Grund existieren – insbesondere auch in der Wahrnehmung einzelner Mitarbeiter – zahlreiche Befürchtungen, welche sich zum einen auf mögliche Konsequenzen, die eine Auslagerung auf die weiteren Tätigkeiten des Unternehmens haben kann, beziehen, zum anderen aber auf grundsätzliche Befürchtungen hinsichtlich eines möglichen Autonomie- und Reputationsverlustes (siehe Abb. 1) beinhalten.

Abb. 1: Bedenken gegen Outsourcing

Quelle: Eigene Darstellung.

Nicht immer sind Outsourcing-Vorhaben von Erfolg gekrönt, sodass die gewünschten Effizienzsteigerungen oft nicht erzielt werden. Die Ursachen für fehlgeschlagene Outsourcing-Projekte sind häufig in der fehlenden strategischen Orientierung und einer falsch eingeschätzten Komplexität zu finden.[1] Entsprechend können sich verschiedene, zur Auslagerung scheinbar geeignete Leistungen dadurch unterscheiden, dass sie einen differenzierten Einfluss auf die Prozesseffizienz der übrigen Bereiche haben.

Als Beispiel sei die Auslagerung einer Krankenhaus-Apotheke genannt. Diese mag sinnvoll erscheinen, wenn die Apotheke als reiner logistischer Dienstleister für Arzneimittel genutzt wird. Eine Krankenhausapotheke, die mit klinischen Pharmazeuten im Sinne einer bedarfsgerechten, wirtschaftlichen und risikominimierenden Therapieberatungsinstanz in der Station eingesetzt wird, ist jedoch im Krankenhaus zu halten. Begründet werden kann dies mit der Bedeutung einer solchen Einrichtung für das Kerngeschäft sowie der engen organisatorischen Verflechtung mit den ärztlichen Diagnose- und Therapieprozessen.

Als Erkenntnis aus diesem Beispiel lässt sich folgern, dass solche Bereiche von Outsourcing-Überlegungen ausgeschlossen werden sollten, welche als Organisationsdrehscheibe im Patientenversorgungsprozess fungieren. Auch wenn diese Organisationsdrehscheiben mitunter einen hohen Investitionsbedarf haben (z. B. interventionelle Radiologie), bieten sie gleichfalls ein hohes Innovationspotenzial und damit die Möglichkeit einer Weiterentwicklung des Kerngeschäft-Portfolios mit erweiterten, medizinischen Angebotsschwerpunkten.

Als weiteres Beispiel sei ein Outsourcing-Vorhaben im Bereich der Anästhesie angeführt.

Hier können sich Widerstände bei den Mitarbeitern u. a. in Befürchtungen negativer Auswirkungen für die Nachfrager (u. a. OP und Intensivstation) begründen, wenn z. B. Einsatzzeiten variiert werden. Des Weiteren können Widerstände auch dann auftreten, wenn der Outsourcing-Partner von bewährten Verfahrensweisen (z. B. Art und Ablauf der OP-Vorbereitung) abweicht. Im Hinblick auf die möglichen Bedenken gegen Outsourcing-Vorhaben ist es notwendig, die Komplexität der Entscheidung vollständig zu erfassen und den Prozess umfassend zu planen, dies z. B. durch Verwendung von Checklisten und Chancen-Risiko-Analysen. Daher soll Outsourcing durch eine klare Lieferantenstrategie begleitet werden, die transparente Entscheidungsprozesse im Hinblick auf Lieferantenauswahl, Lieferantenbewertung, Lieferantenentwicklung, Lieferantenintegration und Lieferanten-Controlling beinhaltet.[2]

11

12

13

14

15

---

1 Siehe z. B.: Büsch: Praxishandbuch strategischer Einkauf. 2013, S. 163–164.
2 Siehe auch: Helmold/Terry: Lieferantenmanagement 2030. 2016, S. 142.

4 Outsourcing-Checkliste: Chancen und Risiken des Outsourcings

16 Um die Risiken eines Outsourcing-Prozesses (s. Abb. 2) kontrollieren zu können, ist eine umfassende Absicherung notwendig. Eine Möglichkeit, einzelne Risiken vorab ausschließen zu können, bietet das CKM-20-Punkte-Programm (s. Abb. 3). Einer Checkliste entsprechend werden in dem Programm verschiedene Aspekte benannt, die vor einer endgültigen Outsourcing-Entscheidung geprüft werden sollten. Ziel ist, durch Untersuchung der Aspekte eine sachlich qualifizierte und transparent nachvollziehbare Entscheidung zu erhalten.

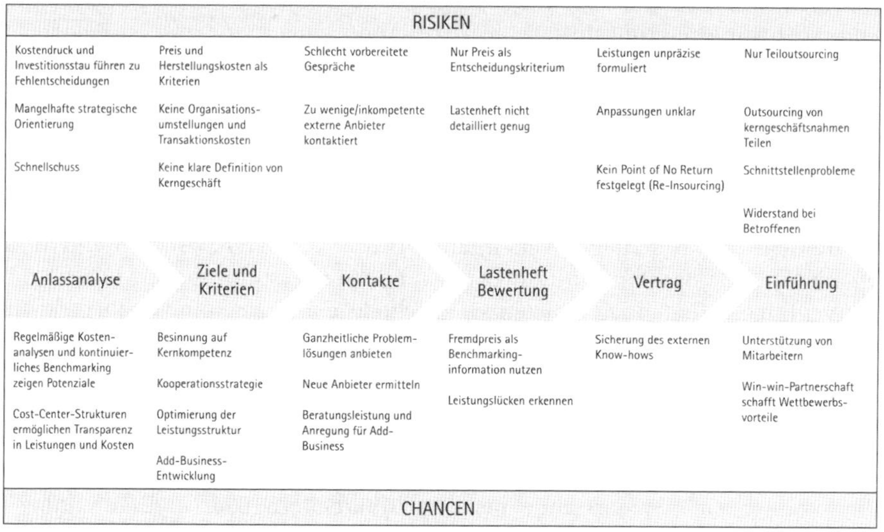

Abb. 2: Chancen und Risiken im Outsourcing-Prozess

Quelle: Eigene Darstellung.

CKM-20-Punkte Programm

Um die Frage „Eigen oder Fremd" sachlich qualifiziert und transparent nachvollziehbar zu beantworten, empfiehlt sich die Verwendung der Checkliste „CKM-20-Punkte-Programm".

Das CKM-18-Punkte-Programm	
1 Werksvertragsfähigkeit	11 Innovationssicherung
2 Leistungen des Kann-Geschäfts	12 Optimierung vor Outsourcing
3 Geringe Organisationsintegration	13 Add-Business vor Outsourcing
4 Kompatible Anreizsysteme	14 Kooperation vor Outsourcing
5 Operatives Geschäft	15 Change of Control
6 Absicht: Kulturschock	16 Point of No Return
7 Strategische Fundierung	17 Center-Steuerung
8 Lastenheftfähigkeit	18 Nutzensteigerung und Kostensenkung
9 Kostenvorteile 30 %	19 Change Management-Unterstützung
10 Compliance Due Dilligence	20 Corporate Social Responsability Check

Abb. 3: Das CKM-20-Punkte-Programm

Quelle: Eigene Darstellung.

Neben der CKM-Checkliste kann der Planungs- und Entscheidungsprozess über Outsourcing – speziell wenn es um Dienstleistungen geht – durch Verwendung der DIN-Norm DIN SPEC 1041 unterstützt werden. 17

Diese DIN-Norm wurde vom Deutschen Institut für Normung mit dem Ziel verfasst, Unternehmen bei der Auslagerung von Prozessen im Bereich der „Technology oriented Knowledge-Intensive Business Services" (T-KIBS) zu unterstützen. Wesentlich hierfür sind die Strukturierung des Vorhabens und die Messung des Erfolges an allgemeingültigen Kriterien. 18

19 Der Standard gliedert einen idealtypischen Outsourcing-Vorgang in vier Haupt-
phasen (s. Abb. 4).

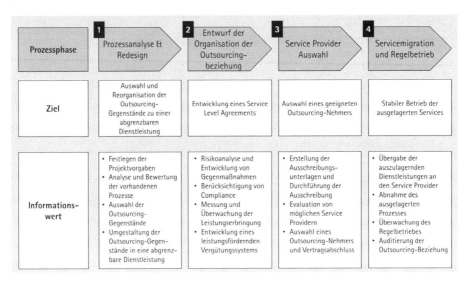

Abb. 4: Das Outsourcing-Phasenmodell

Quelle: Eigene Darstellung.

5 Outsourcing als Optimierungsoption im Rahmen von M&A-Transaktionen[3]

Nach erfolgter Übernahme ist das Outsourcing von Organisationseinheiten bzw. 20 Betriebsbereichen eine Option, die gewählt wird, um „Kosten zu senken", „Investitionen zu vermeiden" (und zwar in kerngeschäftsfremde Bereiche) sowie die „Qualität von Leistungen" zu verbessern (s. Abb. 5).

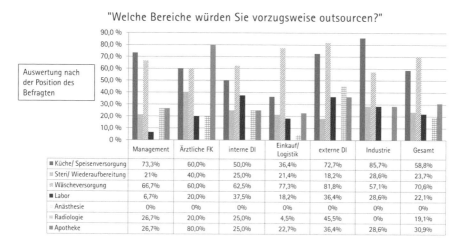

"Welche Bereiche würden Sie vorzugsweise outsourcen?"

Auswertung nach der Position des Befragten

	Management	Ärztliche FK	interne DI	Einkauf/ Logistik	externe DI	Industrie	Gesamt
■ Küche/ Speisenversorgung	73,3%	60,0%	50,0%	36,4%	72,7%	85,7%	58,8%
▧ Steri/ Wiederaufbereitung	21%	40,0%	25,0%	21,4%	18,2%	28,6%	23,7%
▨ Wäscheversorgung	66,7%	60,0%	62,5%	77,3%	81,8%	57,1%	70,6%
■ Labor	6,7%	20,0%	37,5%	18,2%	36,4%	28,6%	22,1%
▤ Anästhesie	0%	0%	0%	0%	0%	0%	0%
▥ Radiologie	26,7%	20,0%	25,0%	4,5%	45,5%	0%	19,1%
▦ Apotheke	26,7%	80,0%	25,0%	22,7%	36,4%	28,6%	30,9%

Abb. 5: Outsourcing ist eine Option zur Kostensenkung und Investitionsvermeidung

Quelle: von Eiff: Mergers & Acquisitions. 2013, S. 157.

Als Bereiche, die nach einer M&A-Transaktion für Outsourcing in Frage kom- 21 men, werden genannt

- Wäscheversorgung (wegen der hohen Betriebs- und Reinvestitionskosten),
- Speisenversorgung (hier bietet sich der Umstieg von der eigenen, mit hohen Energie-, Personal- und Investitionskosten belasteten Frischküche auf sog. entkoppelte Produktionsverfahren wie Cook-and-Freeze an) und
- Apotheke (s. Abb. 6).

---

3 Zu Kapitel 5 vgl. von Eiff: Mergers & Acquisitions auf dem deutschen Gesundheitsmarkt. 2013, S. 157–159.

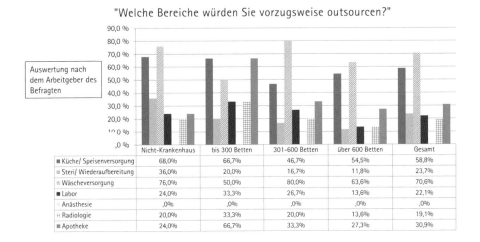

Abb. 6: Küche, Wäsche und Apotheke sind die präferierten Outsourcing-Objekte nach M&A

Quelle: von Eiff: Mergers & Acquisitions. 2013, S. 158.

22   Die Bezeichnung der Apotheke als Outsourcing-Objekt lässt Rückschlüsse auf die Einschätzung der Bedeutung dieses Bereichs für den klinischen Kernbetrieb im Hinblick auf Qualität, Behandlungsrisiken und Kosten zu (s. auch oben Kap. 3).

23   Die eine Ansicht geht davon aus, dass die Medikationsentscheidung ärztliche Aufgabe ist und der Apotheker auf eine Einkaufs-, Logistik- sowie eine fallweise Beratungsfunktion zu reduzieren ist. Dies zeigt das klare Votum der ärztlichen Führungskräfte, die die Apotheke als Outsourcing-Objekt ansehen.

24   Angesichts der Tatsache, dass Arzneimittelirrtümer und Medikationsfehler, also Fehler bei der Verordnung, Übertragung der ärztlichen Anordnung, Ausgabe und/oder Anwendung von Arzneimitteln, jedes Jahr zu vermeidbaren Todesfällen in deutschen Krankenhäusern führen[4], geht eine andere Ansicht davon aus, klinische Pharmazeuten sollten fester Bestandteil des Medikamentenentscheidungsprozesses sein, da auf diese Weise die Zahl der unerwünschten Arzneimittelwirkungen deutlich reduzierbar ist.[5]

25   Schließt man sich dieser zweiten Meinung an, so ist davon auszugehen, dass mit der Katalogisierung der Apotheke als Outsourcing-Objekt ein im M&A-Prozess unterschätztes Risiko gegeben ist.

---

4   Hier sind verschiedene Studien zu nennen, so z. B. Stichtenoth: Medikationsfehler: Patientensicherheit und Risikomanagement. In: von Eiff (Hrsg.): Patientenorientierte Arzneimittelversorgung. 2011, S. 64–68.

5   Dieser Zusammenhang wird nachgewiesen bei: Liekweg/Stahl: Arzneimitteltherapiesicherheit im Krankenhaus. Diskussion multidisziplinärer Strategien für ein effektives Risikomanagement. In: von Eiff (Hrsg.): Patientenorientierte Arzneimittelversorgung. 2011, S. 85–105.

Insofern kann im Zusammenhang mit M&A-Transaktionen wie folgt zusammen- 26
gefasst werden:

- Die wichtigsten Gründe für M&A sind die Verbesserung der Marktposition,
  Rationalisierungs- und Kostensenkungseffekte sowie wirtschaftliche Schief-
  lage.
- Der Bereich Einkauf und Logistik kann aus Sicht der Entscheider den größten
  Beitrag leisten, um die Rationalisierungs- und Kostensenkungsziele zu erreichen. Dabei ist dieser Bereich einerseits Rationalisierungsobjekt (Zusammen-
  legung von Funktionen) und andererseits Instrument zur Erreichung von
  Rationalisierungszielen.
- Versteckte Risikobereiche in M&A-Prozessen, also solche, die von den Entscheidern nicht oder nur nachgeordnet wahrgenommen werden, sind das
  Ignorieren von Unterschieden in den Anreizsystemen sowie Outsourcing von
  medizinischen Kernaufgaben wie z. B. Medikationsmanagement durch Apotheke und klinische Pharmazeuten.
- Speisen- und Wäscheversorgung sind die primär als Outsourcing-fähige Bereiche genannten Funktionen.

6 Fazit

Outsourcing ist ein strategischer Ansatz, um die Zusammenarbeit zwischen Best- 27
Leistungs-Partnern so zu organisieren, dass sich die Erfolgspositionen aller Partner signifikant verbessern: d. h. niedrigere Kosten, patientenorientierte Veränderungen des Leistungsangebots, höhere Qualifizierung der medizinischen Leistungen und patientengerechte Fokussierung der Serviceleistungen.

Ergebnisse, die im Rahmen einer Outsourcing-Kooperation erreicht werden, sind 28
höherwertig gegenüber denjenigen Ergebnissen, die jeder einzelne Kooperations-
partner für sich alleine hätte erreichen können.

Erfolgsvoraussetzung eines Outsourcings ist das Erreichen einer dauerhaften 29
Win-win-Situation. Danach funktioniert diese Zusammenarbeitsform nur dann
wirksam, wenn

- die Organisationsstrukturen der Partner im Sinne einer Wertkette aufeinander
  abgestimmt sind,
- gleichgerichtete Interessen hergestellt werden können oder vorhanden sind,
- Transparenz über die Leistungserbringungs- und Vergütungs- sowie Kostenstrukturen im Sinne einer „Open-Book-Mentality" vorherrscht und
- in einer nicht geregelten Ausnahmesituation von beiden Partnern im „Geist
  der Vereinbarung" gehandelt wird.

30   Outsourcing ist nach zielorientierten Kriterien in einem transparenten Entscheidungsprozess vorzubereiten. So wird Outsourcing zu einer Handlungsoption im Rahmen eines „Wertorientierten Beschaffungsmanagements".[6]

Literatur

Büsch, M.: Praxishandbuch Strategischer Einkauf. Methoden, Verfahren, Arbeitsblätter für professionelles Beschaffungsmanagement. Wiesbaden 2013.

von Eiff, C.: Mergers & Acquisitions auf dem deutschen Gesundheitsmarkt. Eine wirtschaftliche und rechtliche Betrachtung von M&A-Transaktionen im Krankenhaussektor. Heidelberg 2013.

von Eiff, W. (Hrsg.): Patientenorientierte Arzneimittelversorgung. Arzneimitteltherapiesicherheit im Krankenhaus. Heidelberg 2011.

von Eiff, W./Lingemann, M.: Outsourcing versus Eigenerstellung. Checkliste zur Überprüfung der Dienstleistungstiefe. In: Health und Care Management 6/2012, S. 34–37.

Helmold, M./Terry, B.: Lieferantenmanagement 2030. Wertschöpfung und Sicherung der Wettbewerbsfähigkeit in digitalen und globalen Märkten. Wiesbaden 2016.

---

6   Zum Begriff des „Wertorientierten Beschaffungsmanagements" siehe von Eiff: Monitoring des Beschaffungsmanagements im Krankenhaus. 2018.

Der Umgang mit Einmalprodukten im Strategischen Beschaffungsprozess

Marcus Bracklo

Schlagwortübersicht

Abstract: Der Einsatz von gesetzeskonform und professionell aufbereiteten Einmalmedizinprodukten ist im deutschen Gesundheitswesen – nachdem vor über 10 Jahren ein entsprechender Regulierungsrahmen geschaffen wurde – inzwischen Marktstandard. In einigen Anwendungsgebieten, wie zum Beispiel in der Elektrophysiologie, liegt die Aufbereitungsquote sogar bei über 70 %. Durch die EU Medizinprodukteverordnung von 2017 wird der Regulierungsrahmen ab 2020 über Deutschland hinaus in andere EU-Länder erweitert, aber auch verändert. Es ist daher sinnvoll, eine Bestandsaufnahme der bisherigen Erfahrungen mit der Aufbereitung von Einmalprodukten vorzunehmen und einen Ausblick auf die kommenden Veränderungen zu geben.

1 Was sind Einmalprodukte?

1 Ein unbefangener Einkäufer wird mit hoher Wahrscheinlichkeit davon ausgehen, dass Einmalprodukte aufgrund ihrer Beschaffenheit (Materialien, Herstellungsverfahren etc.) für einen Mehrfachgebrauch ungeeignet sind, weil sie nach dem einmaligen Gebrauch entweder nicht mehr funktionieren oder hygienisch bedenklich sind. Wie im privaten Bereich, wenn bei einem Kinderfest Pappteller und Pappbecher eingesetzt werden, würde kein Einkäufer auf die Idee kommen, Einwegspritzen oder OP-Handschuhe zu reinigen und wiederzuverwenden. Doch darum geht es bei der professionellen Aufbereitung von sog. Einmalprodukten nicht. Es geht in der Regel um hochwertige Medizintechnik (Ultraschallscheren und Elektrophysiologiekatheter) mit Stückpreisen von bis zu mehreren Tausend Euro. Wir bezeichnen diese Produkte bewusst als „sogenannte" Einmalprodukte, weil diese Produkte nicht aufgrund von technischen Ausschlusskriterien zu Einmalprodukten erklärt werden oder weil die Aufbereitungskosten höher liegen als der Einkaufspreis. Diese Produkte werden nur deshalb von dem Hersteller zu Einmalprodukten deklariert, weil der Hersteller kein geeignetes Aufbereitungsverfahren kannte oder aus ökonomischem Eigeninteresse entschieden hat, das Produkt als Einwegprodukt zu deklarieren. Dass Medizinprodukteherstellern in dieser Frage keine Objektivität beigemessen werden kann, wurde dadurch besonders deutlich, dass diese lange Zeit das gleiche Medizinprodukt in unterschiedlichen EU-Mitgliedsländern unterschiedlich behandelten. Sie ließen es in EU-Ländern mit hoher Kaufkraft und großzügigen Budgets als Einmalprodukt vertreiben und in ärmeren EU-Ländern als Mehrwegprodukt. Wenn das Produkt technisch nicht aufbereitbar oder nach der Aufbereitung hygienisch bedenklich gewesen wäre, hätte der Hersteller es ethisch nicht vertreten können, dieses Produkt in finanzschwachen EU-Mitgliedsländern als Mehrwegprodukt auf den Markt zu bringen. Im Umkehrschluss heißt das, dass in reicheren EU-Mitgliedsländern Krankenhäuser für diese Medizinprodukte mehr zahlen müssen als erforderlich, da ihnen vom Hersteller, ohne dass es dafür eine sachliche Begründung gibt, die Möglichkeit der Wiederverwendung verwehrt wird.

2 Man kann aus der Handhabung der Kennzeichnung als Einmalprodukt durch die Hersteller in den letzten 20 Jahren folgende Lehren ziehen:

1. Die Kennzeichnung als Einmalprodukt ist zu 100 % eine Ermessensentscheidung des Herstellers.
2. Die Kennzeichnung vieler Produkte wechselte von „wiederverwendbar" zu „Einmalprodukt", ohne dass es nennenswerte strukturelle Veränderungen am Medizinprodukt gab.
3. Es wurde relativ häufig beobachtet, dass das gleiche Medizinprodukt in einem Land als „aufbereitbar" und in einem anderen Land als „Einmalprodukt" verkauft wurde.
4. Manche OEMs (Original Equipment Manufacturer) haben Aufbereitungsanleitungen für Einmalprodukte oder begrenzt aufbereitbare Produkte publiziert.

Es kann also festgehalten werden, dass das Symbol mit der durchgestrichenen 2 – die Designation der Einmalprodukte – lediglich bedeutet, dass ein Medizinprodukthersteller zum Ausdruck gebracht hat, dass er die Aufbereitung nicht wünscht. Es heißt eben *nicht*, dass es nicht möglich ist. Es heißt noch nicht einmal, dass dem Hersteller kein Aufbereitungsverfahren bekannt ist. Es kann also durchaus sein, dass der Hersteller die Anwendung eines Aufbereitungsverfahrens nicht möchte, weil er dann geringere Einnahmen erzielt. Dies ist der wesentliche Hintergrund der Gesetzgebungsinitiativen in Deutschland und den USA, die bereits vor über 10 Jahren entsprechende gesetzliche Rahmenbedingungen für die Aufbereitung von sog. Einmalprodukten geschaffen haben. Weder die FDA in den USA noch das Deutsche Gesundheitsministerium hielten es für vertretbar, dass man in der Frage der Aufbereitbarkeit eines Medizinprodukts dem OEM Hersteller ein Monopol gewährt. Es sollte auch Dritten – professionellen Aufbereitungsunternehmen – gestattet werden, Aufbereitungsverfahren zu entwickeln. Sofern diese Aufbereitungsunternehmen entsprechende Nachweise führen und gesetzlich vorgegebene Auflagen erfüllen, wird aus dem Einmalprodukt faktisch ein Mehrwegprodukt.

3

2 Der deutsche Regulierungsrahmen für Einmalprodukte

Im Jahr 2002 wurde in Deutschland die Aufbereitung von Medizinprodukten zum ersten Mal umfassend gesetzlich geregelt. Der Gesetzgeber hat bewusst nicht zwischen der Aufbereitung von Einmalmedizinprodukten und Mehrwegmedizinprodukten differenziert und damit zwei Dinge zum Ausdruck gebracht:

4

1. Die Aufbereitung von Einmalmedizinprodukten ist grundsätzlich zulässig.
2. Ein Hersteller von Mehrwegprodukten hat dieselben gesetzlichen Vorgaben zu erfüllen.

Der Hersteller hat in Folge dieser Regulierung seine Rolle als letzte Instanz in Aufbereitungsfragen verloren. Leider finden sich die Aufbereitungsvorschriften nicht in einem geschlossenen Gesetzeswerk, sondern sind verteilt auf das Medizinproduktegesetz (MPG), die Medizinprodukte-Betreiberverordnung (MPBetreibV)

5

und die Aufbereitungsvorschriften der Kommission für Krankenhaushygiene und Infektionsprävention (KRINKO).

6   Das MPG verweist auf die MP-Betreiberverordnung und letztere auf die KRIN-KO-Empfehlung. Der Regulierungsansatz der KRINKO-Empfehlung fußt auf einer Risikoklassifizierung der Medizinprodukte. Dabei unterscheidet die Empfehlung nicht zwischen Einmal- und Mehrwegprodukten. Für die höchste Risikoklasse „kritisch C" fordert die MP-Betreiberverordnung (§ 8) eine Zertifizierung des QM-Systems des Aufbereiters durch eine anerkannte Stelle. Das heißt, das professionelle Aufbereitungsunternehmen muss selbst ein Aufbereitungsverfahren entwickeln und validieren und diese Prozesse anschließend von einer anerkannten Stelle zertifizieren lassen. Prinzipiell können auch Krankenhäuser selbst Aufbereitungsverfahren entwickeln und zertifizieren. In der Praxis haben Krankenhäuser aufgrund des hohen Aufwands davon abgesehen. Seit 2002 ist ein Markt mit mehreren mittelständischen Anbietern entstanden. Die erfolgreichen Unternehmen verfügen über umfangreiche Forschungs- und Entwicklungsabteilungen, die sich der Entwicklung von Aufbereitungsverfahren widmen. Es gab kurz nach Inkrafttreten der neuen Regulierung den Versuch eines Medizinprodukteherstellers, die Rechtmäßigkeit der Aufbereitung von Medizinprodukten gerichtlich anzugreifen. Die Klage wurde abgewiesen.

7   Das Bundesministerium für Gesundheit veröffentlichte im Jahr 2008 einen Bericht über die Aufbereitung von Medizinprodukten und überprüfte darin den sechs Jahre zuvor eingeführten Regulierungsrahmen. Das Ministerium kam zu dem Ergebnis, dass die gesetzlichen Bestimmungen zur Aufbereitung von Einmal- und Mehrwegprodukten in Deutschland ausreichend sind. Es wurde kein erhöhtes Risiko bei aufbereiteten Einmalprodukten festgestellt. Im Jahr 2011 hat die Bundesregierung auf eine parlamentarische Anfrage zur Aufbereitung von Einmal-Medizinprodukten und Patientensicherheit mit der Feststellung reagiert, dass die gesetzlichen Bestimmungen zur Aufbereitung von Einmal- und Mehrweg-Medizinprodukten angemessen sind. Das Niveau der Patientensicherheit bei aufbereiteten Einmalprodukten sei hoch.

8   Auch in Zusammenarbeit von Industrie und Kliniken entstanden mehrere Studien, welche die Sicherheit der Aufbereitung untersucht haben.[1] Zwei Studien wurden am renommierten Herzzentrum der Kerkhoff Klinik in Bad Nauheim durchgeführt. Die erste Studie wurde im Jahr 2000 veröffentlicht und beruht auf Daten von 110 Patienten. Die Folgestudie mit 220 Patienten wurde im Jahr 2004 veröffentlicht. Beide Studien betrafen aufbereitete Elekrophysiologische Ablationskatheter. Es wurden Patientendaten (Dauer des Eingriffs, Anzahl der Energie

---

1   Pitschner: Comparison studies of reprocessed and new ablation catheters show no impairment of patient safety. In: Kardiologie Assistenz 2/2004, S. 27–32; Hengge/Fecth: Fifteen years experience with the reprocessing of medical products in electrophysiology. In: Lebendige Wissenschaft 2011, S. 152; Bracklo/Marczak: Reprocessing Cardiology Devices – Reviewing 15 Years of Experience in Germany. In: European Cardiology 8(2)/2012, S. 82–83.

Emissionen, Stärke der Energieemissionen, Strahlendosis, Nachuntersuchungen unmittelbar nach der Entlassung und 6 Monate nach der Entlassung um Komplikationen oder weiter auftretende Herzrhythmusstörungen) für Operationen mit Neuprodukten mit denen von aufbereiteten Kathetern verglichen. Im Ergebnis wurde festgestellt, dass es kein erhöhtes Risiko für Patienten gab, die mit aufbereiteten Kathetern behandelt worden waren. Eine noch umfangreichere Studie wurde im Jahr 2011 von der Kardiologischen Klinik der LMU in München veröffentlicht.

Dabei wurden die Daten von insgesamt 33.000 Eingriffen, die über einen Zeitraum   9
von 15 Jahren erfolgt sind, ausgewertet. Diese Studie kam ebenfalls zu dem Ergebnis, dass es kein erhöhtes Risiko für den Patienten bei dem Einsatz von aufbereiteten Medizinprodukten gibt.

Die Daten aus über 15 Jahren Erfahrung mit der Wiederaufbereitung in Deutsch-   10
land belegen auch eindrucksvoll die erheblichen wirtschaftlichen Vorteile, die durch eine professionelle Aufbereitung realisiert werden können. Mit einem Durchschnitt von drei Aufbereitungszyklen und bis zu 50 % Kosteneinsparung pro Zyklus liegen die Vorteile auf der Hand. Diese Einsparungen sind ebenfalls durch wissenschaftliche Studien belegt. Allerdings sind diese typischerweise auf Produktebene erfolgt. Eine Studie von Professor Thomas Ischinger u. a. schätzt die Einsparungen für den Ballonkatheter auf 20 Mio. EUR. Professor Wilfried von Eiff schätzt die Einsparungen für einen Ablationskatheter auf 70 Mio. EUR. Die Einsparungen im deutschen Markt durch die Aufbereitung liegen insgesamt im dreistelligen Millionenbereich.[2]

Vor diesem Hintergrund ist es wenig erstaunlich, dass sich – stetig und kontinuier-   11
lich – die Aufbereitung von Einmalprodukten in der Kardiologie, aber auch in der Chirurgie durchgesetzt hat und in Deutschland mittlerweile die Aufbereitung dieser Produkte zum Goldstandard des Einkaufs avanciert ist.

3   Erfahrungen mit der Aufbereitung von Einmalprodukten in den USA

Auch in den USA gibt es seit über 10 Jahren eine gesetzliche Regulierung für die   12
Aufbereitung von sog. Einmalprodukten. Die amerikanischen Regierungsbehörden sind aber einen anderen Weg gegangen als der deutsche Gesetzgeber. Anstatt die Aufbereitung als Dienstleistung einzustufen und Anforderungen an den Dienstleister zu stellen, hat der Gesetzgeber in den USA entschieden, die Aufbereitung von Einmalprodukten als Herstellungsvorgang einzustufen. Das

---

2   Bracklo: Aufbereitung von komplexen Medizinprodukten. In: Medinform 2012; Ischinger u. a.: Reuse of single use devices and quality assured reprocessing: hygienic, legal and economic aspects. In: ZKardiolog 91/2002, S. 889–898; von Eiff: Reprocessing of single use medical devices – a cost benefit review. In: Health & Care Management 12/2011, S. 36–39.

gebrauchte Medizinprodukt ist das „Rohmaterial" und die Aufbereitung ist ein Herstellungsvorgang. Infolgedessen unterliegt der Aufbereiter als Hersteller den gleichen Anforderungen wie alle anderen Hersteller: um ein Medizinprodukt in Verkehr zu bringen, muss der Aufbereiter/Hersteller für dieses Produkt ein Dossier (510k Filing) bei der FDA einreichen.

13 Wie in Deutschland ist in den USA in Folge dieser Regulierung eine Industrie von professionellen Aufbereitungsunternehmen entstanden, die sich mittlerweile in einem Verband, dem AMDR (Association of Medical Device Reprocessors) organisiert haben. Auch in den USA gab es, wie in Deutschland, nach einigen Jahren eine Überprüfung der Erfahrung mit der Aufbereitung. Diese Überprüfung wurde von dem Government Accountability Office durchgeführt und kam zu folgendem Ergebnis: *„Nachdem wir 8 Jahre Daten der FDA untersucht haben, kommen wir zu dem Ergebnis, dass es keinen Beleg dafür gibt, dass der Einsatz von Aufbereiteten Einmalprodukten zu einem erhöhten Patientenrisiko führt."*

14 Der Branchenverband AMDR hat die Erfahrungen in den USA wie folgt zusammengefasst:

„Die von der FDA regulierten aufbereiteten Medizinprodukte sind genauso sicher und effektiv wie die Neuprodukte, aber deutlich günstiger, üblicherweise rund die Hälfte des Preises des Neuprodukts. Im Jahr 2000 hat eine Untersuchung des Government Accountability Office (GAO) ermittelt, dass Krankenhäuser die aufbereitete Medizinprodukte einsetzen, im Durchschnitt zwischen U$ 200.000 und U$ 1.000.000 pro Jahr sparen. Diese Einsparungen erlauben es den Krankenhäusern zusätzliche Krankenschwestern einzustellen, in neue Medizintechnologien zu investieren und die Patientenversorgung zu verbessern. Außerdem wird zwischen 2.500 und 7.500 Kilo Sondermüll vermieden und so ein wichtiger Beitrag zur Nachhaltigkeit des Gesundheitssystems geleistet. Insgesamt liegen die Einsparungen des Gesundheitssystems [in den USA] bei rund U$ 400 Millionen im Jahr."

15 Vor diesem Hintergrund ist es wenig verwunderlich, dass sich auch in den USA die Aufbereitung zum Marktstandard entwickelt hat. Mittlerweile sind große OEM auch in das Geschäft der Aufbereitung von Einmalprodukten eingestiegen. Der Großkonzern Stryker führt das Geschäft unter der Firmierung Stryker Sustainability Solutions und der Großkonzern Johnson & Johnson, lange ein erbitterter Gegner der Aufbereitung, hat den amerikanischen Aufbereiter von Einmalprodukten Sterilmed übernommen und bietet nun selbst aufbereitete Einmalprodukte an.[3]

---

3 AMDR: The business case for reprocessing. Online: www.amdr.org/news/peer-reviewed/ [abgerufen am 1.8.2018]; US Government Accountability Office, GAO/HEHS-123: Single Use Devices. June 2000; American Nursing Association Resolution: Safety and Effectiveness of reprocessed single use devices in healthcare. 2010.

4 Die neuen Aufbereitungsvorschriften der EU-Medizinprodukteverordnung 2017

Die im Jahr 2017 verabschiedete neue Medizinprodukteverordnung tritt im Jahr 2020 in Kraft. Im Art. 17 enthält diese auch eine Reihe von Vorschriften, die die Aufbereitung in Deutschland und in anderen EU-Ländern verändern werden. Im Kern folgen die Vorschriften des Art. 17 dem amerikanischen Modell, indem die Aufbereitung als Herstellungsprozess und der Aufbereiter als Hersteller eingestuft wird. Voraussetzung für das Inverkehrbringen ist, wie bei einem OEM, auch die Durchführung eines Konformitätsbewertungsverfahrens. Dieses Konformitätsbewertungsverfahren muss für die Produkte ab einer bestimmten Risikoklassifizierung von einer benannten Stelle geprüft und zertifiziert werden. — 16

Für die zwei größten Mitgliedsländer wurden Ausnahmeregelungen in den Art. 17 aufgenommen. Auf Wunsch Frankreichs dürfen einzelne Mitgliedsländer die Aufbereitung verbieten. Dieses muss aber gegenüber der EU-Kommission begründet werden. Auf Wunsch Deutschlands dürfen Mitgliedsländer, die bereits über eine eigene Regulierung verfügen, diese alternativ zu der Herstellerregulierung beibehalten. Allerdings müssen in diesem Fall gewisse Mindeststandards (Common Specifications) erfüllt werden. Diese Mindeststandards werden von der EU Kommission nach Beratung mit den Mitgliedsländern festgelegt. Wie diese Mindeststandards aussehen werden, ist aktuell noch offen. Der aktuelle Entwurf, der dem Verfasser vorliegt, sieht Standards vor, die sehr nah an der Herstellungsaufbereitung liegen und eine signifikante Veränderung der deutschen Regulierung nach sich ziehen würden. — 17

Der CE-Markt entwickelt sich bereits im Vorfeld des Inkrafttretens der neuen Regulierung. Die englische Gesundheitsbehörde MHRA hat sich nach gründlicher Prüfung bereits für die Aufbereitung von Einmalprodukten entschieden und auf ihrer Webseite eine „Guidance Note" für die Aufbereitung von Einmalprodukten veröffentlicht. Wesentliche Voraussetzung: ein CE Mark. Der National Health Service hat bereits zwei Aufbereitungsunternehmen für ihre Tender präqualifiziert, den europäischen Marktführer und den amerikanischen Marktführer, die einzigen Unternehmen, die bereits CE Marks für ihre aufbereiteten Produkte erhalten haben. Weitere EU-Länder bereiten ebenfalls einen „Opt In" für die Einmalaufbereitung mit CE-Standard vor. Dazu gehören mit hoher Wahrscheinlichkeit Belgien, Holland, Österreich und Spanien. — 18

5 Auswirkungen der neuen EU-Standards auf den deutschen Markt

Es ist davon auszugehen, dass die EU-Mindeststandards (Common Specifications) den bisherigen deutschen Regulierungsansatz stark verändern werden. Bereits heute lässt sich beobachten, dass nur noch wenige Zertifizierungsunternehmen — 19 bereit sind, die erforderliche Expertise für eine Regulierung vorzuhalten, die nur den deutschen Markt betrifft. Die Zahl der von der Zentralstelle der Länder für Gesundheitsschutz bei Arzneimitteln und Medizinprodukten (ZLG) anerkannten Stellen hat sich von ursprünglich sechs Anbietern auf lediglich einen Anbieter reduziert. Alle anderen haben sich aus unterschiedlichen Gründen aus diesem Geschäft zurückgezogen.

20   Die ZLG hat keine Maßnahmen ergriffen, um die Zahl der Anbieter zu vergrößern, z. B. durch Zulassung von ausländischen Benannten Stellen als von der ZLG anerkannte Stellen für die Aufbereitung nach deutschem Recht. Die Zahl der Benannten Stellen, die zur Zertifizierung von Medizinprodukteherstellern zur Verfügung stehen, ist zwar auch zurückgegangen, aber es gibt hier immer noch eine hohe zweistellige Zahl von Anbietern. Vor diesem Hintergrund ist zu erwarten, dass die deutschen Aufbereitungsunternehmen bis spätestens 2020 auf die CE-Aufbereitung umstellen. Sie haben bei der CE-Zertifizierung annähernd den gleichen Aufwand wie für die deutsche Regulierung und können mit dem CE-Zertifikat einen sich stetig erweiternden EU-Markt bedienen. Aus Sicht der deutschen Krankenhäuser ist der Wechsel auf CE-Zertifizierung insgesamt positiv zu bewerten, weil es gegenüber den deutschen Standards ein noch höheres Niveau an Sicherheit bietet. Es ist allerdings möglich, dass sich aufgrund der höheren Zulassungs- und F&E-Kosten ein etwas niedrigerer Einspareffekt ergibt. Die englischen Behörden schätzen die Einsparungen durch die CE-zertifizierte Wiederaufbereitung auf durchschnittlich 40 %. In Deutschland liegen die Einsparungen bei vielen Produktgruppen bei rund 50 %.

6   Ablauf des CE-Aufbereitungsprozesses

21   Einmalprodukte werden in verschiedenen klinischen Fächern eingesetzt, beispielsweise im kardiovaskulären, laparoskopischen oder gastroenterologischen Fach, sowie in der Allgemeinchirurgie. Man findet sie in einer Bandbreite von günstigen nicht invasiven Medizinprodukten bis hin zu komplexen sehr kostenintensiven Produkten. Der wachsende Trend hin zu Einmalprodukten hängt auch mit der gesicherten Sterilität der Produkte zusammen, in einem Umfeld wachsenden Hygienebewusstseins. Der Single Use Label wird aber nicht vom Regulator verordnet, sondern wird vom Hersteller vergeben. Die Erfahrung hat gezeigt, dass es oft möglich ist, einige oder alle Komponenten des Medizinprodukts wiederzuverwenden.

22   Es ist daher möglich, dass ein Wiederaufbereitungsunternehmen eigene technische Spezifikationen entwickelt, um das Medizinprodukt auseinanderzunehmen, es zu reinigen und zu desinfizieren, wenn erforderlich, Komponenten auszutauschen, wieder zusammenzusetzen, zu testen, zu verpacken und dieses in einem regulierten Herstellungsprozess. Dazu gehören auch der Nachweis der Konformität des aufbereiteten Einmalprodukts mit der EU-Verordnung und eine

CE-Markierung des aufbereiteten Medizinprodukts bevor es (wieder) in Verkehr gebracht wird. Der Ablauf erfolgt in folgenden Schritten:

1. Wiederaufbereitbare Medizinprodukte werden von den OP-Mitarbeitern in Abstimmung mit dem Aufbereitungsunternehmen ausgesondert, vorgereinigt und in spezielle Transportcontainer verpackt, die in einem vereinbarten Turnus vom Aufbereitungsunternehmen abgeholt werden.
2. Bei dem Aufbereitungsunternehmen erfolgt eine Eingangskontrolle, in der die Produkte ausgesondert werden, die als nicht aufbereitbar eingestuft werden (weil sie erhebliche Defekte aufweisen, weil sie bereits alle Aufbereitungszyklen durchlaufen haben oder weil es für dieses Produkt kein validiertes Aufbereitungsverfahren gibt).
3. Im Herstellungsprozess wird das Medizinprodukt in Komponenten zerlegt. Diese werden mit geeigneten Reinigungs- und Desinfektionsmethoden behandelt, die auf die speziellen Materialeigenschaften angepasst sein müssen. Wenn erforderlich, werden Teile ausgetauscht.
4. Das Medizinprodukt wird zusammengesetzt und anschließend auf Funktionalität sowie auf Konformität mit EU-Standards für Sicherheit, Funktionalität und Hygiene getestet. Medizinprodukte, die verworfen wurden, werden entsorgt. Die akzeptierten Produkte werden sterilisiert (oft mit Niedertemperaturverfahren, z. B. Ethylenoxid, um die thermolabilen Komponenten nicht zu beschädigen) und verpackt. Nur rund 50 % bis 75 % der eingesandten Produkte durchlaufen erfolgreich alle Schritte des Prüfprozesses.
5. Die aufbereiteten Medizinprodukte werden mit einem eigenen CE Mark des Aufbereiters versehen.
6. Die aufbereiteten Medizinprodukte werden an die Krankenhäuser geliefert, gelagert und kommen neben OEM-Produkten zum Einsatz.

Der CE-Aufbereiter übernimmt eine über die deutsche Regulierung hinausgehende Verantwortung. Er muss nachweisen, dass das aufbereitete Medizinprodukt alle relevanten Anforderungen der Medizinprodukteverordnung erfüllt. Er muss für die Validität und Sicherheit aller Herstellungsprozesse die Verantwortung übernehmen. Er übernimmt die gesamten Verpflichtungen und Haftungen für das aufbereitete Medizinprodukt. 23

7 Zusammenfassung

Die qualitätsgesicherte und regulierte Aufbereitung von sog. Einmalprodukten hat in Deutschland eine lange Tradition. Seit der Einführung der gesetzlichen Regelungen für die Aufbereitung im Jahre 2002 hat das BMG in regelmäßigen Untersuchungen feststellen können, dass die Aufbereitung kein erhöhtes Risiko für die Patienten darstellt. Mehrere Studien und auch die Untersuchungen der amerikanischen Behörden kommen zum gleichen Ergebnis. Die erzielbaren Einsparungen (rund 50 % zum Neuprodukt) sind signifikant. In den USA werden die 24

Einsparungen bei rund 400 Mio. USD pro Jahr angesetzt, mit zweistelligen Wachstumsraten. Ähnliche Einsparungen sind im EU-Raum zu erzielen. Dafür bietet die neue EU-Verordnung, die im Jahre 2020 in Kraft tritt, einen Rahmen. Allerdings wird dieser Markt erst stufenweise entstehen. Neben Deutschland hat jetzt Großbritannien als zweites EU-Land die Aufbereitung von Einmalprodukten explizit gestattet. Es ist zu erwarten, dass europäische Anbieter auch in Deutschland ab spätestens 2020 die Aufbereitung als Hersteller betreiben und die aufbereiteten Medizinprodukte als CE-Produkte in den Markt bringen. Dieses hat für die Kunden deutliche Vorteile gegenüber der herkömmlichen Dienstleistungsaufbereitung und lässt vergleichbare Einspareffekte erwarten.

Literatur

AMDR: The business case for reprocessing. Online: www.amdr.org/news/peer-reviewed/ [abgerufen am 1.8.2018].

Bracklo, M.: Aufbereitung von komplexen Medizinprodukten. In: Medinform 2012.

Bracklo, M./Marczak, U.: Reprocessing Cardiology Devices – Reviewing 15 Years of Experience in Germany. In: European Cardiology 8(2)/2012, S. 82–83.

von Eiff, W.: Reprocessing of single use medical devices – a cost benefit review. In: Health & Care Management 12/2011, S. 36–39.

Hengge, M./Fecht, G.: Fifteen years experience with the reprocessing of medical products in electrophysiology. In: Lebendige Wissenschaft 2011, S. 152.

Ischinger, T. A. u. a.: Reuse of single use devices and quality assured reprocessing: hygienic, legal and economic aspects. In: ZKardiolog 91/2002, S. 889–898.

Pitschner, H. F.: Comparison studies of eprocessed and new alation catheters show no impairment of patient safety. In: Kardiologie Assistenz 2/2004, S. 27–32.

US Government Accountability Office, GAO/HEHS-123: Single Use Devices. June 2000; American Nursing Association Resolution: Safety and Effectiveness of reprocessed single use devices in healthcare. 2010.

Logistik als Voraussetzung optimierter Beschaffung und eines effizienten Produkteinsatzes

Dr. Michael Keller

Schlagwortübersicht

Abstract: Logistik kostet Geld und wird von vielen Gesundheitseinrichtungen als notwendiges finanzielles Übel angesehen. Die Vorteile einer optimierten internen und externen Logistik liegen in einer deutlichen Personalentlastung, effizienten Prozessen, planbaren Abläufen und ökologischen Verbesserungen im Transportwesen. Darüber hinaus können Informationen aus der Logistik das Kostencontrolling unterstützen.

1   Herausforderung Materiallogistik

1   Logistik im Gesundheitswesen ist ein wichtiger Baustein zur Sicherstellung der Patientenversorgung unter wirtschaftlichen Bedingungen. Der medizinische Anwender muss jederzeit und an jedem Ort das richtige Material nutzen können, ohne den logistischen Versorgungsprozess großartig wahrzunehmen. Interessanterweise schaffen das alle derzeit beobachtbaren logistischen Strukturen, vom herkömmlichen Bestellzettel bis zum modernen RFID-Chip, scheinbar fehlerfrei, da man in Zeiten ständiger Nachrichten über Fehler im Gesundheitswesen solche Schlagzeilen bisher nicht lesen konnte:

„Patient konnte nicht behandelt werden, da kein Material zur Verfügung stand"

2   Dieser positive Umstand ist vor allem dem Personal in den Gesundheitseinrichtungen zu verdanken, das, in unterschiedlichen Strukturen und Funktionen, mit Kreativität und großem Fleiß spontane Versorgungsanforderungen von medizinischen Funktionsabteilungen ebenso meistert wie Lieferschwierigkeiten der Industrie oder Probleme von Transportdienstleistern. Allerdings führen diese ungeplanten bis chaotischen Anforderungen an die interne Logistik zu hoher Arbeitsbelastung und Frust beim Personal sowie zu erhöhten Kosten. Darüber hinaus wird die Prozessqualität der Logistik massiv verschlechtert. Und diese Prozessqualität steuert mehrere wichtige logistische Kennzahlen, wie Lagerbestand (inkl. dezentrale Lagerplätze), Umschlagshäufigkeit, Bestellanforderungen und Wareneingänge sowie die wirtschaftlichen Kennzahlen Materialverfall, Materialverwurf (bei der medizinischen Behandlung) und Materialverbrauch pro Fall.

3   Zur Beschreibung einer optimalen Logistik sollte man den Gesamtprozess aufteilen in die externe Logistik, d. h. die Versorgung durch die Industriepartner, die Lager-/Bestandslogistik sowie die interne Versorgungslogistik der medizinischen Funktionsbereiche.

2   Materiallogistik und Lieferantenpartner

4   Die Industrie hat zur Gewinnoptimierung und als Reaktion auf permanent fallende Preise und Margen die eigene Logistik über viele Jahre weitestgehend optimiert. Dazu wurde vor allem die Anzahl der Lagerstandorte massiv reduziert sowie die Lagerbestände minimiert, andererseits die elektronische Lagerführung und damit die Lagereffizienz optimiert. Aus Sicht der Industrie wirtschaftlich

erfolgreich und sinnvoll, allerdings verbunden mit einem Anstieg des Risikos der Versorgungssicherheit. Für den Kunden hat dies problematische Auswirkungen. Für die Ersatzbeschaffung von Lieferausfällen der Medikal-Industrie muss eine Klinik mit ca. 300 Betten 0,25 Personalstellen im Einkauf oder in der Disposition und ca. 20.000 EUR zusätzliche Prozesskosten pro Jahr aufwenden. Gleiches gilt für den Bereich der Arzneimittel, Tendenz in beiden Bereichen steigend. Interessanterweise gibt es von Seiten der Industrie wenige Bemühungen, bei Lieferausfällen den eigenen Kunden Lösungen anzubieten, wie beispielsweise Alternativprodukte zu beschaffen oder zumindest zu benennen. Im Sinne eines guten Risikomanagements sollten daher Kliniken immer alternative Produkte als Stammdaten in den Materialwirtschaftssystemen mitführen. Sinnvoll wäre außerdem ein Notfallsystem mit anderen Kliniken, in dem medizinisch unverzichtbares Material bei Engpässen miteinander ausgetauscht wird. Voraussetzung hierbei ist eine gemeinsame Materialstrategie sowie eine erhöhte Bevorratung des Materials.

Weitere Aspekte der externen Logistik betreffen die Lieferqualität und die Lieferbedingungen. Chargenreine Lieferungen sollten im Hinblick auf eine optimale Patientensicherheit – zum Bespiel bei Rückrufen – grundsätzlich geleistet werden, unabhängig von der bestellten Liefermenge. Darüber hinaus sollte auch die Transportlogistik kontinuierlich von der Industrie überprüft werden, damit Transportschäden minimiert werden und der Kunde sich nicht mit diesem Thema beschäftigen muss. 5

„Frei Haus" ist ein veralteter Standard in Verhandlungen über Preis und Lieferbedingungen von Produkten, der den individuellen Bedürfnissen der Kunden nicht grundsätzlich gerecht wird. Während im Einzelhandel Regalpflege alltäglich ist, im Übrigen bei durchaus geringeren Margen der Lieferanten, werden die Möglichkeiten der externen Logistik zur Optimierung interner Abläufe nur sehr selten angeboten. Dabei könnten der Warenübergang und die Bestätigung der Lieferung (Lieferschein) durchaus auf einem elektronisch überwachten Lagerplatz stattfinden, nachdem der Transportlogistiker die Ware in seinem vordefinierten Liefer-Zeitfenster an den geeigneten Lagerplatz verbracht hat. Versorgungsprojekte mit Inhouse-Belieferung an individuelle Anlieferpunkte sind nicht nur für den Kunden wirtschaftlich optimal, sie führen auch zu einem deutlich besseren Lieferanten-/Kunden-Verhältnis und zu einer besseren Versorgungssicherheit. 6

Moderne Bestellsysteme führen häufig zu einer massiven Erhöhung von kleinen Liefermengen und vermehrten Anlieferungen. Die Industrie sollte ihre externe Logistik zur Bündelung von solchen Kleinstbestellungen nutzen und unnötig viele Transportfahrten und Anlieferungen vermeiden, sowohl aus ökonomischer als auch aus ökologischer Sicht. Dazu müssen Industrie und Kunde nur den Status des „zeitkritischen Produktes" einführen, damit die Patientensicherheit jederzeit gewährleistet wird. Man kann natürlich solche wichtigen Produkte grundsätzlich in Konsignationslager überführen und die Lagermengen jedem möglichen Notfallszenario anpassen. Eine solche Anlieferbündelung hat zudem den positiven 7

Effekt, dass sich der Kunde intensiv mit seinen Lagerbeständen und Lagerreichweiten beschäftigt.

3 Aspekte der Lagerhaltung

8 Die Lager-/Bestandslogistik sollte eine intelligente Steuerung und Verwaltung aller notwendigen Materialien sein, unabhängig vom eigentlichen Lagerort, Zentrallager oder dezentrales Lager. Um dies zu erreichen müssen alle notwendigen Lager-Kennzahlen

- Umschlagshäufigkeit,
- Anzahl Bestellungen, Wareneingänge, Picks,
- Warenverfügbarkeit (Fehlartikelquote), Lieferbereitschaftsgrad,
- Durchschnittlicher Lagerbestand,
- Lagerplatzauslastung,
- Verhältnis Durchläufer/Lagerartikel und
- Lieferantenanzahl

permanent gemessen und an vorgegebene Soll-Werte angepasst werden. Dieses Bestandsmanagement dient einerseits der optimalen Versorgungssicherheit, kann aber auch die Thematik der verfügbaren Lagerfläche stark beeinflussen. Geht man im Mittel von einem Verhältnis 80 qm Lagerfläche pro 100 zu versorgenden Akut-Betten aus, kann durch eine gute Lagerorganisation, beispielsweise optimierte Mindestbestände mit hoher Umschlagsfrequenz, der Faktor auf 100/60 qm gesenkt werden, was gerade bei Klinikneubauten wirtschaftlich sinnvoll erscheint.

9 Die Überwachung von Haltbarkeitsdaten und die Strategie der Materialverfall-Vermeidung sind wirtschaftlich absolut notwendig. Gut organisierte Lager haben einen jährlichen Materialverfallswert unter 0,1 %, schlecht organisierte Lager Werte um 5–6 %. Wichtig zur Optimierung dieser Kennzahl ist, dass zu allen Materialien beim Wareneingang ein Barcode vergeben wird, entweder der von der Industrie gelieferte oder ein selbst erzeugter. Jeder Barcode muss im Lagerverwaltungssystem erfasst und überwacht werden. Zu jedem im Barcode erfassten Haltbarkeitsdatum gehört schließlich noch ein Vorlaufdatum des Materialverfalls, also der Zeitpunkt, in dem das Material noch in der Klinik verbraucht werden kann. Leider stellt man immer wieder fest, dass angeliefertes Material eine deutlich geringere Haltbarkeit aufweist als erwartet. Viele Industriepartner scheinen Defizite bei ihrer eigenen Lagerführung, z. B. bei FIFO, auf ihre Kunden zu verlagern. Dies kann man als Kunde vermeiden, indem in Belieferungsverträgen durchschnittliche Haltbarkeitsprofile von Materialien festgelegt werden, ein aufwendiges aber sinnvolles Vorgehen, um Kriterien zu Materialrückgaben eindeutig zu definieren.

10 Zuletzt können über ein kennzahlengesteuertes Bestandsmanagement Arbeitsabläufe und Arbeitsprozesse im der Bestandslogistik standardisiert und gleich-

zeitig flexibel gehalten werden, wenn sich das medizinische Leistungsspektrum kurzfristig ändert. Dies entlastet von den eingangs erwähnten ungeplanten bis chaotischen Tätigkeiten und führt zu einem positiven Personaleinsatz.

4 Inhouselogistik zur Patientenversorgung

Die interne Versorgungslogistik sollte unauffällig den Materialeinsatz am Patienten ermöglichen, einfach in der Handhabung sein und gleichzeitig ein patientenbezogenes Materialmanagement ermöglichen. Sie umfasst alle Vorgänge vom Transport des Materials aus dem Zentrallager, der Zwischenlagerung in den Funktionsbereichen bis zum Einsatz am Patienten. Dabei ist mit Logistiksystem immer eine IT-Logistik-Software mit Hardwarekomponenten und Personalressourcen gemeint. Bekannt und bei vielen Kliniken im Einsatz ist eine Scannergestützte Bestell- und Informationssoftware mit Modulschränken und Versorgungsassistenten.

Ob Scannen von Barcodes oder personenindividuelle Entnahme aus Schranksystemen, alle modernen Logistiklösungen sollten mit KIS, LIS und MMS verknüpft werden, um patientenbezogene Materialkennzahlen zu erheben. Diese tiefe Integration muss unter Berücksichtigung der gültigen Datenschutzrichtlinien erfolgen, d. h. nur als stationäres System innerhalb der Klinik arbeiten. Von daher muss man bei der Auswahl des geeigneten internen Logistiksystems berücksichtigen, dass man es selbst betreibt und dafür geeignetes Personal benötigt. Je komplexer das System, desto höher die Anforderungen, desto mehr Funktionalität kann aber auch genutzt werden: Dokumentation und Archivierung vom Materialeinsatz beim Patienten.

Egal ob der Transport des Materials aus dem Zentrallager über Versorgungspersonal oder funkgesteuerte Fahrzeuge erfolgt, die Überwachung des Materials muss mindestens in den Zwischenlagern weiterhin gewährleistet sein. Ein Modulschrank darf datentechnisch kein schwarzes Loch sein, in dem das Material verschwindet. Haltbarkeit und Chargendokumentation müssen bis zum Materialverbrauch durchgängig funktionieren. Leider sind viele moderne Systemeinbauten gerade in diesem Punkt nicht richtig durchdacht – im Fall von kritischen Material-Rückrufen eine zusätzliche Herausforderung für das klinische Personal.

Der Materialeinsatz am Patienten und die damit verbundene fallbezogene Verbrauchsdokumentation ist die Königsdisziplin eines geeigneten Logistiksystems. Während im Einzelhandel jeder Kunde inzwischen selbst seinen Einkauf scannt und damit eine Dokumentation seines Handelns erstellt, fällt es Kliniken nach wie vor schwer, ein patientenbezogenes Materialmanagement aufzuziehen. Dabei könnten RFID-Systeme an definierten Durchtrittsstellen, z. B. OP-Schleuse oder Behandlungszimmer, das Material erkennen und dem Patienten zuordnen, Materialverwurf und Materialverbrauch über ein intelligentes Abfallkonzept gegenrechnen und gleichzeitig eine Gesamtkostenkalkulation für die DRG InEK-Matrix

11

12

13

14

erstellen. Natürlich bedarf dies einer perfekten Mitarbeit des zuständigen medizinischen Personals, aber der Nutzen von Dokumentation und Archivierung in der Patientenakte ist enorm groß.

15 Voraussetzung für eine optimale Logistik, sowohl intern als auch extern, ist ein optimales Stammdatenmanagement und funktionierende Schnittstellen in andere klinische IT-Systeme. Das Materialwirtschaftssystem als führendes Materialdatensystem muss umfangreiche und korrekte Stammdaten erhalten, um Wareneingänge, z. B. als Barcode-Scans, zu verarbeiten, patientenbezogene Dokumentationen fachlich richtig zu erstellen und Materialbestellungen bei der Industrie fehlerfrei auslösen zu können. Stammdaten kann man selbst anlegen und pflegen. Effizienter ist ein automatisiertes Einladen von Daten aus den gescannten Barcodes oder aus Datencontainern von Dienstleistungsunternehmen.

5 Materialkennzahl und wirtschaftliche Steuerung

16 Ist die interne Logistik optimiert, korrektes Datenmanagement eingeführt und die patientenbezogene Zuordnung funktionsfähig, kann man über das Materialcontrolling tatsächlich beginnen, den Produkteinsatz am Patienten effizient zu gestalten. Aus den statistischen Durchschnitts-Materialverbräuchen pro medizinischer Intervention kann die Materialvorbereitung gesteuert werden, sodass dynamisch und anwenderbezogen genau das richtige Material zu richtigen Zeit an den richtigen Einsatzort gebracht wird, und nicht zu viel oder – schlimmer noch – zu wenig. Diese Steuerung hilft, in Zeiten von knappen Personalressourcen im medizinischen Bereich eine Prozesszufriedenheit zu erzeugen, Materialverwurf zu vermeiden und standardisierte Behandlungsstrategien, bezogen auf das Material, zu etablieren, sogar unter Berücksichtigung von einzelnen individuellen Notwendigkeiten. Verknüpft man die Materialdaten auch noch mit Datenklassifikationssystemen, wie eCl@ss, kann man die Materialien einzelner medizinischer Interventionen zukünftig als ein Los ausschreiben oder verhandeln. Solche Prozedurenpreise werden den Sachkostenbezug in den einzelnen DRG transparenter und die wirtschaftliche Planung einer Klinik deutlich einfacher machen.

Teil V   Rolle, Verantwortung und Sicht der Berufsgruppen

Die Sicht der Beteiligten: Ärzteschaft, Pflege, Therapie, Kaufmännische Leitung

Dr. Robert Jaeschke/Ellio Schneider

Schlagwortübersicht

Abstract: Das vorliegende Kapitel gibt einen Überblick über die verschiedenen Blickwinkel aller Beteiligten bei der Beschaffung von Produkten. Zu diesen Mitwirkenden gehören neben den Mitarbeitern des Einkaufs auch die Ärzte, die Therapeuten, die Pflege sowie auch die Kaufmännische Leitung. Das Ziel der Beschaffung ist erreicht, wenn der Bedarf des Behandlers und des Patienten abgedeckt und gleichzeitig die wirtschaftlichen Vorgaben erfüllt sind. Wie dieser Soll-Zustand heute sowie auch in Zukunft erreicht werden kann und welche Hindernisse dabei überwunden werden müssen, wird in diesem Kapitel detailliert beleuchtet und Lösungsansätze dargestellt. Die Darstellung basiert auf eigenen Erfahrungen sowie auch auf Aussagen und Erfahrungswerten der Beteiligten.

1 Einleitung, Hintergrund, Problembeschreibung, Herausforderung

1 *„Die haben gar keine Ahnung, was wir hier wirklich brauchen!"*

„Die checken gar nicht, wie es uns hier am Patienten geht!"

„Die müssten sich mal anschauen, wie wir hier arbeiten und mit welchen Materialien!"

„Die denken immer nur an sich und wollen immer nur das Beste und es ist ihnen gar nicht klar, was das alles kostet!"[1]

Solche oder ähnliche Kommentare und emotionale Formulierungen sind immer wieder von Mitarbeitern zu hören, wenn es um die Beschaffung z. B. von Verbrauchs- oder Therapiematerialien bzw. Ausstattungen im Gesundheitswesen geht. Bereits, wenn von *„Die"* oder *„Denen"* oder *„Die da"* die Rede ist, wird klar, dass das Thema „Beschaffung im Gesundheitswesen" oft emotional thematisiert wird. In vielen Fällen fehlen gemeinsame Lösungen auf der Basis transparenter Entscheidungen.

2 Der Einkauf wirkt sich maßgeblich auf die Qualität der Versorgung und damit auf die Qualität der Behandlungsergebnisse und -zufriedenheit beim Patienten aus. Er ist damit Bestandteil der Strukturqualität und der Prozessqualität und beeinflusst damit auch die Ergebnisqualität von Behandlungen. Nirgends wirken sich die Struktur, die Form, die Abläufe und die Qualität der Zusammenarbeit zwischen den Mitarbeitern, die direkt am Patienten arbeiten (z. B. Therapeut, Pflege, Arzt, Pädagoge etc. – im Folgenden „Behandler") und den Mitarbeitern im Einkauf so deutlich aus wie im Bereich der Beschaffung. Zusätzlich haben die häufig offenen und/oder schwelenden Missverständnisse, Kommunikationsbarrieren, Eitelkeiten oder Interessenskonflikte gravierenden Einfluss auf die gemeinsamen Ziele einer bestmöglichen Versorgung und einer hohen Zufriedenheit aller Beteiligten.

---

1 Mündliche Informationen von Mitarbeiterinnen und Mitarbeitern.

Häufig gibt es eine erhebliche Diskrepanz zwischen der Denkweise, den Prioritä- 3
ten und der Vorstellung des Behandlers (im Sinne des Anwenders von Therapiematerialien am Patienten) sowie denen des Einkäufers.

Die unterschiedliche Sicht ergibt sich dabei aus den jeweiligen Zielen/Interessen 4
im Rahmen der jeweilige Funktion oder Aufgabe der verschiedenen Mitarbeiter.
Vereinfacht kann man sagen, dass eine Kaufmännische Leitung eher auf kosten-
günstige Ausstattung achtet, die eine optimale Verfügbarkeit und niedrige lau-
fende Kosten hat, während der Behandler eher Ausstattungen präferiert, die
innovativ und damit imagefördernd sowie wettbewerbsfähig sind. Außerdem
sind die leichte Bedienbarkeit und die Aspekte „dauernd verfügbar" und „ausfall-
sicher" von Bedeutung.

Im Folgenden werden die Facetten der Zusammenarbeit aller Beteiligten bei der 5
Beschaffung vom „Behandler" bis zum Einkäufer beleuchtet, wobei die gemein-
same Herausforderung einer bestmöglichen Versorgung der Patienten und die
Zufriedenheit aller beteiligten Mitarbeiter zu beachten sind.

2 Beteiligte „Player"

Vereinfacht können folgende beteiligte „Player" im Bereich Beschaffung aus- 6
gemacht werden, die sowohl voneinander anhängig als auch aufeinander angewiesen sind:

- Behandler
- ggf. Abteilungsleiter
- Klinikleitung
- (zentraler) Einkäufer
- Industrie

Diese Beteiligten kommen aus den unterschiedlichsten beruflichen Prägungen 7
und haben dementsprechend unterschiedliche, teilweise konträre Denkweisen
und damit auch unterschiedliche aufgabenbedingte Ziele und Interessen. Trotzdem sollten alle „Player" diese Grenzen überwinden und die bestmögliche Behandlung der Patienten in den Mittelpunkt stellen.

3 Schnittstellen und Kommunikationswege

Grundsätzlich ist der Behandler immer Dienstleister des Patienten, während alle 8
anderen „Player" ebenfalls als Dienstleister fungieren, aber den Behandler in
seiner Tätigkeit unterstützen und gemeinsam zum Wohle der Patienten und
Mitarbeiter zusammenarbeiten müssen.

Bei großen Organisationen ist deshalb die Implementierung einer Beschaffungs- 9
kommission sinnvoll. Dadurch soll neben der Festlegung von Standards die

einrichtungs- und berufsgruppenübergreifende Zusammenarbeit durch den Austausch von fachübergreifendem Know-how und Erfahrung gestärkt und gefördert werden. Ansonsten enthält die Beschaffung ein teilweise nicht zu unterschätzendes Potenzial für Missverständnisse und Fehlinformationen, fehlende Rücksprachen oder unklare Darstellungen. Dies kann zu Fehlern, Unstimmigkeiten, Verschwendung zeitlicher und finanzieller Ressourcen bis hin zur Anschaffung nicht brauchbarer Produkte führen.

4 Entscheidungskompetenzen und Transparenz von Entscheidungen

10 Jedem Beteiligen muss klar sein, wer bei Beschaffungen über welche Kompetenzen verfügt und wer welche Entscheidungen treffen kann und muss. Aber dennoch fehlt es häufig an einer eindeutigen Klärung und offenen Benennung von Entscheidungskompetenzen.

11 Der Behandler weiß in der Regel am allerbesten, welche Produkte oder Ausstattungen er für die ihm gestellten therapeutischen Aufgaben benötigt. Er kennt die spezifischen Anforderungen und die fachlichen Vorgaben, wendet die Produkte täglich an und kennt Vor- und Nachteile sowie mögliche Alternativen. Er kennt oft entscheidende Details von Ausstattungsvarianten und wird dies fachlich begründet in seine Entscheidung einfließen lassen. Seine Stimme sollte deshalb innerhalb der Beschaffungskommission entsprechendes Gewicht haben. Weiterhin sollte er darüber informiert sein, welche Kosten für welche Produkte und/oder Ausstattungen anfallen, um auch die Kostenaspekte berücksichtigen zu können. Dies beinhaltet auch, dass nicht immer die Produktvariante mit der besten Ausstattung notwendig oder sinnvoll ist. Vom Behandler wird erwartet, dass er sich sehr genau überlegt, welche Funktionen oder Ausstattungsmerkmale wirklich notwendig und welche dagegen überflüssig sind. So reichen häufig auch einfacher ausgestattete Varianten mit weniger Funktionen für eine definierte Aufgabe aus.

12 Dies bedeutet, dass der Behandler seine tatsächlichen Bedürfnisse und die Vielzahl der Möglichkeiten überlegt abwägen, und nicht immer gleich auf das beste, maximal ausgestattete Produkt fokussieren sollte. Darüber hinaus ist es auch seine Aufgabe, die Bandbreite möglicher Abweichungen darzustellen, um die Beschaffung leichter zu machen.

13 Die Klinikleitung verfügt in der Regel über einen größeren Überblick über das Budget und die Ausgaben, sodass es ihre Aufgabe ist, die Anforderung des Behandlers unter dem Aspekt der mittel- und langfristigen Ziele der Einrichtung zu bewerten. Dies beinhaltet insbesondere, dass bei einem Bedarf von Produkten für eine ähnliche Aufgabe gleiche Geräte oder Geräte von gleichen Herstellern angeschafft werden sollten. Dadurch ergeben sich günstigere Wartungsverträge, eine einfachere Ersatzteilbeschaffung und/oder ein einfacherer Tausch von Gerä-

ten oder Produkten sowie minimierte Kosten und Ausfälle. Es ist Aufgabe des Einkäufers, hier den Überblick zu bewahren und entsprechend einzugreifen. Eine transparente Kommunikation ist Grundlage für seine Entscheidungen und damit für das Verständnis für die Entscheidungen auf der Seite des Behandlers.

Der Einkäufer hat die wirtschaftlichen Aspekte im Blick und muss in der Regel klare Vorgaben umsetzen. Seine Kompetenz liegt darin, das Angebot zu vergleichen, mögliche Alternativen zu finden und Preise sowie Mengen zu verhandeln. Er kennt den Markt und mögliches Einsparpotenzial, das er entsprechend seiner Aufgabe umsichtig nutzen muss. Deshalb wird er dann die Anforderung des Behandlers ändern, wenn er über eine größere Menge für mehrere Abteilungen und/oder Standorte andere Preise verhandeln kann. Dies kann zur Folge haben, dass er nicht genau das vom Behandler angeforderte Produkt präferiert, sondern ein ähnliches Produkt, welches in verschiedenen Einrichtungen einsetzbar ist. 14

Letztendlich muss das Produkt jedoch den Anforderungen des Behandlers im definierten Rahmen entsprechen, damit es verwendbar ist. Es darf auch nicht überdimensioniert sein oder über überflüssige Funktionen verfügen. Letztgenannte Aspekte müssen innerhalb der Beschaffungskommission diskutiert werden, um u. a. eine sinnvolle Bündelung des Einkaufs, ein abgestimmtes und geschlossenes Auftreten gegenüber der Industrie, gleiche Augenhöhe und Standards zu erreichen. 15

Die endgültige Entscheidung über die Beschaffung kann also nur eine gemeinsame Entscheidung sein, die im Zweifelsfall durch Abteilungsleiter und kaufmännische Leiter moderiert werden muss. 16

Grundlage für diese Entscheidungsfindung muss immer in einer höchstmöglichen Transparenz und intensiven Kommunikation mit Begründung der eigenen Argumente und Entscheidungen in alle Richtungen liegen. 17

Durch eine offene und direkte Kommunikation unter Berücksichtigung der Aufgaben und Interessen der Beteiligten kann eine Entscheidung getroffen werden, von der sich niemand „überrannt" oder „nicht gehört" fühlt. Nur so können Missverständnisse ausgeräumt, Vertrauen aufgebaut und eine konstruktive Zusammenarbeit für zukünftige Beschaffungen vorangetrieben werden. 18

5 Beziehungen und Kommunikation zwischen den Beteiligten

Mitentscheidend für eine bestmögliche Beschaffung eines Unternehmens sind die Beziehungen sowie die Kommunikation der an diesen Abläufen Beteiligten untereinander. Letztendlich wird das Unternehmen im Gesundheitswesen nur dann langfristig Erfolg haben, wenn Produkte vorgehalten werden, die für den Therapieerfolg des Patienten geeignet sind und die für den Behandler bei seiner Arbeit 19 hilfreich und gut einsetzbar sind. Gleichzeitig müssen die auftretenden Beschaffungskosten der Produkte so gering wie möglich gehalten werden, um einen wirtschaftlichen Betrieb zu unterstützen. Häufig stehen die beiden „Endpunkte" (bestes Produkt vs. geringste Kosten) in Konkurrenz zueinander und es müssen im Interesse aller Beteiligten „richtige" Entscheidungen getroffen werden, die insbesondere aus Sicht des Behandlers oft Kompromisse darstellen.

20 Sind die Beziehungen zwischen den Beteiligten von Konkurrenz, Egozentrik, Eitelkeiten oder mangelndem Verständnis (Empathie) geprägt oder wertschätzt der eine die Rolle, Aufgabe und Motivation des anderen nicht, wird sich dies auf die Therapieerfolge und langfristig auf den Erfolg der Einrichtung am Markt sowie auf ihre Wirtschaftlichkeit auswirken.

21 Anschuldigungen, Konflikte, schwindendes Engagement, Boykott bis hin zur Aussagen wie „ist mir doch egal" sind nicht selten die Folge und „vergiften" die Stimmung und Beziehungen zwischen den Mitarbeitern.

22 Das Verhältnis und die Einstellungen der beteiligten Mitarbeiter der verschiedenen Abteilungen zueinander und untereinander sollten daher geprägt sein durch

- Wertschätzung gegenüber dem Engagement, dem Willen sowie dem Ziel des Anderen, die ihm gestellt Aufgabe bestmöglich zu erfüllen (auch wenn diese Aufgabe von der eigenen Zielsetzung abweicht),
- Vertrauen in die Tätigkeit des anderen und in sein Bestreben, seine Aufgabe bestmöglich zu erfüllen,
- Verständnis für die Zielsetzungen und Vorgaben des anderen,
- Transparenz,
- offene Kommunikation über die Gründe der eigenen Entscheidung sowie
- Übernahme von Mitverantwortung an gemeinsamen Zielen und am Ziel des anderen sowie für das Erreichen dieser Ziele.

23 Originäre Aufgabe und auch Verantwortung der Leitung der Einrichtung ist hierbei die Voraussetzung für die Entwicklung solcher Einstellungen und Beziehungen zu schaffen, diese zu fördern und alle Beteiligten diesbezüglich im Blick zu behalten.

24 Gleichzeitig müssen für eine personaleffiziente und weniger fehleranfällige Beschaffung neben klaren Zuständigkeiten auch verbindliche Kommunikationsstrukturen vorhanden sein. Der persönliche Kontakt der Beteiligten ist unverzichtbar, jedoch lässt sich ein Großteil der Beschaffungen und Anforderungen durch die Implementierung einer Beschaffungskommission sehr gut umsetzen. Standardprozesse und definierte Kommunikationswege erleichtern dabei die Arbeit der Beteiligten.

6 Aufgabe der Leitung

Aus den bisherigen Ausführungen wird ersichtlich, dass die Beschaffungskommission und die Klinikleitung einen erheblichen Beitrag zur reibungslosen Abwicklung des Einkaufs leisten können und müssen. Einerseits müssen auf der Leitungsebene und in der Beschaffungskommission Entscheidungen über Beschaffungen und die Bedingungen dieser Beschaffungen getroffen werden, andererseits tragen sie Sorge und Verantwortung dafür, dass das Procedere der Entscheidungsfindung und der Beschaffung zwischen Behandler und Einkäufer entsprechend den obigen Darstellungen ökonomisch, transparent, offen und effizient erfolgt. 25

Hierfür müssen unter Einbezug der betreffenden Mitarbeiter Abläufe und Prozesse entwickelt werden, die eine möglichst ökonomische und fehlerfreie Beschaffung garantieren. Diese können dabei von Abteilung zu Abteilung unterschiedlich sein und individuelle Besonderheiten berücksichtigen. 26

Der Erfolg hängt auch hier insbesondere von der Führung der Mitarbeiter ab. Zu den Aufgaben der Vorgesetzten gehören dabei: 27

- Die Verfahren und Prozesse der Beschaffung einschließlich definierter Kommunikationswege unter Einbezug der betreffenden Mitarbeiter schaffen.
- Transparenz, Kompromissbereitschaft und Einbezug der Sichtweise und der Interessen des Gegenübers vorleben.
- Den Mitarbeitern zuhören und ihre Interessen und Vorstellungen ernst nehmen (im Vertrauen darauf, dass jeder Mitarbeite das Beste geben will).
- Die divergierenden Interessen und Ansichten ausgleichend moderieren.
- Gegebenenfalls vorliegende unterschiedliche Interessen priorisieren.
- Die eigenen Standpunkte klar eindeutig, direkt ohne Umwege und transparent kommunizieren.
- Die Mitarbeiter entsprechend fortbilden.

Nicht zuletzt geht es darum, die Beteiligten „zusammenzubringen" und die Kommunikation unter den Beteiligten zu fördern und klar sowie effizient zu strukturieren. 28

7 Konkretes Fehlermanagement

Bei Beschaffungen treten aus der Sicht der Behandler häufig ähnliche Fehler- und Problemmuster auf, die ohne Anspruch auf Vollständigkeit kurz beleuchtet werden sollen (siehe Tab. 1): 29

Tab. 1: Fehler- und Problemmuster

Fehlermuster	Mögliche Lösungsansätze
Anschaffung von Produkten, die für die Aufgabe und Anwendung ungeeignet oder überdimensioniert sind	• genaue und eindeutige Produktbeschreibungen mit Beispielen • Ausführungsspielräume beschreiben • Rücksprache
fehlende Produkte	• richtiger Umgang mit Dringlichkeiten und Prioritäten
falsche Mengen eines Produkts (mit Problemen bei der schnellen lokalen Verfügbarkeit einerseits, aber auch der Lagerung großer Mengen andererseits)	• gemeinsame Klärung der Relation Anschaffungskosten vs. Lagerkosten • Beachtung Haltbarkeit vs. Verfügbarkeit • Beachtung von Lagerkapazität und Veränderungen des Bedarfs
Anschaffung verschiedener Geräte verschiedener Hersteller für den gleichen Zweck (Folge: verschiedene Wartungsverträge mit entsprechenden Kosten)	• Absprache zwischen den Anwendern und ggf. Kompromisse • zentrale Koordination
Zeitverzögerungen bei der Beschaffung	• frühzeitige Abschätzung des Bedarfs mit entsprechender Bestellung • klare Benennung der spätesten Verfügbarkeit
Fehlende Transparenz von Entscheidungen	• direkte Kommunikation mit direkten Ansprechpartnern • Begründung von Entscheidungen • Entwicklung und Einhaltung von Abläufen mit klaren Aufgaben und Entscheidungsstellen • Benennung von „Entscheidungskorridoren"
„Entscheidungen über den Kopf hinweg"	• Verständnis und Respekt für die Sichtweise aller Beteiligten • Entwicklung und Einhaltung von Abläufen unter Einbezug der betreffenden Mitarbeiter • Benennung von „Entscheidungskorridoren" • klare Kommunikation

Quelle: Eigene Darstellung.

8 Die Sicht der Beteiligten: Die acht wesentlichen Aspekte aus Behandlersicht

30
- Vertrauen des Einkaufs in die fachliche Anforderung des Behandlers.
- Vertrauen des Behandlers in eine betriebswirtschaftliche Entscheidungsfindung des Einkaufs.
- Respekt für die Sichtweise, die Kompetenz und den Fokus des Gegenübers.

- Übernahme einer Mitverantwortung für die Erfüllung der Ziele des Gegenübers.
- Transparenz in der Kommunikation und der Entscheidungsfindung.
- Kommunikation klarer Entscheidungskorridore.
- Standardisierte Abläufe unter Einbezug aller betreffenden Mitarbeiter.
- Kultur des gegenseitigen Unterstützens.

9 Fazit und Ausblick

Die Beschaffung von Produkten kann als gelungen bezeichnet werden, wenn sie den Bedarf des Behandlers und Patienten abdeckt und gleichzeitig den wirtschaftlichen Vorgaben entspricht. Um dies zu erreichen, bedarf es einer offenen, direkten und klaren Kommunikation zwischen allen am Procedere der Beschaffung Beteiligten. Grundlagen hierfür sind, unter Einbezug der betreffenden Mitarbeiter, entwickelte Abläufe und Procedere mit benannten Entscheidungskorridoren. Ein grundlegend wertschätzender und respektvoller Umgang miteinander und ein Vertrauen in die jeweiligen Mitarbeiter sind Voraussetzung für gute Ergebnisse. Konflikte, unterschiedliche Meinungen und Interessen sind zu überwinden, um bestmögliche Lösungen und Kompromisse zu finden. Unterschiedliche Sichtweisen sind deshalb einzubeziehen und bei der Entscheidungsfindung gemeinsam abzuwägen. Für die Zukunftsgestaltung stehen außerdem die Nutzung von Online-Shops, digitale Gesamtprozesse, der Einsatz von BOS-Systemen und digitale Plattformen für den Datenaustausch zur Verfügung.

31

Der Beschaffungsvorgang aus Sicht der Medizin

Prof. Dr. Albrecht Stier/Dr. Dr. Markus Mille

Schlagwortübersicht

Abstract: Moderne Beschaffungskonzepte orientieren sich in erster Linie an dem Nutzen für den Patienten, an dem Konzept und der Struktur einer Abteilung und an der strategischen Ausrichtung des Krankenhauses. Die ersten beiden Punkte erfordern hohe Kompetenz im Behandlungsteam. Von ihm werden Beschaffungsvorschläge entwickelt, in einer Kosten-Nutzen-Bewertung analysiert und für die Praxis getestet. Ein Konzept muss ausgearbeitet sein, bevor man den Dialog mit dem Geschäftsführer sucht. In dieser Diskussion sollte dann vorrangig auf Marketing- und Strategieentwicklungen fokussiert werden.

1 Rahmenbedingungen

1 Ärzte werden sich verstärkt mit der „Industrialisierung" in der Medizin auseinandersetzen müssen. Die in der Industrie über Jahrzehnte hinweg optimierten Entwicklungen finden zunehmend auch Eingang in die Gesundheitswirtschaft: Ergebnisorientierung, Prozessoptimierung, Transparenz und Digitalisierung sind nur einige Kernbereiche, mit denen sich Ärzte immer intensiver beschäftigen müssen. Aus verständlichen Gründen widerstrebt das vielen, weil das – verständlicherweise auch emotional gesteuerte – Gegenargument, der Patient sei keine Ware, seine Behandlung kein industrieller Prozess, tatsächlich einen überbrückbaren Gegensatz darstellt. Diese Gratwanderung zwischen dem Anspruch, für das Wohl des Patienten nur das medizinisch Beste erreichen zu wollen und der Vorgabe, gleichzeitig die Prinzipien der Marktwirtschaft erfüllen zu müssen, zu bewältigen, wird die Herausforderung der nächsten Jahre sein. Und sie wird nur durch gemeinsame Konzepte von Arzt, Geschäftsführer und Vorstand eines Krankenhauses lösbar sein.

2 Die rasant fortschreitende Digitalisierung wird die Medizin in einem Maße beeinflussen und verändern, wie sich das derzeit kein Beteiligter in der Gesundheitswirtschaft vorstellen kann. Für unser Thema geht es dabei weniger um die Miniaturisierung von Devices, Virtual Reality oder Robotik, sondern vielmehr um die Verarbeitung von täglich generierten Datenbergen, sog. „Big Data". Ein deutsches Universitätsklinikum erzeugt so 11 Terabyte patientenbezogenen Daten pro Tag. Bisher gibt es jedoch noch keine Computerprogramme, die diese Daten sortieren, analysieren und mit Datenbanken anderer Einrichtungen wie z. B. Krebsregistern oder Krankenkassen fusionieren können, um daraus Algorithmen entwickeln, die Diagnostik und Behandlung eines Patienten optimieren sollen. Diese gigantische Fülle von Daten erzeugt eine vermeintliche Transparenz, die natürlich auch Patienten zunehmend zugänglich gemacht werden. So existieren in den USA bereits Anwendungen, die die persönlichen Erfolgsraten namentlich benannter Chirurgen bei bestimmten, von ihnen jährlich durchgeführten Operationen aufführen, basierend auf den Abrechnungsdaten der Krankenversicherer. Diese Darstellung soll dem Patienten bei der richtigen Entscheidung für die Wahl eines Krankenhauses und Operateurs helfen. Eine Auswertung über die Sinnhaftigkeit dieses Programmes und dessen Akzeptanz ist bisher noch nicht publiziert.

Unabhängig, wie weit Google oder IBM Watson den Umgang mit transparent   3
gemachten medizinischen Daten noch betreiben werden – der Patient wünscht
sich zunehmend Informationen über seine Erkrankung und deren mögliche
Therapie, bevor er sich in ein Gespräch mit dem Arzt begibt. Nicht selten offenbart er in diesem Gespräch bereits dezidierte Vorstellungen über seine Krankheit,
manchmal sogar über die ,richtige' Therapie. Und er stellt berechtigt Fragen über
die Eingriffshäufigkeit am Standort, die Operationsmethode (offen oder laparoskopisch oder unter Verwendung eines Roboters), die Verwendung innovativer
Techniken (wie z. B. Radiofrequenzablation, Neuromonitoring) und alternativer
Behandlungsmöglichkeiten. Wenn Sie als potentieller Behandler hier nicht das
gesamte Armamentarium der Gerätetechnik auffahren, könnten Sie es in der
Zukunft schwer haben, den Patienten von den Vorzügen der Behandlung an
Ihrem Standort überzeugen zu können.

2   Die Konzentration medizinischer Kompetenz

Dabei kommt es unweigerlich zu einer weiteren Entwicklung: die Zentrenbildung.   4
Wenn der Arzt die partizipative Entscheidungsfindung zwischen ihm und seinem
Patienten ernst nimmt, dann sollte dieser ihm in letzter Konsequenz auch
offenlegen können, welche Methoden in seiner Abteilung vorgehalten werden
und welche nicht. Wird der Patient an eine spezialisierte Einrichtung vermittelt,
wenn vor Ort z. B. eine entsprechende Gerätschaft fehlt, oder werden ihm die
Vorzüge der vom Arzt vorgeschlagenen Methode geschildert, da diese fehlende
Technik aufgrund seiner Expertise nicht erforderlich ist? Würde man im umge-
kehrten Fall, wenn eine Behandlung an einem Zentrum empfohlen wird, weitere
Patienten verlieren, die dann gleich direkt an das andere Krankenhaus geschickt
werden? Oder rüstet man auf und fordert von der Geschäftsführung die Anschaffung neuer Geräte, um mit der Konkurrenz mithalten zu können?

Zentrenbildung oder besser die Konzentration medizinischer Expertise wird   5
zunehmend von Politik, Versicherungen und den Patienten(-verbänden) gefordert. Die Erwartung, dass dort die Ergebnisqualität besser ist, wird auch durch die
Annahme gestützt, dass dort Strukturen und Prozesse im Zusammenwirken der
einzelnen an der Weiterbehandlung des Patienten beteiligten Fachabteilungen
rund um die Uhr vorgehalten bzw. eingeführt sind, die für das bessere Behand-
lungsergebnis ausschlaggebend sein können. Wenn sich dieses Konzept in der
Gesundheitswirtschaft durchsetzen sollte, wäre eine strategische Neuausrichtung
mancher Krankenhausstandorte erforderlich, ja sogar unausweichlich. Ein Weg
könnte so z. B. sein, dass man sein medizinisches Portfolio auf Erkrankungen
konzentriert, deren erfolgreiche Behandlung diesem Standort auch den Status
eines medizinischen Kompetenzzentrums über die Jahre ermöglicht; etwa der
Aufbau eines rheumatologischen Zentrums mit Orthopäden, Rheumatologen,
Schmerz- und Physiotherapeuten.

6   So führt die Zentrenbildung aber auch zu einer weiteren Gewissheit: Nicht jeder kann alles gleich gut. Die zuweilen schmerzhafte Erkenntnis, dass die Zeit des chirurgischen Tausendsassas vorübergegangen ist, setzt sich deshalb in der Ärzteschaft immer häufiger durch.

7   Auch der vermeintliche Alleskönner hat sich zunehmend spezialisiert und wird, wenn er klinisch wie wissenschaftlich den aktuellen – übrigens auch im Patientenrechtegesetz geforderten – Behandlungsstandards verpflichtet sein möchte, seine Klinik so aufstellen, dass er die Gegebenheiten und Strukturen seines Standortes nutzt und sein Leistungsspektrum fokussiert. Ein solches Konzept hat natürlich erhebliche Auswirkungen auf das Beschaffungswesen in einem Krankenhaus.

8   Wenn Sie als geneigter Leser nach nunmehr über einer Seite zunehmend den Eindruck gewinnen sollten, der Autor habe offenbar sein Thema verfehlt, so muss entgegnet werden, dass diese skizzierten Rahmenbedingungen den Kontext erläutern sollen, in dem Beschaffungsmaßnahmen erfolgen. Einem Kaufmann mit betriebswirtschaftlichem Hintergrund mögen die Ausführungen redundant erscheinen; manche Ärzte haben jedoch immer noch Akzeptanzprobleme mit diesen Rahmenbedingungen.

3   Die Planungsphase

9   Der Erfolg eines Beschaffungskonzeptes wird zunächst entscheidend von der Art, wie ein Chefarzt seine Klinik führt, abhängig sein. Da der medizinische Fortschritt sich rasant entwickelt, ist es unwahrscheinlich, dass ein Einzelner die Veränderungen in den einzelnen Subspezialisierungen seines Fachgebietes noch umfassend verfolgen kann. Um weiterhin up to date zu bleiben, könnten Ober- und Fachärzte definierte Bereiche eigenverantwortlich übertragen werden, wobei Richtlinienkompetenz und Gesamtverantwortung beim Leiter der Klinik bestehen bleiben. Auf diese Weise kann ein Krankenhaus sein Profil schärfen bzw. erweitern.

10   Die Erfahrung aus einem solchen Modell hat gezeigt, dass quasi ganz automatisch aus den einzelnen subspezialisierten Bereichen Beschaffungsanforderungen gemeldet werden. Da heute aufgrund zunehmend verschärfter Compliance-Regelungen der Kontakt zur Industrie überwiegend auf Kongressen, Tagungen und Workshops stattfindet, werden anlässlich solcher Veranstaltungen Anregungen und Empfehlungen zu bestimmten Produkten ausgetauscht und, wenn möglich, vor Ort demonstriert. Auf direkt adressierte Angebote von Industrieseite wird kaum noch reagiert. Informationen zu neuen Geräteentwicklungen per Post oder Mail nimmt selten jemand zur Kenntnis; zu groß ist die tägliche Informationsflut über diese Kanäle. Dieser Kommunikationsweg wird zudem durch die neue europäische Datenschutzverordnung zunehmend erschwert.

Ist ein neues Gerät in den Fokus des ärztlichen Anwenders geraten, beginnt die   11
Recherchephase. Hier ist das persönliche Netzwerk mitentscheidend. Welcher
Kollege hat bereits Erfahrung im Einsatz mit dem in den Fokus genommenen
Produktes. Gibt es Empfehlungen aus den Fachgesellschaften oder ihren Arbeits-
gemeinschaften? Was ergibt eine Literaturrecherche und wie ist die Studienlage?
Gibt es Vergleichsangebotes anderer Hersteller? Welche einmalige Investition
muss kalkuliert werden und welchen Folgekosten sind zu erwarten?

Wie außerhalb der Gesundheitswirtschaft Beschaffungsprozesse organisiert sind,   12
kann sich ein Mediziner schwerlich vorstellen. Klar dürfte aber auch ihm sein,
dass eine Beschaffungsmaßnahme kaum auf Wunsch oder Empfehlungen eines
Einzelnen ausgeführt werden dürfte. Wenn also eine Geräteanschaffung in die
Budgetplanung aufgenommen werden soll, muss von ärztlicher Seite eine Plausi-
bilitätskontrolle durchgeführt werden. Vor allem unter dem Aspekt der Überprüfung des eigenen Standpunktes und im Hinblick auf die zu erwartende
Diskussion mit dem Geschäftsführer ist diese Kontrolle von medizinischer Seite
zunächst einmal vorzubereiten. Folgende Fragen sind zu beantworten: Wem nutzt
die Neuanschaffung? Welche Verbesserung gegenüber dem aktuellen Standard
ergibt sich?

Die erste Frage erscheint auf den ersten Blick banal, ist aber vielschichtig. Ein   13
Beispiel: Eine Klinik plant die Neuanschaffung eines Laparoskopieturms für die
minimalinvasive Chirurgie. Die Klinik hat sich dabei seit Jahren eine entsprechende laparoskopische Expertise erworben. Diese Technik setzt man ganz
bewusst auch als Aushängeschild der Klinik ein. Nun ist im Rahmen der Neuanschaffung initial die Frage zu klären, ob die Bilddarstellung in 3D oder in 4k-
Technik ausgeführt sein soll. Bei der Beantwortung gilt es, auch die Frage nach der
Patientensicherheit und der Weiterbildung von jungen Kolleginnen und Kollegen
zu berücksichtigen. Eine dreidimensionale Darstellung erlaubt dem in der Lapa-
roskopie noch unerfahrenen Kollegen eine bessere Orientierung im Raum und
macht die Präparation sicherer. Wenn also die Ausbildung von laparoskopisch
versiertem Nachwuchs ein Unternehmensziel sein sollte, wäre das ein zusätzliches
(Marketing-)Argument.

Welche Tools soll das Gerät zusätzlich vorhalten? Wenn man so z. B. den   14
Fluoreszenzfarbstoff Indocyaningrün (ICG) zur intraoperativen Untersuchung
der Gewebeperfusion als Vorteil erachtet und nutzen möchte, muss man bei der
Beschaffung u. U. Geräte verschiedener Anbieter akzeptieren. Welches Gerät hat
Vorteile bei der Handhabung, weil es unkomplizierter und/oder robuster in der
Ausführung ist? Wie ist die Bildverarbeitung aufgebaut und welche Schnittstellen
gibt es zum bestehenden KIS-System? Sind Teile der bereits bestehenden Laparo-
skopieeinheit mit dem neu zu beschaffenden Turm kompatibel? Zur Beantwortung vieler dieser Fragen ist auch die frühzeitige Einbindung der OP-Pflege und
der Krankenhaustechnik dringend erforderlich.

15　In dieser Phase der Beschaffung sind manche privaten Klinikbetreiber im Vorteil: Nicht an jedem Krankenhausstandort muss das Rad neu erfunden werden. Hier sind über Jahre für jede medizinische Fachrichtung Bereiche eingerichtet worden, in denen neue medizinische Entwicklungen vorgestellt, diskutiert und Altbewährtes in immer wiederkehrendem Turnus auf Fortbestehen überprüft werden. Wie bei anderen Einkaufsgemeinschaften auch, legt sich ein solches Gremium dann auf einen, manchmal zwei und extrem selten auf drei Anbieter fest, wobei eine klare Reihung in der Präferenz vorgenommen wird.

16　Als weitere Maßnahme zur Entscheidungsfindung ist eine Hospitation in einer anderen Klinik, die das Objekt der Begierde bereits im Einsatz hat, von unschätzbarem Wert. Gerade dieser persönliche, unbedingt auch interprofessionelle Austausch über den täglichen Geräteeinsatz offenbart dem erfahrenen Operateur schnell die Vor- und Nachteile des Produktes im täglichen Einsatz.

4　Marketing und Strategie

17　Der am schwersten vorzubereitende Diskussionspunkt ist der nach dem Marketing. Als Beispiel sei hier die immer noch kontrovers geführte Diskussion um den Einsatz von Operationsrobotern erwähnt. Obwohl es in der Urologie noch immer keine prospektiv randomisierte Studie gibt, ob der Einsatz eines Operationsroboters zu einem signifikanten Vorteil hinsichtlich Radikalität, Funktion und Überleben nach radikaler Prostatektomie gegenüber dem bisherigen Goldstandard der laparoskopischen Operation führt, haben sich eine Reihe von Kliniken entschieden, eine solche umfangreiche Investition zu tätigen. Und das vor dem Hintergrund einer Verlängerung der OP-Zeit durch höhere sog. Rüstzeiten bis zum Starten der Operation als auch der Erhöhung der Verbrauchskosten. Hier dürften mutmaßlich federführend Marketingargumente in der Beschaffungsdiskussion ausschlaggebend und eine Kosten-Nutzen-Analyse zweitrangig gewesen sein. Eine solche strategisch getroffene Entscheidung zur Stärkung des eigenen Standortes kann natürlich nur im Konsens mit allen Verantwortlichen getroffen werden.

18　Aber auch Zentrenbildung bedeutet Marketing. Auch eine bereits erfolgte oder angestrebte Zertifizierung zu einem Organzentrum kann ein zusätzliches Entscheidungskriterium für eine Beschaffungsmaßnahme sein. Immer mehr Krankenversicherer, allen voran die Barmer Krankenkasse und die AOK, fordern die Behandlung ihrer Patienten in von Fachgesellschaften zertifizierten Zentren – die Barmer u. a. bei der Adipositaschirurgie, die AOK bei Operationen kolorektaler Karzinome. Auch wenn diese Forderungen derzeit noch nicht umsetzbar sind, könnte hier eine zukunftssichere Investition lohnend sein. Immer häufiger wird die gesetzlich verankerte Qualitätssicherung in den Krankenhäusern angemahnt und immer häufiger von der qualitätsorientierten Krankenhausplanung in den einzelnen Bundesländern in den von ihnen verabschiedeten Krankenhausstrukturgesetzen gesprochen. Davon ist natürlich auch die Strukturqualität betroffen, die entscheidend von Investitionen abhängt.

Zentrenbildung oder auch nur die Fokussierung auf bestimmte Indikationsbereiche einer Klinik kann Investitionen zwingend erforderlich machen, weil sie entweder als strukturelle Voraussetzung Eingang in die Leitlinie gefunden haben oder weil sie aus medicolegalen Gründen erforderlich sind. Als Beispiel sei hier das Neuromonitoring zur ‚Kontrolle‘ des Stimmbandnerves und die Lupenbrille als unverzichtbarer Bestandteil einer Operation an der Schilddrüse genannt. Fehlten beide Geräte am Standort, wäre das mit dem Fahren ohne Führerschein vergleichbar: Es bleibt so lange unbemerkt, bis der Schadensfall eintritt bzw. der Auditor die Empfehlung zur Zertifizierung mit dem Hinweis auf Strukturmängel verweigert. 19

Stichwort Transparenz in der Ergebnisqualität: In Deutschland haben sich mittlerweile 356 Krankenhäuser, Kliniken und Universitäten der Initiative Qualitätsmedizin IQM angeschlossen. Auf der Basis von Routinedatenauswertungen werden bei Auffälligkeiten in bestimmten vorgegebenen Tracerdiagnosen teilnehmende Kliniken darüber informiert, dass sie ein Audit zu erwarten haben. Ein Review-Team erhält vor Ort Einsicht in die anonymisierte Patientenakte und bewertet die Maßnahmen der Kollegen. Der Autor hat als Mitglied solcher Reviewteams mehrfach erlebt, dass bei der Auswertung der ausgewählten Fälle und in der Abschlussbesprechung mit den beteiligten Ärzten Empfehlungen ausgesprochen wurden, die auf eine Strukturverbesserung abzielten. Beispiel: Anschaffung eines Sonographiegerätes ausschließlich für den Einsatz auf der Intensivstation. 20

5   Die Entscheidung

Spätestens jetzt – nach Abschluss der Analyse – sollte in der Diskussion um eine Neuanschaffung eine Gesprächsrunde mit dem Geschäftsführer bzw. Verwaltungsdirektor des Krankenhauses – eventuell unter Mitwirkung der Abteilung für Gerätetechnik – erfolgen. Hier muss die Klinik ihre Ergebnisse der bisherigen Analysen präsentieren. Nicht selten wird auch noch das Controlling in diese Diskussion miteinbezogen, weil durchaus die eingangs erwähnte Frage nach einer möglichen Prozessoptimierung – in diesem Falle beispielsweise eine mögliche Verweildauerverkürzung der behandelten Patienten – gestellt werden könnte. 21

Verlässt man diese Diskussion zumindest mit einem positivem Signal – mehr kann in dieser Phase nicht erwartet werden –, beginnt meist die Zeit der Probestellung, unabhängig davon, ob es einen oder mehrere Anbieter für das gewünschte Produkt gibt. Hier sollten alle Anwender, gleich welchen Weiterbildungsstandes und welcher Berufsgruppe, zur Testung eingeladen und aufgefordert werden. Dabei sollte auch nach einem zuvor festgelegten standardisierten Protokoll, sinnvollerweise als Fragebogen ausgeführt, vorgegangen werden. Es ist zweckmäßig, die Ergebnisse am Ende der Testphase im Team auszuwerten. 22

23 Zu guter Letzt kommt der Abteilung noch eine ganz schwierige, verantwortungs-volle Aufgabe zu: die der Priorisierung. Erfahrungsgemäß werden im Laufe eines Jahres mehrere Beschaffungsvorschläge aus den einzelnen Bereichen einer Klinik kommen. Von vornherein wird klar, dass nicht alle Investitionen ausgeführt werden können. Die dann durchzuführende Reihung muss naturgemäß die Notwendigkeit des Bedarfes berücksichtigen – das neue Endosonographiegerät kann für die Fortführung des DKG-Zertifikates eines Darmkrebszentrums essen-tieller sein als die zusätzliche Anschaffung eines 3D-Laparoskopieturmes – aber auch hier sind der Kreativität der Antragsteller keine Grenzen gesetzt: Möglicher-weise können durch eine fächerübergreifende Kooperation Synergien geschaffen werden, die finanzielle Mittel für eine weitere geplante Investition freistellen.

Teambildung und Systemspiel im Beschaffungssport

Dr. Josef Düllings

Schlagwortübersicht

Abstract: Rote Zahlen werden in Krankenhäusern oft aufgrund mangelnder Führungsqualität geschrieben. Die Optimierung des Beschaffungsprozesses hängt ebenfalls von der Führung ab. Wo Entschlüsse auf Augenhöhe fallen sollten, werden Beschaffungsentscheidungen zwischen Chefarzt und Geschäftsführer oder Einkäufer oft zum uneffektiven Konkurrenzkampf. Der eine hat nur die medizinische Perspektive im Blick, der andere nur die ökonomische. Der vorliegende Beitrag rückt das Zusammenspiel in der Führung in den Vordergrund. Es sollte zum Beispiel keine Beschaffung von Technik ohne Einbindung der IT geben. Ziel ist es, ein Gleichgewicht berechtigter medizinischer und ökologischer Interessen zu finden. Dabei muss die historische Bipolarität von Medizin und Ökonomie überwunden werden. So können Beschaffungsmaßnahmen sinnvoll und zum Interesse aller gemacht werden.

1 Anstoß

1 Wenn es nur darum ginge, etwas einzukaufen, wäre eine Beschäftigung mit der Beschaffung nicht nötig. Beschaffungsbudgets umfassen aber oft Millionenbeträge. Angesichts der Ressourcenknappheit vieler Krankenhäuser lohnt es sich daher, an einer Optimierung auch des Beschaffungsprozesses zu arbeiten. Man kann dies tun, indem man die Fachfragen in den Vordergrund stellt, oder auch, indem man sich auf die Führungsfragen konzentriert. Hier stehen die Führungsfragen im Vordergrund. Vielleicht ähnlich wie im Fußballspiel. Natürlich braucht es gute Einzelspieler mit fachlich gutem Know-how. Aber darüber verfügen viele Profimannschaften, sodass dies nicht den Ausschlag gibt. Letztlich scheint es auf das Führungssystem anzukommen, mit dem der Trainer die Mannschaft spielen lässt.

2 Die Wertschöpfung entsteht bei gegebener Fachlichkeit aus der Führung. Ein Satz aus einem Einladungsflyer zu einem Beschaffungssymposium brachte es auf den Punkt: *„Ein Zusammenspiel auf Augenhöhe generiert nach unserer Erfahrung die besten Ergebnisse."* Genau das passiert vielfach in erfolgreichen Profimannschaften. Zu selten jedoch in Krankenhäusern.

2 Ein bisschen Doppelpass

3 Man kann beobachten, dass Beschaffungsentscheidungen häufig im Doppelpass getroffen werden zwischen Chefarzt und Geschäftsführer oder Einkäufer. Es gibt ein Zusammenspiel, aber kein optimales.

4 So möchte zum Beispiel der neue Chefarzt bei einem Wechsel des Krankenhauses einen Wechsel des Prothesenherstellers vermeiden, weil er Prothesen und Zubehör von seiner alten Klinik kennt, auch wenn er weiß, dass das Material eigentlich überteuert ist. Das Argument gegenüber dem Geschäftsführer ist dann ein medizinisches: Gerade am Anfang sollte man eine Lernkurve vermeiden, sonst gibt es möglicherweise Komplikationen und die Patienten bleiben weg. Die höheren

Kosten sind nicht sein Thema: „Dafür ist die Geschäftsführung zuständig. Die muss das entscheiden."

Der Geschäftsführer möchte dagegen den Fokus auf die Beschaffung erhalten, weil 5 das Krankenhaus dadurch höhere Mengen abnehmen kann und niedrigere Kosten hat. Eine neue „Orchidee" verdirbt den Schnitt. Die medizinischen Ergebnisse sind für ihn sekundär: „Dafür ist der Chefarzt zuständig. Er behandelt die Patienten."

In beiden Fällen ist das Muster gleich. Die Benefits sollen auf dem eigenen Ticket 6 erscheinen, die Kosten auf dem anderen. Aber so kommt man natürlich nicht weiter.

3 Klumpenfußball

Man kann es auch in „Fußballdeutsch" erklären, indem man auf das Spiel seiner 7 Jugendmannschaft zurückschaut. Der Status innerhalb einer Mannschaft war am höchsten bei denen, die die Tore schossen. Die Mittelstürmer hielten sich auch meistens in der Mitte und vorne auf, um sich von der linken und rechten Flanke bedienen zu lassen. Zurücklaufen und Verteidigen war nicht wirklich ihr Ding. Der systembedingt hohe Status leitet sich aus der Ratio ab, dass nur der gewinnt, der auch Tore schießt. Im Krankenhaus gewinnt auch nur der, der Patienten heilt. Dazu sind weder die Pflege noch die Verwaltung in der Lage, sondern grundsätzlich die Ärzte.

In der Jugendmannschaft wollte jeder Mittelstürmer sein. Alle um den Ball. Alle 8 wollen das Tor machen. Reinhard Sprenger spricht von „Klumpenfußball"[1]. So ähnlich spielte man auch Mitte des 19. Jahrhunderts in England, als dort der Fußball aus dem Rugby hervorging. Der Ballführende war in erster Linie Einzelkämpfer. „Eine wirkliche Organisation auf dem Platz war […] unbekannt"[2].

Oft setzt sich aus der Ratio des Spiels auch im Krankenhaus der Systemprimat 9 durch, also die Medizin, auch wenn dies in der Gesamtbewertung nicht optimal ist. An der Stelle funktioniert also auch das Zusammenspiel auf Augenhöhe nicht optimal. Die Entscheidung wird später oft nicht mehr hinterfragt, sondern geht mit unnötigen Mehrkosten in die Routine ein und verschwindet dort auf Nimmerwiedersehen. Vielleicht ist das nicht in allen Krankenhäusern so. Aber dieses Muster ist weit verbreitet.

---

1 Sprenger: Gut aufgestellt. Fußballstrategien für Manager. 2008, S. 175.
2 Renner, A.: Der Siegeszug der „englischen Krankheit". Geschichte der Fußball-Taktik. Teil 1. 2009. Online: http://www.spox.com/de/sport/fussball/0907/Artikel/fussball-taktik-geschich-te-england-rugby-uli-hoeness-1860-muenchen-ulm-braunschweig-teil-1.html [abgerufen am 1.8.2018].

4 Vom Doppelpass zum Mannschaftsspiel

10 Neben den beiden Doppelpass-Spielern gibt es im Beschaffungsprozess noch weitere Akteure. Diese werden aber oft nicht angespielt, obwohl es für den Erfolg zwingend notwendig wäre. Der Klassiker ist die Beschaffung von Technik ohne Beteiligung der IT.

11 Ein Thema, das in den Krankenhäusern immer aktueller wird, ist Marketing. Ein bekanntes Marketingportal hatte kürzlich mit zweien unserer Chefärzte Kontakt aufgenommen. Das Argument war: Wir sind die „Führende Medizin" und nehmen nur ausgewählte hochkarätige Chefärzte in unser Portal auf. Mit dieser „Bauchpinselei" entstand natürlich eine erhebliche Begehrlichkeit. Wir haben den Führungsanspruch anhand von Zahlen, Daten, Fakten mit Hilfe der IT und dem Marketing überprüft. Zusätzlich wurde der Vertriebler noch zu einer Präsentation in dieser Gruppe eingeladen.

12 Im Ergebnis war das genannte Portal doppelt so teuer wie eine ebenfalls geprüfte Alternative. Die Klickzahlen möglicher Patienten und die Sichtbarkeit bei Google waren auf den ersten Blick sehr hoch, die Verweildauer auf dem Portal lag jedoch nur bei einem Bruchteil der Verweildauer der Alternative. Schließlich konnte die Frage, nach welchen Zahlen potenzielle Patienten denn erkennen konnten, dass dies die besten Chefärzte der Region wären, auch nach zweimaligem Nachfragen nicht beantwortet werden.

13 Letztlich fehlte es an Evidenz für eine positive Entscheidung, sodass wir uns für die besser belegte Alternative entschieden – unabhängig vom verlockend inspirierenden, chefärztlichen Imagefaktor. Die Plattitüde lässt sich jetzt nicht verkneifen. Denn die Frage ist doch: Wie kommen wir auch im Management von der Eminenz zur Evidenz?

5 Systemfußball

14 Natürlich gibt es im Krankenhaus immer beide Seiten, Medizin und Ökonomie, bis hin zu der Überzeugung, dass Chefärzte primär für Medizin und Geschäftsführer primär für Ökonomie zuständig seien. Diese Bipolarität wird erst dann aufgegeben, wenn der Chefarzt sich mit seiner Klinik selbstständig macht. Eigene Unternehmen werden bekanntlich auch von Chefärzten sehr ökonomisch geführt. Auch Oberärzte, die eine Praxis übernommen haben, rechnen mit zunehmender Erfahrung zunehmend ökonomisch.

15 Interessant sind die Ergebnisse einer Studie der Unternehmensberatung INVERTO[3]. Danach sollen privat geführte Kliniken effizienter wirtschaften als öffentliche. Private geben 25 % weniger für Sachmittel je Bett aus als Öffentliche. Auch sei

---

3 INVERTO: Krankenhausstudie 2017. Finanzielle Situation und Sachkostenentwicklung deutscher Krankenhäuser. Februar 2018.

der Sachkostenanteil in den vergangenen fünf Jahren durchschnittlich um 2 % gesunken, während er in öffentlichen Krankenhäusern um 7 % gestiegen sei. Private Krankenhäuser würden nicht nur bei der Bündelung der Bedarfe, sondern auch bei der Standardisierung der einzukaufenden Produkte sowie bei der Auswahl der Lieferanten kostenbewusster agieren.

Dieses Ergebnis ist beachtenswert, soweit man davon ausgehen kann, dass private Kliniken keine schlechtere Qualität abliefern als öffentliche. Wenn es um gute Ergebnisse auf dem Spielfeld der Beschaffung gehen soll, dann ist die erste Priorität auf beiden Seiten (Medizin und Ökonomie) die Führung, nicht die Fachlichkeit. Und dafür sind natürlich die Trainer und Spielführer zuständig. 16

Primär geht es also um das Austarieren berechtigter medizinischer und berechtigter ökonomischer Interessen. Das Austarieren aber ist eine Führungsaufgabe, bei der die fachlichen Inhalte nur Assistenzfunktion haben. Das heißt, die eben genannte Arbeitsteilung zwischen Medizin und Ökonomie muss auf der Chefebene aufgegeben werden. Auf der Chefebene sind beide Funktionsträger für beide Seiten zuständig. 17

Auch der Chefarzt muss die wirtschaftliche Entwicklung seiner Klinik nicht nur im Auge behalten, sondern aktiv mitsteuern. Wenn er es nicht macht, wer soll es denn machen? Und auch der Geschäftsführer muss die Medizin nicht nur im Auge haben, sondern medizinische Innovation und die Qualität der Medizin aktiv mitsteuern. Auch mit betriebswirtschaftlichem Hintergrund als ehemaliger Controller kann er sich nicht heraushalten. Denn als Organvertreter verantwortet er auch die Medizin. Dies wird in der Führung und Kommunikation vieler Krankenhäuser durch sprachliche Ungenauigkeit kaschiert und immer wieder bewusst oder unbewusst falsch verstanden. So sind Friktionen und schlechte Ergebnisse eines Krankenhauses natürlich vorprogrammiert. 18

Insgesamt lässt sich die geforderte Führung nicht herstellen durch Zuruf, Appell, Einsicht, persönliche Befindlichkeit oder „Ad-hoc-kratie". Davon haben wir immer noch viel zu viel. Jeder ist – nur allzu menschlich – zunächst seiner Herkunftsprofession verhaftet. Notwendig ist die Definition verlässlicher Führungsstrukturen. Notwendig sind die Abschaffung des „Klumpenfußballs" in den Kliniken und die Einführung des „Systemfußballs". Wer das schafft, ist wettbewerbsfähig. Und es ist keine Fachaufgabe, sondern eine Führungsaufgabe. 19

6 Evidenzbasiertes Management

Für den Patienten erwarten wir „evidenzbasierte Medizin". Wie ist es im Management? Und Management meint nicht einmal primär die Geschäftsführung, sondern vor allem das Management der Kliniken und hier das Management der Beschaffung von Sachmitteln. 20

21 Natürlich können hier nur einige Ideen platziert werden. Diese Ideen sind keine Überflieger, wie Führung überhaupt keine intellektuelle Herausforderung ist, sondern Wille, Tun und Handwerk. Führung ist allenfalls eine Handlungsherausforderung. Und die Trainer – sprich Geschäftsführer und Chefärzte – sind gehalten, denn es ist ihre Aufgabe als „Chefs", die Voraussetzungen für evidenzbasiertes Management zu schaffen. Es ist wie der Trainer, der entscheidet: Wir spielen nicht mehr alle zehn nach vorne, sondern nach einem 4-3-3-System.

22 Evidenzbasiertes Management könnte unter anderem meinen, dass es Sinn macht, eine Leitlinie für die strategische Beschaffung einzuführen mit zum Beispiel folgenden Parametern:

- Proaktives Scouting von Innovationen,
- Realistische Kosten-Nutzen-Analyse vor Einführung der Innovation,
- Wettbewerbs- und Chancenanalyse zur besseren Positionierung im Wettbewerb,
- Standards und Verfahren zur Adaption einer Innovation,
- Prioritäten nach Art und Umfang der Beschaffung,
- Regeln für den jeweiligen Beschaffungsprozess,
- Beteiligung und Art der Beteiligung entscheidungsrelevanter Akteure,
- Differenzierte, konkrete, quantitative Folgenabschätzung im Hinblick auf das Patientenpotenzial und die Ergebnisrechnung der Klinik,
- Kontinuierliche Verbesserung der Leitlinie nach einer definierten Regelkommunikation,
- Ableitung von Regeln für die Routinebeschaffung.

7 Überwindung der Bipolarität von Medizin und Ökonomie

23 Führungsstrukturen sind wichtig, um Zusammenspiel optimal zu organisieren. Zusammenarbeit zu organisieren, ist die erste Kernaufgabe des Führenden.[4] Dies gilt vor allem für Krankenhäuser. Der Punkt ist hier die historisch gewachsene Fokussierung auf das Akute und die Nachrangigkeit des Systemischen. Banken und Behörden tun sich da leichter. Solange aber die historisch bedingte Bipolarität von Medizin und Ökonomie im Krankenhaus nicht durch Führungsstrukturen konsequent, systemisch und nachhaltig überwunden wird, haben weder Mannschaftssport noch evidenzbasiertes Management eine Chance. Wie können diese Führungsstrukturen aussehen? Was ist vorrangig?

24 Nach meiner Erfahrung sind vor allem drei Fragen zu klären, die bereits einen großen Schritt in Richtung „Systemfußball" bedeuten und dazu beitragen, dass auch der Beschaffungsprozess oft erheblich verbessert wird:

---

4 Sprenger: Radikal führen. 2012.

1. Gibt es klare ökonomische Ziele für die Kliniken, die den Handlungsrahmen abstecken? Etwa dahingehend, dass die Kosten im kommenden Jahr grundsätzlich um nicht mehr als 2 % steigen dürfen, wenn die Erlöse um 3 % steigen sollen. Es geht also um ein positives Delta von 1 %. Dies kann auch durch andere Maßnahmen erreicht werden, wenn etwa kein Wachstum möglich ist, dass die Kosten dann um 1 % sinken müssen. Nützliche Instrumente lassen sich hier dem Lean-Management entnehmen, das vor allem von der Prozessverschlankung lebt.[5]

2. Erhalten Chefärzte und Stellvertreter geeignetes Zahlenmaterial, um die ökonomische Entwicklung ihrer Klinik zeitnah beurteilen und gestalten zu können?

3. Gibt es ein monatliches Kosten-Erlös-Monitoring mit Beteiligung von Personalabteilung, Controlling, Chefärzten und Stellvertretern, in dem die Entwicklung überprüft und Ideen zur Steigerung der Erlöse wie auch zur Senkung der Kosten entwickelt werden? Die Ausarbeitung der Ideen kann dann über einen monatlichen Steuerkreis mit der Geschäftsführung verbindlich entwickelt werden.

8 Abpfiff

Letztlich sind die hier vorgestellten Ideen nur schlichtes Handwerkszeug einer guten Führung im Krankenhaus. Der Verband der Krankenhausdirektoren Deutschlands (VKD) hat zusammen mit dem Verband der Leitenden Krankenhausärzte Deutschlands (VLK) und dem Deutschen Pflegerat (DPR) das Buch „Fokus Führung"[6] herausgegeben. Darin werden zahlreiche gute Ideen für gute Führung im Krankenhaus vorgestellt. Ideen sind der Rohstoff, mit dem wir Realität gestalten, ganz nach Mark Aurel[7]: *„Unser Leben ist das, was unsere Gedanken daraus machen."* 25

Meine Erfahrung als Krankenhausgeschäftsführer ist, dass rote Zahlen häufig durch mangelnde Führungsqualität zustande kommen. Der VKD hat mit seiner Verbandsumfrage 2017 festgestellt, dass der Anteil der Allgemeinkrankenhäuser mit roten Zahlen bis Ende 2017 wieder auf etwa 46 % angestiegen ist, nachdem er 2016 noch bei 23 % lag. Also eine Verdoppelung, ohne dass es akut ein Kostendämpfungsgesetz gegeben hätte. 26

Dies stimmt nachdenklich. Aus meiner Sicht heißt dies, wir haben in den Kliniken einen hohen Bedarf an guter Führungsqualität – auch und gerade weil wir von Politik und Gesetzgeber oft nur punktuell unterstützt werden, in den Kernfragen, 27

---

5 Gottschalk: Das schlanke Krankenhaus – Führen und verbessern im Krankenhaus der Zukunft. 2018.

6 Düllings/Weiser/Westerfellhaus: Fokus Führung. Was leitende Klinikmitarbeiter wissen sollten. 2016.

7 Römischer Kaiser und Philosoph, 121 bis 180 nach Christus.

zum Beispiel bei der Investitionsfinanzierung, aber allein gelassen werden. Wir sind auf uns selbst gestellt. Und dies braucht Führung und hohe Qualität der Führung mehr denn je.

Literatur

Düllings, J./Weiser, H.-F./Westerfellhaus, A. (Hrsg.): Fokus Führung. Was leitende Klinikmitarbeiter wissen sollten. Berlin 2016.

Gottschalk, J.: Das schlanke Krankenhaus – Führen und verbessern im Krankenhaus der Zukunft. 2018.

Sprenger, R. K.: Gut aufgestellt. Fußballstrategien für Manager. Frankfurt a. M. 2008.

Sprenger, R. K.: Radikal führen. Frankfurt a. M. 2012.

Renner, A.: Der Siegeszug der „englischen Krankheit". Geschichte der Fußball-Taktik. Teil 1. 2009. Online: http://www.spox.com/de/sport/fussball/0907/Artikel/fussball-taktik-geschichte-england-rugby-uli-hoeness-1860-muenchen-ulm-braunschweig-teil-1.html [abgerufen am 1.8.2018].

INVERTO: Krankenhausstudie 2017. Finanzielle Situation und Sachkostenentwicklung deutscher Krankenhäuser. Februar 2018.

Das Beschaffungsmanagement aus Sicht der Pflege

Robert Jeske/Florian Bürger/Christina Kießling

Schlagwortübersicht

Abstract: Veränderungen in Gesellschaft und Wissenschaft bedingen Reaktion und Anpassungen im Gesundheitsbereich und dort auch im Beschaffungswesen. Hier entwickelt sich die Profession Pflege zu einem entscheidenden Faktor in der Güterauswahl und Anwendung. An unterschiedlichen Beispielen wird diese Entwicklung exemplarisch dargestellt.
Neben dem ökonomischen Aspekt des preisorientierten Einkaufs sollten weitere Faktoren in den Entscheidungsprozess einfließen. Besondere Bedeutung hat hierbei die Frage der Wirksamkeit erlangt, die über die evidenz-basierte Pflege in den letzten Jahren in den Vordergrund gerückt ist.
Mit dem Blick in diese Zukunft werden die wesentlichen Treiber anhand von konkreten Beispielen aus der Perspektive der Pflege benannt und Veränderungspotenziale aufgezeigt.

1 Einleitung

1 Neben den Megatrends der Digitalisierung und Automatisierung zwingen ökonomische Notwendigkeiten und insbesondere der bundesweite Pflegefachkräftemangel bei steigender Nachfrage nach Gesundheitsleistungen zu nachhaltigen Veränderungen. Die Entscheider sind angehalten, diese Veränderungen schnell voranzutreiben, um die Versorgungsqualität auch mit geringerer Personaldichte aufrechtzuerhalten. Dies kann u. a. durch Entlastung der Pflegefachpersonen von pflegefernen Tätigkeiten gelingen, zu denen auch die Materialbeschaffung zählt. Hierbei werden zwei Ansätze verfolgt: die Entwicklung eines Skill- und Grade-Mix, bei dem u. a. unterstützendes Servicepersonal höherqualifizierten Pflegenden die Konzentration auf Patientenversorgung ermöglicht und die Automatisierung und Verschlankung von Materialmanagement.[1]

2 Die Möglichkeiten des zweiten Aspekts lassen sich in Dänemark in den Plänen für sog. „Super-Hospitals" erkennen. Hier zeigt sich, dass mit entsprechender digitaler Infrastruktur Voraussetzungen, wie eine elektronische Patientenakte oder tracking- und tracing-Verfahren zur Lokalisation, Verschiebung und Wartung von Geräten, Betten u. ä., eklatant erleichtert und personalschonend organisiert werden können. Weitere Facetten dieser Entwicklungen sind im Rahmen der Entwicklung „Digitaler Krankenhäuser" zu beobachten.[2] Hier steht die Steigerung der Produktivität, Vereinfachung der Abläufe, Verbesserung der Versorgungsqualität und Patientensicherheit durch den Einsatz von smart-information-systems, automatisierten Transportsystemen und digitalen Sensor- und Kommunikationssystemen im Vordergrund.

3 Die digitale Realität deutscher Krankenhäuser hingegen stellt sich anders dar: lediglich das Klinikum Nürtingen und das Agaplesion Diakonieklinikum Roten-

---

1 Nicole: Beschreibung des Versorgungsbereichs „Spitäler". In: Ludwig (Hrsg.): Wir brauchen sie alle. Pflege benötigt Differenzierung. 2015, S. 331; Bostelaar: Beschaffung und Logistik in Gesundheitseinrichtungen aus Sicht des Pflegemanagements. In: Schmid/Schmidt (Hrsg.): Beschaffung in Gesundheitseinrichtungen. Sachstand, Konzepte, Strategien. 2012, S. 255–264.

2 Kilic: Digital Hospital – an Example of Best Practice. In: International Journal of Health Science Research and Policy 2/2016, S. 52–58.

burg erreichen das Level 6 von 7 in der EMRAN Skala. Auf Level 7 ist kein deutsches Krankenhaus zu finden. Ebenso betreibt bis heute, abgesehen von Pilotprojekten, keines elektronische Versorgungsschränke mit automatischer Bestandskontrolle durch RFID-Scanner und automatischen Order-Routinen.[3]

Dass diese Entwicklung auch für Maximalversorger möglich ist, zeigt etwa das UZ Leuven, eine der größten Kliniken Europas, mit EMRAN Level 6.[4]   4

Der Beginn der Entwicklung ist am Einsatz von Scannersystemen, Modulschränken und an der Anwendung von closed-loop Verfahren im Medikamentenmanagement zu erkennen, die vereinzelt in Krankenhäusern Anwendung finden.[5]   5

Aus Kostengründen werden gelegentlich nur Teile des Gesamtsystems eingeführt, was durch die Präsenz von Pflegenden ausgeglichen werden soll und unausgereifte Prozesse zur Folge hat.   6

Erfolgreiche Unternehmen setzen sich mit den aufgezeigten Best-Practice-Beispielen auseinander und ermöglichen als attraktiver Arbeitgeber nachhaltig die erforderliche Versorgungsqualität in einer Wertschöpfungspartnerschaft zwischen Medizin und Pflege.[6]   7

2   Pflege in der Verantwortung für Materialbeschaffung

Die Pflege von Menschen erfordert in den unterschiedlichen Settings den Einsatz   8
von Hilfsmitteln und Verbrauchsmaterialen. Teilweise bestimmen Pflegefachpersonen den Einsatz eigenverantwortlich, etwa bei Lagerungsmaterialen oder in der Inkontinenzversorgung. In anderen Bereichen, wie dem Medikamentenmanagement oder der Wundversorgung, ist eine ärztliche Anordnung vonnöten. Wenngleich sich Pflegefachpersonen in Krankenhäusern in ihrer Selbstwahrnehmung dieses Umstandes häufig gar nicht bewusst sind, so ist diese Berufsgruppe doch häufig entscheidend in der Auswahl und Anwendung von Hilfsmitteln und Material.[7]

---

3   von Eiff: Monitoring des Beschaffungsmanagements im Krankenhaus. Studien zum Entscheidungsverhalten in Einkaufs- und Logistikprozessen: Wertorientierte Beschaffung als Ziel. 2018, S. 87–88.
4   HIMSS EMRAM. Online: http://www.himss.eu/communities/himss-emram-stage-6-7-community#emram-stage-6 [abgerufen am 17.4.2018].
5   Buddrus: Closed Loop Medication – Eine internationale Sicht. In: Baehr/Melzer (Hrsg.): Closed Loop Medication Management. Arzneimitteltherapiesicherheit im Krankenhaus. 2017, S. 69.
6   IGW: Flexibilisierung und Individualisierung im Wertschöpfungsprozess der Pflege. 2015, S. 3. Online: http://initiative-gesundheitswirtschaft.org/wp-content/uploads/2015/07/IGW-Trendreport-Extra.pdf [abgerufen am 17.4.2018].
7   Grundy/Bero/Malone: Marketing and the Most Trusted Profession: The Invisible Interactions between Registered Nurses and Industry. In: Annals of Internal Medicine 11/2016, S. 733–739.

9 Entwicklungen der letzten Jahre haben in diesem Feld zu nachhaltigen Veränderungen geführt. Materialbeschaffung führt zwangsläufig zu Interaktionen zwischen profitorientierten Industrieunternehmen, den Herstellern und gemeinnützigen Unternehmen, den Krankenhäusern.[8] Besonders die Verflechtungen von Ärzten mit der Pharmaindustrie sind dabei zuletzt kritisch untersucht worden. Folgerichtig wurden Leitlinien erstellt, die diese Interaktion zum Wohle der Patienten regulieren sollen.[9] Grundlage dafür ist nicht nur der Aspekt der Berufsethik, sondern auch die zunehmende Bedeutung der evidenzbasierten Medizin seit den 1990er Jahren und darauffolgend auch die der evidenz-basierten Pflege (EbN).[10] Diese bedingt, dass in der Auswahl von Material, Medikamenten, Hilfsmitteln oder auch Geräten die in methodisch fundierten Untersuchungen nachgewiesene Wirksamkeit zum zentralen Kriterium werden sollte. Damit kann ein Widerspruch zur tradierten Entscheidungsfindung entstehen, die sich primär auf Erfahrung, klinische Expertise und der subjektiven Einschätzung einer Innovation begründete.[11]

10 Eine weitere Entwicklung hält zunehmend im Gesundheitsbereich Einzug: Um die Handlung von Pflegefachpersonen, etwa in der Umsetzung der Händedesinfektion, positiv zu lenken, werden Anreizsysteme genutzt. Eine Methode ist die elektronische Messung der Umsetzung mit entsprechendem Feedback an den Nutzer.[12] Werden so pflegerische Interventionen verändert, haben diese Veränderungen nachhaltigen Einfluss auf Einkauf und Materialeinsatz. Auch subtile Varianten werden mit dem Begriff des „nudging" bezeichnet.[13] Um den Vorwurf der Manipulation zu umgehen, muss der Einsatz behutsam und transparent erfolgen.[14]

3 Beispiele aus der klinischen Praxis

11 Ein positives Beispiel für eine durch evidenz-basierte Pflege verbesserte Patientenversorgung bietet die exemplarische Bearbeitung eines Patientenschadenfalls aus der Neonatologie eines Universitätsklinikums. Aufgezeigt wird hierbei letztend-

---

8 Latten u. a.: Pharmaceutical Companies and Healthcare Providers: Going beyond the Gift – An Explorative Review. In PLOS ONE 2/2018, S. e0191856.

9 Coleman u. a.: Guidelines for Interactions between Clinical Faculty and the Pharmaceutical Industry: One Medical School's Approach. In: Academic Medicine 2/2006, S. 154–160.

10 Mulhall: Nursing, Research, and the Evidence. In: Evidence-Based Nursing 1/1998, S. 4–6.

11 Ford/Walsh: Pflegerituale. 2000.

12 Dyson/Madeo: Investigating the Use of an Electronic Hand Hygiene Monitoring and Prompt Device: Influence and Acceptability. In: Journal of Infection Prevention 6/2017, S. 278–287.

13 Blumenthal-Barby/Burroughs: Seeking Better Health Care Outcomes: The Ethics of Using The 'nudge'. In: American Journal of Bioethics 2/2012, S. 1–10.

14 Bruttel u. a.: Nudging als politisches Instrument – Gute Absicht oder staatlicher Übergriff? In: Wirtschaftsdienst 94/2014, S. 767–768.

lich auch die Chance für eine adressatengerechte Produktauswahl und Beschaffung im Akutkrankenhaus:

Das tägliche Baden von Neugeborenen gehört zu den noch immer weit verbreiteten Ritualen in der Pflege. Ein in der Schwangerschaftswoche 28 + 0 geborener Säugling wurde am 17. Lebenstag gebadet. Bei insgesamt gutem Allgemeinzustand wog das Kind 780 g. Die Pflegenden nutzten einen handelsüblichen Badezusatz und ein Badethermometer für die Kontrolle der Wassertemperatur. 12

Etwa eine Stunde nach dem Bad zeigten sich fortschreitende Rötungen von den unteren Extremitäten bis hin zu den Genitalien, später auch Blasenbildung und eine Schwarzfärbung der Zehen. 13

In der pflegewissenschaftlich begleiteten Aufarbeitung des Falls wurde der Verlauf rekonstruiert und Literatur verglichen. Die entsprechende Leitlinie empfiehlt ein Bad selbst bei reifen Neugeboren nur bei explizitem Wunsch der Eltern zu erwägen.[15] Dabei bietet die Haut von Früh- im Vergleich zu Reifgeborenen wesentlich weniger Schutz gegenüber äußeren Einflüssen. Diese sensible Haut ist durch die vielen pflegerisch/therapeutisch notwendigen Interventionen unterschiedlichen extremen Anforderungen ausgesetzt. 14

Im Ergebnis der Ausarbeitung wurden neue Handlungsempfehlungen erarbeitet: z. B. Baden nur etwa alle 4 Tage und bei expliziter Indikation, keine Reinigungszusätze vor dem 28. Lebenstag, Kontrolle der Wassertemperatur mittels geeichtem Thermometer.[16] 15

Diese Veränderung der Abläufe hatte veränderte Bestellungen zur Folge: statt der herkömmlichen Badethermometer wurden geeichte Thermometer beschafft, der Einkauf von Babybadezusätzen deutlich reduziert. 16

Als weiteres Beispiel kann die Umstellung von wiederverwendbaren Inkontinenzunterlagen auf Einmalunterlagen herangezogen werden. Die waschbaren Unterlagen erfüllten neben ihrer Schutzfunktion einen weiteren Zweck, der auf den ersten Blick nicht offenkundig ist. Neben der hauptsächlichen absorbierenden Wirkung wird die sehr stabile, wiederverwendbare Unterlage gleichsam zur Bewegung und Aktivierung verwendet. Die Einmalunterlage weißt diese stabile Eigenschaft nicht auf. Ein Einsatz für Transfers im Bett war damit nicht mehr möglich. Die sehr dünnen Einmalunterlagen sind für diese Beanspruchung nicht konzipiert und bei den Transfers gerissen. 17

---

15 Deutsche Gesellschaft für Gynäkologie und Geburtshilfe (DGGG): Betreuung von gesunden reifen Neugeborenen in der Geburtsklinik. 2012 S. 3. Online: http://www.awmf.org/uploads/tx_szleitlinien/024-005l_S2k_Betreuung_von_gesunden_reifen_Neugeborenen_2012-10.pdf [abgerufen am 11.4.2018].
16 Kocks/Schilling/Pröbstl: Das haben wir schon immer so gemacht. Ein Babybad und seine Folgen. In: JuKiP 4/2015, S. 33–37.

18   Als Folge gab es in der Pflegepraxis unterschiedliche Kompensationsmuster, z. B. das Übereinanderlegen mehrerer Einmalunterlagen oder die Zuhilfenahme einer weiteren Person, um eine für den Patienten schmerzfreie Lagerung zu realisieren. In jedem Fall war der der Einsatz weiterer Ressourcen nötig, die wirtschaftliche Einsparung hat sich an dieser Stelle umgekehrt. Diese Problematik verdeutlicht die Notwendigkeit eines werteorientierten Entscheidungsmodells in der Beschaffung, das neben den ökonomischen eben auch Handhabungsvorteile, Hygienesicherheit und ökologische Aspekte berücksichtigt.[17]

19   Bei dieser Betrachtung wurde noch nicht berücksichtigt, wie das Material von Einmalunterlagen die Entstehung von Dekubiti beeinflussen kann, obwohl dies bereits Gegenstand pflegewissenschaftlicher Forschung ist.[18] Das Beispiel zeigt exemplarisch die unterschiedlichen Dimensionen und damit die Komplexität der Entscheidungsgrundlagen bei einer scheinbar banalen Frage.

20   Abschließend sei ein Bespiel erwähnt, dass die Komplexität, aber auch die ökonomische Bedeutung moderner, evidenzbasierter Materialauswahlverfahren illustriert: Medizinische Thromboseprophylaxe-Strümpfe gehören seit Jahren zu gängigen Praxis der Thromboseprophylaxe im Krankenhaus, besonders in den operativen Fächern. Durch den Einsatz niedermolekularer Heparine ist eine extrem wirksame und seit langem etablierte medikamentöse Vorbeugung dieser gefürchteten Komplikation möglich.[19] Um jedoch bei Hochrisikogruppen oder Heparinunverträglichkeiten eine bestmögliche Versorgung zu erreichen, ist der Einsatz von MPTS bei entsprechenden Patienten empfohlen, bei allen anderen lediglich eine „Kann"-Empfehlung.[20] In Folge dieser Publikation verzichten Krankenhäuser zunehmend auf deren Einsatz. Dies wird in der Literatur kontrovers diskutiert und auch in einzelnen Urteilen zu Schadensfällen anders beurteilt.[21] Eine pauschale Antwort zu geben, erscheint schwer. Offenkundig jedoch ist, dass es bei den unterschiedlichen MPTS massive Qualitätsunterschiede gibt, dass bei Auswahl und Anwendung hohe Fachkompetenz erforderlich ist und dass die Aufbereitung und deren Häufigkeit nach strengen Regularien zu erfolgen hat. Abschließend zeigt sich hier deutlich, welche Verantwortung bei den Einkäufern

---

17   von Eiff: Monitoring des Beschaffungsmanagements im Krankenhaus. Studien um Entscheidungsverhalten in Einkaufs- und Logistikprozessen. Wertorientierte Beschaffung als Ziel. 2018, S. 58.

18   Twersky u. a.: A Randomized, Controlled Study to Assess the Effect of Silk-like Textiles and High-Absorbency Adult Incontinence Briefs on Pressure Ulcer Prevention. In: Ostomy Wound Management 12/2012, S. 18–24.

19   Kakkar u. a.: Low-Molecular-Weight Heparin and Prevention of Postoperative Deep Vein Thrombosis. In: British Medical Journal 6/1982, S. 375–379.

20   AWMF: S3-Leitlinie Prophylaxe der venösen Thromboembolie. 2015, S. 30. Online: http://www.awmf.org/uploads/tx_szleitlinien/003-001l_S3_VTE-Prophylaxe_2015-12.pdf [abgerufen am 20.3.2018].

21   Großkopf/Schanz: Thromboseprophylaxe im Spannungsfeld zwischen Wirtschaftlichkeit und Sorgfaltsmaßstab. In: von Eiff (Hrsg.): Thromboseprophylaxe. Klinische und ökonomische Effekte von Prophylaxestrümpfen. 2014, S. 79.

dieser Medizinprodukte liegt und dass eine reine Orientierung nach wirtschaftlichen Kriterien für die Patienten potentiell gefährdend ist.

4 Herausforderungen im Beschaffungsmanagement

Bei den bereits beschriebenen Herausforderungen gilt es einige Schlüsselaspekte [21] herauszuarbeiten. Der erste ist der der Digitalisierung. Aus dem privaten Umfeld ist man mit den Vorzügen eines bequemen, informativen und zeitgenauen Bestellwesens vertraut. Ohne eine moderne und entwicklungsfähige IT-Infrastruktur sind schlanke und personalarme professionelle Prozesse der Beschaffung nicht denkbar. Fehlt diese oder sind lediglich Teile einer Prozesskette berücksichtigt, müssen zeitraubende und patientenferne Tätigkeiten von Pflegefachpersonen übernommen werden, die dann damit in der Patientenversorgung fehlen.[22] Dieser Umstand wird in Zukunft kaum noch zu akzeptieren sein, eigentlich ist er es schon heute nicht mehr.

An zweiter Stelle ist die Interaktion zwischen Industrie und den Pflegfachpersonen [22] zu nennen. Bei Ärzten gültige Standards müssen für Pflegende noch erarbeitet und etabliert werden. Aktuell sind Pflegende eine interessante Zielgruppe für Verkäufer, ohne dass ein entsprechendes Bewusstsein herrscht.[23] Dieser Umstand ist besonders in Deutschland von großer Bedeutung, da die Mehrheit der Pflegefachpersonen nicht über Kenntnisse rund um evidenz-basierte Pflege verfügen, sie damit also kaum evidenzbasierte Material- und Interventionsauswahl treffen können.[24] Dementsprechend sind Pflegemanagement und Einkauf gefordert, geeignete Instrumente zu entwickeln. So können Pflegende als Experten im Rahmen von systematisch strukturierten Testungen zur validen Bewertung in den Entscheidungsprozess integriert werden.

5 Fazit

Eine Anpassung des Beschaffungswesens im Krankenhaus an die aktuellen gesell- [23] schaftlichen und wissenschaftlichen Entwicklungen ist zwingend notwendig, aber ohne den Blickpunkt der Pflege unmöglich. Diese fordert und bringt Mitentscheidungskompetenz, bezogen auf die Versorgungsprozesse und die Produktpalette.

---

22 Bostelaar: Beschaffung und Logistik in Gesundheitseinrichtungen aus Sicht des Pflegemanagements. In: Schmid/Schmidt (Hrsg.): Beschaffung in Gesundheitseinrichtungen. Sachstand, Konzepte, Strategien. 2012, S. 255–264.

23 Grundy/Bero/Malone: Interactions between Non-Physician Clinicians and Industry: A Systematic Review. In: PLoS Medicine 11/2013, S. e1001561; Grundy/Bero/Malone: Marketing and the Most Trusted Profession: The Invisible Interactions between Registered Nurses and Industry. In: Annals of Internal Medicine 11/2016, S. 733–739.

24 Meyer/Balzer/Köpke: Evidenzbasierte Pflegepraxis – Diskussionsbeitrag zum Status Quo. In: Zeitschrift für Evidenz, Fortbildung und Qualität im Gesundheitswesen 1/2013, S. 30–35.

Hier braucht es zunehmend niederschwellige, flexible, technische gestützte Beteiligungssysteme anstatt zäher und ressourcenintensiver Einkaufkommissionen. Die komplexen und mannigfaltigen Einflussfaktoren müssen berücksichtigt werden und eine rein ökonomisch gesteuerte Güterauswahl wird der Krankenhausrealität nicht mehr gerecht. Die Digitalisierung kann transparente und berufsgruppenübergreifend erstellte Entscheidungsvorlagen ermöglichen, die neben der Wirtschaftlichkeit die Experten bei der Entscheidung für Investitionen und Beschaffungen in Echtzeit einbezieht. Wird dann den verhaltenspsychologischen Komponenten Rechnung getragen, die menschliches Entscheiden beeinflussen, kann eine ziel- und werteorientierte Beschaffung Realität werden.[25]

24   Sie entlastet außerdem die Leistungserbringer durch Automatisierung von Prozessen. Krankenhäuser und Pflegeeinrichtungen können sich weder Investitionsstau in der IT-Infrastruktur noch teure Berufsgruppen für die Materialversorgung leisten. Die handelnden Personen sind gefordert, die erfolgten Veränderungen im kontinuierlichen Verbesserungsprozess voranzutreiben.

6   Ausblick

25   Die Beschleunigung der Akademisierung der Pflege wird zukünftig auch die Bedeutung von Evidenz in der Materialbeschaffung steigern. Entscheidungsträger, Berufs- und Interessensverbände sowie Stiftungen setzen sich aktuell zunehmend mit dem Thema der Einsatzmöglichkeiten von Pflegefachpersonen mit Hochschulabschluss und einer Optimierung des Skill- und Grade-Mixes auseinander.[26] Damit können zukünftig Entscheidungen auf Basis des aktuellen Forschungsstandes getroffen werden und somit den Patienten, entsprechend der rechtlichen und ethischen Vorgaben, die bestmögliche Versorgung angeboten werden. Dies sollte stets die Maxime aller Akteure des Gesundheitswesens sein.

Literatur

AWMF: S3-Leitlinie Prophylaxe der venösen Thromboembolie. 2015. Online: http://www.awmf. org/uploads/tx_szleitlinien/003-001l_S3_VTE-Prophylaxe_2015-12.pdf [abgerufen am 30.3.2018].

---

25   Blumenthal-Barby/Burroughs: Seeking Better Health Care Outcomes: The Ethics of Using The 'nudge'. In: American Journal of Bioethics 2/2012, S. 1–10.
26   VPU: Einsatz akademisch ausgebildeter Pflegefachpersonen in der Praxis. 2015, S. 1-32. Online: http://www.vpu-online.de/de/pdf/presse/2015-05-29_abschlussbericht.pdf [abgerufen am 12.1.2018]; DBfK: Advanced Nursing Practice. Pflegerische Expertise für eine leistungsfähige Gesundheitsversorgung. 2013, S. 1–51. Online: https://www.dbfk.de/media/docs/download/Allgemein/Advanced-Nursing-Practice-Pflegerische-Expertise-2013-02.pdf [abgerufen am 17.4.2018]; Robert-Bosch Stiftung: 360° Pflege – Qualifikationsmix für den Patienten. Online: http://www.bosch-stiftung.de/de/projekt/360deg-pflege-qualifikationsmix-fuer-den-patienten [abgerufen am 17.4.2018].

Blumenthal-Barby, J./Burroughs, H.: Seeking Better Health Care Outcomes: The Ethics of Using The 'nudge'. In: American Journal of Bioethics 2/2012, S. 1–10.

Bostelaar, R.: Beschaffung und Logistik in Gesundheitseinrichtungen aus Sicht des Pflegemanagements. In: Schmid, R./Schmidt, A. J. (Hrsg.): Beschaffung in Gesundheitseinrichtungen. Sachstand, Konzepte, Strategien. 1. Aufl. Heidelberg 2012.

Bruttel, L. u. a.: Nudging als politisches Instrument – Gute Absicht oder staatlicher Übergriff? In: Wirtschaftsdienst 11/2014, S. 767–768.

Buddrus, U.: Closed Loop Medication-Eine international Sicht. In: Baehr, M./Melzer, S. (Hrsg.): Closed Loop Medication Management. Arzneimitteltherapiesicherheit im Krankenhaus. Berlin 2017, S. 56–71.

Coleman, D. u. a.: Guidelines for Interactions between Clinical Faculty and the Pharmaceutical Industry: One Medical School's Approach. In: Academic Medicine 2/2006, S. 154–160.

DBfK: Advanced Nursing Practice. Pflegerische Expertise für eine leistungsfähige Gesundheitsversorgung. 2013. Online: https://www.dbfk.de/media/docs/download/Allgemein/Advanced-Nursing-Practice-Pflegerische-Expertise-2013-02.pdf [abgerufen am 17.4.2018].

Deutsche Gesellschaft für Gynäkologie und Geburtshilfe (DGGG): Betreuung von gesunden reifen Neugeborenen in der Geburtsklinik. 2012. Online: http://www.awmf.org/uploads/tx_szleitlinien/024-005l_S2k_Betreuung_von_gesunden_reifen_Neugeborenen_2012-10.pdf [abgerufen am 11.4.2018].

Dyson, J./Madeo, M.: Investigating the Use of an Electronic Hand Hygiene Monitoring and Prompt Device: Influence and Acceptability. In: Journal of Infection Prevention 6/2017, S. 278–287.

von Eiff, W.: Monitoring des Beschaffungsmanagements im Krankenhaus. Studien zum Entscheidungsverhalten in Einkaufs- und Logistikprozessen: Wertorientierte Beschaffung als Ziel. 1. Aufl. Bad Wörishofen 2018.

Ford, P./Walsh, M.: Pflegerituale. Bern 2000.

Großkopf, V./Schanz, M.: Thromboseprophylaxe im Spannungsfeld zwischen Wirtschaftlichkeit und Sorgfaltsmaßstab. In von Eiff, W. (Hrsg.): Thromboseprophylaxe. Klinische und ökonomische Effekte von Prophylaxestrümpfen. 1. Aufl. München 2014.

Grundy, Q./Bero, L./Malone, R.: Interactions between Non-Physician Clinicians and Industry: A Systematic Review. In: PLoS Medicine 11/2013, S. e1001561.

Grundy, Q./Bero, L./Malone, R.: Marketing and the Most Trusted Profession: The Invisible Interactions between Registered Nurses and Industry. In: Annals of Internal Medicine 11/2016, S. 733–739.

HIMMS Europe: HIMSS EMRAM. Online: http://www.himss.eu/communities/himss-emram-stage-6-7-community#emram-stage-6 [abgerufen am 17.4.2018].

IGW: Flexibilisierung und Individualisierung im Wertschöpfungsprozess der Pflege. 2015. Online: http://initiative-gesundheitswirtschaft.org/wp-content/uploads/2015/07/IGW-Trendreport-Extra.pdf [abgerufen am 17.4.2018].

Kakkar, V. u. a.: Low-Molecular-Weight Heparin and Prevention of Postoperative Deep Vein Thrombosis. In: British Medical Journal 6/1982, S. 375–379.

Kilic, T.: Digital Hospital - an Example of Best Practice. In: International Journal of Health Science Research and Policy 2/2016, S. 52–58.

Kocks, A./Schilling, D./Pröbstl, A.: Das haben wir schon immer so gemacht. Ein Babybad und seine Folgen. In: JuKiP 4/2015, S. 33–37.

Latten, T. u. a.: Pharmaceutical Companies and Healthcare Providers: Going beyond the Gift – An Explorative Review. In PLOS ONE 2/2018, S. e0191856.

Meyer, G./Balzer, K./Köpke, S.: Evidenzbasierte Pflegepraxis - Diskussionsbeitrag zum Status Quo. In: Zeitschrift für Evidenz, Fortbildung und Qualität im Gesundheitswesen 1/2013, S. 30–35.

Mulhall, A.: Nursing, Research, and the Evidence. In: Evidence-Based Nursing 1/1998, S. 4–6.

Nicole, A.: Beschreibung des Versorgungsbereichs „Spitäler". In: Ludwig, I. (Hrsg.): Wir brauchen sie alle. Pflege benötigt Differenzierung. Nidda 2015.

Robert-Bosch Stiftung: 360° Pflege - Qualifikationsmix für den Patienten. Online: http://www.bosch-stiftung.de/de/projekt/360deg-pflege-qualifikationsmix-fuer-den-patienten [abgerufen am 17.4.2018].

Twersky, J. u. a.: A Randomized, Controlled Study to Assess the Effect of Silk-like Textiles and High-Absorbency Adult Incontinence Briefs on Pressure Ulcer Prevention. In: Ostomy Wound Management 12/2012, S. 18–24.

VPU: Einsatz akademisch ausgebildeter Pflegefachpersonen in der Praxis. 2015. Online: http://www.vpu-online.de/de/pdf/presse/2015-05-29_abschlussbericht.pdf [abgerufen am 12.1.2018].

Teil VI Digitalisierung: Voraussetzungen und Folgen

Informationssicherheit und Cyber Security

Axel Joerß

Schlagwortübersicht

Abstract: Informationssicherheit und Cyber Security, zwei ähnlich besetzte Begriffe und in Einrichtungen des Gesundheitswesens heute – wie in allen anderen Feldern des wirtschaftlichen Lebens – nicht mehr wegzudenken. Auch wenn der eine oder andere Verantwortliche dieses Thema alleine mit dem Begriff Kosten verbindet, kommen alle Beteiligten nicht umhin, sich Gedanken über das Thema zu machen. Daten gehören inzwischen zu den am höchsten bewerteten Gütern auf der Welt, das ist nicht nur an der Entwicklung der Börsenwerte der Unternehmen zu erkennen, deren Geschäftsmodell fast ausschließlich auf dem Handel mit diesen Daten beruht. Mit der Öffnung des Gesundheitsmarkts und der immer weiteren Vernetzung zwischen den Beteiligten, wie Patienten, Krankenhäuser, Kliniken und niedergelassene Ärzte sowie Krankenkassen und kassenärztliche Vereinigungen, wächst natürlich auch die Bedrohungslage für die zugrunde liegenden Strukturen. Anliegen des Beitrags soll es sein, grundlegende Facetten der Bedrohungslage im Kontext des jeweiligen Umfelds darzustellen und Möglichkeiten aufzuzeigen, wie Verantwortliche diesen begegnen können. Ein weiterer Abschnitt beschäftigt sich mit der aktuellen Gesetzes- und Normenlage dazu. Abschließend wird ein Ausblick auf die weitere Entwicklung versucht.

1 Einleitung

1 Die Beschaffung gehört zu den betrieblichen Grundaufgaben in einem Unternehmen. Ihr kommt unter den Anforderungen des steigenden Kostendrucks eine wachsende strategische, aber auch operative Bedeutung zu. Durch technologische Entwicklungen des Internets sind insbesondere Prozessverbesserungen in der Beschaffung zu realisieren. Damit werden aber auch die Anforderungen an die Absicherung dieser Prozesse erhöht. Beschaffungsmanagement und Cyber Security – wie passen diese beiden Begriffe zusammen und lassen sie sich in einen gemeinsamen Kontext bringen? Man kann diese Frage sicher mit „Ja" beantworten, wenn man den Begriff Beschaffungsmanagement in den jeweiligen Geschäftsprozessen der Beteiligten verankert sieht. Moderne Herausforderungen an die Beschaffung unterscheiden sich von denen in der Vergangenheit vorrangig in der immer weiteren Integration und Zuhilfenahme von informationstechnischer Unterstützung bei der Vernetzung und Verzahnung von Herstellern, Lieferanten und Abnehmern. Elektronische Marktplätze haben die Beschaffung teilweise einfacher und die Einkaufpreise für die Abnehmer tendenziell gesenkt. Andererseits sind die Ansprüche an den Schutz der damit verbundenen Prozesse und Daten sehr stark gestiegen. Um den Komplex des Wandels von traditioneller Beschaffung zum E-Procurement, d. h. der Nutzung von Informations- und Kommunikationstechnologien zur elektronischen Unterstützung von Beschaffungsprozessen und der Bedrohungslage für und Schutz dieser Prozesse soll es in den nachführenden Ausführungen gehen.

2 Begriffsbestimmung Cyber Security

In der englischsprachigen Wikipedia finden wir Folgendes zu diesem Begriff: 2

„Cybersecurity, computer security or IT security is the protection of computer systems from the theft and damage to their hardware, software or information, as well as from disruption or misdirection of the services they provide."[1]

Vielleicht könnte man den Begriff mit dem deutschsprachigen Begriff Informationssicherheit übersetzen. Hierzu finden wir: 3

„Als Informationssicherheit bezeichnet man Eigenschaften von informationsverarbeitenden und -lagernden (technischen oder nicht-technischen) Systemen, die die Schutzziele Vertraulichkeit, Verfügbarkeit und Integrität sicherstellen. Informationssicherheit dient dem Schutz vor Gefahren bzw. Bedrohungen, der Vermeidung von wirtschaftlichen Schäden und der Minimierung von Risiken."[2]

Das Aktionsfeld der Informationssicherheit wird allerdings beim Begriff Cyber   4
Security auf die Informationstechniken des Internets und der damit vergleichbaren Netzwerke und die darauf basierenden Anwendungen, Prozesse und Kommunikation erweitert. Womit wir zum ersten wichtigen Thema im nächsten Abschnitt kommen.

3 Bedrohungslage

3.1 Bedrohungen gestern und heute

Wenn man die Entwicklung von Sicherheitsthemen betrachtet, hat sich über einen   5
sehr langen Zeitraum Sicherheitstechnik und Kriminalität in der realen Welt abgespielt und weiterentwickelt. Es gab Mauern und Zäune, Tore, Schranken und Türen, Zimmer, Schränke, Schlösser und natürlich Zutritts- und Wachpersonal. Der Versuch, diese Sicherheitsbarrieren zu überwinden, war ein Problem von Kriminellen, deren Ziel es vorrangig war, sich selbst einen finanziellen Vorteil zu verschaffen. Die Gesetzeslage dazu war meistens klar und das Risiko bestraft zu werden war hoch. Das alles gibt es auch heute noch und Maßnahmen zur Vermeidung müssen als Inhalt einer Sicherheitsstrategie implementiert sein.

Allerdings sind in der virtuellen Welt weitere Bestandteile der Sicherheitsum-   6
gebung entstanden, die parallel zur realen Welt existieren. Das IT-Firmennetzwerk beschreibt das Innere des Firmengeländes zwischen den Mauern. Tore und Schranken werden durch Firewalls, Türen durch Berechtigungskonzepte, Zimmer,

---

1   Wikipedia: Computer security. Online: https://en.wikipedia.org/wiki/Computer_security [abgerufen am 20.4.2018].
2   Wikipedia: Informationssicherheit. Online: https://de.wikipedia.org/wiki/Informations-sicherheit [abgerufen am 28.4.2018].

Schränke und Safes durch Dateisysteme und Schlösser durch Verschlüsselungs-
lösungen und Wachpersonal durch Identity-Lösungen ersetzt.

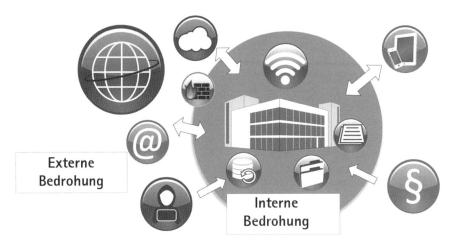

Abb. 1: Bedrohungen intern/extern

Quelle: Eigene Darstellung.

7   Darüber hinaus haben wir es in den letzten 35 Jahren mit einer immer höheren
    Geschwindigkeit der Veränderung von informationstechnischen Bedrohungen zu
    tun, deren Anwendung und dem Versuch der Verhinderung einem Katz- und
    Maus-Spiel der Beteiligten entspricht. Es liegt in der Natur der Sache, dass die
    Angreifer den Verteidigern immer einen Schritt voraus sind. Durch den tech-
    nologischen Fortschritt und die Organisiertheit der Kriminellen sind Angriffs-
    methoden in immer kürzeren Zeiten nutzbar. Dazu kommt, dass inzwischen in
    Darknet-Märkten[3] unrechtmäßig erworbene Daten, wie E-Mail-Adressen, Pass-
    wörter und Bankkontendaten, teilweise aber auch schon Tools zur sehr einfachen
    Generierung von Cyber-Angriffen als Selbstbaukasten (CaaS[4]) angeboten wer-
    den.[5] Interessanterweise benutzen solche Plattformen natürlich moderne Security-
    Lösungen, wie Verschlüsselungsverfahren und Zwei-Faktor-Authentifizierung,
    um die Sicherheit der Umgebung zu gewährleisten.

8   Einer der größten Katalysatoren von Cyber-Kriminalität besteht in den niedrigen
    Schranken in Bezug auf Machbarkeit und einem deutlich verringerten Strafver-
    folgungsrisiko als bei kriminellen Vorhaben in der realen Welt. Durch die grenz-

---

3   Wikipedia: Darknet-Markt. Online: https://de.wikipedia.org/wiki/Darknet-Markt [abgerufen
    am 30.4.2018] – Online-Schwarzmärkte, auf denen kriminelle Geschäfte in der digitalen Welt
    abgewickelt werden.
4   Wikipedia: Cybercrime-as-a-Service – breites Dienstleistungsangebot wir vorgefertigte Mal-
    ware, Ransomware, Austausch von kriminellem Know-how, Testportale und Dropzones zum
    Ablegen von illegal erlangten Informationen und Waren.
5   Bundeskriminalamt: Cybercrime Bundeslagebericht. 2016.

übergreifenden Tätigkeiten sind die Begriffe illegal und kriminell auch schwierig zu beschreiben und von legalen Tätigkeiten im jeweiligen Kontext abzugrenzen. Geheimdiensttätigkeiten der eigenen Landesorganisation sind in einem Land gewünscht, in wahrscheinlich jedem anderen Staat illegal. Edward Snowden hat in den USA schwere Bestrafungen zu erwarten. Russland schützt ihn davor.

Beim Blick auf das Gesundheitswesen in Deutschland stellt sich die Frage, ob die Besonderheiten dieser Branche Unterschiede in Bezug auf Gefährdungslagen und den notwendigen Umgang damit erfordern.   9

Man kann diese Frage sehr klar mit „jein" beantworten, denn prinzipiell unterscheiden sich Prozesse in der Gesundheitsbrache nur unwesentlich von den in der Industrie etablierten. Allerdings gibt es Unterschiede, die das Thema Cyber Security hier komplexer werden lassen.   10

Insbesondere gilt das für die Auswirkungen von Angriffen, da hier eventuell das Leben von Patienten bedroht wird. Diese Möglichkeiten finden wir zum Beispiel beim Ausfall von lebenserhaltenen Maschinen, wie Beatmungsgeräten, oder aber auch bei der Nichtdurchführbarkeit von Notoperationen als Folge von Cyber-Angriffen.   11

Auf diese Gefahren wurde zwar mit dem Thema Kritische Infrastrukturen (KRITIS) vom Gesetzgeber hingewiesen und die Fallzahl von stationären Aufenthalten festgelegt, ab der ein Krankenhaus unter diese Bestimmungen von KRITIS fällt. Allerdings betrifft das Problem im Grunde natürlich alle Krankenhäuser mit Patientenbetrieb, sodass auch vermeintliche kleine Einrichtungen Antworten auf die offenen Fragen finden müssen.   12

In der Vergangenheit stellten Gesundheitseinrichtungen autonome, von der sie umgebenen IT-Welt abgekoppelte Unternehmungen dar. Das lag zum einen an den fehlenden gesetzlichen Vorgaben. Hier hat der Gesetzgeber in den vergangenen Jahren die Entwicklung, die in anderen europäischen Nachbarländern weit fortgeschritten ist, regelrecht verschlafen. Hoffnung machen Anstrengungen z. B. der gematik, bis zum Jahresende 2018 endlich messbare Fortschritte bei der Einführung der Gesundheitskarte nachzuweisen. Die Non-Profit-Organisation Integrating the Healthcare Enterprise (IHE)[6], eine Initiative von Anwendern und Herstellern mit dem Ziel, den Datenaustausch zwischen IT-Systemen im Gesundheitswesen zu standardisieren und Quasi-Standards, wie Health Level 7 (HL7)[7], zeigen Wege zur Vereinfachung der Prozessabläufe und Digitalisierung der Wertschöpfungsketten in der Gesundheitsbrache. Trotzdem ist auch heute noch teilweise ein hohes Beharrungsvermögen der Verantwortlichen in den Gesundheitseinrichtungen zu sehen, nicht am Status quo der vorhandenen IT-Prozesse zu rütteln und an alten, analogen Verfahren festzuhalten. Systembrüche beim Fax-   13

---

6   Wikipedia: Integrating the Healthcare Enterprise. Online. https://de.wikipedia.org/wiki/Integrating_the_Healthcare_Enterprise [abgerufen am 30.4.2018].
7   Wikipedia: HL7. Online: https://de.wikipedia.org/wiki/HL7 [abgerufen am 30.4.2018].

Versand und -Empfang, händischen Visitenaufzeichnungen und Scanprozessen von Patientenunterlagen sind Normalität.

14   Unabhängig von diesen Beschreibungen sehen wir Entwicklungen in der Gesundheitswirtschaft, die eine weitere Annäherung an Umgebungsbedingungen der industriellen Volkswirtschaft erkennen lassen. Die großen KIS-Hersteller[8] öffnen inzwischen langsam ihre Schnittstellen, lassen die Installation ihrer Anwendungen nicht nur On-Premises[9], sondern auch in Cloud-Umgebungen[10] als SaaS[11] zu. Immer mehr Krankernhäuser nehmen die Angebote von externen Einkaufsdienstleistern, wie der P.E.G. Einkaufs- und Betriebsgenossenschaft eG in München, wahr. Darüber wird die EDI[12]-Prozess-Unterstützung, insbesondere die Übertragung von Artikelstammdaten, Preisinformationen und Bestellungen, Lieferavis und Rechnungen in den Beziehungen zwischen Lieferanten und Kunden in der Gesundheitsbranche Einzug halten. Eine Besonderheit sind Wartungs- und Überwachungsservices von medizinischen Geräten via Fernwartung. Nicht zuletzt haben sich Krankenhäuser mit der Anforderung auseinanderzusetzen, Patientenzugänge ins Internet und Patienten-Entertainment bereitzustellen.

3.2   Täter und Motivation

15   Wenn man Absicht als Handlungsgrundlage betrachtet, sind inzwischen große diversifizierte Tätergruppen mit verschiedenartigen Interessen entstanden.

16   Der Mensch mit seinen Neigungen, Interessen und Wünschen hat verschiedene Motive, die ihn anfällig dafür machen, Schaden anzurichten. Die fortschreitende Vernetzung der Gesellschaft lässt die Gefahren exponentiell steigen. Die Akteure sind im Bereich von unzufriedenen und entlassenen Mitarbeitern, kriminellen Hackern[13], Script Kiddies[14], Dieben, Hehlern, Geheimdiensten, wirtschaftlichen Konkurrenten, Whistleblowern[15] und staatlichen Stellen zu finden. Damit sind die

---

8   KIS = Krankenhaus-Informationssysteme – Software Kernapplikation in Krankenhäusern.
9   Installation von Software vor Ort beim Anwender.
10   Bereitstellung von IT-Infrastruktur (Speicherplatz, Rechenleistung, Anwendungssoftware als Dienstleistung über das Internet), Wikipedia: Cloud Computing. Online: https://de.wikipedia.org/wiki/Cloud_Computing [abgerufen am 30.4.2018].
11   Software und IT-Infrastruktur werden bei einem externen Dienstleister betrieben.
12   Electronic Data Interchange – ersetzt Papierdokumente durch elektronische Dokumente mit einem Standardformat, sodass Sender und Empfänger das Dokument exakt lesen und elektronisch weiterverarbeiten können, OpenText Corp.: Was ist Edi? Online: https://www.edileitfaden.de/what-is-edi/ [abgerufen am 1.5.2018].
13   Ursprünglich ein positives Synonym für Menschen, die Sicherheitslücken aufzeigen und zu beseitigen versuchen, heute mehr negativ besetzt für Personen mit hohem Grundlagenwissen, die Sicherheitsbarrieren umgehen und Lücken in Systemen ausnutzen, um Schaden zuzufügen.
14   Vorrangig jugendliche Computernutzer, die mit Grundlagenkenntnissen auf Basis von vorgefertigten Lösungen versuchen, in fremde Computersysteme einzudringen.
15   Personen, die wichtige Informationen für die Allgemeinheit aus einem geheimen Zusammenhang für die Öffentlichkeit zugänglich machen.

Motive ebenso vielschichtig zu bewerten und reichen von dem Verbreiten von Angst und Verunsicherung über Rache am Ex-Arbeitgeber zu nehmen, Geld zu erpressen oder zu erbeuten bis zur reinen Informationsbeschaffung in den vielen Facetten der Spionagetätigkeiten.

Nicht in diesem Zusammenhang zu vergessen ist aber auch unabsichtliches 17 Verhalten, das sich z. B. in mangelndem technischen Wissen oder Gleichgültigkeit begründet. Beispiele hierfür falsch konfigurierte Firewallsysteme, nicht gepatchte Hardware, Nutzung veralteter Hardwarekomponenten oder einfach die Negierung von Security-Problemen, weil diese nicht als wichtig erkannt wurden. Auch die Waage zwischen zeitsparender Erledigung von gewünschten Tätigkeiten im täglichen Betrieb und dem geforderten Security-Verhalten schlägt noch oft in Richtung der Vernachlässigung von Sicherheit aus.

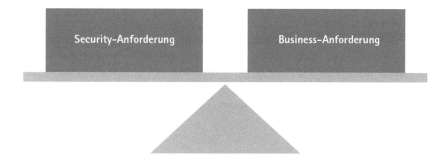

Abb. 2: Security- vs. Business-Anforderungen
Quelle: Eigene Darstellung.

Im Krankenhausbereichen haben wir es z. B. mit einem gravierenden Problem zu 18 tun. Hier werden teilweise Zugänge zu den IT-Systemen durch sog. Sammel-Accounts gewährt. Die Motivation für diese Verfahrensweise liegt darin begründet, dass viele Benutzer (z. B. Ärzte und Schwestern) sich wenige Computer für ihre Arbeit teilen müssen, die An- und Abmeldevorgänge an die Systeme lange Zeit benötigen und damit der Zeitverlust bei personalisierter Anmeldung zu groß wäre. Die Folge sind frei zugängliche, nicht personalisierte Accounts, die nicht-nachvollziehbare Zugriffe auf die Infrastruktur, Softwareanwendungen und nicht zuletzt die Patientendaten ermöglichen.

3.3   Konkrete Gefährdungen

Die Gefährdungslage im Bereich der Informationssicherheit ändert sich ständig 19 und ist damit tatsächlich nur zeitpunktbezogen darstellbar. Verschiedene Institutionen wie das BKA[16], das BSI[17] und viele Hersteller für Sicherheitslösungen, wie z. B. NTT, Symantec und Sophos, veröffentlichen regelmäßig Lageberichte zu Gefährdungslagen im Cyber Security-Umfeld. Die folgenden Erläuterungen versuchen die Themen zum Zeitpunkt Anfang des Jahres 2018 aufzunehmen und zusammenzufassen.

3.3.1 Der Faktor Mensch

20 Aus Sicht des Autors der wichtigste Spieler im Cyber Security Umfeld. Bedrohungen entstehen durch Menschen. Sie werden von ihnen entwickelt, verbreitet, eingesetzt und auf der anderen Seite verhindert und abgewehrt. Im Bereich Tätermotivation wurden schon einige der Handelnden skizziert. In diesem Abschnitt soll beschrieben werden, welche Arten von Risiko der Mensch bei dem Versuch von Überwindung von Cyber Security darstellt. Sind Gedanken beim Thema Cyber Security vorrangig auf externe Tätergruppen gerichtet, darf nicht vergessen werden, dass interne Angriffe ein ebenso beträchtliches Sicherheitsrisiko darstellen. Beispiel hierfür sind das unberechtigte Kopieren von Daten auf Speichersticks, das Abgreifen von Daten durch externe Servicekräfte bei Wartungsarbeiten mit autorisiertem Zugriff auf Netzwerkschnittstellen oder WLAN-Strukturen und großzügige Rechtevergabe auf geheime Datenverzeichnisse und dem Abgriff oder auch dem Löschen dieser Daten.

21 Ein großes Feld der Angriffe stellt inzwischen Social Engineering[18] dar. Gängige Abwehrmethoden, unterstützt durch Firewalls und Antivirenprogramme, helfen bei derartigen Versuchen nicht, da sich die Angreifer der menschlichen Psyche bedienen. Eigentlich positive Aspekte des menschlichen Verhaltens, wie Neugier und Vertrauen, werden hierbei genutzt, um an Informationen zu kommen oder aber sich über diesen Weg Zugang zum Unternehmensnetzwerk zu verschaffen. Hierbei werden über Telefonanrufe, E-Mails oder eine Kombination von beiden Varianten persönliche Informationen erschlichen oder die Aktivierung von Schadsoftware initiiert. Angriffe über E-Mails werden gut getarnt, indem bekannte Absender aus Behörden, gängigen Versandhändlern oder Zahlungsdienstleistern imitiert werden. Soziale Netzwerke, wie Facebook, Xing oder LinkedIn, werden benutzt, indem öffentlich einsehbare Informationen zur Anpassung der persönlichen Angriffe benutzt werden.

---

16 Bundeskriminalamt.
17 Bundesamt für Sicherheit in der Informationstechnik.
18 Hart: Social Engineering der Schwachstelle Mensch. 6.0.2018. Online: https://www.it-business.de/social-engineering-der-schwachstelle-mensch-a-702253/?cmp=nl-356&uuid=5111D66B-FE7D-4BA2-88287FB270E6BC0B [abgerufen am 1.5.2018].

3.3.2 Identitäten-Diebstahl

Identitätsdiebstahl ist eine der am stärksten zunehmenden Cyber-Kriminalitäts-   22
formen. Eigentlich ist der Begriff missverständlich, denn Identitätsdiebstahl ist
Identitätsmissbrauch, da die Daten ja nicht wirklich gestohlen werden und die
jeweiligen Besitzer die Daten weiter besitzen und benutzen können. Der Missbrauch bezieht sich auf Passwörter fürs Online-Banking, Kreditkartendaten,
Geburtsdaten, Adressdaten, E-Mail- oder Web-Accounts. Je mehr entwendet
wird, umso leichter sind erfolgreiche Missbrauchsversuche. Begünstigend kommt
hinzu, dass viele Daten auf Plattformen wie Facebook, Xing und LinkedIn frei
verfügbar und freiwillig quasi auf dem Präsentierteller angeboten werden. Dann
reichen oft überzeugende Argumente sowie diese Daten – fertig ist die vermeintlich richtige Identität. Die kriminellen Anwendungsgebiete hierfür sind vielfältig
und können beträchtlichen Schaden verursachen. Kreditkarten werden zum
Bestellen von Waren an gefälschte Adressen verwendet. Gekaperte Händler-
Accounts bieten Verkäufe auf Vorkasse von nicht vorhandenen Waren an. Sehr
beliebt ist auch die Einforderung von Zahlungen über nicht vorhandene Inkasso-
rechnungen. Nicht zuletzt dienen diese vorgetäuschten Identitäten auch dazu, an
noch mehr Informationen zu kommen, indem das Vertrauen von Bekannten und
Kollegen in diese Identitäten dem weiteren Abgriff der nächsten Informationen
Vorschub leistet.

3.3.3 Passwörter

Ein immer wieder (berechtigterweise) strapaziertes Thema im Zusammenhang   23
mit IT-Sicherheit ist das Thema Passwörter. Insbesondere hier wird der Gegensatz
zwischen erwünschter Sicherheit und der tatsächlichen Umsetzung besonders
deutlich. Natürlich ist es trivial, darauf zu verweisen, dass möglichst lange Passwörter (mindestens 12 Zeichen) mit Klein- und Großbuchstaben, Zahlen und
Sonderzeichen sehr sinnvoll sind. Allerdings – wer kann sich diese merken? Das
Ergebnis sind dann gelbe Klebezettel mit den eigentlich vertraulichen Angaben
unter der Tastatur oder noch besser direkt im Sichtfeld am Bildschirmrand.
Darüber stellt auch die Vielzahl der notwendigen Passwörter ein Problem dar.
Der Autor besitzt z. B. etwa 180 durch Passwörter gesicherte Zugänge zu Web-
diensten, lokalen Applikationen und Zugängen zu Firmensoftware. Insofern ist
der Hinweis, kein Passwort doppelt zu verwenden, ein gut gemeinter Ratschlag, in
der Praxis allerdings nur mit hohem Aufwand oder mit Hilfsprogrammen zur
Speicherung der einzelnen Zugänge zu realisieren, die ihrerseits bei Verlust des
Masterpassworts allerdings ein noch höheres Risiko darstellen. Trotzdem stellt die
Herstellung einer hohen Passwortsicherheit und die Verwendung unterschiedlicher Passwörter ein wichtiges Thema dar. Angreifer versuchen – und haben dies
in der Vergangenheit schon oft geschafft –, an diesen Datenschatz zu kommen,
um darüber weitere kriminelle Aktionen durchzuführen. Man sollte sich darüber
im Klaren sein, dass das Abgreifen von Passwortbeständen auch und insbesondere

der großen Anbieter, wie Facebook, Xing, Strato, Web und anderer, das Ziel der Kriminellen sein wird, wie es in der Vergangenheit bei z. B. Adobe, Yahoo und Ebay gelungen ist. Die Nutzer haben über die dort implementierten Sicherheitsmechanismen kaum Kenntnis, Informationen über Missbrauch von Seiten der betroffenen Unternehmen erfolgen nicht immer zeitnah, sodass jeder das Thema Passwörter ganz persönlich ganz oben in der To-Do-Liste haben sollte.

3.3.4 Missbrauch von Berechtigungen

24 Die Verhinderung des unbefugten Zugriffs auf Daten ist eine zentrale Forderung der ISO 27001 in Verbindung mit den Vorgaben des BSI-Grundschutzes, aber natürlich auch eine Forderung der europäischen Datenschutzgrundverordnung (DSGVO). Eine Lösung dazu ist das Thema Berechtigungsmanagement und ist prinzipiell in Serverbetriebssystem-Software integriert. Allerdings können die konkreten Implementierungen die Verantwortlichen teilweise nicht zufrieden stellen. Die Prozesse rund um das Berechtigungsmanagement sind nicht klar definiert, Verantwortlichkeit für den Umfang und die zeitlichen Dimensionen der Rechtevergabe nicht geklärt und unzureichend umgesetzt. Dokumentationen fehlen teilweise komplett oder stellen mit händischer Arbeit eine Sisyphusarbeit für die Verantwortlichen dar. Dazu kommt, dass das Monitoring von unerlaubten Zugriffen nicht umgesetzt ist. Damit ergeben sich unklare Berechtigungssituationen, sodass es Angreifern gelingen kann, über das Ausnutzen von überzogenen Zugriffsrechten vertrauliche Informationen abzugreifen. Verschärft wird dieses Szenario durch eventuelle lange Bestandsphasen dieses nicht gewünschten Zustands.

3.3.5 Systemrisiken Hardware

25 Die unterste und intransparenteste Ebene der Informationssysteme stellt Hardware dar und sollte schon deshalb im Zuge von Risikoanalysen Beachtung finden. Mögliche Basisrisiken bestehen in möglichen Überspannungsschäden an Hardwarekomponenten durch z. B. Blitzschlag, Stromausfälle mit der möglichen Folge von Hard- und Softwareabstürzen und der eventuellen Unmöglichkeit der Herstellung des Ausgangszustandes der Systeme danach. Gezielte Angriffe auf Hardware-Ebene sind sehr aufwendig. Prozessoren, Chipsätze und Firmware[19] funktionieren unabhängig von Betriebssystemen und Anwendungssoftware und sind damit durch gängige Schutzmechanismen nicht abzusichern. Pannen wie „Meltdown" und „Spectre" bei Prozessoren zeigen, dass auch auf diesem Wege Sicherheitsverletzungen möglich sind. Beide Varianten ermöglichen es, Daten, wie z. B. Passwörter, aus eigentlich geschützten Speicherbereichen von Prozessoren auszulesen. Aktuelle Meldungen über eine neue Generation von „Spectre"-Schwach-

---

19 Funktional mit der Hardware verbundene Software, ohne die die Hardware nicht betriebsfähig wäre.

stellen bei Intel-Prozessoren zeigen, dass die Probleme keine einmaligen Phänomene waren und grundsätzliche Maßnahmen in der Sicherheitsstrategie erfordern.

3.3.6 Softwareprobleme

Ein nicht zu vernachlässigendes Feld von Security-Risiken stellen falsch oder schlampig programmierte Softwareprogramme dar, die für Wissende Schwachstellen zum Einschleusen von Schadcode nutzbar machen oder auch die Zerstörung der Informationssysteme ermöglichen. Teilweise waren solche Schwachstellen jahrelang auch einfach nicht erkennbar, durch den Fortschritt der Technik aber irgendwann ausnutzbar.

26

Hierbei gilt, dass jede installierte Software prinzipiell potenzielle Schwachstellen birgt – das gilt für Security-Software ebenso wie für jede andere Applikation. Dies gilt insbesondere, wenn die jeweiligen Anbieter versuchen, eigene Sicherheit im Programmcode zu integrieren. Darüber hinaus gibt es natürlich auch Software, die einem äußerlich für den Anwender sinnvollen Zweck dient, innerlich aber Schadcode enthält und damit von vornherein gewollt schädlichen Zwecken dient.

27

3.3.7 Netzwerk, WLAN und VLAN

Was hat eine angelehnte Terrassentür mit einem Drucker gemeinsam? Beide dienen Kriminellen als Einfallstor, werden gerne vergessen und sind eine Schwachstelle im System. Heutige IT-Infrastrukturen enthalten tausende Knoten – bestehend aus Servern, PC-Arbeitsplätzen, Druckern, IP-Telefonen, Switches und im Krankenhausbereich natürlich auch medizinische Geräte mit IP-Adressen. Zugriffsmöglichkeiten über Netzwerkschnittstellen und WLA[20]-Strukturen sind natürlich Standard. Allerdings werden solche Umgebungen sehr schnell sehr komplex und der Überblick über die vorhandenen Geräte und deren Netzwerkzugang ist oft nicht vorhanden. Die Netzwerksegmentierung über VLAN[21] ist manchmal technisch nicht sauber umgesetzt. Die strikte Trennung von Medizingerätenetzwerken von anderen Netzwerken in den Einrichtungen ist im Übrigen eine zentrale Forderung der freiwilligen, aber sich langsam durchsetzenden Norm IEC 80001-1[22] für das Risikomanagement von IT-Netzwerken mit Medizinprodukten. Ohne Berücksichtigung dieser Risikofaktoren stellt die unzuverlässige Erkennung von Geräten ein Risiko dar. Der weitere Einzug des IoT[23] wird diese Entwicklung beschleunigen.

28

---

20 Wireless Local Area Network – lokales Funknetz der IEEE-802.11-Familie.
21 Virtual Local Area Network ist ein logisches Teilnetz innerhalb eines physischen Netzwerks.
22 Wikipedia: Risikomanagement für medizinische IT-Netzwerke. Online: https://de.wikipedia.org/wiki/Risikomanagement_für_medizinische_IT-Netzwerke [abgerufen am 5.5.2018].
23 Internet of Things – Sammelbegriff von Technologien zur globalen Vernetzung von physischen oder virtuellen Gegenständen.

3.3.8 Fernwartung

29 Fernwartungsthemen spielen im Bereich der Cyber Security insofern eine Rolle, da die damit verbundenen Zugänge auf die internen Systeme, die im Allgemeinen Mitarbeitern von Fremdfirmen im Zuge von Managed Service Verträgen auf interne Systeme gewährt werden, natürlich vertraglich in Bezug auf Rechte und Verantwortlichkeiten abgesichert werden. Trotzdem ist die Gefahr des Missbrauchs gegeben, die Möglichkeit des Einschleusens von Schadsoftware oder Software zum Ausspähen der jeweiligen Kunden ist real und erfordert eine strikte Beschränkung der jeweiligen Rechte auf das notwendige Maß und ein kontinuierliches Monitoring der jeweiligen Aktivitäten durch nicht durch die Fernwartungszugänge manipulierbare Technologien und Accounts.

3.3.9 DoS-Angriffe

30 Mit Denial of Service (DoS) bezeichnet man die Nichtverfügbarkeit oder die Nichterreichbarkeit eines Dienstes, Servers oder ganzer Netzwerke. Das kann unbeabsichtigt passieren, wenn z. B. nicht geplante Software-Updates Netzwerke lahmlegen und viele Nutzer eigentlich nicht genehmigte Downloads eines gerade „brandaktuellen" Videos starten. Konzentrierte Angriffe auf Server oder andere Komponenten im Netzwerk dienen dabei der Schädigung von Konkurrenten, indem Angebote für Kunden nicht mehr zur Verfügung stehen. Hierbei werden z. B. frei verfügbare Web-Seiten und Webshops mit so vielen Anfragen überhäuft, dass ein Betrieb durch Aufrufe von „normalen" Kunden nicht mehr möglich ist. Dieses Vorgehen wird durch sog. Botnetze optimiert, bei denen durch Schadprogramme infizierte Rechnern ohne das Einverständnis der Eigentümer zu vernetzten Systemen zusammengeschaltet und komplexe Angriffe möglich gemacht werden.

3.3.10 Malware

31 Mit Malware, also bösartiger Software (Zusammengesetzt aus *Mal*icious und Soft*ware*), ist ein Oberbegriff für eine ganze Gruppe von Schadprogrammen oder Schadsoftware gemeint. Auch der sehr alte Begriff Computervirus fällt unter diese Gruppe. Dieser beschränkte sich noch das Schreiben von Kopien von sich selbst auf infizierte Programme oder Datenträger. Inzwischen gibt es verschiedene Varianten von Malware, die unterschiedlichen Zwecken dienen.

32 Würmer verbreiten sich über Netzwerke auf andere Computer, Spyware dient dem Ausspähen der infizierten Zielsysteme und des Nutzerverhaltens, Backdoor ermöglicht Dritten einen versteckt unbefugten Zugang zu Computern, Adware besteht aus Software, die ohne Nachfrage des jeweiligen Nutzers Funktionen zur Marktforschung installiert. Scareware animiert Anwender unter Vortäuschung von vermeintlichen Gefahren Schadprogramme zu installieren. Keylogger

protokollieren die Eingaben des Benutzers der angeschlossenen Tastatur, um z. B. an Kennwörter zu gelangen.

Der exponentielle Anstieg des Umsatzes mit Kryptowährungen veranlasste viele Cyber-Kriminelle, die Möglichkeiten der Umsatzgenerierung auf den Bereich des Krypto-Mining[24] zu erweitern. Das führte während des Jahres 2017 zu einem Anstieg der Erkennungen von dafür benutzter Software auf Computern um 8.500 %[25]. Hierbei wird CPU-Leistung von Einzelpersonen und Unternehmen benutzt, um Kryptowährung zu schürfen. Der zugrundeliegende Prozess verlangsamt entsprechend Geräte, es kommt zu Überhitzungen und es gibt störende Auswirkungen in Unternehmensnetzen, da infizierte Geräte bei Erkennung durch Sicherheitslösungen abgeschaltet werden.

33

Ein weitere sehr aktuelle Untergruppe von Malware ist die sog. Ransomware[26]. Diese wurde in letzter Zeit auch vermehrt mit anderen Malware-Varianten, wie z. B. dem Wurm, kombiniert und hat über diesen Weg größere Schäden in ganzen Netzwerken hervorgerufen. Begünstigend für die Quantität der Angriffe sind inzwischen vorhandene Angebote, die als „Ransomware as a Service (RAAS)" bezeichnet werden. Damit sind Angriffe auch von Kriminellen möglich, die kaum ausgeprägte Hacking-Fähigkeiten haben müssen. Manchmal dient Ransomware auch nur der Verschleierung von den eigentlichen Aktivitäten der Kriminellen, denen es weniger um die vergleichsweise geringen Lösegeldforderungen, sondern um Erpressungsversuche im großen Stil durch das Ausnutzen von erbeuteten Datenbeständen geht.

34

4 Lösungsansätze

Im Bereich der Lösungsansätze sind Themen aufgeführt, die zur Erhöhung der IT-Security und damit auch zur Cyber Security beitragen. Durch die Vielzahl der Ansätze ist es fast nirgendwo sinnvoll, eine 1:1-Darstellung (im Sinne von „Du hast ein Problem – hier gibt es eine Lösung") zu finden. Die Angebote der einzelnen Hersteller überschneiden sich oft, die Strategie der Best of Bread-Angebote[27] hat bei der Komplexität der heutigen Cyber-Crime-Angriffslage entscheidende Nachteile, die darin bestehen, dass zum einen die fachliche Ausbildung der Mitarbeiter über viele unterschiedliche Lösungen unterschiedlichster Hersteller hohe Anforderungen stellt und zum anderen die Schnittstellen und eventuellen Überschneidungen und Beeinflussungen der Einzellösungen nicht immer klar

35

---

24 Bereitstellung von Rechenleistung zur Erzielung von Gewinnen mit virtuellem Geld.
25 Symantec: Internet Security Threat Report 2018. 2018.
26 Ransomware blockiert den Zugriff auf das Betriebssystem der infizierten Computer, verschlüsselt Dateien und fordert die Nutzer zur Zahlung von Lösegeld (meist in Krypto-Währungen auf).
27 Strategie, für jeden Bereich die beste Lösung auszuwählen.

sind. Die Folge des Best of Bread-Ansatzes könnte insofern sogar eine Erhöhung des Sicherheitsrisikos zur Folge haben.

4.1 Strategie

36   Cyber Security zu implementieren ist nicht erst in der heutigen Zeit eine Aufgabe, mit der die Verantwortlichen dauerhaft konfrontiert sind. Die Komplexität der Materie ist hoch und die Umgebungsbedingungen ändern sich ständig.

37   Die Grundlage des Handelns sind die bestehenden digitalen Geschäftsprozesse, die im Sinne des Risikos abgesichert werden müssen. Darüber hinaus bestehen inzwischen aber diverse IT-Compliance-Vorgaben, Gesetze und Sicherheitsstandards, die hier im Kapitel 5 beschrieben werden und denen sich das verantwortliche Management stellen muss. Insofern ist Cyber Security bzw. Informationssicherheit Management-Aufgabe für Vorstände und Geschäftsführer.

38   Fehlendes Verständnis und Unterstützung von dieser Seite erhöht das Risiko von fehlender oder falscher Strategie stark. Diese strategischen Betrachtungen sind aber unbedingt nötig, um Informationssicherheit umzusetzen. Die Ziele dabei sind die Aufnahme der Risiken unter der Definition der Bedrohungsszenarien und möglicher Schadenshöhen und als Ergebnis die Definition der Handlungsoptionen. Dazu sollte auch die klare Bestimmung der Verantwortlichkeiten gehören.

4.2 Operative Umsetzung

39   Ihre Firma hat nur 100 Mitarbeiter und ist deswegen für Cyber-Kriminelle nicht interessant? Vielleicht, aber wahrscheinlich doch. Die Chance für die Angreifer gerade hier besteht in fehlenden oder unzureichenden Schutzmaßnahmen und IT-Mitarbeitern, die nicht ausreichend bzgl. der heutigen Security-Anforderungen ausgebildet sind. Operative Umsetzungsthemen sind natürlich von der Unternehmensgröße und den zu schützenden Werten abhängig, aber grundsätzlich sind alle Unternehmen und Einrichtungen betroffen.

4.2.1 Einführung eines ISMS

40   Die Grundlage der Cyber Security-Aktivitäten auf Basis einer festgelegten Strategie sollte sein, ein Informationssicherheitsmanagementsystem (ISMS) nach BSI-Standard aufzubauen. Hiermit wird die Systematik der Aktivitäten etabliert, die Komplexität reduziert und ein kontinuierlicher Security-Prozess unter Berücksichtigung von Security-Policies installiert, der auch Audits und mögliche Zertifizierungsmaßnahmen beinhaltet.

4.2.2 Risikomanagement

Der Leitfaden des BSI beschreibt Methoden zur Risikoanalyse kritischer Infrastrukturen. Diese Methoden können prinzipiell natürlich auch für Unternehmungen und Einrichtungen genutzt werden, die nicht unter die KRITIS-Bestimmungen fallen. Zu klärende Themen in diesem Zusammenhang sind die Risikofeststellung, die Risikoberechnung und die Risikobehandlung unter Berücksichtigung von Schutzzielen, Schwachstellen und möglichen Schadenshöhen.

41

4.2.3 Dokumentation

Zu verstehen, wie viele IT-Assets vorhanden sind und wie diese miteinander arbeiten, wo Risiken bestehen und welche Maßnahmen getroffen werden, um diese zu minimieren, ist eine der Aufgaben der Dokumentation. Bei der Umsetzung von IT-Security geht es heute nicht um das technisch Machbare, sondern vielmehr um die Bündelung von geeigneten Maßnahmen, um Security zielgerichtet und maßvoll umzusetzen. Damit ist die Dokumentation die Grundlage des Risikomanagements.

42

4.2.4 Outsourcing

Das Auslagern von Dienstleistungsaufgaben im IT-Bereich ist prinzipiell stark verbreitet. Anbieter vermarkten dieses Thema z. B. unter dem Namen Managed Service Provider. Die Angebote unterscheiden sich bzgl. der Inhalte und des Umfanges jedoch stark. Wir finden Verträge für Kleinstunternehmen, aber auch für Großkonzerne mit zehntausenden Arbeitsplätzen. Eine ebenso bereits etablierte Form für die Nachfrage nach Security-Dienstleistungen bieten sog. Managed Security Service Provider (MSSP). Die Frage in diesem Zusammen ist natürlich, ob man Informationssicherheit einfach outsourcen kann. Eine weitergehende Diskussion dieses Komplexes würde wahrscheinlich ein weiteres Buch füllen. Insofern nachfolgend einige wichtige Punkte zur Grundlage von Entscheidungen pro oder kontra MSSP.

43

Ein erstes wichtiges Thema ist die Anzahl und das nötige Know-how der eigenen Mitarbeiter und die Möglichkeit, sich geeignetes Personal am Markt einzukaufen. Insbesondere klein- und mittelständische Unternehmen werden hier schnell an die Grenzen des Machbaren geraten, da sie einerseits kaum die Anziehungskraft für derartige Fachkräfte entwickeln können und andererseits das IT-Budget derartige Ausgaben kaum hergibt.

44

Ein zweites Thema bei IT-Security ist der strategische Ansatz in Bezug auf die Auswahl der notwendigen technischen Lösungen, die nicht nur Lösungs-Spezialistenwissen, sondern vor allem Security-Generalistenwissen verlangt. Auch diese Fähigkeit ist prinzipiell in MSSP-Organisationen vorhanden, in denen beide Wissensbereiche zur Erfüllung der Kundenanforderungen vorgehalten werden

45

müssen. Unter diese Anforderung fällt im Übrigen auch der notwendige Datenschutzbeauftragte.

46 Das dritte Thema ist die für Unternehmen schwer einschätzbare Entwicklung der Security-Anforderungen und des damit benötigten Budgets. Hier kann ein Vertrag mit einem MSSP helfen, da fest kalkulierbare Kosten Vertragsbestandteil sein können.

47 Sollte ein solcher Vertrag geschlossen werden, sind auf Basis der Anforderungsanalyse Leistungspakete mit SLA[28] zu vereinbaren. Ebenso muss das Thema Datenschutz explizit geklärt werden, da der MSSP natürlicherweise mit den Daten des Kunden in Berührung kommt.

4.2.5 Hersteller

48 Speziell im Krankenhausbereich sind Hersteller für die Nachbesserung im Bereich IT-Sicherheit mitverantwortlich. Immer mehr Medizinprodukte sind durch die weitere Einbindung in die Krankenhaus-IT angreifbar. Software, wie klinische Informationssysteme, aber auch Geräte, die z. B. zur Beatmung von Patienten eingesetzt werden, gehören inzwischen dazu. Insofern liegt es in der Verantwortung der Kunden, wie z. B. der großen Klinikketten, auf die Hersteller bei der Durchsetzung von IT-Sicherheit im Produktumfeld einzuwirken und die Produkte im Kontext der Klinik-Security zu entwickeln.

4.2.6 Schulungen und Sensibilisierung

49 Eine sehr hohe Prozentzahl aller Sicherheitsverletzungen ist auf menschliches Versagen zurückzuführen. Das betrifft unabsichtliche Fehler, wie Löschungen von Daten und die Ausführung von schädlichen Systemmanipulationen durch Administratoren, denen das Wissen über die Zusammenhänge fehlt, aber auch die Anfälligkeit für die Angriffsmethoden des Social Engineering. Deshalb sind außer der technischen Absicherung der Systeme gegen das Fehlverhalten von Mitarbeitern, wie Back-ups gegen versehentlich gelöschte Daten, Verschlüsselung gegen entwendete oder verlorene mobile Endgeräte, insbesondere die regelmäßigen Schulungen das entscheidende Mittel. Auch sollten diese Schulungen nicht als notwendiges Übel im Rahmen eventueller gesetzlicher Vorgaben gesehen werden, sondern als Teil der Security-Strategie eines Unternehmens verstanden werden, um die Mitarbeiter gegen Angriffe dieser Art regelmäßig zu sensibilisieren.

---

28 Service Level Agreement – Vereinbarungen über Leistungseigenschaften der vereinbarten Dienstleistungen wie Umfang und Reaktionszeiten.

4.3 Technische Lösungen

Im Folgenden sind einige der technischen Lösungen aufgeführt, die nicht den   50
Anspruch der Vollständigkeit haben sollen. Die Einführung der einen oder
anderen Lösung, die der Security-Markt von verschiedenen Anbietern mit mehr
oder weniger Überschneidungen bietet, ist letztendlich Bestandteil einer Security-
Strategie mit zuvor erfolgter Ist-Aufnahme von Risiken, aber auch vorhandenen
Lösungen. Hundertprozentige Sicherheit ist nicht möglich, auch der Gesetzgeber
spricht bei seinen Anforderungen vom technisch Machbaren, nicht vom technisch
Möglichen.

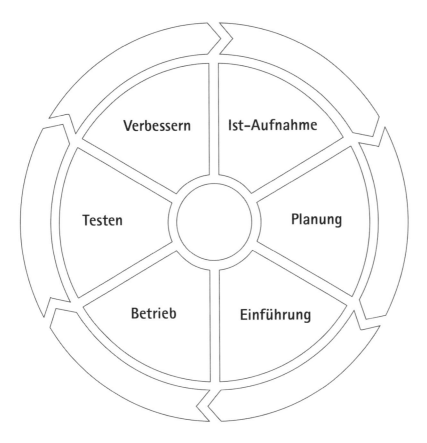

Abb. 3: Implementation von Security-Lösungen
Quelle: Eigene Darstellung.

4.3.1 Schwachstellenscans

51 Die Überschrift Schwachstellenscan steht eigentlich für zwei Themengebiete. Zum einen ist die Ist-Aufnahme die Grundlage der Verbesserung von IT-Security, zum anderen steht der Begriff Schwachstellenscans auch für tatsächliche Handlungen zum Testen von implementierten Lösungen auf ihre gewünschte Funktionalität. Diese Aufgaben können bei vorhandenem Know-how intern bewerkstelligt werden. Für intensive sog. Penetrationstests stehen Dienstleister zur Verfügung, die diese Aufgaben auf Basis klar abgesprochener Leistungspakete erbringen können.

4.3.2 Sicherheits–Policies

52 Beim Begriff der Sicherheits-Policies haben wir es mit zwei Kategorien zu tun, die beide im Sinne der Erhöhung von IT-Security entscheidende Bedeutungen haben.

53 Die eine Bedeutung beschreibt die Implementierung von unternehmens- oder organisationsweiten Sicherheitsstandards. Dazu gehören die Festlegung der Rollen der Sicherheitsverantwortlichen, der Schutzziele, der Methoden zur Umsetzung dieser Ziele und die Mechanismen zur Kontrolle der Maßnahmen. Dazu kommen Notfall-, Schulungs- und Datensicherungskonzepte.

54 Die andere Bedeutung sind konkrete technische Vorgaben für die Anwendung einer bestimmten Sicherheitslösung. Ein Beispiel hierfür ist der Umgang mit Zugriffscodes und Passwörtern.

4.3.3 Patch–Management

55 Das Patchen (Flicken) beschreibt eine Sicherheitsmaßnahme für Hardware- und Softwareprodukte, bei denen bei diesen durch die Installation von vom Hersteller freigegebenen Installationspaketen Sicherheitslücken geschlossen werden. Das IT-Sicherheitsgesetz erfordert entsprechende Maßnahmen. Die Bereitstellung dieser Pakete erfolgt regelmäßig oder bei akutem Bedarf. Das konkrete Handeln kann manuell oder durch entsprechende Patch-Management-Tools automatisiert erfolgen.

4.3.4 Berechtigungsmanagement

56 Das Thema Berechtigungsmanagement betrifft vor Implementierung einer technischen Lösung insbesondere die Ist-Aufnahme der Berechtigungssituation, die Festlegung der Schutzziele und daraus abgeleitet die Festlegung abgestufter Berechtigungskonzepte. Diese Konzepte können dann mit entsprechend spezialisierten Softwarelösungen umgesetzt werden. Als Erweiterung nach der Einführung solcher Lösungen sind die Übertragung der Verantwortung für Berechtigungen von der IT-Abteilung an die Vorgesetzten und durchgehende Berechtigungs-

managementprozesse von der Einstellung bis zum Ausscheiden von Mitarbeitern möglich. Als Ergebnis entstehen klare Datenstrukturen und darauf genehmigte Zugriffsbeziehungen.

4.3.5 Back-up, E-Mail-Archivierung und Wiederherstellung

Eine Basisabsicherung gegen IT-Security Probleme stellt eine sinnvolle Back-up-Strategie dar, die konsequent umgesetzt und unter verschiedenen kritischen Einflussfaktoren getestet wurde. Auf dem Markt existieren verschiedene Angebote zur Umsetzung. Lokale Sicherungen auf physische oder virtuelle Appliancen[29], in die Cloud oder auch Cloud-zu-Cloud-Back-ups, kombiniert mit verschiedenartigen Replikationsmechanismen[30] verbessern die Datenverfügbarkeit. Zentrale Managementlösungen verbessern die Anpassung an gewünschte Ergebnisse. Technische Möglichkeiten machen schnelle Wiederherstellungen möglich.

Die E-Mail-Archivierung als Sonderform von Back-up-Lösungen wird insbesondere durch die gesetzlichen Compliance-Anforderungen zur Archivierung dieser Bestandteile des Geschäftsverkehrs bestimmt. Aber auch hier ist das Thema IT-Security durch den Schutz dieser Daten vor Löschung oder beabsichtigter oder unbeabsichtigter Veränderung präsent.

Zusammengefasst ergeben der Einsatz dieser Lösungen eine höhere Datensicherheit und Risikovorsorge. Z. B. wäre eine Infektion mit Ransomware mit einem sinnvoll umgesetzten Back-up-Konzept beherrschbar, da die Daten aus dem Backup-System mit überschaubarem Aufwand zurückgespielt werden könnten.

4.3.6 Verschlüsselung

Die Menge der weltweit erzeugten Daten wächst exponentiell. Inzwischen sprechen Prognosen für das Jahr 2015 von Datenmengen im Zettabyte-Bereich, das sind Zahlen mit 21 Nullen dahinter.

„Sauber implementierte, starke Verschlüsselung ist eines der wenigen Dinge, auf die man sich noch verlassen kann.“[31]

Mit Verschlüsselung und entsprechenden Verschlüsselungs-Lösungen ist ein ganzes Paket von Maßnahmen gemeint, bei dem Daten vor dem Zugriff Unbefugter geschützt werden sollen. In der nachfolgenden Abbildung 4 sind die möglichen Bestandteile der konkreten Einsatzszenarien dargestellt.

57

58

59

60

61

---

29 Kombinierte Anwendungslösung aus Hard- und Software für einen speziellen Zweck.
30 Replikation in der Datenverarbeitung bedeutet mehrfache Speicherung an verschiedenen Orten.
31 Edward Snowden: the guardian vom 9.11.2013.

Abb. 4: Anwendung von Verschlüsselung

Quelle: Eigene Darstellung.

62 Sehr oft ist es sinnvoll, mehrere der Varianten zu kombinieren. Z. B. hilft die Festplattenverschlüsselung bei verlorenen oder gestohlenen Notebooks. Diese sollte aber immer mit anderen Verschlüsselungsvarianten kombiniert werden, um größere Sicherheit in Bezug auf Datenverluste zu erhalten. Als Ergänzung ist zu bemerken, dass heutige Verschlüsselungslösungen für den Benutzer transparent sind und keine zeitlichen und funktionalen Beeinträchtigungen der täglichen Arbeit hervorrufen.

4.3.7 Gateway-Technologien

Installationen von Firewalls[32] sind schon lange Bestandteil einer IT-Security- 63
Strategie. Allerdings haben sich ihre Bestandteile inzwischen stark erweitert.

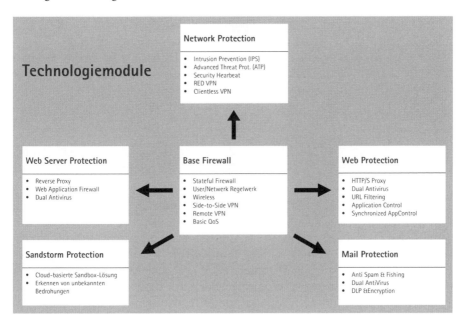

Abb. 5: Firewall-Bestandteile Sophos XG

Quelle: Eigene Darstellung nach Sophos Ltd.

Am Beispiel des Herstellers Sophos kann man sehen, dass zu den grundlegenden 64
Firewalltechnologien, wie z. B. der Security-Lösung Stateful Inspection[33], optio-
nale Module je nach Wunsch konfiguriert werden können, die die Themen
Network-, Web- und Mail-Protection abdecken. In Verbindung mit der folgenden
Technologie im Bereich des Endpoint-Schutzes können daraus komplexe Schutz-
systeme entstehen, die auf Basis von Machine-[34] und Deep Learning[35] arbeiten
und selbst bis dahin unbekannte Bedrohungen erkennen und diese Informationen
unverzüglich zur Abwehr über alle Geräte des betroffenen IT-Netzwerkes ver-
teilen.

---

32 Sicherungssystem bestehend aus Software, die bei dem Schutz von Netzwerken auf einem
    separaten Gerät installiert ist oder bei einzelnen Computern auf ihnen selbst.
33 Erweiterte Form der Paketfilterung, die den Zugriff einer Verbindung beschränken und so
    das betroffene Netzwerk vor Zugriffen von außerhalb schützen kann.
34 Ein System lernt aus Erfahrung, also anhand von Beispielen, in diesem Kontext anhand auf
    aufgetretenen Bedrohungen.
35 In diesem Kontext Optimierungsmethoden künstlicher Intelligenz.

4.3.8 Endpoint-Technologien

65 Die Security-Lösungen zum Schutz der Endpoints[36] schützen Geräte vor modernen Bedrohungen. Hierbei geht es längst nicht mehr nur um den Virusschutz, da Viren nur die bekannten Schädlinge umfassen, die entsprechende Virenscanner anhand von Signaturen erkennen können. In heutigen IT-Netzwerken sind Endgeräte vielfältigen Gefahren ausgesetzt, die herkömmliche Sicherungssysteme, wie z. B. eine Firewall, nicht erkennen können. Als Beispiel sei ein verseuchter USB-Stick genannt, der nach dem Einstecken die eingetippten Tastaturbefehle per E-Mail versendet oder per vorher programmierten Script[37]-Befehlen die Kontrolle über den Rechner übernimmt. Endpoint Protection kann dies per Peripheral Control[38] verhindern, Data Loss Prevention (DLP[39]) Application Control[40] und Web-Control[41] sind einzelne Bestandteile der Lösungen.

4.3.9 Mobil- und Device-Management

66 Beim Mobil- und Device-Management geht es um den Schutz von mobilen Geräten, wie Notebooks, Smartphones und Tablets, indem diese Geräte über eine zentralisierte Verwaltung inventarisiert und remote konfiguriert werden können. Dazu gehört auch die Verschlüsselung vorhandener Dokumente und die komplette Löschung aller Daten bei Diebstahl oder Verlust der Geräte. Weiterhin kann bei Geräten, die unter den Begriff „Bring Your Own Device" (BYOD[42]) das Ziel der EU-Datenschutzgrundverordnung (DSGVO) erreicht werden, private von geschäftlichen Daten zu trennen, indem sichere Container für den geschäftlichen Einsatzzweck eingerichtet werden.

4.3.10 Identity- and Access-Management

67 Seit dem 25. Mai 2018 verlangt die DSGVO ein revisionssicheres Zugriffsmanagement auf personenbezogene Daten. Hinzu kommt im Klinikbereich die Maßgabe, dass jeder Patient Auskunft darüber verlangen kann, wer wann auf seine Daten zugegriffen hat. Lösungen hierfür liefern die nachfolgend beschriebenen Technologien des Identity- and Access Managements (IAM[43]).

---

36 Windows,- Mac- und Linux-Computersysteme, die als Benutzerschnittstelle für Anwender in IT-Netzwerken arbeiten.
37 Kommandozeilenprogramm.
38 Verwalteter Zugriff auf Wechselmedien und mobile Geräte.
39 Beschränkung von nicht autorisierten Datenbewegungen.
40 Blockierung von Anwendungen basierend auf Kategorie oder Name.
41 Web-Filterung auf Basis von Kategorien.
42 Meist mobile Geräte, wie Smartphones, die dem jeweiligen Mitarbeiter privat gehören, aber auch für dienstliche Zwecke genutzt werden.
43 Kombination aus Access-Management und Single Sign-on-Lösungen, bei denen nach einmaliger Authentifizierung der Zugriff auf alle autorisierten Anwendungen besteht.

Bei der Authentifizierung geht es darum, den Identitätsnachweis zu bringen, um den Zugriff auf die jeweiligen Systeme zu bekommen. Im Allgemeinen werden dabei in Windows-Umgebungen die Informationen des Active Directory (AD[44]) benutzt. Durch Nutzername und Passworteingabe wird der Zugriff gewährt. Eine sichere Erweiterung erfahren die Lösungen durch den Einsatz von Multifaktor-Authentifizierung, d. h. mit Login-Methoden, die mehr als einen Identitätsnachweis erfordern, z. B. die Kombination von Smart-Cards[45] oder Mobiltelefonen mit Passwort. Die Lösungen erlauben meistens das Management und den Einsatz von zentralen Zugriffs-Policies und Auditierung[46] aller Zugriffe auf den jeweiligen Computer. 68

Der Begriff Single Sign-on beinhaltet nach der erfolgten Authentifizierung die automatische Freischaltung aller autorisierten Anwendungen. Damit hat der Nutzer sehr schnellen Zugriff, da die weiteren Nutzer- und Passworteingaben entfallen. 69

Das Identity Management ermöglicht es darüber hinaus, komplette Prozessketten der User Provisionierung unabhängig von der IT-Abteilung einzuführen und trägt damit zur Erfüllung von Compliance-Vorgaben Rechnung. 70

5   Gesetze, Normen und Empfehlungen

Schauen wir uns zuerst die in der Wikipedia-Definition verwendeten Informationssicherheit-Schutzziele Vertraulichkeit (**C**onfidentiality), Integrität (**I**ntegrity) und Verfügbarkeit (**A**vailability) an. Dass diese Ziele im englischen Sprachgebrauch CIA Triad (CIA-Schutzziele) genannt werden, hat nichts mit dem US-Auslandsnachrichtendienst zu tun, sondern dient der besseren Merkbarkeit des Begriffs. 71

Vertraulichkeit als Schutzziel bedeutet in diesem Zusammenhang, dass unautorisierte Informationsgewinnung nicht möglich ist und damit Informationen vor unbefugter Preisgabe geschützt sind. Ein weiteres verbundenes Schutzziel in dieser Kategorie ist die Nicht-Verfolgbarkeit. 72

Das Schutzziel Integrität umfasst zwei Teilaspekte. Dies ist zum einen die Datenintegrität und zum anderen die Systemintegrität. Hiermit ist die Unmöglichkeit des unbefugten Veränderns, Löschen und Einfügen von Daten bei den verwendeten Datenstämmen und in den Systemen gemeint. 73

Der Begriff Verfügbarkeit als Schutzziel beinhaltet den Grad der Verfügbarkeit der informationstechnischen Systeme, d. h. von Dienstleistungen und Funktionen für 74

---

44 Verzeichnisdienst von Microsoft Windows Server zur Gliederung des Netzwerkes und in diesem Kontext zur Verwaltung der Benutzer ähnlich eines Telefonbuchs.
45 Hardwarekomponente zur Identifizierung.
46 Untersuchung, ob die geforderten Vorgaben eingehalten werden.

ein IT-System, für eine IT-Anwendung oder ein IT-Netz, wenn diese infolge von den Anwendern wie vorgesehen benutzt werden können.

75 Um u. a. diese Schutzziele zu erreichen, haben der Gesetzgeber sowie Organe, die auf dem Gebiet der IT-Sicherheit tätig sind, umfangreiche Grundlagen in Form von Empfehlungen, Normen und Gesetzen verabschiedet. Darüber hinaus wurden die Bestrebungen in der jüngsten Zeit durch Gesetze ergänzt, die versuchen, die Realität abzubilden, dass Informationssicherheit keinen Halt vor Grenzen von Staaten macht. Das Thema ist insofern international verankert.

76 Betrachten wir in der Folge trotzdem einige wichtige Regelwerke, die sich insbesondere auf den deutschen Staatsraum beziehen.

5.1 ISO 9001

77 Die ISO 9001 mit der Fassung aus dem Jahre 2015 beschreibt Anforderungen an Qualitätsmanagement-Systeme von Organisationen. Im Zusammenhang dieses Artikels steht sie, weil sie einen verstärkt risikobasierten Ansatz fordert und dieser Begriff in der Einleitung zur Fassung von 2015 eingeführt wurde.

5.2 ISO 27001

78 Die Normenreihe ISO/IEC 27000 beschäftigt sich grundlegend mit Informationssicherheit. Die ISO 27001 ist der zentrale Teil der Reihe. Sie geht auf ältere britische Standards zurück. Die erste deutsche Fassung erschien im Jahre 2008, eine entsprechende Neufassung wurde im Jahre 2017 herausgegeben.

„Diese Norm DIN EN ISO/IEC 27001:2017-06 Informationstechnik – Sicherheitsverfahren – Informationssicherheitsmanagementsysteme – Anforderungen legt die Anforderungen an Aufstellen, Umsetzen, Betrieb, Überwachung, Bewertung, Wartung und Verbesserung von dokumentierten Informationssicherheit-Managementsystemen in Bezug auf die allgemeinen Geschäftsrisiken einer Organisation fest.“[47]

79 Die Norm hat eine hohe internationale Akzeptanz gefunden. Ausschreibungsunterlagen enthalten mit steigender Tendenz neben der ISO 9001 diese Normungsanforderung. Sie betrifft sämtliche Arten von Organisationen in Bezug auf Informationssicherheitsrisiken. Die Zertifizierung nach dieser Norm ist z. B. auf Basis von IT-Grundschutz sinnvoll.

5.3 BSI-Standards

80 Das Bundesamt für Sicherheit in der Informationstechnik (BSI) hat mit dem IT-Grundschutz eine Methodik für ein Sicherheitsmanagement mit konkreten

---

47 DIN ISO/IEC 27001:2015-03. Online: www.beuth.de [abgerufen am 28.4.2018].

Maßnahmeempfehlungen entwickelt. Das System war ursprünglich nur im behördlichen Bereich angesiedelt, steht seit 1994 aber für alle Organisationen kostenlos zur Verfügung. Der eine Teil des IT-Grundschutzes sind die BSI-Standards. Der BSI-Standard 200-1[48] hat das Ziel, ein Informationssicherheitsmanagementsystem (ISMS) aufzubauen. Hier geht es um Regelungen zur Lenkung und Steuerung von Aufgaben und Aktivitäten, die auf Informationssicherheit ausgerichtet sind und ist kompatibel zur ISO 27001.

Der BSI-Standard 200-2[49] führt drei Vorgehensweisen zur Umsetzung des IT-   81
Grundschutzes. Der Leitfaden zur Basis-Absicherung nach IT-Grundschutz[50] ist
sind die elementaren Schritte zur Prüfung und Erhöhung des Informationssicherheitsniveaus erläutert. Der BSI-Standard 200-3[51] beinhaltet die konkreten risikobezogenen Schritte zur Umsetzung des IT-Grundschutzes. Im BSI-Standard 100-4[52] werden die Wege zum Aufbau eines Notfallmanagements aufgezeigt, um wichtige Geschäftsprozesse bei Ausfall wieder in Betrieb zu nehmen. Das dazu empfohlene Umsetzungsrahmenwerk zum Notfallmanagement[53] richtet sich nach dem BSI-Standard 100-4 aus.

Der zweite Teil des IT-Grundschutzes umfasst mit den IT-Grundschutzkatalogen   82
eine sehr praktische Hilfe für konkrete organisatorische, technische oder infrastrukturelle Sicherheitsfragestellungen. Die Kataloge sind in Bausteine gegliedert, die die Schichten „übergreifende Aspekte", „Infrastruktur", „IT-Systeme", „Netze" und „Anwendungen" umfassen und enthalten konkrete Maßnahmen zur Informationssicherheit.

5.4 Europäische DSGVO

Die EU-Datenschutz-Grundverordnung (EU-DSGVO[54]) gilt seit dem 25. Mai   83
2018. Sie regelt die Rechte auf den Schutz personenbezogener Daten in der Europäischen Union (EU). Da personenbezogene Daten im Sinne dieser Verordnung bezogen auf natürliche Personen und deren Zuordnung sehr weit gefasst sind, hat diese Verordnung eine hohe Strahlkraft auf die notwendigen Maßnahmen zu ihrer Umsetzung. Wichtige Punkte hierbei sind:

---

48 https://www.bsi.bund.de/DE/Themen/ITGrundschutz/ITGrundschutzStandards/Standard201/ITGStandard201_node.html [abgerufen am 28.4.2018].

49 https://www.bsi.bund.de/DE/Themen/ITGrundschutz/ITGrundschutzStandards/Standard202/ITGStandard202_node.html [abgerufen am 28.4.2018].

50 https://www.bsi.bund.de/DE/Themen/ITGrundschutz/ITGrundschutzStandards/Leitfaden_Basisabsicherung/Leitfaden_Basisabsicherung_node.html [abgerufen am 28.4.2018].

51 https://www.bsi.bund.de/DE/Themen/ITGrundschutz/ITGrundschutzStandards/Standard203/ITGStandard203_node.html [abgerufen am 28.4.2018].

52 https://www.bsi.bund.de/DE/Themen/ITGrundschutz/ITGrundschutzStandards/Standard04/ITGStandard04_node.html [abgerufen am 28.4.2018].

53 https://www.bsi.bund.de/DE/Themen/ITGrundschutz/ITGrundschutzStandards/Umsetzungsrahmenwerk/umra_node.html [abgerufen am 28.4.2018].

54 https://www.datenschutz-grundverordnung.eu [abgerufen am 28.4.2018].

- Die Verordnung gilt vor allen nationalen Gesetzen, für alle Unternehmen, die einen Sitz oder Niederlassung in der EU haben.
- Personenbezogene Daten sind alle Daten, die sich auf identifizierbare natürliche Personen beziehen.
- Sie bezieht sich auf alle Daten von Personen, wenn diese sich in der EU befinden.
- Verantwortlich sind nicht nur Personen oder Stellen, die personenbezogene Daten erheben, sondern auch Verarbeiter, Nutzer und Auftragsverarbeiter dieser Daten.

84 In den Grundsätzen der EU-DSGVO finden sich Begriffe wie Datenminimierung, Zweckbindung, Richtigkeit sowie Integrität und Vertraulichkeit. Teile dieser Grundsätze haben wir am Anfang dieses Kapitels schon in den grundsätzlichen Informationsschutzzielen gesehen.

5.5 E-Health-Gesetz

85 Das Gesetz für sichere digitale Kommunikation und Anwendungen im Gesundheitswesen (E-Health-Gesetz[55]) beschreibt die Einführung der digitalen Infrastruktur im Gesundheitswesen. Bis Ende des Jahres 2018 sollen auf Grundlage des Gesetzes Arztpraxen und Krankenhäuser an eine Infrastruktur angeschlossen werden, die von der Gesellschaft für Telematikanwendungen der Gesundheitskarte mbH (gematik) und Industriepartnern bereitgestellt werden soll. Auf der elektronischen Gesundheitskarte sollen Notfalldaten gespeichert werden. Mit dem Zugriff auf die elektronische Patientenakte sollen Patienten auch direkten Zugriff auf ihre Krankenakte bekommen.

5.6 BSI-Gesetz/IT-Sicherheitsgesetz

86 Im BSI-Gesetz (BSIG)[56] von 2009 finden sich die Aussagen zum Thema Kritische Infrastrukturen (KRITIS) wieder. Die Betreiber „Kritischer Infrastrukturen" sind demnach verpflichtet, ihre kritischen Kernprozesse nach dem Stand der Technik abzusichern und dies dem BSI nachzuweisen. Mit dem Gesetz zur Erhöhung der Sicherheit informationstechnischer Systeme (IT-Sicherheitsgesetz[57]) aus 2015 wurde diverse Teile des BSI-Gesetzes geändert und bzgl. der aktuellen Anforderungen angepasst. In der ersten Verordnung zur Änderung der BSI-KRITIS-

---

55 https://www.bundesgesundheitsministerium.de/service/begriffe-von-a-z/e/e-health-gesetz/?L=0 [abgerufen am 28.4.2018].
56 https://www.gesetze-im-internet.de/bsig_2009/BJNR282110009.html   [abgerufen   am 29.4.2018].
57 http://www.bgbl.de/xaver/bgbl/start.xav?startbk=Bundesanzeiger_BGBl&jump-To=bgbl115s1324.pdf [abgerufen am 29.4.2018].

Verordnung aus dem Jahre 2017[58] wurde der Schwellwert, ob eine Krankenhaus-einrichtung als kritisch einzustufen ist, auf eine Fallzahl von 30.000 stationären Fällen pro Jahr festgelegt.

6 Ausblick

Es ist sicher nicht trivial, die Entwicklungen der Zukunft abzuschätzen, allerdings kann man derzeitige Entwicklungen definieren, die große Auswirkungen auf die Themen der IT-Informationssicherheit und der damit notwendigen Schutzmaß-nahmen haben dürften. 87

Das erste Thema ist der rasante Anstieg der erzeugten Datenmengen auf der Welt. Diese Entwicklung wird zum einen aus dem privaten Bereich durch die immer größere Verbreitung von digitalen Datenquellen, wie z. B. Smart TVs, Smart Home und Smart Wearables, getrieben. Auf der anderen Seite findet das Internet of Things (IoT) Einzug in den Alltag von Menschen, aber insbesondere auch in die Wertschöpfungsketten von Unternehmen und Organisationen. Diese Entwick-lung birgt auf der einen Seite für Kriminelle hohe Chancen, andererseits für die Betroffenen ein enormes Risiko. Die Angriffe auf IoT-Systeme nehmen rasant zu und die Menge der betroffenen Endgeräte erlaubt theoretisch gigantische Bot-Netze zur Schädigung von Angriffsopfern. 88

Ein nicht zu unterschätzendes Risiko für die Entwicklung von IT-Kriminalität ist der exponentielle Anstieg der Leistungsfähigkeit von Computern. Hiermit ist einerseits die Möglichkeit gegeben, die steigende Datenmenge immer besser zu verarbeiten, aber natürlich auch die Wahrscheinlichkeit, diese für schädliche Zwecke auszunutzen. 89

Künstliche Intelligenz in Verbindung mit der gerade beschriebenen Leistungskraft von moderner Hardware bereitet den Boden für völlig neue Methoden. In diesem Fall könnte sogar ein nachhaltiger Sieg der Verteidiger über die Angreifer bevor-stehen. Denn selbstständig lernende neuronale Netze, die nicht mehr von extern trainiert werden müssen, lernen selbstständig und können sich dadurch den Bedrohungsgegebenheiten anpassen und darüber hinaus sogar Angriffsmethoden voraussehen, die noch gar nicht zum Einsatz gekommen sind. 90

Im Gesundheitswesen in Deutschland stehen weitreichende Prozessänderungen an, die darauf zurückzuführen sind, dass der Umgang mit Daten und hier insbesondere der mit Patientendaten neu geregelt werden wird. Das Ziel hierbei ist der autorisierte Zugriff auf Patientendaten und -akten sowie sonstige in der Wertschöpfungskette anfallende Dokumente, um zum einen die Patientenversor-gung zu verbessern, aber auch die zugrunde liegende Wertschöpfungskette zu 91

---

58 http://www.bgbl.de/xaver/bgbl/start.xav?startbk=Bundesanzeiger_BGBl&jump-To=bgbl117s1903.pdf [abgerufen am 29.4.2018].

optimieren. Nicht vergessen werden soll auch der Einzug von automatisierten Entscheidungen, Funktionen und Systemen, die auf Algorithmen und Roboter übertragen werden. Damit verändert sich nicht nur die Arbeitswelt in Kliniken und anderen Gesundheitseinrichtungen, sondern auch das Risikopotenzial für Angriffe auf diese Infrastrukturen. Nicht zuletzt dürfte sich auch die internationale Gesetzeslage wegen der weltweiten Bedrohungslage von Cyber-Crime weiter entwickeln. Die DSGVO hat einen ersten Vorgeschmack darauf geliefert.

Literatur

BSI-Kritisverordnung v. 22.4.2016. BGBl. I S. 958.

Erste Verordnung zur Änderung der BSI-Kritisverordnung v. 29.6.2017. BGBl. I S. 1903.

Bundesamt für Sicherheit in der Informationstechnik – BSI: Best-Practice-Empfehlungen für Anforderungen an Lieferanten zur Gewährleistung der Informationssicherheit in Kritischen Infrastrukturen. 2017. Online: http://www.kritis.bund.de/SharedDocs/Downloads/Kritis/DE/Anforderungen_an_Lieferanten.pdf%3F__blob%3DpublicationFile [abgerufen am 3.8.2018].

Bundesamt für Sicherheit in der Informationstechnik – BSI: Broschüre Leitfaden zur Basis-absicherung nach IT-Grundschutz. 2017. Online: https://www.bsi.bund.de/SharedDocs/Downloads/DE/BSI/Publikationen/Broschueren/Leitfaden_zur_Basis-Absicherung.pdf?__blob=publicationFile&v=3 [abgerufen am 3.8.2018].

Bundesamt für Sicherheit in der Informationstechnik – BSI: KRITIS-Sektorstudie Gesundheit. 2016. Online: https://www.kritis.bund.de/SharedDocs/Downloads/Kritis/DE/Sektorstu-die_Gesundheit.pdf;jsessionid=8127250BC21B2CB15A7AE3754008B522.1_cid320?__blob=publicationFile [abgerufen am 3.8.2018].

Eckert, C.: IT-Sicherheit Konzepte – Verfahren – Protokolle. München 2014.

Gesetz für sichere digitale Kommunikation und Anwendungen im Gesundheitswesen (E-Health-Gesetz) v. 21.12.2018. BGBl. I S. 2408.

Gesetz zur Erhöhung der Sicherheit informationstechnischer Systeme (IT-Sicherheitsgesetz) v. 24.7.2015. BGBl. I S. 1324.

Kersten, H. u. a.: IT-Sicherheitsmanagement nach der neuen ISO 27001. Wiesbaden 2016.

Klipper, S.: Cyber Security. Ein Einblick für Wirtschaftswissenschaftler. Wiesbaden 2015.

Libmann, J.: Informationssicherheit - kompakt, effizient und unter Kontrolle. Berlin 2016.

Cybersicherheit von Medizintechnik – bereits bei der Beschaffung ein wichtiges Thema

Hans-Peter Bursig

Schlagwortübersicht

Abstract: Die Anforderung „Cybersicherheit" stellt die Beschaffung vor neue und komplexe Fragen, die in den nächsten Jahren an Bedeutung zunehmen werden. Oberstes Ziel ist es, einen Cyber-Angriff von außen auf die eigene Einrichtung zu erkennen und erfolgreich abzuwehren, bevor Schaden entsteht. Das Thema Cybersicherheit muss daher auch in den Beschaffungsprozess integriert werden. Wichtig ist hier, sich den ständig verändernden Anforderungen anzupassen, Maßnahmen individuell auf die eigene Einrichtung abzustimmen und den gesamten Produktlebenszyklus zu betrachten.

1 Vernetzte Medizintechnik

1 Medizintechnische Geräte und Anlagen in Krankenhäusern und Arztpraxen sind vielfach in IT-Netzwerke eingebunden, um Daten zu senden oder zu empfangen und IT-gestützte Arbeitsabläufe zu unterstützen. Zahlreiche Geräte sind außerdem permanent mit dem Internet verbunden, weil dies für den zweckgemäßen Betrieb oder für Wartungsmaßnahmen notwendig ist. Damit ist es erforderlich, Cybersicherheits-Anforderungen durchgängig zu berücksichtigen.

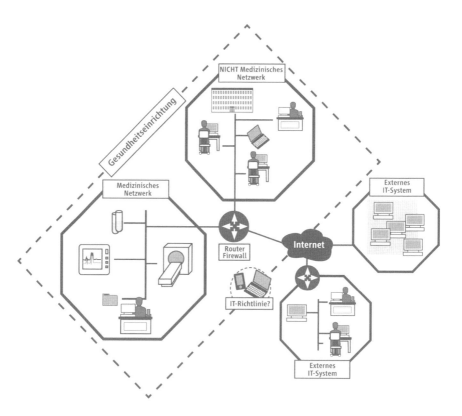

Abb. 1: Cybersicherheit und Medizintechnik – eine komplexe Gemeinschaftsaufgabe
Quelle: ZVEI.

2 Cybersicherheit als Anforderung für die Beschaffung

Die Anforderung „Cybersicherheit" stellt die Beschaffung vor neue und komplexe   2
Fragen, die in den nächsten Jahren weiter an Bedeutung zunehmen werden.
Oberstes Ziel ist es, einen Cyber-Angriff von außen auf die eigene Einrichtung zu
erkennen und erfolgreich abzuwehren, bevor Schaden entsteht. Eine erfolgreiche
Cyberattacke kann den Betrieb der Einrichtung maßgeblich einschränken oder
sogar zum Stillstand bringen. Daneben drohen möglicherweise Schadensersatz-
forderungen und ein erheblicher Imageverlust.

Für die Beschaffung ist dabei zu beachten, dass sich die Anforderungen an die   2
Cybersicherheit im Laufe der Zeit wandeln, da sie sich permanent an die veränderten Bedrohungen aus dem Cyberraum anpassen müssen. Bei der Beschaffung von
Medizintechnik ist damit nicht nur der Austausch mit den zukünftigen medizinischen Anwendern, sondern auch mit der IT-Abteilung wichtig. Letztendlich
können die Anforderungen an die Beschaffung nur in einer Gesamtsicht der IT-
Strategie der eigenen medizinischen Einrichtung, die maßgeblich von deren Gesamtstrategie bestimmt ist, gelöst werden. Die Anforderungen für die Beschaffung
können damit von Einrichtung zu Einrichtung sehr unterschiedlich ausfallen.

Dennoch lassen sich einige Grundprinzipien definieren, die dann auf die Bedin-   3
gungen in der jeweiligen Einrichtung angepasst werden müssen.

2.1 Cybersicherheit ist eine integrale Anforderung an Medizintechnik

Cybersicherheit gehört zu den grundlegenden gesetzlichen Sicherheitsanforderun-   4
gen, die ein Medizinprodukt erfüllen muss, um die CE-Kennzeichnung für
Medizinprodukte zu erlangen. Cybersicherheit umfasst dabei alle technischen
(Hard- und Software) sowie organisatorischen Maßnahmen zur Gewährleistung
des Angriffs- und Zugriffsschutzes bei medizintechnischen Geräten. Diese gilt es
sowohl für die Integration des Geräts in ein bestehendes Krankenhaus-IT-Netz als
auch hinsichtlich der funktionalen Eigenschaften des Geräts an sich umzusetzen.
Zu bedenken ist dabei, dass durch einen unberechtigten Zugriff oder unbeabsichtigte Bedienung Daten, Dienste und Software des Medizingeräts derart offengelegt,
manipuliert, beschädigt oder gelöscht werden können, dass das Medizingerät seine
zweckbestimmte Funktion nicht mehr erfüllen kann.

Um dem entgegenzuwirken, implementieren die Hersteller risikobasiert abgestufte   5
Cybersicherheitsmaßnahmen in den Geräten, die die Vertraulichkeit, Integrität
und Verfügbarkeit der Daten, Kommunikation und Funktionen im Medizingerät
gewährleisten. Die Unterlagen zu dem Produkt enthalten Informationen darüber,
welche Risiken der Hersteller konkret analysiert hat und welche Maßnahmen er
ergriffen hat, um diese Risiken zu minimieren oder auszuschließen. Diese Informationen können schon für den Beschaffungsprozess genutzt werden.

2.2 Cybersicherheit während des gesamten Produktlebenszyklus

6   Die Cybersicherheit von Medizinprodukten muss während des gesamten Produktlebenszyklus gewährleistet werden. Dies schließt z. B. routinemäßige Cybersicherheitsspezifikationen und -testings im Entwicklungs- und Produktionsprozess mit ein. Die Organisationsreife eines Unternehmens im Hinblick auf Cybersicherheit ist daher maßgeblich für die durchgängige, umfassende Cybersicherheit und Verlässlichkeit eines Produkts. Im Rahmen der CE-Kennzeichnung von Medizinprodukten ist der Aspekt der Cybersicherheit schon bei der Entwicklung, der Produktion und der Installation beim Kunden zu beachten. Dabei wird der aktuelle Stand der Technik berücksichtigt und die Medizinprodukte stets daraufhin angepasst. Notwendigerweise entwickelt sich der Stand der Technik kontinuierlich weiter. Ebenfalls müssen Erkenntnisse über neue Bedrohungen und Risiken im Rahmen der Produktpflege einbezogen werden.

7   Um diese Entwicklung zu begleiten, müssen Industrieverbände, Wissenschaft und Behörden gemeinsam einen fortlaufenden Dialog führen, Verbände können über Branchenempfehlungen dessen Ergebnisse in die Breite bringen. Der ZVEI unterstützt zum Beispiel das Bundesamt für Sicherheit in der Informationstechnik (BSI) aktiv bei der Aufstellung von Empfehlungen für Maßnahmen der Hersteller bezüglich Cybersicherheit im Produktlebenszyklus.

8   Maßnahmen, die das Sicherheitsniveau verbessern und insbesondere solche, die Cybersicherheitslücken schließen sollen, sollten allen Nutzern der Geräte und Systeme so schnell wie möglich aktiv angeboten werden. Die Verbesserung des Sicherheitsniveaus bereits installierter Geräte durch Nachrüstung sollte deshalb als eigenständige Aufgabe betrachtet werden. Im Rahmen der Beschaffung kann darum auch berücksichtigt werden, welche Angebote ein Hersteller zum Erhalt der Cybersicherheit während der Produktlebensdauer macht.

2.3 Cybersicherheit als systemweite Aufgabe

9   Cybersicherheit von Medizinprodukten kann aber nicht die alleinige Aufgabe der Hersteller sein. Denn neben der Absicherung der Medizinprodukte gehören dazu auch angemessene Sicherheitsmaßnahmen für die Betriebs- und Netzwerkumgebung, in der die Medizinprodukte eingesetzt werden. Außerdem sollten die Anwender sicherheitsbewusst handeln und die Empfehlungen der Medizinproduktehersteller beachten. Diese unterstützen die Anwender in dieser Aufgabe durch entsprechende Angaben in der Bedienungsanleitung und der Produktdokumentation.

10   Hersteller, professionelle medizinische Anwender und zunehmend auch Patienten müssen gemeinsam dazu beitragen, einen sicheren Betrieb zu ermöglichen. Im Rahmen der Beschaffung sollte deshalb auch geprüft werden, ob die Produkte mit den Strukturen und Abläufen zur Cybersicherheit in der eigenen Einrichtung

vereinbar sind. Hier ist ein enger Austausch mit der eigenen IT-Abteilung notwendig. Neben Hardwarestrukturen im eigenen Netzwerk sind auch organisatorische Abläufe und Sicherheitskonzepte zu beachten. Das ZVEI-Positionspapier „IT-Sicherheit in Medizintechnik und Krankenhaus-IT" gibt hierzu Hinweise.

2.4 Informationsaustausch und Wissensvermittlung

Hersteller sollten Prozesse entwickeln, mit denen sie Hinweise auf Sicherheits- 11 lücken oder neue Gefährdungen von Anwendern, Forschern oder anderen Kreisen erhalten und verarbeiten. Entsprechende Hinweise müssen schnell verbreitet werden, damit alle Betroffenen zügig geeignete Gegenmaßnahmen ergreifen können.

Durch einen strukturierten Austausch mit Behörden und allen Beteiligten der 12 Gesundheitswirtschaft, z. B. über den UP KRITIS (Öffentlich-private Partnerschaft zum Schutz Kritischer Infrastrukturen in Deutschland), kann das Sicherheitsniveau weiter verbessert werden. Eine gemeinsame Analyse der Sicherheitsrisiken und der zugrundeliegenden Hard- und Softwaresysteme ist auch die Basis für die gemeinsame Entwicklung von Normen und Standards als Teil einer Sicherheitsarchitektur.

Im Rahmen der Beschaffung sollte deshalb auch berücksichtigt werden, welche 13 Prozesse der Hersteller etabliert hat, um über erkannte Gefahren zu informieren und Gegenmaßnahmen umzusetzen.

2.5 Unvermeidbare Risiken kenntlich machen

Im Rahmen der CE-Kennzeichnung wird für Medizinprodukte eine Risikoanalyse 14 inklusive Cybersicherheitsaspekten durchgeführt, bei der die Zweckbestimmung des Geräts und seine wahrscheinliche Verwendung in der Praxis zugrunde gelegt werden. Soweit dabei Risiken für den Betrieb erkennbar werden, die nicht durch konstruktive Maßnahmen am Gerät selbst ausgeschlossen werden können, muss der Hersteller diese gegenüber dem Anwender offenlegen.

In der Gebrauchsanweisung und bei der Einweisung in den Gebrauch des Geräts 15 muss der Hersteller außerdem Vorschläge machen, wie Risiken vorgebeugt oder Gefahren reduziert werden können. Auch diese Informationen sollten im Rahmen der Beschaffung beachtet und mit der IT-Abteilung diskutiert werden.

3 Cybersicherheit wird wichtiger – vor, während und nach der Beschaffung

Die Vernetzung innerhalb der Gesundheitswirtschaft wird in den nächsten Jahren 16 noch weiter fortschreiten. Zusätzlich ist zu erwarten, dass durch die Digitalisierung der Softwareanteil in den Geräten und Systemen steigt. Dies wird zu weiteren Anforderungen hinsichtlich der Programmierung, Prüfung, Implementierung und After-Sales-Pflege der Software führen. Im Zuge dieser fortschreitenden Vernetzung und Digitalisierung muss auch die Cybersicherheit medizintechnischer Geräte und Anlagen kontinuierlich beobachtet und weiterentwickelt werden. Die Hersteller von Medizinprodukten können hierzu einen Beitrag leisten – jedoch nur in der vom Hersteller vorgesehenen Betriebsumgebung und unter Beachtung der Zweckbestimmung für das Produkt.

17   Auf die Beschaffung kommt die Anforderung zu, das Thema Cybersicherheit als zusätzliches Element in den Beschaffungsprozess zu integrieren. Wie die vorhergehenden Punkte zeigen, reicht es dafür aber nicht aus, einen Kriterienkatalog festzulegen, der im Rahmen der Beschaffung geprüft wird. Zum einen verändern sich die Anforderungen kontinuierlich. Zum anderen können einige Anforderungen nicht fest definiert werden, sondern müssen mit den Gegebenheiten in der eigenen Einrichtung und den Angeboten des Herstellers abgeglichen werden. Drittens betreffen einige der Punkte, die zu beachten sind, den gesamten Produktlebenszyklus. Gerade dieser Aspekt darf bei der Beschaffung nicht vernachlässigt werden. Die Angebote des Herstellers und die Strukturen der eigenen Einrichtung müssen während der gesamten Produktlebensdauer gemeinsam die Cybersicherheit des Produkts und damit der gesamten Einrichtung garantieren. Bei der Integration der Cybersicherheit in den Beschaffungsprozess gibt es natürlich Parallelen dazu, wie die Anforderungen der medizinischen Anwender bei der Beschaffung von Medizintechnik erfasst und berücksichtigt werden. So wird sich auch bei der Cybersicherheit nach einer gewissen Zeit eine stabile inhaltliche Basis für die Formulierung von Anforderungen finden. Genauso wird es aber nötig sein, die Anforderungen regelmäßig auf den Prüfstand zu stellen.

18   Cybersichere Medizinprodukte bieten allein keinen Schutz vor Cyberattacken. Dafür ist ein umfassendes Sicherheitskonzept für die eigene Einrichtung notwendig. In diesem Sicherheitskonzept spielen Medizinprodukte und ihre Cybersicherheit aber eine wichtige Rolle. Die Beschaffung kann einen wichtigen Beitrag zum strategischen Ziel Cybersicherheit leisten, wenn sie die Cybersicherheit bereits bei der Beschaffung berücksichtigt.

Beschaffung und Ausstattung auf dem IT–Sektor

Dr. Oliver Gründel

Schlagwortübersicht

Abstract: Der Stellenwert der IT steigt im Krankenhaus stetig. Ob im OP, auf der Intensivstation, im Herzkatheter-Labor oder bei radiologischen Arbeitsplätzen – alle sind heute mit hochwertiger Hardware und intelligentem Softwaresystem ausgestattet. Die Nutzung effizienter Speichertechnologie rückt in den Vordergrund. Diese zunehmenden Herausforderungen sollten sich auch in einer effektiven Beschaffungsstrategie niederschlagen. Die Beschaffung von IT-Produkten, Hard- und Software, medizinischen Systemen, Kommunikationssystemen und cloudbasierten Lösungen basieren auf dem gleichen Prinzip: Die interne Spezifikation der benötigten Produkte, den Eintrag ins Lastenheft und die Marktanalyse und daraufhin die Auswahl der in Frage kommenden Firmen. Unter Einbeziehung einer Werte-Matrix auf Grundlage der Nutzwertanalyse wird der Auftrag vergeben und Liefer- und Leistungsvertrag erstellt. Abschließend folgt die Umsetzung des Projektes im Rahmen der Gesamtstrategie der Klinik.

1 Einleitung

1 Durch den Trend der zunehmenden Digitalisierung im Gesundheitswesen ist der Stellenwert der Informationstechnik (IT) im Umfeld des Krankenhauses stark angestiegen. Auch eine immer größere Anzahl an medizintechnischem Equipment ist zunehmend mit IT-Systemen ausgestattet. Eine Vielzahl von Leistungsstellen der Klinik, wie OP, Intensivstationen, Herzkatheter-Labor und auch die radiologischen Arbeitsplätze, sind mit hochwertiger Hardware und zugleich auch mit intelligenten Softwaresystemen ausgerüstet. Die Nutzung einer effizienten Speichertechnologie ist bei dem massiv ansteigenden Datenvolumen zusätzlich weit in den Vordergrund gerückt. Dieser zunehmenden Herausforderung sollte auch bezüglich der Beschaffung dieser wertvollen Güter Rechnung getragen werden. Die Beschaffung erfolgt hierbei zumeist im Rahmen von Projekten und Ausschreibungen, da es sich um meist größere Volumen bei Investitionsgütern handelt. Aber auch die Verbrauchsgüter nehmen jeden Tag an Menge und Beschaffungsvolumen zu. Wir sind beim Austausch von Informationen innerhalb der Institutionen der Medizin weit von einer papierlosen Welt entfernt. Obwohl es in einer Vielzahl von Projekten Ansätze dazu gibt, steht die Realisierung dieser Form der Kommunikation kurzfristig nicht bevor.

2 Der Beschaffung der Güter für Informations- und Kommunikationstechnik müssen zwingend eine grundlegende Beschaffungsstrategie und ein konkretes Beschaffungsziel zugrunde liegen, um teure Fehlkäufe oder nicht optimaler Beschaffung vorzubeugen.

3 Die Beschaffungsgüter teilen sich in die Bereiche:

- Hardwarebeschaffung
- Softwarebeschaffung
- Dienstleistungsbeschaffung

Als Güter sind die Produkte aus dem Bereich der 4

- Investitionsgüter (Server, Storage-Systeme, Netzwerktechnologie, Kommunikationssysteme, Datensicherungsprodukte),
- Verbrauchsgüter (Toner, Druckertinte, Drucker- und Kopierpapier, einfache Speichermedien),
- Immaterielle Wirtschaftsgüter (Softwareprogramme, Rechte an Software) sowie
- Dienstleistungen (Wartungs- und Maintenance-Verträge, Cloud-Computing, RZ-Leistungen)

zu sehen.

2 Allgemeine Planung und Umsetzung der Beschaffung

Die Beschaffungsplanung stellt in Bezug auf eine lösungsneutrale Spezifikation 5 (fachlicher Prozess- und Funktionsbeschreibung → internes Lastenheft) die notwendigen Produkt- und Qualitätsspezifikationen des zu beschaffenden IT-Produktes auf. Es wird das interne Lastenheft mit den eigenen Spezifikationen der Klink erstellt. Im Rahmen einer Marktanalyse werden geeignete Produkte spezifiziert und ein externes Lastenheft kreiert.

Nach weiteren Marktrecherchen erstellt man dann mit Hilfe einer Bewertungs- 6 matrix mit einheitlichen und gewichteten Bewertungskriterien das Raster für eine Nutzwertanalyse. Diese ist dann Gegenstand der Auswahl des Produktes, des Lieferanten und der ggf. zusätzlich benötigten Produkteigenschaften, wie Softwareanpassungen, Hardwareerweiterungen und Schnittstellen zu anderen genutzten Systemen. Vertragsverhandlungen liefern dann auf der Grundlage der zuvor definierten Kriterien eine Vereinbarung, mit entsprechenden Funktions- und Qualitätskriterien der zu liefernden IT-Produkte sowie Eskalations- und Schlichtungsverfahren für den Fall der dokumentierten Abweichungen vom geschlossenen Liefervertrag.

Die Überwachung des operativen Beschaffungsvorgangs erfolgt dann auf der 7 Grundlage des geschlossenen Vertrages und der vereinbarten Beschaffungsmatrix. In dieser Matrix sind die Liefertermine, Zahlungstermine und bei komplexeren Strukturen auch Abnahmezyklen des zu liefernden Produktes und der jeweiligen Teilprodukte zu kontrollieren und zu dokumentieren. Abweichungen werden zeitnah dokumentiert, dem Auftragnehmer gemeldet und ggf. geheilt oder durch eine Lösung für das jeweilige Lieferproblem abgearbeitet. Eine entsprechende Endabnahme des Projektes nach kompletter Auslieferung des bestellten IT-Produktes stellt den Abschluss des Projektes fest und setzt meist auch die Frist für die Gewährleistung in Gang. Abweichungen bezüglich des Projektes sind in einem Abnahmeprotokoll zu dokumentieren sowie natürlich auch die Beseitigung von Mängeln oder Einschränkungen des Systems.

3   Hardware

8   Die Beschaffung von Hardwaresystemen setzt eine festgelegte und abgestimmte Beschaffungsstrategie voraus. Planungen bezüglich einer Nutzungsdauer von drei bis fünf Jahren sind hier vorzusehen. Dieser Beschaffungsplanung sollte unbedingt eine ITK-Gesamtstrategie der Klinik oder der Verbund-Klinik-Kette vorangestellt sein, um die Beschaffungsziele und die Lieferzeitpunkte genau aufeinander abzustimmen. Zusätzlich ist das Zusammenspiel der einzelnen Produkte von hoher Wichtigkeit. Wenn man hier die falschen Zeitpunkte der Verhandlung, Bestellung und Lieferung wählt, ist es manchmal unmöglich, die Systeme gemeinsam einzusetzen.

9   Die Preisverhandlungen betreffend sollte ein eindeutiges Beschaffungsziel formuliert werden, um die Preisvorstellungen der Einrichtung durchzusetzen.

10   Zusammenfassend lässt sich klar erkennen: eine Konzeptionierung und weitreichende Strategie der Beschaffung ist absolute Voraussetzung, um eine verzögerungsfreie und umfassende Belieferung mit den Produkten aus dem Bereich der Hardware durchzuführen.

11   Neben der ITK-Strategie ist auch das Sourcing für den Beschaffungsprozess von großem Einfluss auf das Ergebnis. Die Lieferindustrie für Hardware-Komponenten steht heute unter einem enormen Kostendruck, welcher sich natürlich auch auf die Angebote niederschlägt. Aus welchen Quellen möchte die Klinik beschaffen? Hat eine Klinik die Möglichkeit neben der regionalen Beschaffungsquellensuche auch eine Strategie eines eher globalen Sourcings zu nutzen? Europa oder gar die Märkte in Übersee wären hierfür sicherlich geeignet. Sind aber die personellen Ressourcen für diese Möglichkeit überhaupt gegeben? Hier muss klar abgegrenzt werden, wer einkauft. Handelt es sich um einen Klinikkonzern, so liegen diese Beschaffungsmärkte durchaus im Rahmen des Möglichen. Bei einzelnen Kliniken oder kleinen Trägergemeinschaften ist sicherlich von einem globalen Sourcing nicht auszugehen, da hier schlichtweg die Personalressourcen nicht vorhanden sind.

12   Zusätzlich ist im Rahmen der Hardwarebeschaffung auch über die Logistik und die Reverse Logistik nachzudenken. Die Logistikdienstleistung gehört inkl. des Retouren-Managements und des ggf. vorzunehmenden Recyclings von Altgeräten zum Lieferumfang. Auch der Aufbau, die Installation und die Inbetriebnahme des Equipments sollten geregelt sein. Hier können größere Klinikverbünde oder Kliniken mit ausreichender IT-Ressource sicherlich auch selbst tätig werden, wenn das Beschaffungsprojekt nicht zu umfangreich war. Kleinere Kliniken müssen hier sicherlich diese Dienstleistung mit einkaufen, um die Systeme zeitnah nutzen zu können.

13   Im Bereich des Hardware-Einkaufs kommt aber zusätzlich ein weiterer Trend zum Tragen, dass man zunehmend „On-Premise"-IT-Lösungen (im eigenen Haus

betrieben) wegen ihrer schlechten Skalierbarkeit durch Hybridlösungen unter zur Hilfenahme eines Rechenzentrums (RZ) oder gar ganz durch RZ-Lösungen, die auch gleichzeitig eine „private Cloud-Anbindung" darstellen können, ersetzt. Die Skalierbarkeit und zugleich die Hochverfügbarkeit der IT-Strukturen, vor allem unter dem Aspekt der zunehmenden Digitalisierung dieses Bereiches, nehmen immer stärker auch im Gesundheitswesen an Bedeutung zu.

In vielen Kliniken sind zum größten Teil windowsbasierte Server und Endgeräte im Einsatz. Die Lizensierung des Betriebssystems Windows Server 2016 hat sich grundlegend zu seinem Vorgänger geändert. Jetzt werden nicht mehr die einzelnen Server CPUs (Prozessor-Einheiten) eines Servers zur Lizensierung der Betriebssystemsoftware herangezogen, sondern die entsprechenden Cores einer CPU, das bedeutet, dass mindestens 8 Cores pro CPU gerechnet werden. Für eine 2-Prozessormaschine – dies sind die am meisten eingesetzten Einzelserver in Hinblick auf gute Skalierbarkeit und Kosteneffizienz der Hardware – bedeutet diese Veränderung, dass mindestens 16 Cores zu lizensieren sind. Eine grundsätzliche Kostensteigerung bleibt in diesem Fall nicht aus. Hier sollte geprüft werden, inwieweit Lizenzen früherer Versionen genutzt werden können. Das Lizenz-Management insgesamt, auch für die genutzte Anwendungssoftware, sollte möglichst über ein „Software Asset Management System" (SAM) verwaltet und dokumentiert werden, da Softwareaudits durch die Hersteller heute vielfach durchgeführt werden und die Softwareunternehmen in dem Lizenzbereich höhere Margen erzielen wollen. Die Softwareunternehmen wollen ihr Geschäft möglichst in den Bereich der cloudbasierten Anwendungen verschieben, da im Rahmen der zunehmenden Digitalisierung im Bereich der Industrie die großen Anbieter vermehrt Services und Softwarenutzung in der Cloud anbieten. Dieser Aspekt ist sehr entscheidend in Hinblick auch auf die Nutzung und Lizensierung der Anwendungssoftware und wird auch in diesem Abschnitt näher erläutert.

Bezüglich des Einkaufs von Produkten der Netzwerktechnologie, wie Verkabelung, Switche, Firewalls etc., ist die Zunahme der Wichtigkeit immer stärker geworden. Diese Produkte sind für die Zukunft unternehmenskritische Produkte, deren Bedeutung durch den Einsatz der Digitalisierung sehr stark gewonnen hat. Diese Komponenten, insbesondere auch WLAN-Produkte, sind für die Digitalisierung des gesamten Sektors der ITK strategisch einzukaufen. Hier ist eine ausführliche Einbindung der Kaufentscheidung und der Neuanschaffung von der Gesamtstrategie abhängig. Die Wichtigkeit ergibt sich durch die Notwendigkeit der Interoperabilität der Systeme, genauer durch die Verbindung und die Anbindung der wichtigsten Systeme der Klinik oder des gesamten Klinikverbundes, um eine integrierte Datenverarbeitung zuzulassen. Dieser Vernetzungsaspekt ist einer der Grundgedanken der gesamten Digitalisierung und des Verlassens des oftmals vorkommenden „Silodenkens" bezüglich der operativen Datenverarbeitungssysteme. Die Nutzung einer durchdachten Einkaufsstrategie ist hier entscheidend für den Erfolg des gesamten Digitalisierungsprojektes.

14

15

4 Software

16 Die Beschaffung von Software für eine Klinik oder einen Klinikverbund wird zunehmend schwerer, da eine Vielzahl von unterschiedlichen Produkten benötigt wird und die Beschaffungsquellen oftmals deutlich differenter sind als bei der Hardwarebeschaffung.

17 Zusätzlich ist bei der Beschaffung eine „Make-or-Buy"-Lösung zu prüfen, wobei „make" die individualisierte Lösung meint, nicht nur die eigenentwickelte. Im Einzelfall steht nicht immer die passende Software oder Systemlösung zur Verfügung bzw. werden Softwarelösungen durch eine kostenintensive Lizenzpolitik des Herstellers für die klinikweite Nutzung zu kostspielig und treten daher einer Eigenentwicklung oder einer Auftragsentwicklung gegenüber in den Hintergrund. Maßgeschneiderte Softwaresysteme eröffnen die Möglichkeit, langfristig Kosten zu sparen und eine zukunftsorientierte Lösung über den Lebenszyklus zu erhalten.

18 Als Produkte für eine ausschließliche Kauflösung sind sicherlich das KIS (Krankenhausinformationssystem ggf. inkl. des ERP-Systems) zu nennen, auch komplexe medizinische Software, wie Patientendatenmanagementsysteme und Dokumentation- und Archivierungssysteme, wie RIS, LIS und PACS, können nicht als Eigenentwicklung entstehen, da es sich zum größten Teil heute um Medizinprodukte nach der Medizinprodukteverordnung handelt.

19 Bei größeren Krankenhausverbünden oder gar Krankenhauskonzernen sind diese Produkte oftmals different, da das Buchhaltungs- und Kostenrechnungssystem auch dazu benutzt wird, konsolidierte Bilanzen und gemeinsame Kostenrechnungssystem für den Konzern oder den Verbund abzubilden. Das Materialwirtschaftssystem ist teilweise getrennt zu betrachten, je nach Beschaffung der medizinischen Produkte und Pharmazeutika als dezentraler oder zentraler Beschaffungsansatz. Kommen noch logistische Aktivitäten des Verbundes hinzu, so sind diese „Warehousesysteme" meist mit einem zentralen Materialwirtschaftssystem und der genutzten Buchhaltung verbunden. Auch die Kostenrechnung ist hier adäquat einzubinden. Für die Einkaufsstrategie eines solchen Systems ergibt sich also eine Vielzahl von Möglichkeiten. Diese Strategie ist natürlich einzubinden in die Strategie der Hardwarebeschaffung, da die Softwareprodukte die Hardware optimal ausnutzen sollen und die Systeme möglichst unter ähnlicher Hardware und Betriebssystemen betrieben werden sollten, um unnötige Kosten für Schnittstellenserver und Interoperabilitätsprodukten, sog. „Middleware" zu sparen.

20 Weiterhin spielt auch die Nutzung von Anwendungssoftware, wie Textverarbeitung, Tabellenkalkulation und Präsentationssoftware, für die Beschaffung eine große Rolle, da hier eine Vielzahl von unterschiedlichen Produkten am Markt existieren. Oftmals haben sich hier Produkte der Fa. Microsoft etabliert. Diese Produkte kommen in der Klinik in unterschiedlichen Releaseständen daher, wenn keine zentrale Serverlösung für die Arbeit mit diesen Produkten existiert. Zu

nennen wäre hier eine Lösung auf der Basis des Terminalservers von Microsoft oder eine Desktopvirtualisierungs-Lösung der Fa. Citrix mit zentraler Software-pflege und Lastverteilung.

5   Medizintechnik und IT Systeme

Innerhalb der medizinischen Systeme wird heute vieles nur noch mit Software-unterstützung in Kliniken eingesetzt. Auch diese Systeme sind mit der Netzwerk-technik des Hauses und den Schnittstellenservern zu verbinden, um Daten aus-zutauschen. Austauschformate stellen HL7 und dessen Weiterentwicklung sowie der Standard um die Bildverarbeitung DICOM dar.   21

Server für diese Systeme sind genauso zu beschaffen, wie die anderen IT-Produkte der Klinik. Das heißt, auch der Teil dieser Systeme ist nach den gleichen Kriterien zu beschaffen wie die Standardsoftwareprodukte. Meist kann die Hardware hier nicht separat beschafft werden, da es sich bezüglich der Zertifizierung des Systems in Hinblick auf die Medizinprodukteverordnung um eine Einheit handelt und diese nicht in Teile zerlegt werden kann.   22

Die Nähe zum Maschinenbau und der Informations- und Kommunikationstech-nik konfrontiert die Medizintechnik – anders als beispielsweise die Produktion von Arzneimitteln – mit einem wesentlich höheren Innovationstempo. Die Lebenszyklen dieser Produkte sind oftmals um einiges kürzer als die der Arznei-mittel. Forschung und Innovation ist bei den Produkten der Medizintechnik intensiver und von kürzerem Turnaround geprägt. Das Wachstum ist im Augen-blick stärker auf den Fokus dieser Produkte gelegt als für die Arzneistoffe.   23

Diese Innovationen und technischen Neuerungen bedürfen heute häufiger einem Generationswechsel, als das noch vor einigen Jahren der Fall war. Insbesondere Großgeräte mit entsprechender IT-Unterstützung werden heute schneller aus-getauscht oder mehrfach angeschafft.   24

Für die Beschaffung heißt dieser Umstand, möglichst zu einem frühen Zeitpunkt die IT-Verantwortlichen und die Beschaffenden für diese Technologien in das Beschaffungsprojekt mit einzubeziehen und das Projekt als Teamleistung für die Bereiche Med-Technik und IT-Technik gemeinsam zu erledigen. Grundlage für die Beschaffung spielen auch hier Lasten- und Pflichtenhefte, eine Nutzwertana-lyse – wie oben beschrieben – und ein Liefer- und Installationsplan, der als Projekt und Zeitplan ausgestaltet ist. Abnahmen, Dokumentation der Abweichungen vom Liefervertrag und Mängel des Systems sind frühzeitig zu dokumentieren und gemeinsam mit dem Hersteller oder Lieferanten nach Lösungen zu suchen.   25

Erschwerend kommt noch eine hohe Kommunikationsfähigkeit des Teams dazu, bedingt dadurch, dass es sich bei der Lieferfirma oftmals um einen General-unternehmer, wie wir ihn aus der Bauindustrie kennen, handelt und man es bei größeren Beschaffungen mit sehr komplexen und heterogenen Systeme zu tun hat.   26

6 Telekommunikation

27 Telekommunikationsanlagen, wie Telefonanlagen, Alarmierungssysteme u. a., werden oftmals im Rahmen von IT-Systemen beschafft. Diese Systeme werden meist über Servertechnologie im Verbund mit Netzwerktechnik, wie z. B. „Voice over IP" beschafft. Dabei handelt es sich dann um reine IT-Systeme.

28 Für die Beschaffung gelten hier wiederum, wie oben näher ausgeführt, die Grundlagen der Beschaffung von IT-Produkten. Hier ist zusätzlich auf die Verkabelung und die eingesetzte Netzwerktechnik zu achten, wenn das Lasten- und Pflichtenheft erstellt wird. Nur mit der korrekten Netzwerktechnologie lassen sich bestimmte Vorgaben dieser Kommunikationssysteme umsetzen.

7 Dienstleistungen

29 Die Beschaffung von Dienstleistungen im Umfeld der IT- und Kommunikationssysteme ist von hoher Wichtigkeit. Wartungsverträge, Consultingleistungen, aber auch Schulung der Mitarbeiter sowie Systempflege und Weiterentwicklung spielen eine große Rolle.

30 Sogar Projekte zur Beschaffungsberatung sind von Wichtigkeit, wenn das eigene Know-how in der Klinik oder innerhalb einer Klinikgruppe nicht in ausreichendem Maße vorhanden ist.

31 Die zu beschaffende Dienstleistung ist im Rahmen eines Beschaffungsprojektes einzukaufen. Eine Grobkonzeptionierung kann zunächst durch einen gemeinsamen Workshop mit einer ausgewählten Firma durchgeführt werden. Dieser Workshop dient zur Spezifikation des anstehenden Projekts und zur Abschätzung des ungefähren Kostenaufwands, um ein erstes Angebot für die Gesamtleistung zu erhalten, die sich aber oftmals in mehrere Teilprojekte aufgliedert.

32 Zur Beauftragung gehören ein entsprechender Dienstleistungsvertrag, ein Projektplan und die zu beauftragenden Arbeitstage sowie eine abgestimmte Zielvereinbarung für einzelne Teilschritte. Auch hier ist ein Projekt-Controlling mit Abweichungsdokumentation und Abnahme der Leistung zeitnah innerhalb des Projektes durchzuführen. Der Beschaffungsvorgang ist eigentlich erst nach der Abnahme des Gesamtprojektes und nach der Abarbeitung der festgestellten Mängel bei der Abnahme erledigt.

8 Schlussbemerkung

33 Die Beschaffung von IT-Produkten, wie Hard- und Software, Medizinische Systeme, Kommunikationssysteme und cloudbasierte Lösungen, beruhen immer auf einem gemeinsamen Prinzip der Beschaffung. Der internen Spezifikation der Lösung und Einbindung in die Gesamt-IT-Strategie folgt die Erstellung eines

Lastenheftes und die Marktanalyse. Darauf erfolgen die Auswahl von infrage kommenden Firmen und die Erstellung eines externen Lastenheftes, welches die Unternehmen mit einem Angebot unter Nutzung eines von dem jeweiligen Anbieter erstellten Pflichtenheftes zur Verfügung stellen.

Auf der Seite des Auftragsgebers wird dann unter Einbeziehung einer Bewertungs-   34
matrix auf der Grundlage einer Nutzwertanalyse der Auftrag vergeben. Zusätzlich ist der entsprechende Liefer- und Leistungsvertrag zu erstellen.

Anhand eines dem Leistungsvertrag zugrundeliegenden Projekt- und Zeitplans   35
erfolgt die Umsetzung des Projekts bis zur Abnahme. Wichtige Voraussetzung für das Gelingen des Projekts ist die genaue Dokumentation der der Projektschritte und die Umsetzung des Beschaffungsvorhabens im Rahmen der Gesamtstrategie der Klinik.

Teil VII Spezialgebiete

Hilfsmittel und ärztliches-pflegerisches Verbrauchsmaterial – Orientierung in einem komplexen Beschaffungsmarkt

Andreas Joehle/Raimund Koch

Schlagwortübersicht

Abstract: Die wirtschaftliche Beschaffung von Hilfsmitteln und ärztlich-pflegerischem Verbrauchsmaterial setzt eine Standardisierung der Versorgungsprozesse voraus. Klar und einheitlich zu definieren ist, welches Produkt bei welchem Versorgungsprozess wie und von wem eingesetzt wird. Ziel dabei ist, neben einem einheitlichen patientenorientierten Versorgungsstandard den Beschaffungsprozess auf eine übersichtliche Anzahl von Produktvarianten zu begrenzen. Notwendig ist dabei die Einbindung der Anwender. Hierbei spielen Pflegekräfte eine immer wichtigere Rolle. Der Krankenhauseinkauf ist auf extrem leistungsfähige Vorlieferanten und Logistikpartner angewiesen. Sie müssen die notwendige Menge der benötigten Produkte in geeigneter Beschaffenheit auch kurzfristig liefern können, Standardisierungsprozesse initiieren und begleiten sowie Schulungen und Trainings für die Anwender professionell bereitstellen.

1 Begriffsdefinition von Hilfsmitteln, Verbandmitteln und Verbrauchsmaterialien

Auf den Einsatz von Hilfsmitteln und ärztlich-pflegerischem Verbrauchmaterial kann in der Versorgung kranker und behinderter Menschen nicht verzichtet werden. Allerdings werden in der Beschaffung, aber auch in einer Vielzahl von Statistiken die Begrifflichkeiten unklar definiert und durchmischt.

Häufig werden in die Kategorie „ärztliches und pflegerisches Verbrauchsmaterial" auch Hilfsmittel, die zum Verbrauch bestimmt sind, wie Inkontinenzprodukte, Blasenkatheter und Trachealkanülen, eingruppiert und somit Produkte, die direkt therapie- oder versorgungsrelevant sind. Unter dieser Kategorie werden darüber hinaus auch Verbandmittel subsumiert. Hierzu gehören Produkte zur Wundversorgung sowie Binden und Verbände. Die klassische Definition von Verbrauchsmaterialien schließt vor allem Produkte wie Einmalunterlagen, Einmaltücher für Behandlungszwecke, Untersuchungshandschuhe oder Händedesinfektionsmittel mit ein. Produkte, die primär das medizinische Fachpersonal schützen und dessen Arbeit erleichtern. Im Krankenhaus werden die Kosten dieser Produkte Teil der DRG-Kalkulationsgrundlage. Im ambulanten Bereich werden Hilfsmittel und Verbandmittel zulasten der GKV/PKV verordnet. Ebenso sind einzelne Verbrauchsmaterialien verordnungsfähig, meist fallen diese aber in den Sprechstundenbedarf des Arztes.

Im Gegensatz dazu werden unter Hilfsmitteln zumeist orthopädische Produkte oder Rehabilitationshilfen verstanden. Sie sind zum längerfristigen oder dauerhaften Gebrauch bestimmt und fallen in den GKV-Leistungskatalog. Insofern wird der Krankenhauseinkauf mit diesen Produkten eher selten konfrontiert.

Hilfsmittel sind häufig Teil einer leitliniengerechten Behandlung und für den Ausgleich einer Behinderung zwingend erforderlich. Die Bedeutung der zum Verbrauch bestimmten Hilfsmittel und Wundversorgungsprodukte wird in den nächsten Jahren im Krankenhaus noch deutlich zunehmen, bedingt durch den demografischen Wandel und den daraus resultierenden steigenden Anteil alter und hochbetagter Patienten im Krankenhaus, aber auch in der ambulanten Versorgung.

5   Im Sozialgesetzbuch (SGB) Fünftes Buch (V) ist in § 33 der Anspruch von Patienten auf Hilfsmittel eindeutig geregelt. Außer auf Krankenbehandlung besteht auch ein Anspruch auf Prävention gegen Erkrankungen und auf Ausgleich einer Behinderung, beispielsweise in der Geriatrie. Verbandmittel sind in § 31 SGB V geregelt.

6   Der Einsatz von ärztlich-pflegerischem Verbrauchsmaterial ist dagegen nicht einheitlich und übersichtlich, sondern in unterschiedlichen Gesetzen, Richtlinien und Verordnungen geregelt. Beispielsweise in den Hygieneverordnungen der Bundesländer oder den Empfehlungen des Robert Koch-Instituts (RKI).

1.1   Der Kostenanteil von Hilfsmitteln und Verbrauchsmaterialien wird im Krankenhauseinkauf meist überschätzt

7   Die Beschaffung von Hilfsmitteln führt im Krankenhaus, aber auch in Pflegeheimen immer noch ein Schattendasein, weil das Thema komplex, der Markt extrem heterogen und das Beschaffungsvolumen im Verhältnis zu anderen Kostenarten relativ gering ist.

8   In der Krankenhaus-Kostenstruktur gehören Hilfsmittel zu den Sachkosten. Der Strukturanteil der Sachkosten betrug im Jahr 2016 in deutschen Krankenhäusern 37,3 %. Von den Sachkosten entfällt knapp die Hälfte (49 %) auf den medizinischen Bedarf. Hierin enthalten sind Arzneimittel, Blutkonserven, Verbandmittel, Heil- und Hilfsmittel, Verbrauchsmaterial, OP-Bedarf und Laborbedarf. Im Jahr 2016 wurden in deutschen Krankenhäusern für den medizinischen Bedarf insgesamt 18,5 Mrd. EUR ausgegeben. Davon entfielen 2,6 Mrd. EUR (ca. 14 %) auf Hilfsmittel und ärztlich-pflegerisches Verbrauchsmaterial.

9   Damit entfallen auf Hilfsmittel und Verbrauchsmaterialien etwa 2,9 % der Gesamtausgaben deutscher Krankenhäuser.[1]

1.2   Hilfsmittel und Verbrauchsmaterialien tragen zur sicheren Versorgung bei

10   Ein Hilfsmittel muss aktiv die Therapie eines Patienten unterstützen und dazu beitragen, die Dauer der Behandlung auf das notwendige Maß zu beschränken. Damit kommt einem Hilfsmittel im Einzelfall die gleiche therapeutische Bedeutung zu wie Arzneimitteln oder sonstigen medizinischen Prozeduren. Das Fehlen eines geeigneten Hilfsmittels kann eine Therapie gegebenenfalls unnötig verlän-

---

1   Alle Angaben: Statistisches Bundesamt, Fachserie 12 Reihe 6.3, 2016.

gern oder behindern. Die Beschaffungsorganisationen sind auf den permanenten Dialog mit Ärzten und Pflegekräften angewiesen.

1.3 Hilfsmittel und medizinisches Verbrauchsmaterial optimieren die ökonomische Versorgung

Hilfsmittel und Verbrauchsmaterialien müssen die Anwender und den organisa- 11 torischen Ablauf in den Einrichtungen unterstützen und damit den Personaleinsatz und die Sachkosten optimieren.

So kann ein preiswertes Inkontinenzprodukt zwar aus Sicht des Einkaufs Beschaf- 12 fungskosten sparen, in der Praxis aber, z. B. durch Undichtigkeit, zu einem erhöhten Personalaufwand und erhöhten Wäschekosten führen. In die Bewertung der Beschaffungskosten muss deshalb immer auch eine Bewertung der Prozesskosten einfließen.

2 Hilfsmittel

Die Wortkombination „Heil- und Hilfsmittel" wird häufig als homogene einheit- 13 liche Produktgattung interpretiert. Dabei handelt es sich aber um zwei grundsätzlich unterschiedliche medizinisch-pflegerische Leistungen. Heilmittel sind persönlich durch die Heilkundigen zu erbringende, meist ärztlich verordnete Dienstleistungen, wie Physiotherapie oder Sprachtherapie. Hilfsmittel dagegen sind sächliche Mittel oder technische Produkte, die individuell gefertigt oder serienmäßig hergestellt werden.

2.1 Legaldefinition

Gemäß den gesetzlichen Bestimmungen gehören zu den Hilfsmitteln Sehhilfen, 14 Hörhilfen, Körperersatzstücke, orthopädische Hilfsmittel und „andere" Hilfsmittel. Hilfsmittel sollen primär Behinderungen ausgleichen und die Rehabilitation unterstützen.

2.2 Hilfsmittelarten

Aus Sicht der Beschaffungsorganisation können Hilfsmittel grundsätzlich in 15 folgende Kategorien eingeteilt werden:

- Zum Verbrauch bestimmte Hilfsmittel
  Hierbei handelt es sich in der Regel um Einmalartikel, die permanent beschafft werden müssen, wie beispielsweise saugende Inkontinenzhilfen, Einmalkatheter und Stomaprodukte. Diese Produkte spielen im Krankenhauseinkauf eine besondere Rolle in Bezug auf das meist größere Einkaufsvolumen und eine

Vielzahl von Produktvarianten. Gleichzeitig beeinflussen diese Produkte die Versorgungsqualität der Patienten sowie die Wirtschaftlichkeit der Einrichtung.

- Pflegehilfsmittel
  Dies sind Produkte, die Pflegemaßnahmen für Pflegekräfte oder Angehörige erleichtern. Hierzu gehören Pflegebetten, Notrufgeräte, aber auch zum Verbrauch bestimmte Pflegehilfsmittel, wie Schutzschürzen und Fingerlinge.

- Hilfsmittel für den dauerhaften Gebrauch
  Hierzu gehören beispielsweise Rollstühle, Haarersatz oder Gehhilfen.

- Individuell angepasste Körperersatzstücke
  Hilfsmittel zum dauerhaften Gebrauch und individuell angepasste Körperersatzstücke, aber auch Seh- und Hörhilfen, fallen in den GKV-Leistungskatalog und werden (in der Regel) nicht über den Krankenhauseinkauf beschafft.

2.3 Hilfsmittelverzeichnis als Indikator für Qualitätsanforderungen

16 Verordnungsfähige Hilfsmittel müssen in dem vom GKV-Spitzenverband erstellten Hilfsmittelverzeichnis aufgelistet sein. Dieses Hilfsmittelverzeichnis gliedert sich in 33 unterschiedliche Produktgruppen. Hinzu kommen weitere 5 Produktgruppen von Pflegehilfsmitteln. Jede Produktgruppe ist nach weiteren Produktarten segmentiert. In jeder Produktart werden die spezifischen Produkte beschrieben und Mindestqualitätsstandards definiert. In der daran anhängenden „Produktliste zur ausgewählten Produktart" werden alle dort registrierten Einzelprodukte aufgelistet. Insofern ist das Hilfsmittelverzeichnis auch ein Indikator für das Beschaffungsmanagement, weil die dort gelisteten Produkte den vom GKV-Spitzenverband vorgegebenen Mindestqualitätsanforderungen entsprechen. Produkte, die dort nicht gelistet sind, sollten auch für den Krankenhauseinkauf grundsätzlich nicht in eine Produktauswahl einbezogen werden.

17 In den vergangenen Jahren ist es wiederholt zu Kritik am GKV-Hilfsmittelverzeichnis gekommen, weil die Qualitätsanforderungen der einzelnen Produktgruppen nicht dem aktuellen Stand von Medizin, Pflege und Technik entsprochen haben. Mit dem Heil- und Hilfsmittelversorgungsgesetz (HHVG) von 2017 hat der Gesetzgeber den GKV-Spitzenverband verpflichtet, das Hilfsmittelverzeichnis bis Ende 2018 komplett zu überarbeiten und regelmäßige Anpassungen und Überarbeitungen durchzuführen. Insofern stellt das Hilfsmittelverzeichnis spätestens ab diesem Zeitpunkt den Maßstab für eine zeitgemäße Versorgung und die wirtschaftlichen Qualitätsanforderungen in allen Produktgruppen dar.

3 Verordnung und Erstattung von Hilfsmitteln in der ambulanten Versorgung

Auch für das Beschaffungsmanagement von Krankenhäusern und stationären 18
Pflegeeinrichtungen ist es notwendig, die Rahmenbedingungen für die ambulante
Versorgung mit Hilfsmitteln zu kennen. Häufig werden im stationären Bereich
eingesetzte Produkte in der häuslichen Versorgung weiterverwendet. Im Verbund
mit dem Beschaffungsmanagement für Produkte ist immer auch ihre Verfügbarkeit im außerklinischen Bereich mit einzubeziehen.

3.1 Hilfsmittel im SGB V

§ 33 SGB V regelt den Anspruch der Patienten auf Hilfsmittel. Demnach besteht 19
ein Anspruch auf Hilfsmittel, um den Erfolg der Krankenbehandlung zu sichern,
einer drohenden Behinderung vorzubeugen oder eine Behinderung auszugleichen.

Die Krankenkasse kann den Versicherten die erforderlichen Hilfsmittel auch 20
leihweise überlassen. Wählen Versicherte Hilfsmittel, die über das Maß des
Notwendigen hinausgehen, haben sie die Mehrkosten selbst zu tragen. In der
Terminologie der Kassen und Leistungserbringer wird dies dann als „Aufzahlung"
bezeichnet.

3.2 G-BA-Richtlinie zu Hilfsmitteln

Der Gemeinsame Bundesausschuss hat in einer Richtlinie die Verordnung von 21
Hilfsmitteln in der vertragsärztlichen Versorgung definiert.[2] Verwiesen wird dabei
auf die Verpflichtung der Krankenkassen, die Qualitätsstandards des Hilfsmittelverzeichnisses des GKV-Spitzenverbandes einzuhalten. Klargestellt wird auch,
dass die verordnenden Ärzte sich an das Wirtschaftlichkeitsgebot halten müssen.
Dabei geht es um eine ausreichende, zweckmäßige und wirtschaftliche Versorgung. In der aktuellen Version der G-BA-Richtlinie werden auch die Rahmenbedingungen der Versorgung mit Hilfsmitteln beim Entlassmanagement definiert.

3.3 Verordnung, Zuzahlung und Budget

Vertragsärzte der Kassen können Hilfsmittel zulasten der GKV verordnen. Die 22
Verordnung muss die Bezeichnung nach Maßgabe des Hilfsmittelverzeichnisses,
die Anzahl und gegebenenfalls Hinweise über die Zweckbestimmung enthalten.
Bei der Verordnung eines Hilfsmittels, das im Hilfsmittelverzeichnis aufgeführt
ist, darf der Arzt nicht das konkrete Einzelprodukt verordnen, sondern muss die
Produktart oder die siebenstellige Positionsnummer aus dem Hilfsmittelverzeichnis angeben. Das Einzelprodukt wird grundsätzlich von Leistungserbringern nach

---

2 Bundesministerium für Gesundheit, BAnz AT 16.2.2017 B3.

Maßgabe der mit den Krankenkassen abgeschlossenen Verträge ausgewählt. Insofern bleibt hier festzuhalten, dass ein im Krankenhaus angewendetes Produkt unter Umständen in der ambulanten Versorgung nicht weiterverwendet werden kann, wenn entsprechende Kassenverträge dies ausschließen.

23 Die Versicherten haben grundsätzlich 10 % des Versorgungs-/Packungspreises zuzuzahlen. Die maximale Zuzahlung liegt bei 10 EUR je Monat. Im Gegensatz zu Arzneimitteln, Verbandmitteln und Heilmitteln belasten Hilfsmittel nicht das ärztliche Verordnungsbudget.

3.4 Kassenverträge und Monatspauschalen

24 Vor allem bei zum Verbrauch bestimmten Hilfsmitteln haben sich in den letzten Jahren Kassenverträge nach § 127 SGB V durchgesetzt. Hierbei können Kassen im Rahmen von Ausschreibungen oder Beitrittsverträgen selektiv die Versorgung mit Hilfsmitteln in Einzelverträgen mit Leistungserbringern regeln.

25 In einigen Hilfsmittelbereichen, wie beispielsweise bei saugenden Inkontinenz-produkten und Stomaprodukten, schließen Kassen Verträge auf Basis einer Monatspauschale ab. Hierbei hat der Leistungserbringer zum definierten Pauschalpreis die medizinisch notwendige und wirtschaftliche Versorgung der Patienten sicherzustellen.

3.5 Leistungserbringer und Präqualifizierung

26 Leistungserbringer der Kassen bei Hilfsmitteln sind in der ambulanten Versorgung Apotheken, Sanitätshäuser, Homecare-Unternehmen und sonstige Versorger, die einen Kollektiv- oder Selektivvertrag mit Kassen abgeschlossen haben und für die entsprechende Produktkategorie präqualifiziert sind. Im Rahmen eines Präqualifizierungsverfahrens müssen Leistungserbringer definierte Qualitätskriterien zur Leistungserbringung für die einzelnen Produktgruppen nachweisen (§ 126 Abs. 1a SGB V).

27 Im Rahmen des Beschaffungsmanagements einer stationären Einrichtung kann es sinnvoll sein, die Präqualifizierung eines Leistungserbringers für die zu liefernde Produktgruppe abzuklären bzw. zu überprüfen.

3.6 Pflegehilfsmittel

28 Pflegebedürftige, die zu Hause gepflegt werden, haben – unabhängig von ihrem festgelegten Pflegegrad – Anspruch auf eine Versorgung mit zum Verbrauch bestimmten Hilfsmitteln. Hierzu gehören beispielsweise saugende Bettschutzeinlagen, Einmalhandschuhe, Schutzschürzen und Händedesinfektionsmittel. Diese Hilfsmittel sollen die Pflegesituation erleichtern und dem Schutz der privaten

Pflegeperson dienen. Für diese Produkte zahlt die Krankenkasse einen Betrag von monatlich bis zu 40 EUR.

4 Hilfsmittel in Krankenhaus und Reha-Einrichtungen

Bei Patienten, die im Krankenhaus mit Hilfsmitteln versorgt werden, sind die Kosten der Hilfsmittel mit dem Krankenhausentgelt abgegolten. Dies ergibt sich aus § 2 Abs. 1 Krankenhausentgeltgesetz, wonach die Krankenhausleistung insbesondere aus der ärztlichen Behandlung, der Krankenpflege sowie der Versorgung mit Arznei-, Heil- und Hilfsmitteln besteht. 29

4.1 Problematik der Hilfsmittelversorgung im Übergang vom Krankenhaus zur ambulanten Versorgung

In der Krankenhausversorgung ist bei einzelnen Indikationsgebieten die Hilfsmittelversorgung von entscheidender Bedeutung. Allerdings werden die betreffenden Hilfsmittel nach einer Versorgung im Krankenhaus häufig im ambulanten Bereich weitergenutzt. Dies hat zu einer Diskussion über die Zuordnung von Kosten für Hilfsmittel geführt. 30

Entscheidungsrelevant sind hier die Landeskrankenhausverträge nach § 112 Abs. 1 SGB V. In diesen Verträgen werden die allgemeinen Bedingungen der Krankenhausbehandlung und der Kostenübernahme geregelt. Dies betrifft auch Vereinbarungen über Hilfsmittel, die der Patient nach der Entlassung aus dem Krankenhaus nutzt. 31

In den meisten Verträgen wird geregelt, dass Hilfsmittel zu den allgemeinen Krankenhausleistungen gehören, wenn sie während der Krankenhausbehandlung zwingend erforderlich sind. Werden die Hilfsmittel allerdings vor allem nach der Zeit der Entlassung benötigt, sind sie nicht Gegenstand der allgemeinen Krankenhausleistung und fallen unter die Leistungspflicht der gesetzlichen Krankenkassen. 32

4.2 Hilfsmittel in Rehabilitationseinrichtungen

Im Vergütungssatz der Reha-Einrichtungen sind alle Kosten für Hilfsmittel zur Behandlung des jeweiligen Rehabilitationsleidens enthalten. Grundsätzlich zielen die Leistungen einer Rehabilitationsklinik darauf ab, dass während der Reha Leistungen anderer Träger nicht in Anspruch genommen werden müssen. 33

4.3 Bedeutung von Hilfsmitteln für die Versorgung der Patienten

Hilfsmittel dienen auch im Krankenhaus dem Ausgleich einer körperlichen Behinderung oder sichern den Erfolg einer medizinischen Behandlung. Daraus 34 ergibt sich die Notwendigkeit für eine professionelle Hilfsmittelversorgung, um den Therapieerfolg möglichst schnell sicherzustellen. Dies betrifft sowohl die direkte behandlungsrelevante Hilfsmittelversorgung, beispielsweise bei Prothesen oder Stomaprodukten, wie auch die mittelbare Hilfsmittelversorgung zur Unterstützung des Behandlungserfolgs, beispielsweise bei geriatrischen Patienten, deren Inkontinenzproblem versorgt werden muss, obwohl dies nicht der primäre Grund für die Krankenhausbehandlung ist.

35 Je besser und professioneller z. B. die Versorgung mit Stomaprodukten erfolgt, desto höher wird die Lebensqualität des Patienten und desto kürzer seine Verweildauer im Krankenhaus sein. Eine sichere und unkomplizierte Versorgung mit Inkontinenzprodukten erhöht die Zufriedenheit von Patienten und Angehörigen. Dies hat letztlich auch Auswirkungen auf die Reputation, das Image und die Patientenbindung einer Einrichtung.

4.4 Personalaspekte beim Einsatz von Hilfsmitteln und Verbrauchsmaterialien

36 Die nahezu unübersichtliche Vielzahl unterschiedlicher Hilfsmittel und Verbrauchsmaterialien bedeutet für das Krankenhaus eine Herausforderung, insbesondere für das Pflegepersonal. Notwendig sind hierbei:

- Ein professionelles Know-how aller Pflegekräfte hinsichtlich Anwendung und Effektivität der wichtigsten Hilfsmittel und Versorgungsmaterialien in der entsprechenden Einrichtung.
- Permanente Schulung und Information der Pflegekräfte zu den eingesetzten Produkten.
- Ein Spezialistentum einzelner Pflegekräfte in bestimmten einzelnen Indikationsgebieten. Dies betrifft u. a. die Ausbildung von Stomatherapeuten, Wundspezialisten und Inkontinenzmanagern. Entsprechende Schulungsangebote sind auf unterschiedlichen Ebenen verfügbar. Nicht unberücksichtigt bleiben sollte in diesem Zusammenhang auch das Interesse von Pflegekräften an einer Anerkennung ihrer Kompetenz durch entsprechendes Spezialistentum.
- Einheitliche und übersichtliche Sortimente. Hierzu gehört häufig die Fokussierung auf einen Anbieter/Hersteller pro Produktgruppe, der ein umfassendes, aber übersichtliches Sortiment anbietet. Speziell im Krankenhaus kommt es auch auf die Standardisierung der Versorgung und die Reduktion der Produktbreite an.
- Eine einfache und unkomplizierte Handhabung der Produkte, die eine hohe zeitliche Belastung der Pflegekräfte vermeidet.

37 Insgesamt kommt es auf eine enge und kooperative Zusammenarbeit zwischen Pflege und Einkauf an. Aufgabe des Einkaufs ist hier, die entsprechenden Anbieter, die das notwendige Produktportfolio in der gewünschten Qualität, aber auch

Schulungs- und Trainingsmaßnahmen sowie Informationsmaterial zu den Produkten bereitstellen, zu definieren.

4.5 Anwendungsbezogene ökonomische Aspekte der Versorgung

Auch bei der Hilfsmittelversorgung mit ärztlichem-pflegerischem Verbrauchsmaterial gilt die bekannte Einkaufsregel: Nicht jedes preiswerte Produkt ist kostengünstig. Kostengünstig sind nur die Produkte, die sich optimal in den Behandlungs- und Versorgungsprozess von Patienten einfügen.   38

Unnötige Kostentreiber sind in jedem Fall: 39

- Ungeeignete Produkte, die Therapien verzögern oder Behinderungen nicht ausgleichen.
- Kompliziert anzuwendende Produkte, die die Arbeitszeit des Anwenders unnötig belasten.
- Produkte mit Leistungsmängeln, wie beispielsweise das Auslaufen bei Inkontinenzprodukten.
- Unklare Kennzeichnungen von Größen und Handhabungshinweisen.
- Ungeeignete Verpackungen und Mengengebinde.
- Versorgungen, die nicht der Pflegeplanung entsprechen, z. B. eine Überversorgung mit saugenden Inkontinenzprodukten.

5 Bedeutung der Hilfsmittelversorgung beim Entlassmanagement

Unstrittig ist, dass eine professionelle Versorgung der Patienten mit Hilfsmitteln bereits im Krankenhaus eine Überleitung in die Häuslichkeit erheblich erleichtert und den sog. Drehtüreffekt wegen unzureichender Versorgung vermeidet. Insofern ist auch unter diesem Gesichtspunkt ein Krankenhaus gefordert, eine besondere Sorgfalt in der Hilfsmittelversorgung von Patienten walten zu lassen.   40

5.1 Gesetzliche Rahmenbedingungen

Der Gesetzgeber hat mit dem Gesetz zur Stärkung der Versorgung in der gesetzlichen Krankenversicherung (GKV-VSG) in § 39 SGB V klargestellt, dass Krankenhäuser für die Versorgung des Versicherten unmittelbar nach der Entlassung die Möglichkeit haben, Arznei-, Verband-, Heil- und Hilfsmittel sowie häusliche Krankenpflege für einen Zeitraum von bis zu sieben Tagen zu verordnen. Ein entsprechender Rahmenvertrag zwischen dem GKV-Spitzenverband, der Kassenärztlichen Bundesvereinigung (KBV) und der Deutschen Krankenhausgesellschaft (DKG) ist zum 1.10.2017 in Kraft getreten.[3] Krankenhaus-   41

---

3 Rahmenvertrag Entlassmanagement von Krankenhäusern nach § 39 Abs. 1a S. 9 SGB V.

ärzte können damit, unter bestimmten Voraussetzungen, Hilfsmittel zulasten der GKV verordnen.

5.2 Verordnung durch den Krankenhausarzt

42 Bezüglich des zeitlichen Umfangs der Verordnung von Hilfsmitteln ist zwischen unterschiedlichen Hilfsmittelgruppen zu differenzieren. Bei zum Verbrauch bestimmten Hilfsmitteln kann für einen Versorgungszeitraum von bis zu sieben Kalendertagen verordnet werden. Sind bei spezifischen Produkten nur Packungsinhalte, die über diesen Zeitraum hinausgehen, verfügbar, wird die kleinste Packungsgröße üblicherweise von den Kassen akzeptiert. Bei nicht zum Verbrauch bestimmten Hilfsmitteln beträgt die Anwendungsdauer in der Regel länger als sieben Kalendertage, wie z. B. bei einem Rollstuhl oder Pflegebett. Hier ist zu empfehlen, dass das Krankenhaus sich mit der zuständigen Krankenkasse in Verbindung setzt, um die entsprechenden Rahmenbedingungen zu klären.

5.3 Kooperation mit Leistungserbringern

43 Die Krankenhäuser sind entsprechend § 8 der Gemeinsamen Rahmenempfehlungen gemäß § 125 Abs. 1 SGB V verpflichtet, einen Informationsaustausch mit den an der Anschlussversorgung des Patienten beteiligten Leistungserbringern sicherzustellen. Dies betrifft auch die Hilfsmittelversorgung. Die Kontaktvermittlung sollte sorgfältig dokumentiert werden. Zu berücksichtigen ist dabei auch, dass der Versicherte ein ausreichendes Wahlrecht in Bezug auf verschiedene Leistungserbringer, meist Sanitätshäuser, Apotheken oder Homecare-Unternehmen, hat.

6 Einkauf von Hilfsmitteln und ärztlichem-pflegerischem Verbrauchsmaterial im Krankenhaus und in Reha-Einrichtungen

44 Der strategische Einkauf von Hilfsmitteln und ärztlichem-pflegerischem Verbrauchsmaterial im Krankenhaus wird sich primär auf die Volumenprodukte konzentrieren. Hierzu gehören neben zum Verbrauch bestimmten Hilfsmitteln und Verbandmitteln beispielsweise auch Untersuchungshandschuhe, OP-Material und sonstiges medizinisches Verbrauchsmaterial.

6.1 Qualität, Prozesse und Wirtschaftlichkeit

45 Häufig fällt es im Krankenhauseinkauf schwer, eindeutige und überprüfbare Qualitätskriterien für zum Verbrauch bestimmte Hilfsmittel und ärztlich-pflegerisches Verbrauchsmaterial zu definieren. Bei Hilfsmitteln können ein erster Anhaltspunkt die im GKV-Hilfsmittelverzeichnis definierten Qualitätskriterien

sein. Letztlich definiert sich Qualität hier aber auch dadurch, dass die Produkte von den Anwendern in der Praxis als geeignet bewertet werden und dass sich die Produkte problemlos in den Prozessablauf der Versorgung einfügen lassen. Zentrales Thema ist dabei die Standardisierung von Prozessabläufen. So kann ein standardisiertes OP-Management, beispielsweise durch den Einsatz von vorkonfektionierten OP-Sets, deutliche Effizienzreserven heben und dazu beitragen, Fehler zu vermeiden. Ähnliches gilt in der Versorgung mit Wundversorgungs- oder Inkontinenzprodukten. Hier ist durch die verantwortliche Pflegedienstleitung oder die speziell ausgebildete Fachpflegekraft der Versorgungsstandard mit Produkten festzulegen. Zu vermeiden ist, dass jeder Anwender ohne konkrete Vorgaben und Standards Produkte einsetzt. Zum wirtschaftlichen Einkauf von Hilfsmitteln und Versorgungsprodukten gehören deshalb zwingend auch die Betrachtung der Standardisierung von Prozessen und die strikte Einhaltung von Versorgungsstandards.

6.2 Logistik und Verfügbarkeit

Das Produktangebot und die Sortimentsvielfalt von zum Verbrauch bestimmten Hilfsmitteln und Verbrauchsgütern sind nahezu unüberschaubar. Neben unterschiedlichen Materialien für den gleichen Anwendungsbedarf sind gegebenenfalls auch noch die notwendige Größe sowie die erforderlichen Abmessungen und Anwendungseigenschaften zu berücksichtigen. 46

Der Krankenhauseinkauf ist auf extrem leistungsfähige Vorlieferanten und Logistikpartner angewiesen. Es kommt darauf an, die notwendigen Mengen der benötigten Produkte im Bedarfsfall schnell geliefert zu bekommen. 47

In der Vergangenheit hat es immer wieder Berichte gegeben, wonach über Ausschreibungen günstige Einkaufspreise erzielt wurden, die Produkte dann aber in der notwendigen Menge und einer akzeptablen Bestellzeit nicht lieferbar waren. Es ist deshalb zwingend die logistische Leistungsfähigkeit des Anbieters zu überprüfen und in die Einkaufsentscheidung einzubeziehen. 48

6.3 Notwendigkeit der Einbindung von Anwendern/Pflegekräften

In der täglichen Pflege- und Versorgungspraxis werden Hilfsmittel und Verbrauchsmaterialien primär von Pflegekräften angewendet. In der Produktauswahl sind deshalb verantwortliche Pflegekräfte in den Entscheidungsprozess mit einzubinden. Idealerweise sollte hier ein kompetentes Team pro Versorgungsbereich gebildet werden, das Produktbewertungen, Produkttests und Produktanwendungsbeobachtungen initiiert und koordiniert. In ein solches Team sollten neben Pflegekräften auch Ärzte und Mitarbeiter aus dem Krankenhauseinkauf, der Logistik und dem Krankenhauscontrolling eingebunden werden. Im Bedarfsfall kann ein solches Team auch aus Mitarbeitern verschiedener Häuser einer Träger- 49 gruppe oder einer Einkaufsgemeinschaft gebildet werden. Dies ergibt dann Sinn, wenn zentral für mehrere Häuser eingekauft wird und für die Einkaufsentscheidung die verbindliche Zusage der einzelnen Einrichtungen sichergestellt werden soll.

6.4   Empowerment der Pflege auch in Einkaufsentscheidungen

50   In den vergangenen Jahren ist ein deutlicher Trend zur Aufwertung des Pflegeberufs in allen Bereichen des Gesundheitswesens zu beobachten. Pflegekräfte sehen die Pflege als eigene Profession, die auf Augenhöhe mit anderen Berufsgruppen im Gesundheitsbereich kooperiert. In diesem Zusammenhang fordern Pflegekräfte zunehmend auch den Einfluss auf Einkaufsentscheidungen ein. Gestärkt wird dies durch eine zunehmende Spezialisierung im Pflegebereich, wie dies beispielsweise bei der Stomatherapie oder auch der Inkontinenztherapie zu beobachten ist. Dabei erheben Stomatherapeuten den Anspruch, die Auswahl des geeigneten Produkts selbst vorzunehmen. Ähnliche Forderungen kommen auch von speziell ausgebildeten Kontinenzberatern, die in der Einrichtung die Versorgung mit Inkontinenzprodukten definieren. Bedingt durch dieses neue Empowerment wird die Pflege in der Zukunft immer stärkeren Einfluss auf Einkaufsentscheidungen in stationären Einrichtungen nehmen.

7   Fazit

51   Ärztliches und pflegerisches Verbrauchsmaterial sowie Hilfsmittel sind im Krankenhauseinkauf nicht solitär als Kostenpositionen zu betrachten, sondern als Systemkomponenten einer prozessorientierten Patientenversorgung. Prozessorientierung bedeutet dabei auch die Standardisierung der Behandlungsabläufe und der eingesetzten Produkte. Eine gute Versorgungsqualität, vor allem bei Hilfsmitteln, beschleunigt den Therapieverlauf, entlastet Mitarbeiter, spart Kosten und schafft Patientenzufriedenheit.

Die Zukunft im Lebensmitteleinkauf tickt digital

Wilfried Hötzer

Abstract: In Bezug auf das Beschaffungswesen rückt speziell der Bereich des Lebensmittel-einkaufs im Zusammenhang mit der Digitalisierung verstärkt in den Fokus. Einerseits ist nur hierüber die zwingend benötigte Transparenz vollumfänglich zu erreichen, um den Bereich als solches wie auch die Aufgabe der Lebensmittelbeschaffung künftig verstärkt strategisch auszurichten. Zum anderen müssen – aus den dortigen Beschaffungsaktivitäten heraus – künftig digitale Daten generiert und bereitgestellt werden, welche für alle weiteren Bereiche mit erforderlichen/angebundenen EDV-Systemen/-Modulen innerhalb des Verpflegungsma-nagements eine ganz zentrale Basis sind, weil sie dort entsprechend als Grundlage zwingend benötigt werden.

Die Herausforderung, eine bedingungslose Digitalisierung des Lebensmitteleinkaufs umzu-setzen, ist für die Verantwortlichen eine mitunter herausfordernde Aufgabe. Gerade dieser Bereich ist im Vergleich mit allen anderen Beschaffungsbereichen jener, der i. d. R. eine Sonderstellung einnimmt. Dies sowohl, was die Ansiedelung der Verantwortlichkeit und ihren Aufgaben (üblicherweise in der Küche) betrifft, wie auch, dass dort überwiegend noch sehr traditionell, in hohem Maße auch in analoger Struktur gearbeitet wird. Die Aufgaben-stellung weg vom Papier – die Zukunft im Lebensmitteleinkauf tickt digital!

1 Ausgangslage und Situation

1 Alle, die sich professionell mit dem Einkauf von Lebens- und Nahrungsmitteln in Gesundheitseinrichtungen beschäftigen, sind fest davon überzeugt, dass ihr Be-schaffungsbereich innerhalb der Sachmittelbeschaffung ein ganz besonderer ist. Wenig vergleichbar eben mit anderen Bereichen im Einkauf.

2 Dem ist grundsätzlich nicht zu widersprechen, verbindet sich doch mit Lebens-mitteln eine hohe Produktemotionalität, welche teils 1:1 bis direkt zum Verbrau-cher/Kunden durchschlägt. Egal, ob Patient, Bewohner oder Gast; alle können mitreden, wenn es um die Qualitätsbewertung von Essen und Trinken geht. Nicht nur die Küche hat deshalb bei der Kundenzufriedenheit von Essensgästen einen hohen Einfluss, weil der Grundstein dafür bereits im und durch den Lebensmittel-einkauf gelegt wird.

3 Was macht den Lebensmitteleinkauf tatsächlich vergleichsweise besonders, was macht ihn in vielerlei Hinsicht tatsächlich zum Solitär in der Beschaffungsland-schaft von Care-Einrichtungen? Herausfordernd ist, dass es sich in der Beschaf-fung hier vielfach um rasch verderbliche Waren handelt. Zumeist sind sie kühl (-ketten-)bedürftig und sehr sensibel im Handling. Frischanlieferungen i. d. R. mehrmals wöchentlich – bis hin zu täglich. Hohe Bestell- sowie Lieferfrequenzen; resultierend daraus, ein hoher Umschlagsdurchlauf der Ware. Weitere Aspekte wie Saisonalität, regelmäßige, teils auch drastische Preisschwankungen und in bestimmten Warengruppen sogar Tagespreisabhängigkeiten kommen hinzu. Nicht zuletzt stellt die rundweg schwierige Qualitätsbewertung, welche sich nicht ausschließlich nur über Güteklassen allein beurteilen und für den Bedarf ent-sprechend entscheiden lässt, eine sehr hohe Herausforderung dar.

Es erstaunt nicht, dass es kaum jemanden gibt, der sich in Einkaufsabteilungen von Care-Einrichtungen darum reißen würde, dieses komplexe Thema – schon gar nicht mal eben nebenbei – als Warengruppe im Einkauf zu bearbeiten. 4

Es ist deshalb verständlich, dass man dies sehr gerne den Spezialisten überlässt, welche hier ausreichende Sach-/Fachkenntnis und Erfahrung mitbringen, was die Produktspezifik betrifft. Zumeist ist der Einkauf von Lebensmitteln deshalb überwiegend dort angesiedelt ist, wo auch der Verbrauch nicht weit davon entfernt ist, nämlich in der Küche. Ausnahme bilden hier i. d. R. nur Konzern-strukturen, in denen eine zentrale Abwicklung, allerdings dann auch in spezialisierten Einkaufsbereichen, stattfindet. 5

Verantwortet wird die Lebensmittelbeschaffung zumeist durch die Küchenleitung, welche sie organisiert und i. d. R. überwiegend auch mit personellen Ressourcen selbst dort in die operative Abwicklung eingebunden ist. Das hat erkennbar deutliche Vor-, jedoch aber auch Nachteile, wie die Praxis zeigt. 6

Die Vorteile in solcher Organisation sind prägnant und einleuchtend: Sach- und Fachkenntnisse zur Lieferanten-, Warengruppen- und Produktspezifik sind im Bedarfsmaße vorhanden. Auch braucht es keine langen Wege der Abstimmung, denn die Verantwortlichen entscheiden auf kurzem Wege, was wie in Sachen Lebensmittelbeschaffung läuft, bestimmen darüber wer was liefert, können schnell auf geänderte diverse interne sowie externe Anforderungen reagieren. 7

Die Nachteile, die sich aus dieser Organisationsform heraus ergeben, sind auf den ersten Blick weniger auffällig. Sie ergeben sich in Folge dessen, dass der Lebens-mitteleinkauf in der Küche üblicherweise keine Hauptbeschäftigung der dortigen Akteure darstellt, sondern zuallermeist nur nebenbei als Aufgabe bewältigt wird. 8

Aus „nebenbei" erwächst, dass der Fokus zunächst klar auf der rein operativen Beschaffungsabwicklung liegt, weshalb strategisches Handeln sowie Maßnahmen dazu bei der Beschaffung im LM-Einkauf zwangsläufig einer gewissen Unterbelichtung obliegen. Mehr oder weniger fallen sie, so zeigt es die Praxis, oft gänzlich „hinten runter". 9

Eine vor allem auf den Preis fokussierte Beschaffung hat im Lebensmitteleinkauf vielfach Tradition, ist im Handeln nicht selten sehr dominant davon beherrscht. 10

Mit dem scheinbaren Erfolg einer solchen Strategie wird der oftmals über Jahre und Jahrzehnte gelebte (überholte) Standard von klassischen analogen Einkaufs-methoden überblendet, welchen man – kritisch bewertet – als eine Art von „Organisationsstillstand" bezeichnen kann. 11

Ein weiteres Negativum nämlich, welches die Abkopplung des LM-Einkaufs gerade erkennbar häufig mit sich bringt, ist, dass dort organisatorische Entwick-lungen nicht gleichermaßen mit denen der Haupteinkaufsabteilungen Schritt halten. 12

13 Während man hier beispielsweise i. d. R. seit Längerem schon professionell mit elektronischen, integrierten Bestell- und Warenwirtschaftssystemen auf digitaler Basis arbeitet, läuft das im gleichen Haus bei der Küche deutlich analoger ab. Bestellungen werden dort nach wie vor in hohem Maße per Fax und/oder Telefon getätigt. Auch wenn inzwischen durchaus das eine oder andere per E-Mail abgewickelt wird, so bildet hier Papier doch überwiegend noch die Strukturbasis rund um Bestell-, Lieferungs- und Rechnungsbearbeitung.

14 Zeitgemäß ist solcherlei Organisation, wenn derart gegeben, gegen Ende der zweiten Dekade im 21. Jahrhundert definitiv nicht mehr und damit ein Umstand, der im Sinne der Zukunftsfähigkeit und des Anspruchs an einen professionell geführten Lebensmitteleinkauf der Veränderung bedarf.

2 Die Aufgabenstellung

15 Der künftige Standard im Bereich Lebensmitteleinkauf wird eine digitale Basis haben müssen, unabhängig davon, in welcher Abteilung oder Verantwortlichkeit er angesiedelt ist.

16 Konkrete, gewinnbringende Gründe sowie auch Chancen, die umfängliche Abwicklung des Lebensmitteleinkaufs in die Digitalisierung zu überführen, gibt es zuhauf, aber auch bereits gewisse Zwänge.

17 Letztere liegen u. a. auch darin begründet, dass insbesondere große (Haupt-) Lieferanten der Lebensmittel-Großverbraucher-Branche ihre Strukturen, die Abwicklung ihrer Geschäftsprozesse und Kundenbeziehungen zunehmend auf eine digitale Basis stellen. Was hier heute noch als Anreizsystem für den Kunden gesetzt ist (rabattierend), um auf digitaler Basis die Geschäftsbeziehung zu vollziehen, wird morgen schon die zwingende Voraussetzung zur Zusammenarbeit sein.

18 Dennoch – es gilt hier mit Bedacht zu handeln, wenn es an die Planung und Umsetzung des elektronischen Einkaufs, auch der Überführung weitergehender Bereiche in die Digitalisierung geht.

19 So stellt die Digitalisierung keinen Wert für sich gesehen dar, wenn sich nicht zugleich aus ihr heraus eine messbare Wertschöpfung für den Betrieb ergibt.

20 Der Anspruch an die Digitalisierung muss daher sein, dass sich durch sie innerbetrieblich diverse Organisations- sowie Prozessoptimierungen ableiten lassen, eine innovative Weiterentwicklung daraus folgt und sie nicht zuletzt auch zu verbesserter Wirtschaftlichkeit über den Gesamtprozess hinweg führt. Mit Blick über den Tellerrand des LM-Einkaufs ist dies ganz explizit auch unter Einbeziehung anderer Bereiche, Abteilungen und Akteure zu werten, welche intern wie ggf. auch extern im Gesamtprozess eingebunden sind.

3 Allgemeiner Nutzen und Chancen von Digitalisierung im Lebensmitteleinkauf

Wesentliche Kernmerkmale, welche sich im Schwerpunkt Lebensmitteleinkauf durch die Digitalisierung ergeben: **21**

- Elektronisch verfügbare Informationen diverser Art/Struktur, über die jew. systemangebundenen Lieferanten/Kreditoren (u. a. Warengruppen- und Artikelstammdaten mit div. Anhängen)
- Schneller Daten-/Informationsaustausch
- Dateneinsicht in Echtzeit; so u. a. Verfügbarkeitsprüfung von Artikeln
- Schnelle und einfache Daten-/Artikel- und Preisvergleiche
- Kein Medienbruch zwischen diversen Prozessen
- Vermeidung von Übertragungsfehlern
- Echtzeitcontrolling
- Rasche Verfügbarkeit von Historie über Daten aus elektronischer Ablage
- Vermeidung von über Papier geführten Prozessen
- Ortsunabhängige Dateneinsicht/-bearbeitung
- Elektronisch unterstützte Datenbuchungen z. B. über Wareneingänge
- Prozesskostenoptimierung

In Abhängigkeit von Zusatzfunktionen: **22**

- Elektronisch unterstützte Datenbuchungen, wie Rechnungen, Lagerwirtschaft, Inventur
- EDV-gestützte Bedarfsdispositionen
- Stammdaten-/Artikelübernahmen für Rezepturtool und Menüwunscherfassung und Speisenplanung
- Kein Medienbruch zwischen diversen Bereichen, Abteilungen und Akteuren – schnittstellenübergreifender Datenaustausch bzw. -lieferung

Neben dem Vorteil höchster Transparenz und Effektivität, welcher sich hier in der operativen Abwicklung des Lebensmittleinkaufs durch die Digitalisierung ergibt, sind für diesen aber insbesondere die strategischen Ansätze von enormer Bedeutung. Detaillierte Auswertung von Daten aus zurückliegenden Beschaffungsvorgängen und -zeiträumen sind die erforderliche Basis für sämtliche Zukunftsentscheidungen und eben die Grundlage für eine strategisch fundierte, dahingehend ausgerichtete Beschaffung. **23**

4 Digitaler Lebensmitteleinkauf – grundlegende Basis für weitere digitale Aufgabenbewältigung rund um das gesamte Verpflegungsmanagement

Basis der Digitalisierung des LM-Einkaufs sind Funktionalitäten, die unter dem Begriff „E-Procurement" laufen. Darüber bietet sich die Möglichkeit der elektro- **24** nischen Abwicklung von Beschaffungsprozessen. Es können – sollten auch idealerweise – jedoch noch weitere digitale Tools/Module mit weitergehenden Funktionalitäten integriert oder über Schnittstellen angebunden werden. Dazu jedoch später mehr, wenn es um die wesentliche Ein-/Anbindung des LM-Einkaufs an die übergreifende Aufgabenstellung im Bereich des gesamten Verpflegungsmanagements geht.

25 Die am Markt verfügbaren elektronischen Einkaufslösungen/-tools, mit denen sich in Teil- und auch vollumfänglich integrierten Lösungen der Lebensmitteleinkauf, die Warenwirtschaft und auch die Rechnungsbearbeitung digital abwickeln lassen, ist vielfältig. Gerade diese Mannigfaltigkeit an Produkten macht es den Entscheidern oft jedoch schwer, den richtigen Weg, die beste Struktur und das passende Programm zu finden sowie schließlich den geeigneten Anbieter zu wählen.

26 Die entscheidende Frage, ehe man sich auf den digitalen Weg begibt, ist die Klärung des tatsächlichen Bedarfs, auch des Anspruchs bzgl. künftiger Umsetzungsinhalte. Nicht zuletzt ist aber auch die Frage nach der erforderlichen Einbindung/Integration des Lebensmitteleinkaufs mit seiner elektronischen Lösung in die IT-Landschaft im Hause zu klären.

27 *Die* Hauptfragestellung, welche es vorweg zu klären gilt: Genügt dem Lebensmitteleinkauf eine Insellösung oder braucht es eine systemisch integrierte Lösung mit An-/Einbindung an weitere Schnittstellen zu anderen Abteilungen/Bereichen innerhalb der Einrichtung?

28 Hier gilt vom Grundsatz: je kleiner die Einrichtung, desto eher sind Insellösungen für den Lebensmitteleinkauf vertretbar und nutzbringend einzusetzen. Zumal, und das ist der wirtschaftliche Aspekt, sie auch i. d. R. deutlich kostengünstiger in der Anschaffung sind als integrierte vollumfängliche, auch hochkomplexe Programm-Lösungen. Insellösungen zeichnen sich dadurch aus, dass sie ein in sich abgeschlossenes EDV-System darstellen, ohne jegliche Schnittstellen in andere Programme hinein sowie zu anderen Bereichen/Abteilungen der Einrichtung.

29 Dennoch heiß das nicht, dass solche Inseln immer klein sein müssen. Auch hier gibt es durchaus umfängliche Lösungen, die deutlich über das reine E-Procure hinausgehen und recht vielschichtig ausgerichtet mit vielen modular ergänzend ausgeprägten Systemfunktionalitäten ausgestattet sind.

30 Vorteile von Insellösungen ggü. integrierten und schnittstellenbetriebenen Programmen von E-Procurement:

- Entscheidungsfindung über Systemstruktur, Organisation und Inhalte für Inseln ist deutlich weniger aufwändig
- Raschere Planungs- und Realisierungszeiträume mit Implementierung von Programm(en), ohne bzw. ohne nennenswerte Abhängigkeiten in die sonstige EDV-Struktur/-Landschaft der Einrichtung

- Datensicherheitsmerkmale sind hoch, weil zunächst keine EDV-Sicherheitsrisiken in andere Schnittstellen hineinwirken
- I. d. R. deutlich günstigere Kosten für Beschaffung und Betrieb solcher Programme
- Einfache(re) Systembasis; z. T. mit zusätzlichen modularen Funktionalitäten; ggf. auch mit Schnittstellenoptionen für eine spätere Anbindung
- Zumeist Web-Lösungen mit Online-Anbindung, ohne Hosting im eigenen Haus und damit ohne nennenswerte Installations- und Wartungskosten
- Im onlinebasierenden Modell vergleichsweise keine/nur geringe Investitionskosten in Soft- und Hardware; Leasing-/Mietmodelle möglich

Keine Vorteile, jedoch ohne Nachteile: Wer eine isolierte Insellösung mit einfachen Funktionalitäten anstrebt, muss sich im Klaren darüber sein, dass darüber auch nicht die volle Digitalisierung greifen kann. Ohne umfängliche Modul-Funktionalitäten und/oder ohne Anbindung von Schnittstellen bleiben zwangsläufig ganze Arbeitsfelder und -prozesse weiterhin in analoger Bearbeitung, verbleiben auch Schnittstellen (z. B. zur Finanzbuchabteilung), welche weiterhin analog bedient werden müssen.   31

Im Gegensatz zur Insellösung bieten integrierte, schnittstellenbetriebene Systemlösungen für den elektronischen Einkauf eine i. d. R. leistungsumfassendere wie auch kostenintensivere Basis.   32

Auf dieser kann die Digitalisierung für den Lebensmitteleinkauf vollumfänglich und darüber hinaus mit Funktionen für die weiteren Aufgaben in der gesamten Küche & Speisenversorgung, bis hinein in die Finanzbuchhaltung, erfolgen.   33

Wer so etwas braucht? In der Regel sind dies eher größere Einrichtungen und/oder solche, deren Anspruch an eine medienbruchfreie, umfänglich digitalisierte Prozessbearbeitung hoch ist. In solchen Fällen lassen sich dann auch höhere Aufwände und Kosten solcher Systeme für den Einsatz argumentieren.   34

Insbesondere gilt das dann, wenn es eben nicht ausschließlich um die digitale Abwicklung des Lebensmitteleinkaufs (siehe reiner E-Procure-Prozess) geht, sondern um die des Verpflegungsmanagements insgesamt, mit seinen diversen Teilbereichen und Aufgabenfeldern.   35

Um eine Übersicht zu geben, finden sich nachfolgend einige üblicherweise so bezeichnete EDV-System-/ und Modul-Funktionalitäten.   36

4.1   E-Procure

Ausgewählte Hauptfunktionalitäten, die ein EDV-Programm zur elektronischen/ digitalen Abwicklung des Lebensmitteleinkaufs mitbringen muss: 37

- Anbindungsoffene Struktur von Lieferanten/Kreditoren – national wie regional
- Elektronisches Auf-/Einspielen von Lieferanten- und Artikeldaten; Aktualisierung dieser Daten in definierten Zeiträumen
- Differenzierte Artikelsuche; über mehrere Lieferanten, auch nach Sonderkriterien, wie z. B. Aktionspreise und Kernsortiment
- Lieferantenübergreifende Artikel- und Preisvergleiche
- Individuelle Anlage von Favoritenlisten/Einkaufslisten
- Differenzierte Kostenstellenverwaltung
- Abgestufte Rechteverwaltung für User; Freigabefunktion
- Erforderliche Produktinformationen direkt verfügbar (LMIV, Zusatzstoffe, Nährwerte sonst. Spezifikationen etc.)
- Elektronische Übermittlung der Bestelllisten an den/die Lieferanten
- Bestellverwaltung mit Archiv, Bestellhistorie & Beständen
- Inventurunterstützung inkl. Erfassungslisten über bezogene Artikel
- Buchung von Wareneingängen in den Verbrauchsaufwand; differenzierte Buchung auf verschiedene Kostenstellen
- Lieferantenbewertung (individuelle Anlage der Kriterien)
- Reporting (z. B. Lieferanten, Artikel, Kostenstellen über definierte Zeiträume)

38   Dies sind kurz gefasst die wesentlichsten Inhalte, sofern es funktional das reine „E-Procure" betrifft.

39   Kaum jemand wird sich als Verantwortliche(r) mit dem Anspruch auf umfängliche Umsetzung von digitalen Strukturen rund um das Verpflegungsmanagement jedoch zufriedengeben, es bei einer solch kleinen, fragmentierten Lösung zu belassen.

40   Und in der Tat ist damit alleine auch nur wenig Nutzbringendes zu erreichen.

41   Im Sinne der in der gesamten Struktur des Verpflegungsmanagements möglichen Digitalisierung gilt es also, weitere Bereiche in den Fokus zu nehmen.

42   Der weitere Blick geht daher nun auf System- und Modulfunktionalitäten, welche sich an E-Procure andocken können.

4.2   Materialwirtschaft/MaWi

43   Hauptfunktionalitäten zur elektronischen/digitalen Abwicklung einer Materialwirtschaft mit deren Aufgabenstellung/Inhalten im Bereich Küche/Küchenlager:

- Aufbauende Struktur und Anbindung der MaWi an das Modul E-Procure – alle Daten werden 1:1 übernommen bzw. dorthin übergeben
- Elektronische Ein- und Ausbuchungen in Verbrauch, alternativ in Lager/Lagerwirtschaft; differenzierte, Kostenstellen-bezogene Buchungen.
- Lagerraum- und Lagerplatzverwaltung

- Management von Anforderungs-/Bestellbedarfsmeldungen bei Erreichen von Melde-/Mindestbestand
- Inventurmanagement über sämtliche Bezugsartikel und über das Lager; mit Bewertung
- EDV-gestützte Bedarfsdispositionen
- Offline-Erfassung von Beständen und Bestellbedarfen im System; Barcode-/Scannerfähigkeit
- Zentrallagerfunktion mit interner Bestellabwicklung/-verbuchung für Stationen bzw. Wohngruppen

integriertes Modul im gleichen System wie E-Procure zu favorisieren; hilfsweise über Schnittstelle

4.3   Rezepturverwaltung & Menüplanung

Ausgewählte Hauptfunktionalitäten zur elektronischen/digitalen Abwicklung von Aufgabenstellungen/Inhalten in diesem Bereich: 44

Rezepturverwaltung

- Aufbauende Struktur und Anbindung der Rezepturverwaltung & Menüplanung auf das Modul E-Procure und das Modul MaWi – alle Daten werden von dort 1:1 übernommen bzw. dorthin übergeben
- Integration sämtlicher Artikeldaten einschl. aller Informationen in Rezepturen (Allergene, Zusatzstoffe, Nährwerte usw.)
- Kumulierte Ausweisung von Nährwertberechnung und weiteren Inhaltsstoffen, wie Allergenen und Zusatzstoffen; dies sowohl bei einzelnen Komponenten wie auch bei den daraus zusammengesetzten Rezepturen, bei kompletten Gerichten
- Aktualisierung der Preis- und Artikeldaten in der Rezeptur bei Änderungen im Einkauf
- Rezepturtexte für Vor- und Zubereitung; Rezeptfotos und Zusatzinfos
- Kostformzuordnung/-eignung
- HACCP Dokumentation, Rückstellproben- und Temperaturmanagement
- Cook & Chill-Management
- Rezeptübergreifender Artikelaustausch

Menüplanung

- Anlage von Vorlageplänen über alle Mahlzeiten des Tages
- Simulationstool für Speisenpläne in versch. Zusammenstellung (Kostenerwartung)
- Multiklientenfähigkeit für parallele Angebote/Speisenpläne
- Erstellung von Produktionsplänen in Kombination von Bedarfsportionen und Rezepturen – Produktionsplan mit Planmengen und -Kosten

- Budgetvergleich SOLL vs. IST
- Rezeptauflösung und Bestellfreigabe – Disposition auf Basis der Artikeldaten in der Rezeptur – Bedarfsmengen werden an das Modul E-Procure übergeben

integriertes Modul im gleichen System wie E-Procure und MaWi zu favorisieren; hilfsweise über Schnittstelle

4.4 Menüwunscherfassung

45 Ausgewählte Hauptfunktionalitäten zur elektronischen/digitalen Abwicklung dieser Aufgabenstellung/Inhalte:

- System aufbauend auf Daten und Informationen der Rezepturverwaltung & Menüplanung
- Übernahme und Verwaltung von Patientendaten und Belegungsinformationen über die Schnittstelle zum Krankenhaus-Informationssystem (KIS) im Rahmen der Menüwunscherfassung
- Speisenplanverwaltung
- Kostformverwaltung
- Anforderungs-/Bestellmanagement für Komponenten, Einzelportionen und Großgebindekommissionierung – Einbindung in elektronische Erfassungsstruktur (z. B. Tablet und/oder PC)
- Produktions- und Verteillisten
- Kartendruck
- Differenzierte Statistiken über Mahlzeiten, Beköstigungstage, Kostformen; Patientenbezogene Verpflegungshistorie
- Stations- und Sonderanforderungsabwicklung einschl. differenzierter Verbrauchsstatistiken

Modul üblicherweise über Schnittstelle anzubinden

4.5 Digitale Rechnungsbearbeitung

46 Ausgewählte Hauptfunktionalitäten zur elektronischen/digitalen Abwicklung dieser Aufgabenstellung/Inhalte:

- Digitale Lieferscheine übernehmen und verarbeiten
- Digitale Rechnungen übernehmen und verarbeiten
- Analoge Rechnungen digitalisieren
- Elektronisches Matchen von Bestellung mit Lieferschein und Rechnung; Abgleich und Differenzausweisung
- Buchung nach Konten und Kostenstellen
- Skontoüberwachung

- Nachgelagerte MaWi – Controlling und Reporting (z. B. Lieferanten, Artikel, Kostenstellen über definierte Zeiträume)
- Differenzierte Rechteverwaltung für User

Modul üblicherweise über Schnittstelle anzubinden

Weitere Möglichkeiten digitaler Anbindung mit Schnittstellen zu den versch. 47 EDV-Modulen können innerhalb der Organisation im Bereich Verpflegungsmanagement z. B. folgende spezielle Software-Lösungen/-programme sein, für:

- Organisationstool/Verwaltung von Leistungserbringung im Außerhauskundengeschäft (z. B. Essen auf Rädern, Partyservice, sonst. Lieferlistungen) einschl. Logistikabwicklung
- Kassensysteme der Gastronomie (z. B. Mitarbeiterrestaurant, Cafeteria) und des Ladenverkaufs (z. B. Kiosk)

Module üblicherweise jew. über Schnittstelle anzubinden

Mit Blick auf die zuvor angeführten Möglichkeiten kann die volle Digitalisierung 48 sämtlicher im Verpflegungsmanagement anfallenden Aufgabenstellungen äußerst vielfältig und auch komplex ausfallen. Sie ist am Ende weit weg von einer einfachen E-Procure-Lösung mit dem Ziel, den Lebensmitteleinkauf zu digitalisieren. Je eher man sich mit notwendigen, übergreifenden Themen, mit Aufgaben- und Bereichsschnittstellen im Verpflegungsmanagement auseinandersetzt, desto eher wird man entsprechende EDV-Lösungen von E-Procure in Verbindung mit anderen Systemen sowohl technisch, organisatorisch wie auch inhaltlich vereinfacht realisieren können. Das sollte das Ziel sein.

5 Fazit

In der professionellen Unternehmenswelt, was Kliniken und Gesundheitsdienst- 49 leister einschließt, wird die Digitalisierung künftig – mehr noch als im Moment – ein essentieller wie integraler Grundbaustein sein. Im Bereich der Patientenversorgung arbeitet man mit Hochdruck daran, die Digitalisierung ebenso nach Kräften voranzutreiben wie auch in den Sekundär- und Tertiärbereichen, beim Verwaltungsdienst wie in den Dienstleistungsbereichen.

Innerhalb des Beschaffungsmanagements ist es insbesondere der Lebensmittel- 50 einkauf, der hier noch die meiste Strecke hin zur Digitalisierung zurückzulegen hat. Hier jedoch spielt die Überführung in die Digitalisierung eine zentrale Rolle – ist zwingend wie prioritär. Nicht außer Acht gelassen werden darf jedoch die Nähe des Lebensmitteeinkaufs zum Verpflegungsmanagement. Empfehlenswert ist es deshalb, besonders darauf zu achten, dass bei Umsetzung von E-Procure-Lösungen möglichst keine vollständig isolierten Inseln geschaffen werden, sondern weitere Bedarfs-Module und -Funktionalitäten in der EDV-Gesamtstruktur des Verpflegungsmanagements von Anfang an in die Überlegungen mit einbezogen werden.

51 Den höchsten Nutzwert haben EDV-Lösungen und Digitalisierung dann, wenn Kommunikation und Datenfluss zwischen einzelnen Modulen eine medienbruch-freie Abarbeitung des Gesamtprozesses ermöglichen und alle Beteiligten davon profitieren.

Beschaffung von Energie und Rohstoffen – Herausforderungen und Lösungsansätze

Prof. Dr. Rudolf Schmid

Schlagwortübersicht

Abstract: Die Beschaffung von Energie und von Rohstoffen zur Energieerzeugung entzieht sich einer unmittelbaren „Anfassbarkeit" des Beschafften bzw. realisiert sich effektbezogen erst durch Transformation und Nutzung des Beschafften in Anlagen oder Geräten. D. h. die Güte des beschafften Produkts lässt sich im Kern nicht vorab direkt beurteilen oder messen, sondern nur über die Anwendung, Verwendung und im Aufbrauch. Damit ist die Beschaffung von Energie und Rohstoffen zur Nutzung und Energieerzeugung untrennbar verknüpft mit der Reflexion auf die Güte der Anlagen, Geräte und „Verbrauchsmuster" selbst, die der zweckbezogenen Umwandlung von Energie und der Verwendung von Rohstoffen dienen. System- und prozessbezogene, aber auch ökologische Betrachtung geht folglich der Beschaffung von Energie und Rohstoffen voraus bzw. ist eng mit ihr verbunden. Der folgende Beitrag versucht diesen Kontext auszuloten, einige wesentlich dabei zu bedenkende Themen aufzuzeigen und diesbezügliche Herausforderungen sowie Lösungswege zu skizzieren.

1 Generelle Trends

1 In gleicher Weise wie die Beschaffung von Sachgütern im Gesundheitswesen nicht mehr ohne prinzipielle Beachtung von Patientensicherheit, Risikominimierung, Qualität und Wirtschaftlichkeit erfolgen kann, ist auch die Beschaffung von Energie bzw. Ressourcen heute zwingend in einen übergreifenden Verantwortungs- und Verpflichtungsrahmen eingeordnet. Dieser resultiert ebenfalls aus einer ethisch-normativen Zielsetzung, nämlich unsere einzigartige Welt und konkrete Umwelt zu schützen, Ressourcenverbrauch zu beschränken und damit Lebensbedingungen für nachfolgende Generationen zu erhalten.

2 Längerfristig betrachtet ist nämlich von der weiteren Verknappung einzelner Energieträger auszugehen. Zwar können nachwachsende Stoffe (z. B. Biomasse) oder „unbegrenzt" verfügbare Energieträger (z. B. Sonne, Wind, Erdwärme) die Verknappung mindern; 2017 liegt deren Anteil am Primärenergieverbrauch aber noch – bei zwar wachsender Tendenz in den letzten Jahren – bei 13,1 %. Die Hauptträger sind aktuell bzw. auf absehbare Zeit weiterhin Mineralöl mit 34,6 %, Erdgas (23,7 %), Braunkohle (11,2 %) und Steinkohle (11,0 %); die Kernenergie liegt inzwischen bei nur noch 6,1 %, sonstige Energieträger bei 0,4 %.[1]

3 Von eminenter Bedeutung für Deutschland ist zusätzlich, dass mindestens bei wesentlichen und klassischen Energieträgern eine hohe, z. T. ausschließliche Importabhängigkeit besteht: Bei Naturgasen beträgt diese aktuell 90,6 %, bei Steinkohle 94,1 %, bei Mineralöl 98,0 % und bei Kernenergie (Uran) 100,0 %. Allein bei Braunkohle ist mit -1,9 % ein Über-Deckungsgrad gegeben, der sogar geringen Export zulässt.[2] Die nationalen Spielräume sind also äußerst eng und es

---

1 Alle Zahlen: Bundeswirtschaftsministerium: Energiedaten – Gesamtausgaben Stand Januar 2018 (Tabellenband). Online: https://www.bmwi.de/Redaktion/DE/Artikel/Energie/energiedaten-gesamtausgabe.html [abgerufen am 22.3.2018].
2 Alle Zahlen: Bundeswirtschaftsministerium: Energiedaten – Gesamtausgaben Stand Januar 2018 (Tabellenband). Online: https://www.bmwi.de/Redaktion/DE/Artikel/Energie/energiedaten-gesamtausgabe.html [abgerufen am 22.3.2018].

gibt nur zwei Hauptwege, um drohender Verknappung (auch in Folge internationaler, politischer Zwistigkeiten) zu entgehen: Weiterentwicklung der Verfügbarkeit erneuerbarer Energien sowie Sparsamkeit und Effizienz im Energiegebrauch.[3]

Bei der Bewältigung dieser Herausforderung ist allerdings mit hohen Hürden zu rechnen, wie einerseits z. B. die Verteilung des durch Windenergie im Norden gewonnenen Stroms auf die ganze Republik zeigt: Hohe Kosten bei gleichzeitigem Widerstand in der Bevölkerung und der Politik auf Ortsebene gegen den Netzausbau mit Trassen durchs Land. Andererseits erfordert Sparsamkeit vor allem Änderungen von eingefahrenen Gewohnheiten beim Verbrauch bzw. Verhaltensänderungen bei den Nutzern. Schließlich bedarf die effiziente Verwendung von Energie stetiger Forschung und technischer Fortentwicklung z. B. hinsichtlich des Energieverbrauchs von Geräten und Gebäuden. Dies will von Staat, Produzenten und Gesellschaft (vor-)finanziert werden.   4

Nationale und die internationale Politiken versuchen seit Längerem in Klima- und Umweltschutzkonferenzen (z. B. Kyoto 1997 und 2005, Paris 2015) sowie durch entsprechende Vorgaben und Vereinbarungen die Staaten und Bevölkerungen zu einem Umdenken und entsprechendem Handeln zu veranlassen bzw. durch nationale Gesetze auch zu zwingen. In Deutschland sind in den letzten Jahrzehnten folglich diverse energieverwendungsbezogene Gesetze und Energieeinsparverordnungen erlassen worden, die auch im Gesundheitswesen verbindlich Beachtung finden müssen: Bei Bau und Sanierung von Gebäuden ebenso wie beim Anlagenbau, der Gerätebeschaffung, beim täglichen Energieverbrauch usw.[4]   5

Zwar erzeugen Vorschriften, die auf Veränderung von Gewohntem zielen, selten Begeisterung, dennoch haben sie dabei geholfen, eine notwendige Trendumkehr einzuleiten – abgesehen davon, dass das Bewusstsein, dass sparsame Energieverwendung sich für Um- und Nachwelt positiv auswirkt, in der Bevölkerung inzwischen erheblich zugenommen hat. So lässt sich beobachten, dass seit Jahren der Primärenergieverbrauch ebenso wie die CO_2-Emmissionen in Folge optimierter Energieverwendung – zwar noch nicht im politisch gewollten sowie in Umwelt- und Klimakonferenzen angepeilten Maßstab – stetig sinken.   6

Und auch für den (Trink-)Wasserverbrauch zeigt sich, dass dieser von über 150 Litern pro Person und Tag im Jahr 1990 auf 123 Liter im Jahr 2016 gesunken ist.[5] Damit liegt Deutschland zusammen mit Belgien im Vergleich von 17 Industrieländern am unteren Rand des international gemeldeten Wasserverbrauchs pro   7

---

3   Zahlen und Maßnahmen auf EU-Ebene finden sich unter: http://ec.europa.eu/eurostat/statistics-explained/index.php/Consumption_of_energy/de [abgerufen am 3.5.2018].

4   Zu nennen sind für Deutschland u. a.: Energieeinsparungsgesetz (EnEG) aus 1976/2005; Energieeinsparungsverordnung (EnEV) 2013; Erneuerbare-Energien-Wärme-Gesetz (EE-WärmeG) 2008/2015; GebäudeEnergieGesetz, 2018, in Arbeit.

5   https://de.statista.com/statistik/daten/wasserverbrauch [abgerufen am 22.4.2018].

Kopf und Tag. Zum Vergleich (Bezusgjahr 2014): Indien liegt bei 25 Litern und Dubai bei 500 Litern/Person/Tag.[6]

8 Somit sind Rohstoffe und Energieträger auch im Gesundheitswesen zu kostbaren Gütern geworden und verlangen „Wertschätzung" in jeder Hinsicht bzw. haben ihren Preis im konkreten und übertragenen Sinn. Ihr Einsatz wird weiterhin, gegenwärtig und künftig steigenden Anforderungen unterworfen werden (müssen). Sparsame Verwendung von Energie, energiesparende Techniken, Energieverbrauch bei beschafften Produkten, Einhaltung umweltschonender Bestimmungen u. a. m. werden noch maßgeblicher für die Zukunft sein als heute. Zumal Trends sich abzeichnen, die zumindest spartenbezogen den Energieverbrauch wieder erheblich steigern werden, z. B. wenn strombasierte Mobilität bzw. stromgetriebene Automobile an quantitativer Bedeutung zunehmen. Lösungen gerade hier sind alles andere als wohlfeil.

2   Zahlen zum Verbrauch

9 Aufgrund vorliegender Gesamtstatistiken liegen für den **Krankenhausbereich** folgende Zahlen vor:

- Der Ausgabenposten „Sachkosten" umfasst im Jahr 2016 für alle 1.951 Krankenhäuser in Deutschland die Größenordnung von 37.900.121 TEUR. Davon entfallen auf „Wasser, Energie, Brennstoffe" 2.051.596 TEUR, das entspricht 5,4 % der Sachkosten (zum Vergleich: Auf den „Medizinischen Sachbedarf" entfallen knapp 50 %). Im Schnitt gibt somit jedes Krankenhaus 1,05 Mio. EUR pro Jahr für Wasser, Energie und Brennstoffe aus.[7] Im bildhaften Vergleich entspricht dies dem Verbrauch von ca. 300 bis 400 Einfamilienhäusern.
- Pro Krankenhausbett (2016: knapp 500.000 Betten) wurden somit in Deutschland im Jahr 2016 für Wasser, Energie, Brennstoffe 4.120 EUR aufgebracht (im Einfamilienhaus zwischen ca. 2.000 EUR und 3.500 EUR).
- Eine Zeitreihen-Betrachtung für die letzten 20 Jahre ergibt, dass im Jahr 1996 in damals noch 2.269 Krankenhäusern an Sachkosten insgesamt 15.816.372 TEUR aufgewendet wurden und für Wasser, Energie, Brennstoffe 1.102.004 TEUR. Letzteres entspricht einem Anteil von 6,9 % an den Sachkosten und einem damaligem Ausgabenblock von knapp 0,486 Mio. EUR pro Krankenhaus. Für die Veränderung der absoluten Zahlen und der Prozentanteile in den Jahren 1996 bis 2016 sind einerseits u. a. die gestiegenen Energiepreise verantwortlich, andererseits ist der Posten Medizinischer Sachbedarf in dieser Zeit überpro-

---

6   Wikipedia: Wasserverbrauch. Online: https://de.wikipedia.org/wiki/wasserverbrauch [abgerufen am 23.4.2018].
7   Gesundheitsberichterstattung des Bundes. Online: http://www.gbe-bund.de/oowa921-install/ se [abgerufen am 22.4.2018].

portional gewachsen, sodass sich der Anteil für Energie etc. auch deshalb rechnerisch verringert.

- Von Interesse ist jedoch, dass sich der Aufwand für Wasser, Energie, Brennstoffe seit dem Höchststand im Jahr 2013 faktisch bzw. absolut verringert: Im Jahr 2013 wurden im Krankenhausbereich für diese Position noch 2.273.459 TEUR insgesamt ausgegeben, im Jahr 2016 wie bereits gezeigt 2.051.596 TEUR.[8] Bezieht man diese Aufwendungen auf die Zahl der Krankenhäuser (2013: 1.996 und 2016: 1.951 Krankenhäuser), so sind diese absolut um 7,7 % von 2013 bis 2016 gesunken. Dies könnte auf einen sparsameren Umgang mit Wasser, Energie, Brennstoffe hindeuten. Ob dieser Trend Fakt ist bzw. anhält, wird sich noch zeigen müssen.

Energie- und rohstoffbezogene Aufwendungen für die Bereiche **Vorsorge- und Rehabilitationseinrichtungen** sowie **Heime** liegen bundesweit nicht gesammelt vor. Soweit einzelne Beispiele ausgewertet werden können[9], zeigt sich folgendes (nicht repräsentative) Bild, das über verschiedene Träger hinweg zweifelsohne, jedoch in Grenzen unterschiedlich ausfallen dürfte: 10

- Am Beispiel einzelner Rehabilitationskliniken untersucht, liegt der Ausgabenanteil für Wasser, Energie, Brennstoffe bei 13,2 % der Sachkosten und pro Bett bei ca. 1.900 EUR pro Jahr.
- Heimbereich (einzelne Träger): 8 % bis 9 % der Sachkosten entfallen auf Wasser, Energie, Brennstoffe, das entspricht geschätzt ca. 1.000 EUR bis 1.200 EUR pro Heimplatz/Jahr.

Zwar sind die Anteile an den Sachkosten damit höher als im Krankenhaus, da der Medizinische Sachbedarf im Reha- und Heimsektor (z. T. deutlich) weniger zu Buche schlägt. Dafür liegen die faktischen Kosten pro Bett bzw. Heimplatz und Jahr erheblich unterhalb des Krankenhausbereichs (s. o.) mit 4.120 EUR pro Bett/Jahr.   11

3   Herausforderungen, Maßnahmen, Lösungsansätze

Überblickt man längere Zeitspannen, so ist zu konstatieren, dass die Beschaffung von Energie und Ressourcen wie Wasser etc. bereits heute unter deutlich fortschrittlicheren Maßstäben stattfindet: Die Sensibilität in den Technischen Abteilungen, im Facility Management und im Beschaffungswesen für energie- und ressourcenschonende Aspekte ist erheblich gewachsen, ebenso das entsprechende Wissen darüber. Dies ist auch deshalb notwendig, da z. B. Zertifikate, Gütesiegel, Risikomanagement u. ä. zunehmend die Ökologie-Orientierung zum nachzuwei-   12

---

8 Gesundheitsberichterstattung des Bundes. Online: http://www.gbe-bund.de/oowa921-install/se [abgerufen am 22.4.2018].

9 Dem Autor liegen verschiedene Jahresabschlüsse von Trägern vor, die hier in Bezug auf die genannten Zahlen anonym wiedergeben werden.

senden Bestandteil machen. Fachzeitschriften berichten seit Jahren regelmäßig über energiebezogene Innovationen, die einschlägige Fachdiskussion in Konferenzen und themenspezifischen Tagungen nimmt zu. Der früher bloße Austausch von Aggregaten und Produkten ist heute vermehrt Teil und Resultat von Prozesssowie Systembetrachtung und kurzfristig erzielbare Effekte weichen in der Beurteilung umfassenderer, mittel- und langfristiger Effizienzbetrachtung. Der Beschaffungsvorgang von Energie und Ressourcen ist dann Resultat a priori angestellter, weiter über den Tag hinaus reichender Analysen und kontextbezogener Entscheidungen. In der Zusammenschau sollen dazu folgende Themen und Orientierungspunkte hervorgehoben werden:

- **Verantwortungsvolle sowie ökologische Ausrichtung und Einordnung der Beschaffung**

  Mit z. B. etwa gut 2 % der Gesamtkosten steht der Posten Wasser; Energie, Brennstoffe zwar etwas „im Schatten" anderer Ausgabenpositionen im Krankenhausbereich, die weit größere Anteile auf sich vereinen (z. B. Personalkosten mit 60 % bis 65 %). Aber auch im Reha- und Heimbereich spielen Personalkostenanteile eine dominierende Rolle, neben Mieten und Investitionen. Damit wird ein Dilemma offenkundig: Die Aufmerksamkeit, die die Beschaffung von Rohstoffen, Ressourcen und Energie aus externen, umweltbezogenen Gründen erfahren sollte, minimiert sich durch die betriebsinterne Perspektive. Von daher hatte das Thema Beschaffung von Energie etc. vor wenigen Jahren oder Jahrzehnten nur selten, wenn überhaupt die Vorstandsebene der Träger erreicht und wurde eher in nachgeordneten Abteilungen verhandelt. Das muss sich ändern und hat sich auch geändert: Denn die Einrichtungen im Gesundheitswesen sind Teil der Daseinsfürsorge, diese ist unteilbar und gilt somit auch für „kleinere" interne Aufwandspositionen, die jedoch extern enorme Bedeutungen haben können: Selbst die scheinbar einfache Beschaffung von Wasser schafft im Endeffekt Abwasser. Ist dieses kontaminiert, können kleine Mengen schon erhebliche Umweltschäden auslösen. Zur Beherrschung solcher Problematiken bedarf es heute von vornherein (risikoorientierter) Konzepte, die über die reine Beschaffung und den Verbrauch hinausgehen. Diese Konzepte müssen sich – abgesehen von internen betriebsorganisatorischen und betriebswirtschaftlichen Überlegungen – vor allem ausrichten an der Verantwortung für das Ganze, der Nachhaltigkeit, dem Bewusstsein über Ressourcenherkunft, -verbrauch und -entsorgung. Und: Ökologisches Denken heute ist entscheidende Basis für die Ökonomie der Zukunft.

- **Beschaffung von Ressourcen verlangt die Reflexion über die Effizienz des Alltagsverbrauchs**

  Die Beschaffung von Ressourcen (Energie etc.) läuft hinsichtlich Vorgang und Ziel mindestens langfristig betrachtet falsch, wenn sie nur auf Mengen und Preis abheben würde. Denn der Frage z. B. nach der Menge ist zwangsläufig die Frage vorauszuordnen, ob die beschaffte Menge überhaupt effizient zum

Einsatz kommt oder ineffizienter Nutzung unterliegt. Letzteres ist gleich-zusetzen mit ökonomischer und ökologischer Verschwendung. Zweifelsohne sind damit komplexe Prozesse der Information, Aufklärung und der Analyse der Verknüpfung von Beschaffung und Verbrauch verbunden – im Ener-giesektor keine einfachen Unterfangen. Vor einem sicherlich aufwendigen und umfassenden Revirement der ressourcenverbrauchenden Techniken, Geräte und Facilities sind deshalb zunächst auch einfach kurzfristig zu bewältigende Einzelmaßnahmen sinnvoll: Information über sparsamen Ressourcenver-brauch in Mitarbeiterschaft sowie bei Patienten, Klienten, Besuchern; Umstel-lung der Beleuchtung auf Energiesparlampen; automatische Zonenabschal-tung in Gebäuden; optimierte Heizsteuerung durch Verbrauchsüberwachung; Isolierung von Räumen, Gebäuden, Leitungen; einstrahlungsgesteuerte Au-ßenjalousien u. a. m.

- **Systemorientierte und übergreifende Lösungen verfolgen**
  Die Zukunft gehört jedoch nicht allein den Einzellösungen, sondern den das Gesamtsystem betrachtenden und bereichsübergreifenden Lösungen: Die Gesamtinstitution ist in ihrer „Energiehistorie" zu betrachten, energiespa-rend orientierte Eingriffe ins System und Optimierungen müssen in ihren Wechselwirkungen reflektiert werden; alle im System Tätigen einschließlich der beschaffenden Instanzen sind informiert, wozu und wie energiesparende Maßnahmen ergriffen werden – damit sie diese unterstützen können. Die Ausrichtung auf solche gesamtsystembezogene Ansätze spiegelt sich z. B. in folgenden Entwicklungen:
  - BUND-Gütesiegel „Energie sparendes Krankenhaus": Der Bund Umwelt und Naturschutz Deutschland verleiht das Siegel, wenn mindestens zwei der folgenden Kriterien erfüllt sind: Reduzierung des CO_2-Ausstoßes durch entsprechende Maßnahmen; kontinuierliche Verbrauchssenkung; langzeitig optimaler Energieverbrauch; Durchführung eines Energiemana-gements.
  - „Green Hospital": Das Green Hospital Projekt am Universitätsklinikum Hamburg definierte bereits vor Jahren anlässlich eines großen Neubaus die Handlungsfelder: „Gebäude- und Energiemanagement; Grüner Verkehr und Umgebung; Ressourcenverbrauch; Einkauf/Logistik; Personalmana-gement." Der Gebäudekomplex und sein Umweltbezug wurden analysiert, ebenso die internen Abläufe, personellen und patientenbezogenen Gege-benheiten (z. B. Patientenzufriedenheit).[10]
  - Auf Länderebene existieren z. B. die „Green Hospital Initiative Bayern"[11] oder gezielt auf Kliniken ausgerichtete Initiativen wie die „EnergieAgentur Nordrhein-Westfalen" mit dem Fokus auf Gebäudetechnik, baulichem Wärmeschutz, Nutzerverhalten, innovative Techniken, Energiemanage-

---

10 Debatin/Goyen/Kirstein (Hrsg.): Alles grün – auch im Krankenhaus: Green Hospital – Wege zur effektiven Nachhaltigkeit. 2011.

11 https://www.stmgp.bayern.de [abgerufen am 1.5.2018].

ment und Energiekonzept sowie entsprechenden Praxis- und Beratungs-ansätzen dazu.[12]

- **Lösungen sind Resultat der Gesamtbetrachtung der Einrichtung, kriterien- und vergleichsbezogen.**

Es gibt nicht „die" oder die „einzige" Lösung, weder technisch betrachtet noch folglich für die Beschaffung des Rohstoffs. Ein Blockheizkraftwerk, eine Fassadendämmung, Photovoltaik auf dem Dach, Kraft-Wärme-Kopplung, energieeinsparende Beleuchtung usw. sind je für sich gute Maßnahmen. Ob sie dem einzelnen Haus wirklich grundsätzlich und auf längere Sicht nützen, ob sie folglich beschafft werden sollen, hängt ausschließlich von der Betrach-tung der konkreten Situation der Einrichtung und ihrer Energiehistorie ab. Erfahrungsgemäß ist auch nicht zu empfehlen, bestimmte (z. B. heiztech-nische) Einzellösungen zu präferieren, nur weil der spezifische Rohstoff hierfür auf lange Sicht günstiger ist – oder es vielleicht auch nur so erscheint. Bezogen auf den Wärmebedarf waren z. B. Heizöl, Gas oder Holzpellets durchaus von nicht geringen Preisschwankungen in den letzten Jahrzehnten gekennzeichnet. Preisvorteile des einen oder anderen Heiz-Rohstoffs können vor allem und schließlich marginal werden, wenn die heiztechnischen Anlagen in und für das Haus ineffizient sind.

Einzelmaßnahmen können ihre volle Wirkung oft erst dann entfalten, wenn sie Teil eines Gesamtkonzepts sind. Bei knappen Finanzmitteln kann ein solches zeitlich in sich gestuftes Gesamtkonzept auch dazu verhelfen, Priorität-ten im Konsens aller Beteiligten nacheinander abzuarbeiten.

Kriterien für die Aufstellung eines Gesamtkonzepts leiten sich aus der Be-trachtung verschiedener, wesentlicher Aspekte ab, die bei Neubauten ebenso zu berücksichtigen sind wie bei bestehenden Gebäuden: Mit welcher Qualität wird bzw. wurde gebaut, welche Standards der Wärmedämmung kamen/ kommen zum Einsatz, wie sehen die Energietransportwege aus, gibt es auf den Wegen Verluste, welcher Lastgang (Verbrauchsmengenbedarf über 24 Stunden) ist zu verzeichnen, welche passenden, effektiven Steuerungssysteme für die Energieversorgung sind vorhanden, welche Ausbildung und Qualifika-tion des technischen Personals liegt vor? Die Entscheidung für bestimmte Lösung sollte sich aus einer Diskussion und Abwägung solcher Aspekte ergeben.

Für den Ist-Zustand, aber auch für Erneuerungsmaßnahmen empfiehlt sich auch die Heranziehung und Analyse von Vergleichswerten, die z. B. die VDI Richtlinie 3087 mit Energie- und Wasserverbrauchskennwerten für Gebäude bereithält.[13] Ebenso bieten Energieagenturen auf Landes- oder Ortsebene verschiedentlich Vergleichswerte zum Verbrauch an.

---

12 http://www.energieagentur.nrw.de [abgerufen am 1.5.2018].
13 https://www.vdi.de/3807 [abgerufen am 3.5.2018].

Natürlich ist in Gesundheitseinrichtungen bei knappen Mitteln die Balance 13
zwischen verschiedenen Prioritäten immer neu zu kalibrieren. Die baulich-tech-
nische Anpassung an neue technologische Entwicklungen ist überdies nicht
einfach; höhere Flexibilität sollte baurechtlich möglich werden, um den Trends
im Energiesektor durch innovative Ein- und Umbauten begegnen zu können. Um
Gesundheitseinrichtungen auf die notwendigen, nachhaltigen Neuorientierungen
einzustellen, ist Folgendes zusammenfassend betrachtet förderlich:

1. Günstige, rechtskonforme Beschaffung des Routine-Verbrauchs:
    Abgesehen von Routinebeschaffung und Lieferverträgen, die sichere Energie-
    versorgung garantieren (müssen), ist es aufgrund der Liberalisierung auf dem
    Energiemarkt heute möglich, mit den Energieversorgern bessere Konditionen
    zu verhandeln. Eine energie- und vertragsrechtskundige Revision kann hier
    lohnen. Zunehmende (europäische) Vorschriften zu Energieeffizienz bei Ver-
    gaben und Beschaffung sind einzuhalten. Einkaufsgenossenschaften, wie z. B.
    P. E. G., bieten ihren Mitgliedern an, nach erfolgter Ausschreibung zur
    Energielieferung an den Ergebnissen mit entsprechend dann zu schließenden
    Verträgen mit den Energielieferanten (bei Laufzeiten von 1 bis 4 Jahren)
    individuell zu partizipieren. Mit dem Effekt, Einsparungen zu erzielen bzw.
    mindestens weitere Anstiege bei Energiepreisen zu dämpfen.
2. Revision von Energieverbrauch und Energietechnik sowie Energiekonzept:
    –   *Stärken- und Schwächenanalyse* energie- und ressourcenverbrauchender
        Systeme im Haus – ggf. mit externer Energieberatungskompetenz.
    –   *Einsparung/Reduktion des Energieverbrauchs*, zunächst wie o. g.: Isolie-
        rung, Austausch energievernichtender Geräte, energetische Sanierung
        usw.; Verbrauchssteuerung und Information/Bewusstseinsbildung, Ener-
        gie sparsam einzusetzen.
    –   Bei allen Beschaffungsvorgängen klären: *Wie wirkt sich das beschaffte
        Produkt (Sachgüter, Dienstleistungen) auf Energiehaushalt, Energiewirt-
        schaft und Energieeffizienz aus, welche Alternativen stehen ggf. zur Ver-
        fügung?* Im Kontext „Green Hospital" spricht man vom „energetischen
        Fußabdruck", den Beschaffungen hinterlassen z. B. hinsichtlich CO_2-
        Emission, Stromverbrauch etc. Dieser Abdruck sollte umweltverträglich
        ausfallen.
    –   *Für jedes Unternehmen ist ein Energiemanagement zu organisieren und ein
        Energiekonzept* aufzustellen, verknüpft mit Investitions- und Umsetzungs-
        plan.
    –   Bei Finanzengpässen kann ein *Energie-Contracting* Sinn machen: Anla-
        gensanierung oder -neubau, kann von externen Unternehmen (Energie-
        versorger, energietechnisches Unternehmen o. ä.) übernommen werden.
        Der Contracting-Nehmer bezahlt die gelieferte Energie mit „Zuschlag" für
        die Amortisation der extern erbrachten Investition. Contracting setzt
        jedoch voraus, dass die Win-win-Erwartungen wechselseitig transparent
        gemacht werden, Kosten-Nutzen-Analysen vorab erfolgen, rechtssichere

Verträge entwickelt werden – und eine längerfristige, vertrauensvolle Partnerschaft möglich ist.

3. Energiepolitik muss Unternehmenspolitik werden:
Energiepreise werden nicht mehr fallen, der Bedarf der Gesundheitseinrichtungen ist hoch. Dies erfordert strategische Überlegungen und Lösungen, die Teil der Unternehmenspolitik auf Leitungsebene sein sollten. Um thematisch einschlägigen Aufgaben gewachsen zu sein ist schließlich zu empfehlen:
   - Hoher Stellenwert von energiebezogenen Aspekten in den technischen, Wirtschafts- und Beschaffungsabteilungen (sowie Rechts-)Abteilungen.
   - Verpflichtende Verzahnung der Bau-/Technik-Abteilung mit Wirtschafts-/ Beschaffungs-/ Einkaufsabteilung hinsichtlich energiesparender Produkte/Geräte und Energieeffizienz steigernder Maßnahmen.
   - Qualifikation der Beschäftigten hinsichtlich energiebezogener Fragen, Vorschriften und Gesetze, Verfahren und Möglichkeiten der Energiebeschaffung.
   - Sensibilisierung aller Beschäftigten für sparsamen Energieverbrauch und umweltverträglicher Energienutzung.

4. Förderprogramme für Gesundheitseinrichtungen ausweiten
Einrichtungen des Gesundheitswesens sind als Einrichtungen der Daseinsfürsorge nicht zu trennen von der Verpflichtung auf Umweltschutz und ökologischer Verantwortung. Vorhandene nationale oder EU-Förderprogramme zur Einsparung von Energie sollten folglich offensiv genutzt und ausgeweitet werden. Gesundheitseinrichtungen können auf diesem Gebiet auch Botschafter einer guten Sache werden.

Literatur

Bundeswirtschaftsministerium: Energiedaten – Gesamtausgaben Stand Januar 2018 (Tabellenband). Online: https://www.bmwi.de/Redaktion/DE/Artikel/Energie/energiedaten-gesamt-ausgabe.html [abgerufen am 22.3.2018].
Debatin, J. F./Goyen, M./Kirstein, A. (Hrsg.): Alles grün –auch im Krankenhaus: Green Hospital – Wege zur effektiven Nachhaltigkeit. Stuttgart 2011.
Gesundheitsberichterstattung des Bundes. 2017. Online: http://www.gbe-bund.de/oowa-install/se [abgerufen am 22.4.2018].

Teil VIII   Fort- und Weiterbildung

Fort- und Weiterbildung in der Beschaffung – Rolle der Beschaffungsinstitutionen als Kompetenzträger

Andreas Boerger/Christoph Pelizaeus

Schlagwortübersicht

Abstract: Eine qualifizierte Fort- und Weiterbildung ist der Garant für professionelles und engagiertes Handeln im Gesundheitswesen. Die Themen Fachkräftemangel und Personalsicherung sind somit die zentralen Handlungsfelder einer Gesundheitseinrichtung. Das bedeutet, dass die Fort- und Weiterbildung ein Zukunftsthema ist, mit dem sich auch die Einkaufsgemeinschaften intensiv beschäftigen. Beispielhaft ist hier die Beschaffungsinstitution P.E.G. eG genannt. Diese bietet Mitgliedern wie auch anderen Akteuren in der Gesundheitswirtschaft wertvolle Unterstützung für alle Berufsgruppen in verschiedenen Themenfeldern durch ein Weiterbildungsinstitut an.

1 Situation der Qualifizierung in der Beschaffung im Gesundheitswesen

Der Gesundheitsmarkt ist einer der wirtschaftlich bedeutendsten, innovativsten und dynamischsten Märkte des 21. Jahrhunderts. Entsprechend hart ist er umkämpft. Vom Gesetzgeber eingeleitete Veränderungsprozesse, politische Perspektivwechsel, komplizierte gesundheitsrechtliche und leistungsrechtliche Regelungen und permanenter Kosten- und Qualitätsdruck für die Marktakteure prägen heutzutage das Tagesgeschäft. 1

1.1 Komplexität Gesundheitswirtschaft

Historisch bedingte Führungsstrukturen und das Kostennachweisprinzip haben jahrzehntelang den Druck auf die Umgestaltung hin zu wirtschaftlich orientierten Führungsprinzipien von Gesundheitseinrichtungen ferngehalten. Einige Gesundheitseinrichtungen müssen jetzt in wenigen Jahren das nachholen, was Unternehmen in der freien Wirtschaft seit jeher stetig umsetzen mussten. Gesundheitseinrichtungen werden in zunehmendem Maße für sich selbst verantwortlich und müssen daher in Zukunft o. g. Herausforderungen (Wirtschaftlichkeit, kontinuierlich hohe Auslastung, Investitionen) unternehmerisch begegnen können. 2

Darüber hinaus steigt die Komplexität der gesetzlichen Auflagen bzw. Verordnungen, die enorme Verwaltungskapazitäten binden. Wirtschaftlichkeit erfordert zudem Konzentration auf die Kernkompetenzen, neuartige Geschäftsbeziehungen durch Outsourcing oder neue Organisationsmodelle (Integrierte Versorgung, MVZ). Privatisierungswellen sind die Folge und können klassische Geschäftsmodelle in regionalen Märkten gefährden. Durch diese erhöhten Anforderungen gewinnen das Wissensmanagement und die Dokumentation an großer Bedeutung. 3

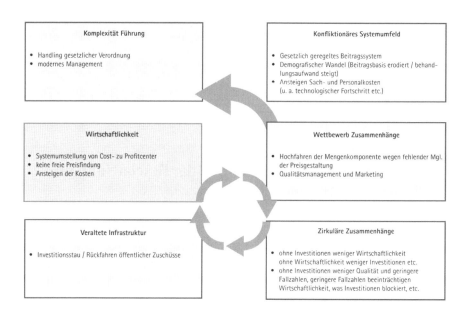

Abb. 1: Strukturelle Zusammenhänge und Handlungsfelder von Gesundheitseinrichtungen

Quelle: Eigene Darstellung.

1.2 Situation Einkaufsabteilung

4 Mit dem ansteigenden wirtschaftlichen Druck und der zunehmenden Konkurrenz wächst auch die Bedeutung des Managements im Krankenhaus.[1] Auf Grundlage dieser Rahmenbedingungen sind die fachlichen Anforderungen in den jeweiligen Fachabteilungen einer Gesundheitseinrichtung gestiegen, sodass die Weiterbildung auf der Leitungs- und Managementebene weiterhin eine zentrale Herausforderung darstellt. Ganz besonders hat die Bedeutung der Schulung in Managementfragen für die mittlere Führungsebene zugenommen. Hierbei ist immer wieder festzustellen, dass die Koordination zwischen den Abteilungen ein Defizit darstellt. Die spezialisierten Experten bestimmen ihr Handeln selbst und haben dadurch große Autonomie. Das Selbstverständnis von Ärzten und Managern unterscheidet sich daher grundlegend. In diesem Bereich ist die Kluft am größten.[2] Medizinische Anwender müssen als erstes die hohen fachlichen Anforderungen ihres Berufstandes erfüllen, weswegen sich für Mediziner wie Pfleger ein hoher fachlicher Fortbildungsbedarf ergibt.[3] Doch neben den fachbezogenen Themen

---

1 Vgl. Mayer: Management und Fortbildung bei Ärzten.
2 Vgl. Schmitz und Berchtold: Managing Professionals – Führung im Krankenhaus.
3 Vgl. Mayer: Management und Fortbildung bei Ärzten.

sind zunehmend die managementbezogenen Themen für Ärzte und Pflegekräfte von großer Bedeutung. Bei den kaufmännischen Fachkräften gilt das Anforderungsprofil hingegen in umgekehrter Reihenfolge. Sie müssen medizinische Argumentationsweisen in ihre betriebswirtschaftlichen Entscheidungen einfließen lassen.[4]

Darüber hinaus erfordert der Sektor Medizin, die steigenden Personal- und Sach- 5
kosten, reduzierte Fördermittel sowie gesetzliche Abrechnungsvorgaben, eine strategische, deutlicher fokussierte Ausrichtung des Managements und der Einkaufsabteilungen. Der Einkauf hat dabei eine wichtige Funktion in allen Einrichtungen im Gesundheitswesen, denn er greift in fast alle anderen Abteilungen aktiv ein und hat somit entscheidenden Einfluss auf die betriebswirtschaftliche Gewinn- und Verlustrechnung. Der Einkauf muss also die medizinischen Anforderungen und Prozesse im Haus genau kennen und daraus ein intelligentes Beschaffungsmanagement entwickeln. Heute gilt es, den Beschaffungsprozess im Ganzen zu verstehen. Im Dialog mit den Anwendern ist die indikationsgerechte Qualität eines Produkts zu definieren und danach sind zu komplexe Prozesse im Lieferantenportfolio sowie im Artikelsortiment abzubauen. Des Weiteren sind Bestellhäufigkeit und Bestellprozesse, Lagerhaltung und Kapitalbindung sowie eventuelle Logistikkosten zu analysieren und schließlich eine angemessene Preisstellung anzustreben.

Die methodischen und fachlichen Kompetenzen der Einkäufer bleiben jedoch 6
häufig hinter den gestiegenen Anforderungen zurück, denn die klassische Berufsausbildung trägt der veränderten Rolle in den Kliniken bislang kaum Rechnung (vgl. auch Tab. 1).

Tab. 1: Fachliche und methodische Kompetenzanforderung eines Einkäufers im Gesundheitswesen

Fachliche Kompetenzanforderung	Methodische Kompetenzanforderung
• Gesundheitspolitik	• Zeit- und Selbstmanagement
• Betriebswirtschaftliche Kenntnisse	• Verkaufs- und Verhandlungsmanagement
• Markt- und Produktkenntnisse	• Moderation
• Gesundheitsökonomie	• Präsentationsfähigkeit
• Medizinische Kenntnisse	• Projektmanagement
• Rechtliche Aspekte	• IT-Kenntnisse

Quelle: Eigene Darstellung.

Eine Krankenhausleitung ist gut beraten, wenn sie dem Einkauf einen strategi- 7
schen Stellenwert beimisst, ihn frühzeitig in relevante Entscheidungen mit einbindet und die Umsetzung einer konsequenten Einkaufsstrategie konsequent unterstützt. Krankenhäuser müssen somit ein intensives Personalmarketing be-

---

4   Vgl. von Eiff: Monitoring IT, Einkauf & Logistik im Krankenhaus. 2017.

treiben, um qualifizierte Arbeitskräfte zu gewinnen und zu halten. Daraus ergibt sich, dass der Bedarf und die Notwendigkeit an Fort- und Weiterbildung im Gesundheitswesen gestiegen sind. Durch die begrenzten finanziellen und zeitlichen Ressourcen für die Fort- und Weiterbildung ist der Einsatz von Wissensmanagement und Wissenstransfer, moderne Lernmethoden und professionelles Management für die Personalentwicklung zwingend erforderlich.

2 Beschaffungsinstitutionen als Kompetenzträger in der Fort- und Weiterbildung

2.1 PEG – DIE AKADEMIE

8 Ein nachhaltiger Unternehmensansatz erfordert als Grundlage für das Geschäftsmodell einer Beschaffungsinstitution die konsequente Ausrichtung der Leistungen an die Anforderungen der Mitglieder. Wer hier die Initiative behalten will, muss lösungsorientiert handeln und für ein gutes Zusammenspiel in seinen Unternehmensbereichen sorgen.

9 Der Zweck einer Genossenschaft ist die wirtschaftliche Förderung und Betreuung der Miteigentümer und zugleich Mitglieder. Somit ist auch die Fort- und Weiterbildung eine wichtige Dienstleistung der P.E.G. Einkaufs- und Betriebsgenossenschaft für ihre Mitglieder. Denn besonders für die Qualität der Weiterentwicklung der beruflichen Bildung spielen eine fokussierte Kompetenzentwicklung sowie moderne Qualifizierungsstrategien und innovative Bildungskonzepte und schließlich die Professionalisierung des Bildungspersonals eine ganz entscheidende Rolle.

10 Verstärkt werden also langfristige Konzepte und berufsbegleitende Schulungen benötigt. Die Form der Weiterbildung solle dabei stets praxisnah sein und Beispiele aus der täglichen Arbeit aufgreifen. Zudem sollten die einzelnen Berufsgruppen stärker interdisziplinär und verhaltensorientiert geschult werden, um ein gegenseitiges Verständnis zu entwickeln.

11 Die PEG – DIE AKADEMIE wurde 2009 für Mitglieder, interessierte Teilnehmer aus dem Gesundheitswesen und Partner aus dem Gesundheitssektor gegründet. Das Weiterbildungsinstitut hat die Aufgabe, diese Zielgruppe vor dem Hintergrund sich verändernder Gesundheitsmärkte bei der Lösung unternehmerisch-betriebswirtschaftlicher Aufgaben und Anforderungen zu unterstützen. Es ergänzt das Leistungsportfolio der P.E.G. eG und bietet seine Leistungen zu günstigen genossenschaftlichen Preisen mittels interdisziplinärer Expertenteams an. Es kommen ebenfalls Fachberater der P.E.G. eG mit spezieller Expertise als Referenten und Trainer zum Einsatz.

12 Das Ziel der PEG – DIE AKADEMIE ist also die Qualifizierung von Menschen durch spezifische Angebote in den wichtigen Kernbereichen des Gesundheitswesens. Durch Wissensvermittlung einerseits und die Entwicklung eines Dialogs

zwischen Mitarbeitern in Krankenhäusern, Rehakliniken, Senioren- & Pflegeeinrichtungen andererseits soll die Weiterentwicklung von Handlungskompetenzen
gestützt und gefördert werden. Ausgeprägtes fachliches Wissen und eine hohe
zwischenmenschliche Kompetenz sind eben in den unterschiedlichsten Arbeits-
feldern zu gleichen Teilen eine Grundvoraussetzung für professionelle Pflege,
Dienstleistung und Management in Gesundheitseinrichtungen. Der täglich zu
leistende Wissenstransfer und die stets erforderliche Handlungsfähigkeit erfordert
von den handelnden Personen im Gesundheitswesen ein hohes Maß an personeller, fachlicher, sozial-kommunikativer und methodischer Kompetenz.[5]

Abb. 2: Handlungskompetenz von Mitarbeitern der Gesundheitswirtschaft
Quelle: Jahresprogramm der PEG - DIE AKADEMIE.

2.2 Der Einkäufer als „Brückenbauer" zur Personalentwicklung

Ein moderner Einkäufer in Gesundheitseinrichtungen versteht sich als Moderator   13
in sämtlichen Beschaffungsprozessen zwischen den unterschiedlichen Abteilungen und Fachbereichen. Klar ist, dass es dabei nicht nur um Produkte, sondern
auch um Dienstleistungen aller Art gehen muss, um ganzheitlich zu agieren. Die
Beschaffung der Dienstleistung „Fort- und Weiterbildung" ist in der Regel in der
Abteilung Personalentwicklung angesiedelt. Das ist richtig und gut so, die Einkaufsabteilung kann und sollte hierzu aber als kompetenter Ansprechpartner und
„Brückenbauer" zwischen Anbietern und der eigenen Einrichtung fungieren
können. Hierzu ist wieder einmal Fachwissen unumgänglich. Wer bietet was an?
Bei welchen Anbietern wird zu welchen Konditionen eingekauft? Der Einkauf darf
und sollte auch hier mit Rat und Tat Hilfestellung geben und Empfehlungen
aussprechen. Durch die fast überall vorherrschenden, prekären Personalnotstände

---

5   Vgl. Müller/Koepe: Lernen im beruflichen Handeln

werden motiviert und engagiert arbeitende Mitarbeiter/innen in vielen Einrichtungen „überlebenswichtig". Die sog. verhaltensrelevanten Schulungsthemen finden daher sehr großes Interesse bei den Personalentwicklern. Das nächste Kapitel beschäftigt sich mit dieser Thematik und bietet entsprechendes Grundwissen für Einkäufer.

3 Erfahrungsberichte der PEG – DIE AKADEMIE

3.1 Erfahrungsbericht: Personalentwicklung in kleinen Einrichtungen

14 Eine „Stabstelle Personalentwicklung" passt selten in das Budget kleinerer Einrichtungen. Dennoch spielt im Gesundheitssektor der Faktor Mensch, auch aus dem Blickwinkel der Förderung von Mitarbeitern, eine der wichtigsten Rollen. Die klassische Personalentwicklung beinhaltete alle Faktoren, die dazu beitragen, die Fähigkeiten von Mitarbeitern weiterzuentwickeln und ihre Arbeitskraft für die Einrichtung zu erhalten. Durch die ressourcenorientierte Bereitstellung von Personal kümmert sich die Personalentwicklung ebenfalls um den Erhalt der Wettbewerbsfähigkeit und um die strategische Weiterentwicklung der Einrichtung aus personalpolitischer Sicht. Wie kann man nun diesem Anspruch gerecht werden, ohne dabei die Verhältnismäßigkeit für kleine Belegschaften aus dem Auge zu verlieren? Was können Personalverantwortliche zu diesem Thema tun? Die Möglichkeiten sollen die nächsten Seiten kurz aufzeigen.

15 Große Einrichtungen im Gesundheits- und Sozialwesen sind in der Regel im Qualitätsmanagement zertifiziert. Unabhängig davon, ob KTQ, DIN ISO oder andere Qualitätssysteme eingesetzt werden, das Thema Personalentwicklung spielt immer eine wichtige Rolle. Grundsätzlich wird die Verantwortung der Leitung bei der Mitarbeiterorientierung im QM immer hervorgehoben, somit wird Personalentwicklung zur Chefsache. Das ist in kleineren Einrichtungen nicht anders, oft sogar unmittelbarer. Unserer Erfahrung nach aber dadurch nicht immer auch strategischer. Führungskräfte in kleineren Einrichtungen neigen stärker dazu, ganz pragmatisch Defizite bei den Teams zu reduzieren. Die dazu geeigneten Maßnahmen werden meist „ad hoc", also nach gerade notwendigem Bedarf ausgerichtet. Ein Konzept zur mittel-langfristigen Entwicklung der Ressource Personal bleibt dabei häufig auf der Strecke. Das Argument „keine Zeit" wird in der alltäglichen Arbeitsroutine nur zu häufig mit „keine Notwendigkeit" verwechselt. Das kann teuer werden, wie die drei folgenden Fragen zeigen:

- Wie lange dauert die Neubesetzung einer Fachstelle in meiner Region und welche Auswirkungen hat das?
- Welche Ressourcen bindet die Einarbeitung neuer Mitarbeiter und welche Arbeit bleibt dadurch liegen?
- Wie häufig muss bei der Neubesetzung auf weniger qualifizierte Mitarbeiter zurückgegriffen werden und was bedeutet das für die Teams?

Personal im Unternehmen zu halten, ihm lohnende Zukunftsperspektiven zu bieten und es zielgerichtet zu motivieren, ist also betriebswirtschaftlich unabdingbar. Der einfachste Weg dazu ist, Personalentwicklung als Unternehmensentwicklung zu verstehen, die nacheinander in drei Schritten gegangen werden kann: 16

1. Schritt
   Einzelne Maßnahmen zur Personalentwicklung nach Dringlichkeit und Wichtigkeit zur Aufrechterhaltung der Funktionsfähigkeit einzelner Abteilungen/ Fachbereiche priorisieren.
2. Schritt
   Qualität und Quantität von Mitarbeitern an den Zielen des Unternehmens ausrichten, sie nach dem Leitbild und der Unternehmenskultur fördern.
3. Schritt
   Mitarbeiter in die Organisationsentwicklung involvieren. Personalressourcen zielgerichtet zur Weiterentwicklung des Unternehmens nutzen.

Es gibt Gründe, warum ein Mitarbeiter in eine Einrichtung eintritt, genauso wie es Gründe dafür gibt, dass er die Einrichtung wieder verlässt. Nicht alle Gründe davon sind beeinflussbar, sollten aber den Personalverantwortlichen bekannt sein. Auf jeden Fall sollte der Personalverantwortliche aber wissen, wie zufrieden seine Mitarbeiter sind. Das hört sich leichter an, als es ist. Das „Zufriedenheitsbarometer" jedes einzelnen Mitarbeiters zu kennen, setzt sehr viel Empathie voraus. In kleineren Unternehmen ist die Leitung hierbei oft viel „näher dran". 17

Aus unternehmerischer Sicht haben folgende Faktoren, die hier als konkrete Fragen definiert sind, einen Einfluss auf das „Zufriedenheitsbarometer": 18

- Ist das Unternehmensleitbild definiert und mit Leben gefüllt?
- Welchen Stellenwert hat das „Betriebsklima", was wird zur Verbesserung getan?
- Sind die Leitlinien der Führung und Zusammenarbeit jedem Personalverantwortlichen bewusst und Bestandteil der Zielvereinbarungsgespräche?
- Werden regelmäßig Fortbildungen zu allen relevanten Fachthemen durchgeführt?
- Können die Mitarbeiter an Supervisionen, Einzelcoachings und Schulungen teilnehmen?
- Welche vertrauensbildenden Maßnahmen und Integrationsprozesse werden regelmäßig angeboten?
- Werden alle Faktoren der extrinsischen Motivation der Mitarbeiter durch das Unternehmen ausgeschöpft?
- Inwieweit können die Karriereplanung der Mitarbeiter von der Einarbeitung bis zum Vorruhestand unternehmensorientiert begleitet werden?
- Erfahren die Personalverantwortlichen regelmäßig etwas über den Status, die Entwicklungspotenzial und den Grad der Zufriedenheit ihrer Mitarbeiter?
- Wird die Mitarbeitervertretung in Meinungsfindungsprozesse integriert?

19   Jede Minute, die heute in Gesundheitseinrichtungen in die Weiterentwicklung der Mitarbeiter investiert wird, hat zur Folge, dass die Patienten oder Bewohner zufriedener sein werden.

3.2   Erfahrungsbericht: Inhouse-Schulungen

20   Die PEG – DIE AKADEMIE führt seit Bestehen Weiterbildungsveranstaltungen in Gesundheitseinrichtungen in ganz Deutschland durch. Zahlreiche persönliche Kontakte zu den Personalentwicklern in Krankenhäusern, Rehakliniken, Senioren- und Pflegeeinrichtungen haben gezeigt, dass die Durchführung von „Soft Skills"-Schulungen eine reine Vertrauenssache ist. Der Unterstützung bei der Weiterentwicklung der Sozial- und Persönlichkeitskompetenz aller Mitarbeiter wird eine sehr hohe Bedeutung zugemessen. Es ist nur verständlich, dass jeder Auftraggeber vorher wissen möchte, wer seinen Mitarbeitern Wissen vermitteln und Verhalten trainieren wird. Aus diesem Grund besuchen Referenten und Trainer jeden interessierten Personalentscheider in seiner Einrichtung. Dabei werden Schulungsinhalte vorgestellt, offene Fragen beantwortet und organisatorische Anforderungen besprochen.

21   Warum genau werden nun „Soft Skills"-Fortbildungen eigentlich durchgeführt?

1.   Die Hilfestellung, um die Fach- und Methodenkompetenz der Mitarbeiter/innen weiterzuentwickeln, ist im Rahmen der klassischen Personalentwicklung fast selbstverständlich. Sie reicht aber nicht aus, um die ganzheitliche Handlungskompetenz der Mitarbeiter deutlich zu steigern. Ohne zum Beispiel gut entwickelte Kommunikationsfähigkeit, Team-Integration und Führungsqualität wird auch der beste Fachmann scheitern oder hinter seinen Möglichkeiten zurückbleiben. Das kann und will sich bei der immer knapper werdenden „Ressource Arbeitskraft" keiner mehr leisten.

2.   Der Mitarbeiter, oder besser das Verhalten des Mitarbeiters wird grundsätzlich auch als „Visitenkarte" der Einrichtung gesehen. Der „Marketing-Faktor" in Bezug auf Zufriedenheit bei Patienten, Rehabilitanden und Hausgästen muss im Wettbewerb selbstverständlich mitberücksichtigt werden. Hier zählen nicht nur die Qualität der medizinischen Versorgung, sondern überproportional auch die „weichen Faktoren". Ein passendes Beziehungsmanagement und die anschließende gute „Mund-zu-Mund-Propaganda" sind wesentliche Einflussfaktoren auf das Image und den Marktwert einer Gesundheitseinrichtung.

3.   Mitarbeiter nehmen bei dem Angebot, verhaltensrelevante Schulungen besuchen zu können, eine Wertschätzung wahr. Eine Unternehmensleitung, die diese Art von Fortbildungen anbietet, signalisiert deutlich: Wir sehen eure Schwierigkeiten und Herausforderungen, auch über den reinen Fachbereich hinaus. Wir möchten euch Tipps, Anregungen und konkrete Möglichkeiten an die Hand geben, um euren Arbeitsalltag leichter bewältigen zu können. Das ist Motivation durch gelebten Respekt.

Warum holt man sich lieber den Trainer ins Haus, als Mitarbeiter zu Fort- 22
bildungsinstituten zu schicken?

1. Individuelle Abstimmung, aktuelle Anforderungen werden sofort berücksichtigt und zielgenau vermittelt. Maximale Effizienz im Seminar mit kürzeren
   Schulungszeiten.
2. Verständnis und Akzeptanz der einzelnen Arbeitsgruppen untereinander
   erfolgt lösungsorientierter, wenn sie aus der gleichen Organisation stammen.
   Das beschleunigt das Kennenlernen und den Informationsaustausch miteinander. So akzeptiert man leichter die Sicht des anderen und lernt schneller
   voneinander.
3. Das Preis-Leistungs-Verhältnis steht bei Inhouse-Schulungen in einem guten
   Verhältnis. Reise- und Übernachtungskosten schonen das Budget und mehreren Mitarbeitern wird gleichzeitig Teilnahme ermöglicht.

Welche Fortbildungen zu verhaltensrelevanten Themen mit welchen inhaltlichen 23
Schwerpunkten wurden in den letzten zwei Jahren bei der PEG – DIE AKA-
DEMIE gebucht? Wie sieht die Rangfolge dazu aus?

- Rang 1:
  Seminar „Patientenbeziehungsmanagement – sicherer Umgang mit Patienten,
  Bewohnern, Hausgästen".
- Rang 2:
  Führungskräftetraining und Seminar „Personalführung im Gesundheits-
  wesen".
- Rang 3:
  Seminar „Teamfindung und Konfliktmanagement – Teamorientiert Lösungen
  finden".
- Rang 4:
  Seminar „Zeitmanagement – Organisation der eigenen Person".
- Rang 5:
  Seminar „Stressprophylaxe - Strategien gegen Burnout".
- Rang 7:
  Seminar „Projektmanagement – Struktur in Planung, Durchführung und
  Kontrolle".

Die zum Einsatz kommende Methodik/Didaktik in sämtlichen Inhouse-Schu- 24
lungen variiert je nach Aufgabenstellung und Zielgruppe und setzt sich wie folgt
zusammen:

- Wissensvermittlung durch Präsentation
- Lehrgespräch und Diskussion
- Impulsvortrag
- Einzelarbeiten
- Gruppenarbeiten
- Arbeitspapiere und Fragebögen

- Simulationen (Audio- und Video-Beispiele)
- Fallbesprechungen
- Rollensimulation per Videoaufzeichnung und -analyse (bedarfsorientiert)

25 Grundsätzlich wird jede Fortbildung bei der PEG – DIE AKADMIE nach Beendigung durch die Teilnehmer anonym beurteilt. Dabei werden nicht nur Grundvorrausetzungen, wie z. B., ob die Teilnahme empfehlenswert oder sinnvoll für die tägliche Arbeit ist, bewertet, sondern auch Seminardetails.

26 Ein oder zwei Seminartage sind bekanntermaßen recht wenig Zeit für ein Verhaltenstraining, zumal die Teilnehmergruppen oft deutlich zu groß angesetzt werden. Empfehlenswert sind daher fast immer eine später initiierte Gruppensupervision und/oder das Einzel-Coaching. Die detaillierten Seminarunterlagen auf CD-ROM, die zu jedem dieser Seminare dazugehören, dienen dazu als ideale Vorbereitung.

4 Praktisches Beispiel für die Fortbildung „Strategischer Einkäufer im Gesundheitswesen" in Kooperation mit der FEMAK und P.E.G. Einkaufs- und Betriebsgenossenschaft

27 Die Zeiten klassischer Beschaffung sind längst vorbei. Der Einkauf muss heute strategisch ausgerichtet sein und langfristig planen. Auch im Gesundheitswesen erfordert die Beobachtung der Bereiche Wirtschaftlichkeit, Qualität und Quantität im Einkauf besondere Aufmerksamkeit. Als eine der wichtigsten Schnittstellen im Unternehmen muss der Einkauf heute multiprofessionell betrachtet werden und erfordert umfassendes Know-how.

4.1 Strategische Kooperationen

28 Um das Fortbildungsdefizit in diesem Tätigkeitsfeld langfristig zu schließen, bieten die FEMAK (Fachverband für Einkäufer, Materialwirtschaft und Logistiker im Krankenhaus e. V.) und die P.E.G. Einkaufs- und Betriebsgenossenschaft eG gemeinsam eine Fortbildung an, der den stark gestiegenen Anforderungen im Gesundheitswesen Rechnung trägt. Durch die Fortbildung soll erreicht werden, dass es gelingt, den klassischen Beschaffer zu einem kompetenten Partner zu machen, der strategische und nachhaltige Perspektiven entwickeln kann. Diese Fortbildung zum „Strategischen Einkäufer" wird seit fünf Jahren erfolgreich angeboten und fasst seitdem erstmals zukunftsgerichtetes Wissen für eine abteilungsübergreifende Beschaffungsorganisation zusammen. Da auch im Gesundheitswesen Zertifikate immer wichtiger werden, bietet der Abschluss „Strategischer Einkäufer im Gesundheitswesen" für jeden Teilnehmer persönlich einen Mehrwert.

Das Lehrgangskonzept greift den Gedanken einer strategischen, abteilungsüber- 29
greifenden Schlüsselposition des Einkaufs im Gesundheitswesen auf und will so
dazu beitragen, die fehlenden Kompetenzen in den Einkaufsabteilungen zahlreicher Einrichtungen langfristig aufzubauen. Nur durch mehr Wissen und intensiven Austausch mit anderen Praktikern lassen sich die Optimierungspotenziale im
Einkauf auch tatsächlich realisieren.

Gerade die strategische Ausrichtung und die ganzheitliche Betrachtung der Ein- 30
kaufsprozesse bieten den entscheidenden Wettbewerbsvorteil für die Gesundheitseinrichtungen. Der Einkäufer braucht mehr methodische und fachliche
Kompetenz und muss sich vom „Beschaffer" zum Spezialisten entwickeln. Genau
das leistet dieser Lehrgang.

4.2 Lehrgangskonzept zum „Strategischen Einkäufer im Gesundheitswesen"

Die langjährige Erfahrung der FEMAK und der PEG – DIE AKADMIE konnte in 31
Bezug auf die Konzeption und die Durchführung von Trainingsmaßnahmen
optimal durch das umfassende Praxiswissen der beiden Partner ergänzt werden.
Die Referenten sorgen dafür, dass Praxiswissen mit zahlreichen anschaulichen
Beispielen und interaktiven Elementen für die Teilnehmerinnen und Teilnehmer
greifbar wird, was den Transfer in die persönliche Arbeitsumgebung erheblich
erleichtert. Insgesamt bietet das Lehrgangskonzept zur Qualifizierung für den
Einkauf eine flexible Lerneinteilung und die individuelle Anpassung an unter-
nehmensspezifische Anforderungen.

Strategische Ausrichtung und Arbeitsweise 32

- Modernes Beschaffungsmanagement
- Interdisziplinäre Arbeitsweise und Vernetzung
- Kommunikation im Einkauf, Teammanagement
- Führung und Personalmanagement
- Verhandlungsführung im Einkauf, Harvard-Konzept, Strategie und Taktik
- Projektmanagement
- Strategische Ausrichtung des Einkaufs

Management und Controlling 33

- Lieferanten- und Beschaffungsmanagement
- Einkaufscontrolling
- Krankenhausfinanzierung
- Logistikgrundlagen
- Produktauswahl und Standardisierung
- Beschaffungskommissionen
- IT-Tools im Einkauf

34   Vergaberecht und E-Procurement

- Vorbereitung und Durchführung einer vergaberechtlichen Ausschreibung
- Juristische Grundlagen im Vergaberecht
- E-Procurement im Gesundheitswesen
- Zukunftstrends und Innovationen
- Herausforderungen bei E-Beschaffung
- E-Marktplätze und Bestellplattformen
- Elektronische Abwicklung von Beschaffungsvorgängen

35   Mit dem Abschluss weist der Teilnehmer seine Kompetenz nach und erhält neue Perspektiven auf dem Arbeitsmarkt. Das Unternehmen oder die Einrichtung kann mit hervorragend geschultem Personal den Einkaufsprozess optimieren und die hochwertige Ausbildung ihrer Mitarbeiter imagefördernd nach außen darstellen.

5   Praktisches Beispiel für die Studiengänge zum „Digital Healthcare Management" (M.Sc.) und „Digitalisierung im Gesundheitsmanagement" (M.Sc.) mit den Wahlpflichtfächern „Digitale Medizin" und „Digital Hospital Procurement" in Kooperation mit der Rheinischen Fachhochschule Köln und der P.E.G. Einkaufs- und Betriebsgenossenschaft

5.1   Ausgangslage

36   Für die Gesundheitswirtschaft bietet die Digitalisierung erhebliche Potenziale. Die Digitalisierung in der Gesundheitsbranche wird zurzeit schrittweise im Alltag umgesetzt, als Beispiel sind hier auch bereits die Anwendung von Apps zu nennen. Der medizinische Fortschritt und die demografische Entwicklung bedingen eine Ausgabensteigerung, der durch die zunehmende Nutzung der digitalen Technologien entgegengewirkt werden kann. Exemplarisch können hier Prozessverbesserungen genannt werden. In diesem Sinne werden innovative Gesundheitseinrichtungen ihre Marktposition festigen oder ausbauen. Voraussetzung für eine erfolgreiche Implementierung innovativer digitaler Techniken bilden entsprechend hierfür besonders qualifizierte Mitarbeiter.

37   Die Rheinische Fachhochschule Köln mit ihrem Fachbereich Medizinökonomie und Gesundheit bietet einen Masterstudiengang „Digital Healthcare Management" (4 Semester) mit den Wahlpflichtfächern „Digital Hospital Procurement" und „Digitale Medizin" in enger Kooperation mit der P.E.G. Einkaufs- und Betriebsgenossenschaft eG an. Darüber hinaus wird ein zweisemestriger Master-Studiengang (Weiterbildungsmaster) „Digitalisierung im Gesundheitsmanagement" (M.Sc.) angeboten.

5.2 Digital Healthcare Management (M.Sc.)

Der Masterstudiengang „Digital Healthcare Management" (4 Semester) mit den 38
Wahlpflichtfächern „Digitale Medizin" und „Digital Hospital Procurement" bereitet künftige Führungskräfte insbesondere für den großen Bereich Health Care auf ihre weitere Karriere in der Medizin oder Beschaffung vor.

Die Absolventen werden über ein breites „State of the Art"-Wissen im Bereich 39
medizinischer Digitalisierungstechnologie verfügen, das die aktuellen wissenschaftlichen Erkenntnisse des digitalen Managements im Gesundheitswesen und die für die Praxis relevanten Managementinstrumente und -praktiken umfasst. Dabei stehen Methoden und Theorien des Medizinmanagements, Einbeziehung von vernetzten IT-Strukturen (eHealth) sowie Führungskompetenzen im Mittelpunkt. Vertieft werden Analysetechniken, Methoden der Informationsgewinnung und -verarbeitung. Weiterhin werden Themen des Bereiches digitales Gesundheitsmanagement bearbeitet und vertieft. In dem Wahlpflichtfach „Digital Hospital Procurement" werden die Grundlagen mit folgenden Themenfeldern angeboten: Beschaffungsmanagement, Strategisches Einkaufsmanagement, Logistikmanagement & Einkaufscontrolling, Lieferanten- & Kooperationsmanagement, Vertragsmanagement, IT-Management und Marktforschung.

Das Studium „Digital Healthcare Management" soll somit die Studenten – 40
wissenschaftlich fundiert – auf die Aufgabenfelder der Digitalisierung in Gesundheitseinrichtungen vorbereiten. Als spätere Arbeitgeber kommen z. B. Krankenhäuser, Unternehmen der medizinisch-technischen bzw. pharmazeutischen Industrie, Berufsverbände, gesetzliche und private Krankenversicherungen sowie Dienstleistungsunternehmen in Betracht. Das Studium soll mit dem akademischen Master of Science – Digital Healthcare Management abschließen.

5.3 Digitalisierung im Gesundheitsmanagement (M.Sc.)

Der Masterstudiengang „Digitalisierung im Gesundheitsmanagement" (2 Semes- 41
ter) bietet den Studierenden die Möglichkeit, sich auf die Herausforderungen des modernen Gesundheitswesens in Hinblick auf Digitalisierung vertiefend weiterzubilden.

Für den Weiterbildungsmaster „Digitalisierung im Gesundheitsmanagement" ist 42
zudem eine qualifizierte berufspraktische Erfahrung in der digitalen Wirtschaft von nicht unter einem Jahr (Vollzeit bzw. mind. 220 Arbeitstage in Summe) nachzuweisen. Bewerberinnen und Bewerber müssen dazu in ihrem Bewerbungsschreiben schlüssig darlegen, hinsichtlich welcher der zentralen Qualifikationsziele des Studiengangs ihre bisherige berufliche Erfahrung als vorbereitend anerkannt werden soll. Bei Bedarf kann die Hochschule ein Klärungsgespräch mit der Bewerberin/dem Bewerber führen. Über die Anerkennung entscheidet in jedem Einzelfall der/die Vizepräsident/in oder Präsident/in zusammen mit der Studien-

gangsleitung der Hochschule. Die berufspraktische Erfahrung wird nach Anerkennung und Zulassung mit 30 CP angerechnet und im Zeugnis ausgewiesen.

43   Es werden Kenntnisse aus den Bereichen Digitalisierung, Sicherheitstechnik und spezieller Datenmanagement-Technologien vermittelt. Auf diese Weise erwerben die zukünftigen Absolventen vertiefende Kenntnisse für den sich seit wenigen Jahren entwickelnden Digitalisierungsprozess im deutschen Gesundheitssystem.

6   Praktisches Beispiel für eine neu entwickelte Fortbildung zum „Fachkoordinator für ADIPOSITAS und metabolische Erkrankungen" in Kooperation mit der DGAV, CAADIP und P.E.G. Einkaufs- und Betriebsgenossenschaft

44   Das P.E.G. Adipositas Netzwerk, die Deutsche Gesellschaft für Allgemein- und Viszeralchirurgie (DGAV) sowie die Chirurgische Arbeitsgemeinschaft Adipositas & Metabolische Chirurgie (CAADIP) haben sich zusammengeschlossen, um gemeinsam eine neue Fortbildung am Markt zu etablieren.

45   Der „Fachkoordinator für Adipositas und metabolische Erkrankungen" ist ein modular gestaltetes Seminar, welches sich an die Zielgruppe der medizinischen Fachkräfte, Ärzte und Assistenzberufe richtet, mit dem Anspruch, als Spezialist und Netzwerker in Adipositaszentren fachgruppenübergreifend zu agieren und zu koordinieren. Der Einfluss dieser Fachkoordinatoren auf die wirtschaftliche und strategische Entwicklung eines Adipositaszentrums und damit des Wirtschaftsunternehmens Krankenhaus, kommt eine enorme Bedeutung zu.

46   Eine erfolgreiche Adipositasbehandlung beginnt nicht erst auf dem OP-Tisch. Metabolische Erkrankungen sind häufig die Begleiterscheinungen der Adipositas. Ziel der ganzheitlichen Adipositastherapie ist die Reduzierung der adipositasassoziierten Begleiterkrankungen, eine Verminderung der metabolisch bedingten Mortalität, eine Verbesserung der Lebensqualität und sozialen Integration in die Gesellschaft.

47   Was hat diese Ausbildung mit dem Einkauf oder einer kaufmännischen Abteilung zu tun?

48   Es ist die strategische Entscheidung einer Klinik, sich mit dieser „schwergewichtigen" Thematik beschäftigen zu wollen. Ist diese erst einmal getroffen, eröffnen sich Möglichkeiten, den Bereich der Adipositaschirurgie erlösträchtig in der Klinik zu etablieren.

49   Natürlich ergibt sich diese Möglichkeit oft nicht aus den bereits vorhandenen Betriebsmitteln und Equipment. Dazu ist eine Beschaffungsstrategie zu entwickeln, die es gestattet, langsam und sinnvoll zu wachsen und die Qualität sowie Patientensicherheit ebenfalls in den Vordergrund zu stellen. Das Patientenklientel

und die dazu benötigte Ausstattung verlangt Fingerspitzengefühl und einen ganzheitlichen Beschaffungsansatz. Eine enge Abstimmung zwischen den Fachkoordinatoren, dem Operateur, dem Controlling und den Beschaffungseinheiten/Einkauf ist zwingend erforderlich. Hochpreisige Wirtschaftsgüter, wie XXL-Betten, Schwerlast-OP-Tische, Instrumentarium oder Ausstattungsgegenstände für die Patientenzimmer, Therapieräume und der Aufenthaltsbereich, wie z. B. Cafeteria oder Warteräume, erfordern immer die Kommunikation der Berufsgruppen untereinander und sichern so eine hochklassige Medizin in gut ausgestatteten Einrichtungen.

Lange Zeit vor einem möglichen operativen Eingriff haben Betroffene bereits   50
Kontakt zur Klinik und zu Ansprechpartnern, die sich speziell der Betreuung und Begleitung von adipösen Patienten angenommen haben. In Adipositaszentren begleiten diese Case Manager die Betroffenen von der ersten Sprechstunde an, über die Antragsstellung beim MDK und der Krankenkasse, planen und begleiten die Kurse der Ernährungs-, Verhaltens- und Sporttherapie und der multimodalen Konzepte.

Entlang deren Vorgaben stellen die Fachkoordinatoren alle erforderlichen Unter-   51
lagen mit dem Patienten und beteiligten Spezialisten zusammen, um eine notwendige bariatrische Operation bewilligt zu bekommen. Weiterhin kümmern sie sich zusammen mit dem Operateur um die Patienten, aber auch besonders in der Zeit nach einer bariatrischen Operation im Rahmen der lebenslangen Nachsorge entsprechend der Qualitätssicherungsstudie des CAADIP, damit der Erfolg einer bariatrischen Operation auch sichergestellt werden kann. Gleichzeitig sind die Fachkoordinatoren aber wichtiges Bindeglied und Ansprechpartner innerhalb der einzelnen Berufsgruppen in der eigenen Klinik, zwischen der Klinik und den niedergelassenen Ärzten, den Selbsthilfegruppen, weiterführenden Behandlungsinstitutionen und auch den Angehörigen von Betroffenen.

Um diesem so wichtigen Berufszweig auch die nötige Anerkennung zu verleihen,   52
ist die Idee geboren, qualifizierte Case Manager mit dem Zertifikat als „Anerkannter Fachkoordinator für Adipositas und metabolische Erkrankungen" durch die DGAV und CAADIP zu bestätigen.

Die perfekte Verzahnung von Fachkoordinatoren mit Medizinern, Einkäufern,   53
niedergelassenen Ärzten, Controlling, Geschäftsführung und vielen anderen ist ein Imagegewinn für jedes Adipositaszentrum und solche Kliniken, die es werden wollen. Dieses Qualitätsmerkmal sorgt in der Regel für kontinuierlichen Patientenzulauf, welches für das „Wirtschaftsunternehmen Krankenhaus" heute überlebenswichtig ist.

Literatur

Debatin, J. F./Ekkernkamp, A./Schulte, B.: Krankenhausmanagement: Strategien, Konzepte, Methoden. Berlin 2013.

von Eiff, W.: Führung und Motivation in Krankenhäusern. Perspektiven und Empfehlungen für Personalmanagement und Organisation. Stuttgart u. a. 2000.

von Eiff, W.: Monitoring IT, Einkauf & Logistik im Krankenhaus 2017. In: Wegweiser/CKM/ HHL (Hrsg.): Untersuchung zu Strategien, Organisation und Prozessen in Einkauf & Logistik der Krankenhäuser. 2017.

Fleßa, S.: Grundzüge der Krankenhausbetriebslehre. München 2010.

Meyer, J.-A.: Management-Fortbildung bei Ärzten. Siegburg 2009.

Müller, K./Koeppe, A.: Lernen im beruflichen Handeln. Modellversuch zur Entwicklung eines Curriculums für praktische Ausbildung in den Pflegeberufen. In: PR-Internet 1/2003, S. 27–30.

Bonse-Rohmann, M./Burchert, H.: Neue Bildungskonzepte für das Gesundheitswesen. Bielefeld 2011.

Naegler, H.: Personalmanagement im Krankenhaus. Berlin 2011.

P.E.G. Einkaufs- und Betriebsgenossenschaft: Genossenschaftsbericht der P.E.G. eG. In: P.E.G. Geschäftsbericht 2016. München 2017.

P.E.G. Einkaufs- und Betriebsgenossenschaft: Fortbildungsoffensive PEG - DIE AKADEMIE, In: P.E.G. Jahresprogramm 2018. München 2017.

P.E.G. Einkaufs- und Betriebsgenossenschaft: In Fachkoordinator für ADIPOSITAS und metabolische Erkrankungen – Der Experte für erfolgreiches Case Management! In: Mitgliederzeitung PEGaktiv 2017.

Preusker, U. K.: Das deutsche Gesundheitssystem verstehen: Strukturen und Funktionen im Wandel. Heidelberg 2014.

Schmitz, C./Berchtold, P.: Managing Professionals – Führung im Krankenhaus, In: Vernetzung im Gesundheitswesen. Wettbewerb und Kooperation. Stuttgart 2009.

Stoll, J.: Institutionelle Beschaffungsorganisationen in der Gesundheitswirtschaft. MBA Abschlussarbeit. Munich Business School. München 2012.

Teil IX   Einkaufsgemeinschaften

Die Rolle der Einkaufsgemeinschaften und Beschaffungsverbände

Anton J. Schmidt/Vera Stegherr

Schlagwortübersicht

Abstract: Seit der Einführung der Diagnosis Related Groups (DRG) als Abrechnungssystem für Krankenhausleistungen hat sich der Kostendruck für Krankenhäuser erheblich erhöht. Diese Entwicklung wurde in jüngster Zeit weiter verschärft.

Krankenhäuser sind deshalb gut beraten, gemeinsam mit Dienstleistern für Beschaffung bestmögliche wirtschaftliche Ergebnisse im Einkauf zu erzielen, ohne die Qualität zu vernachlässigen.

Eine wesentliche Anforderung wird dabei an die Qualifizierung der Krankenhausmitarbeiter gestellt, sodass dafür von verschiedenen Institutionen zahlreiche Weiterbildungsinhalte angeboten werden.

Die Dienstleister haben sich zum Teil entschlossen, gemeinsam einheitliche Lösungen im Bereich von bspw. Datenstandards anzustreben. Man spricht dann von Branchenlösungen. Natürlich ist die Einhaltung des Wettbewerbsrechts oberste Prämisse. Damit wurde mit dem Bundesverband der Beschaffungsinstitutionen in der Gesundheitswirtschaft e. V. (BVBG) eine Organisation geschaffen, welche die Interessen der Beschaffungsorganisationen bündelt. Das BVBG-Partnership Forum sieht sich als Plattform und forciert den Dialog der Geschäftspartner.

1   Herkunft, Zweck und Ziele der Einkaufsgemeinschaften

1   Schon in den 1970er Jahren haben sich erste Ansätze von Einkaufsgruppierungen gebildet, die meist versuchten, vorhandene Mengen für den Einkauf zu bündeln und damit eine bessere Preisstellung und einen höheren Servicegrad bei den Anbietern durchzusetzen. Häufig hatten diese Ansätze aber keinerlei strategische Grundlage und waren ohne jegliche Verbindlichkeit. Ein privater Klinikbetreiber begann, den Einkauf für seine Kliniken zu strukturieren. Nicht nur, aber in mehreren Fällen dieser Bemühungen oft getrieben durch einzelne Persönlichkeiten, entstanden in den 1990er Jahren erste professionelle Einkaufsgemeinschaften. Dies war auch der Start einer vielfach noch zögerlichen Kooperation mit Industrieanbietern. Damals nahezu ausnahmslos dominiert von Preisverhandlungen.

2   Noch konnte nicht erkannt werden, dass es sich dabei wirklich um strategisches Vorgehen handelt, das am Ende einen Wertschöpfungsbeitrag zur Profitabilität eines Krankenhauses leisten will.

3   Einen Paradigmenwechsel erlebte der Gesundheitsmarkt im Januar 2003 durch die Einführung des G-DRG-Systems auch für den Bereich Einkauf. Proaktives Handeln war gefragt und die Wichtigkeit eines professionellen Partners (Dienstleister) gewann an Bedeutung. Verstärkt wurde dieses Thema noch im Jahr 2016 durch das Krankenhausstrukturgesetz (KHSG). Der in diesem Gesetz verankerte Aspekt, die Sachkosten zu reduzieren, hat den Optimierungsdruck auf den Einkauf gesteigert.[1] Die sachkostenintensiven Prozeduren erleben eine erhebliche Abwertung auf der Sachkostenseite, für Kliniken mit diesem Fokus ein starker Erlösverlust. Durch die Erweiterung der Kalkulationsgrundlage um 40 Krankenhäuser insbesondere in privater Trägerschaft, ist nach zweijähriger Verzögerung eine Verringerung der Bemessungsgrundlage zu erwarten.

---

1   KHSG: Gesetz zur Reform der Strukturen der Krankenhausversorgung. 2015.

Verschiedene Studien, bspw. vom Deutschen Krankenhaus Institut und A.T. 4
Kearney Management Consultants[2], zeigen auf, dass signifikante Einsparmöglich-
keiten bestehen, wenn der Beschaffungsmanagementprozess optimiert wird. Sie
haben in ihrer Aussage immer noch Gültigkeit. Die Wegweiser GmbH Berlin
Research & Strategy führte in Zusammenarbeit mit Professor Dr. Dr. von Eiff,
Leiter des Centrums für Krankenhausmanagement, Universität Münster, Academic Director, Ludwig Fresenius Center for Health Care Management and Regulation, und HHL Leipzig Graduate School of Management die Studie „Monitoring
IT, Einkauf & Logistik 2017" durch.[3]

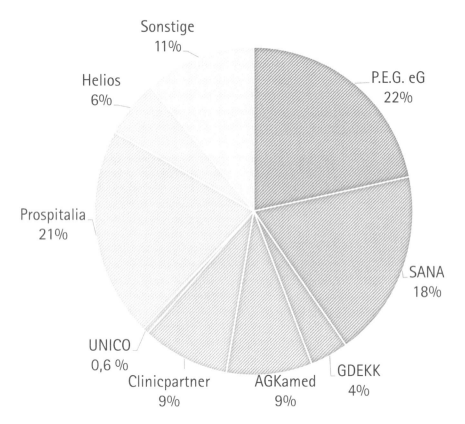

Abb. 1: Beschaffungsinstitutionen auf dem deutschen AKUT-Krankenhausmarkt

Anzahl Krankenhäuser Deutschland Gesamt: 1.951 (Destatis).

Quelle: Eigene Darstellung in Anlehnung an Destatis: Krankenhäuser. 2018 und Websites der
Beschaffungsinstitutionen (AGKAMED, Clinicpartner eG, GDEKK, Helios, P.E.G. eG, Prospitalia, Sana Klinik Einkauf, EK-UNICO GbR).

---

2 Schumacher u. a.: Best Practice in der Beschaffung im Krankenhaus. 2003.
3 von Eiff u. a.: Monitoring IT, Einkauf & Logistik im Krankenhaus 2017: Untersuchung zu
   Strategien, Organisation und Prozessen in Einkauf & Logistik der Krankenhäuser. 2016.

5 Rund 90 % (s. Abb. 1) der deutschen Krankenhäuser sind heute an eine Beschaffungsinstitution angeschlossen oder sind innerhalb eines privaten Trägers im Einkauf professionell organisiert. Wir unterscheiden sehr unterschiedliche Kooperationsmodelle

- Standardisierer, d. h. bestimmte Warengruppen erfahren eine Portfolioanalyse und einen Standardisierungsprozess, der Qualität sichert und durch Bündelung zu steigender Wirtschaftlichkeit führen soll. Häufig geschieht dies bei Low-Tech-Produkten, sog. Commodities.
- Verbindliche, d. h., es ist eine strukturierte Entscheidungsebene vorhanden, die das Verhandlungsmandat für Qualität, Service und Mengen besitzt und mit der Anbieterindustrie verbindliche Vereinbarungen abschließen kann.
- Unverbindliche, d. h., es gibt keine Möglichkeit, den Anbietern Mengengarantien zu geben, die finale Kaufentscheidung trifft das EKG-Mitglied selbstständig.
- Opportunisten, d. h. Preisinformationen werden oftmals auf regionaler Ebene informell ausgetauscht, auch die Mitglieder einer solchen Gruppe treffen die Kaufentscheidung individuell.

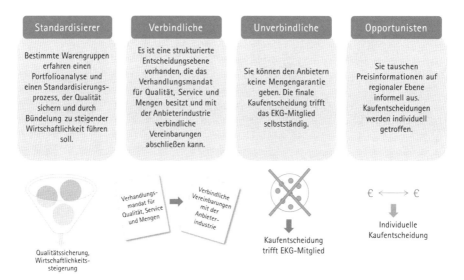

Abb. 2: Beschaffungsinstitutionen: verschiedene Modelle

Quelle: Eigene Darstellung.

6 Nach allgemeiner Einschätzung von Marktexperten werden sich in den nächsten Jahren nur zwei Modelle in der Gesundheitswirtschaft behaupten können.

7 Besonders bevorteilt werden dabei private Krankenhausgruppen, die durch ihre Organisationsform Durchgriff und Verbindlichkeit leisten können. Sie haben dadurch die Möglichkeit, signifikante Wettbewerbsvorteile zu erzielen.

Das zweite Modell werden professionelle Beschaffungsinstitutionen sein, die in 8 zentraler Abstimmung die Bedürfnisse ihrer Mitglieder unterstützen und koordinieren. Es handelt sich dabei um profit- oder non-profitorientierte Unternehmen.

Nachfolgend (Tab. 1) einige Beispiele ohne Anspruch auf Vollständigkeit. 9

Tab. 1: Beispiele für Profit- und Non-Profit-Unternehmen

Name	Gegründet	Gesundheitsein-richtungen	Vermittelter Umsatz (Mrd. EUR)	Website
NON-PROFIT				
AGKAMED GmbH	1993	330	1,0	www.agkamed.de
Clinicpartner eG	1997	395	1,3	www.clinicpartner-eg.com
GDEKK	1998	75	1,1	www.ekkeg.de
P.E.G. eG	1970	3.013	1,0	www.peg-einfach-besser.de
PROFIT privat				
Prospitalia GmbH & Comparatio Health GmbH	1993	1.300	2,4	www.prospitalia.de
UNIVERSITÄTSKLINIKA				
EK-UNICO GbR	2002	12	1,4	www.ek-unico.de
PRIVATE KRANKENHÄUSER				
Name	Gegründet	Gesundheitsein-richtungen	Einkaufsvolumen (Mrd. EUR)	Website
Asklepios Kliniken GmbH	1985	150	0,7	www.asklepios.com
Helios Kliniken GmbH	1994	233	1,1	www.helios-kliniken.de
Rhön-Klinikum AG	1973	11	0,3	www.rhoen-kliniken-ag.com
Sana-Klinik Einkauf	1976	565	1,9	www.sana-klinik-einkauf.de
Schön-Klinik GmbH	1985	17	0,2	www.schoen-kliniken.de

Quelle: Website der Einkaufsgemeinschaften (AGKAMED, Clinicpartner eG, GDEKK, P.E.G. eG, EK-UNICO GbR) und Geschäftsberichte (Askelpios Kliniken GmbH, Helios Kliniken GmbH, Rhön-Klinikum AG, Sana-Klinik Einkauf, Schön-Klinik GmbH).

Neben den vorgenannten Beschaffungsinstitutionen bewegen sich weitere rund 20 10 Gruppierungen im Markt, der sich aber generell in einem Konsolidierungsprozess befindet. Im Jahr 2017 erlebte der Beschaffungsmarkt die Übernahme einer universitären Einkaufsgemeinschaft durch eine kommerzielle und privatwirtschaftlich ausgerichtete Beschaffungsgruppe. Die Zukunft wird nach Experteneinschätzung weitere Kooperationsmodelle, Fusionen oder Übernahmen generieren. Getrieben wird diese Entwicklung durch das Meinungsbild, dass Größe bei den Anbietern sinkende Preise generiert.

11 In der Studie des BME-Verbandes „Strategischer Einkauf im Krankenhaus"[4] wird generell darauf hingewiesen, dass die jeweilige Marktposition einer Einkaufsgemeinschaft zu Einschränkungen des Wettbewerbes führen kann.[5] Sie empfehlen daher, im Vorfeld zu analysieren, ob es Warengruppen gibt, bei denen eine Beschaffung über eine Einkaufsgemeinschaft aus strategischer Perspektive eventuell mit einem Risiko verbunden sein könnte.[6]

12 Marktexperten[7] schätzten das strukturiert und mit Unterstützung von Beschaffungsinstitutionen eingekaufte Volumen auf unter 50 % der benötigten Waren. Eine signifikante Veränderung hat seitdem nicht stattgefunden. Da findet sich also noch eine nicht zu unterschätzende Wirtschaftlichkeitsreserve. Nachdem der Produktpreisfokus in den letzten 25 Jahren im überwiegenden Teil der Warengruppen zu erheblichen Einsparungen geführt hat, scheint dieser Hebel in der Zukunft keine weiteren positiven Ergebnisse zu versprechen. Beschaffungsinstitutionen haben deshalb ihr Leistungsportfolio in den letzten Jahren verbreitert. Um die Effektivität im Beschaffungsprozess zu steigern, sind folgende Einzelschritte unabdingbar:

- Transparenz der Ist-Situation in Warengruppen schaffen.
- Indikationsgerechte Qualität gemeinsam mit den Anwendern (Ärzte und Pflege) definieren.
- Produktstandardisierung und Komplexitätsreduzierung bei den Lieferanten.
- Ganzheitliche Betrachtung einer Warengruppe und das gebündelte Volumen im Markt anbieten.
- Bestell- und Lieferprozesse steuern, Kennzahlen zur Verbrauchssteuerung (Erlös-/Kosten-Controlling).
- Logistik, Lagerhaltung möglichst kostengünstig oder sogar kostenneutral (Konsignationslager) organisieren.
- Nutzen der IT-Möglichkeiten (Stammdatenmanagement, E-Procurement und Digitalisierung generell).
- Innovative, mit den Anbietern abgestimmte Bezahlsysteme (Capitation, pay per use etc.).

---

4   Berg/Kurz: Strategischer Einkauf im Krankenhaus. 2016.
5   Berg/Kurz: Strategischer Einkauf im Krankenhaus. 2016, S. 31.
6   Berg/Kurz: Strategischer Einkauf im Krankenhaus. 2016, S. 31.
7   Schlüchtermann/Meinecke/Nottinger: Vergleich von Einkaufsverbünden in Deutschland. 2009.

- Ständige transparente Marktevaluation und Kommunikation der Ergebnisse an die Mitglieder.
- Benchmarking.

Des Weiteren sollten Beschaffungsinstitutionen Mehrwerte für ihre Mitglieder anbieten, die Qualität und Patientensicherheit steigern und gleichzeitig auch die Wirtschaftlichkeit verbessern, wie z. B.: 　　　　　　　　　　　　　　　　　　13

- Prozessmanagement in teuren Funktionsbereichen (Operationsraum, Intensivstation), aber auch konsequentes Verbrauchscontrolling von Medicalprodukten.
- Training und Weiterbildung, um best practice-Projekte umzusetzen (Supply Chain Management, Patientensicherheit, Hygiene, Verpflegungsmanagement, Kommunikation und Verhalten, Health Care Compliance u. a.).
- Beratungselemente im Bereich Outsourcing, z. B. Logistik, Sterilisation, Wäscheservice, Catering u. a.
- Begleiten von E-Commerce-Aktivitäten, die mehr Transparenz schaffen und damit auch Steuerungsmöglichkeiten generieren.
- Europaweite Ausschreibungen vorbereiten und durchführen.
- Hilfestellung bei der Umsetzung der Medical Device Regulation (MDR).

2　Träger von Akademie und Fortbildung

Eine qualifizierte Weiterbildung ist der Garant für professionelles und engagiertes Handeln im Gesundheitswesen. In Zeiten belastender Personalverknappung in allen Bereichen wird Fortbildung besonders wichtig, da Interventionen und Interaktionen am Patienten und in Teams höheren Ansprüchen genügen müssen. 　14

Obwohl die Bundesregierung bei der Erbringung von Gesundheits-, Rehabilitations- und Pflegeleistungen viel Wert auf Qualität legt, bleiben finanzielle Beschränkungen und Fachkräftemangel bestimmende Faktoren in der Gesundheitswirtschaft. Die steigende Nachfrage wird mit den derzeitigen Personalressourcen zukünftig nicht befriedigt werden können. Es ist für Gesundheitseinrichtungen weiterhin ein wichtiger Erfolgsfaktor, Personalmanagement – im speziellen die Personalentwicklung – zu professionalisieren. Gut aus- und weitergebildete Arbeitskräfte sind zwingende Voraussetzungen dafür, die erwarteten Qualitätsansprüche zu realisieren. 　15

Krankenhausverantwortliche erwarten von ihrer Einkaufsgemeinschaft auch eine Aus-/Weiterbildung/Professionalisierung der Einkäufer.[8] 　16

Einen Überblick über das Fort- und Weiterbildungsangebot der Beschaffungsinstitutionen und privaten Träger soll Tabelle 2 geben (ohne Anspruch auf Vollständigkeit). 　17

8　Von Eiff u. a.: Monitoring IT, Einkauf & Logistik im Krankenhaus 2017: Untersuchung zu Strategien, Organisation und Prozessen in Einkauf & Logistik der Krankenhäuser. 2016, S. 6.

Tab. 2: Einkaufsgemeinschaften als Träger von Akademie und Weiterbildung

	Name	Akademie	Name	Seminarangebot	Kooperationspartner	Website
Beschaffungsinstitutionen	AGKAMED GmbH	Ja				http://www.agkamed.de/index.php?id=75
	Clinicpartner eG	Nein				
	GDEKK	Ja	Bildungsnetz-Krankenhaus, Die Akademie	7 Seminare Studiengänge (M.Sc. und MBA) in Kooperation mit Hochschulen	• Aktionsbündnis Patientensicherheit • DGEM • Donau Universität Krems • Assoziiertes Mitglied der EVKD • www.krankenhaus-stellen.de • Ecclesia Versicherungsdienst GmbH • AKG	http://www.bildungsnetz-krankenhaus.de/
	P.E.G. eG		PEG – DIE AKADEMIE	69 Seminare	• Bayrische Pflegeakademie • Berufsverband der Deutschen Chirurgen e. V. • Femak • Forum medTech Pharma • ZAB	www.peg-dieakademie.de
	Prospitalia Gruppe		Prospitalia Insitut	15 Seminare		https://www.prospitalia.de/leistungsspektrum/prospitalia-institut/
	EK-UNICO GbR			Ggf. individuelle Angebote der angeschlossenen Universitätskliniken		

	Name	Akademie			
		Name	Seminarangebot	Kooperationspartner	Website
Private Klinikträger	Asklepios Kliniken GmbH	11 Bildungszentren	Insbes. interne Angebote		https://www.asklepios.com/beruf/darum-asklepios/angebot/fort-und-weiterbildung/
	Helios Kliniken GmbH	Helios Akademie	Insbes. interne Angebote		https://www.helios-gesundheit.de/unternehmen/was-wir-tun/wissen/wissensmanagement/
	Rhön-Klinikum AG		72 Seminare (inkl. Symposien & Tagungen) für Ärzte, Pflege, Therapie, Patienten und Angehörige		http://campus-nes.de/home/beruf-karriere/fort-und-weiterbildung.html
	Sana-Kliniken AG		Interne Angebote		https://www.sana.de/verantwortung/soziale-verantwortung/mitarbeiter/aus-und-weiterbildung/
	Schön-Kliniken GmbH		Rund 100 verschied. Seminarangebote		http://www.schoen-kliniken.de/karriere/fortbildung/
	EK-UNICO GbR		Ggf. individuelle Angebote der angeschlossenen Universitätsklinken		

Quelle: Eigene Darstellung in Anlehnung an die Websites der Beschaffungsinstitutionen und Privaten Träger.

3 Beschaffungsverbände als Teil der Gesundheitswirtschaft

18 Die Rahmenbedingungen in der Gesundheitswirtschaft[9] und die damit einhergehende wachsende Komplexität der Aufgabenstellung verlangt u. a. eine Kompetenzerweiterung, kooperative und von Dialog geprägte Lösungen sowie strategische Partnerschaften im Beschaffungswesen. Dies bildet auch den Hintergrund für die Entstehung und das breite, effizienz-, qualitäts- und güterorientierte Wirken von Einkaufsgemeinschaften, das in der Gründung des Bundesverbands der Beschaffungsinstitutionen im Jahr 2008 ebenfalls seinen Ausdruck findet.

19 Der BVBG e. V. wurde Ende des Jahres 2008 von fünf großen Beschaffungsinstitutionen gegründet. 10 Jahre nach der Gründung wird der Verein von den folgenden vier Einkaufsgemeinschaften getragen: AGKAMED GmbH, Dienstleistungs- und Einkaufsgemeinschaft Kommunaler Krankenhäuser eG im Deutschen Städtetag, P.E.G. Einkaufs- und Betriebsgenossenschaft eG und Sana Klinik Einkauf GmbH. Die vier Mitglieder des BVBG e. V. stehen für rund 4.000 Gesundheits- und Sozialeinrichtungen in Deutschland, darunter ca. 1.000 Akut-Krankenhäuser.

20 Der Verein unterstützt die Tätigkeit von Beschaffungsinstitutionen in der Gesundheitswirtschaft Deutschlands zur Förderung und Optimierung der Gesundheitsfür- und -vorsorge.

21 Seine Tätigkeit basiert auf Entwicklungen und Inhalten, die in der nachfolgenden Präambel beschrieben sind.

22 Weiter zunehmende Diagnose- und Behandlungsmöglichkeiten durch den medizinischen und medizintechnischen Fortschritt, die demografische Entwicklung unserer Bevölkerung und der steigende Anspruch von Patienten führen auch zukünftig zu knappen finanziellen Ressourcen innerhalb der Gesundheitswirtschaft.

23 Deshalb ist es zwingend geboten, die hohe Leistungsfähigkeit unseres Gesundheitssystems mit intelligenten Lösungen zu erhalten. Insbesondere ist es auch wichtig, innovative Behandlungsmöglichkeiten und Produkte unseren Patienten (Bürgern) zeitnah zur Verfügung zu stellen. Rationalisierungsanstrengungen müssen Rationierungsnotwendigkeiten weitestgehend ausschließen.

24 Darüber hinaus liegen erhebliche Wachstumspotenziale innerhalb der Gesundheitswirtschaft für die gesamte wirtschaftliche Situation in Deutschland. Deutschland nimmt eine Spitzenposition in der Gesundheitsversorgung im weltweiten Vergleich ein und hat alle Möglichkeiten, das „Kompetenzzentrum Gesundheit" in Europa zu werden.

---

9 S. auch Beitrag 2 in diesem Band.

Wesentliche Komponenten zur Qualitätssteigerung und Kostenreduzierung sind die Prozessoptimierung in allen Versorgungsbereichen, vor allem auch bei der Beschaffung von Sachmitteln.

25

Bei diesen Bemühungen leisten Beschaffungsinstitutionen signifikante Beiträge. Qualitätssteigerung und Wirtschaftlichkeit schließen sich nicht aus. Die Beschaffungsinstitutionen sind gefangen im alltäglichen Geschäft, sodass Lobbyarbeit für diese kaum möglich ist. Es ist aber wichtig, dass gerade diese Institutionen ein Sprachrohr nach außen erhalten und so deren Interessen weitergetragen werden.

26

Folgende Schwerpunkte hat der BVBG auf der Agenda:

27

- **Qualität**: hochwertige Produkte und Behandlungsmethoden verbessern die Patientenversorgung.
- **Wirtschaftlichkeit** und Qualität im Einklang sind bei knappen Ressourcen eine ethische Verpflichtung aller Akteure in der Gesundheitswirtschaft.
- **Transparente** Prozesse schaffen Steuerungsmöglichkeiten im Beschaffungsmanagement und erhöhen die Wirtschaftlichkeit.

Eine faire Marktplattform zu schaffen, einen offenen und konstruktiven Dialog mit der Anbieterseite zu führen, Branchenlösungen anzustreben, gesetzeskonforme Ausschreibungen durchzuführen und nicht zuletzt dem Thema Health Care Compliance gerecht zu werden, sind die Betätigungsfelder des Vereins.

28

Eine Antwort auf die vorgenannten Herausforderungen kann das BVBG-Partnership Forum „Partnerschaftliche und nachhaltige Beschaffung" (s. Kap. 4) sein. Es ist ein Beitrag, den betriebswirtschaftlichen, unternehmerischen und ethische Fokus der Diskussion im Beschaffungsmanagement in der Gesundheitswirtschaft positiv zu beeinflussen.

29

4 BVBG–Partnership Forum

Der BVBG e. V. hat sich im Jahr 2011 – zur Durchsetzung seiner satzungsmäßigen Ziele, wie Steigerung der Qualität der Versorgung und Kostenreduktion durch Optimierung/Weiterentwicklung der Beschaffungsprozesse und Beschaffungssystemleistungen, – entschlossen, das sog. „BVBG-Gütesiegel" einzuführen. Diese Begrifflichkeit gibt das breite Anwendungsspektrum neuzeitlich nicht wieder.

30

Über den Zeitraum seit Einführung des „BVBG-Gütesiegels" haben sich Inhalt und Umfang seiner Darstellung in der Breite verändert. Dies führt dazu, dass zukünftig auf die geänderten Entwicklungen und Inhalte das entsprechende Handeln auch einem geänderten Vorzeichen in der Außendarstellung entsprechen soll. Insoweit werden die seit Bestehen erweiterten Umfänge der wechselseitigen fachlichen und branchenpolitischen Impulse zukünftig unter einer geänder-

31

ten Namensgebung geführt, welche den erweiterten satzungsmäßigen Inhalt besser und klarer zum Ausdruck bringen soll.

32   Der BVBG e. V. gibt die Begrifflichkeit des „Gütesiegels" auf und verdeutlicht damit, dass mit der bisherigen Begrifflichkeit gerade kein Qualitätssiegel, sondern die Außendokumentation darüber verfolgt wird, dass der Träger der ausgewiesenen Bezeichnung deren Ziele und Aussagen verfolgt. Als solche zählen die gesellschaftliche und soziale Verpflichtung zu Lösungsbeiträgen in wichtigen Fragen der aktuellen und langfristigen Entwicklung der Gesundheitsversorgung, die Verpflichtung zur Sicherstellung einer hochqualifizierten Patientenversorgung, die Einhaltung ethischer Grundsätze und Handlungsweisen verbunden mit einem hohen Grad an Kommunikation umzusetzen. Selbstverständlich bleiben die Grundleitlinien des ursprünglichen „Gütesiegels" dabei bestehen.

33   Unter neuzeitlichen Begrifflichkeiten wird das Handeln des BVBG e. V in diesem Bereich seinen Mitgliedern daher „BVBG-Partnership Forum"[10] (s. Abb. 3) nach Abschluss eines Akkreditierungsverfahrens verliehen. Noch gültige akkreditierte Mitglieder dürfen die neue Begrifflichkeit unmittelbar für sich in Anspruch nehmen.

Abb. 3: BVBG-Partnership Forum

Quelle: Bundesverband der Beschaffungsinstitutionen in der Gesundheitswirtschaft e. V. (BVBG).

---

10   Weitere Angaben sind unter www.bvbg-partnership-forum.de zu finden.

Konzipiert als interaktives Webportal soll es ein wichtiges Forum und Kompetenz-cluster für den Expertenaustausch zu allen Themen des Beschaffungsmanagements und auch für branchen- und gesundheitspolitische Überlegungen sein. Eingeladen zur Teilnahme sind Gesundheitseinrichtungen, Industrieunternehmen und andere Player, gemeinsam mit den Beschaffungsinstitutionen Herausforderungen zu dis-kutieren, zu analysieren und Innovationen voranzubringen. Alle Beteiligten am Beschaffungsprozess können profitieren, indem sie ihr Wissen einbringen. 34

Unternehmen können sich in einem Online-Akkreditierungsverfahren auf dem BVBG-Partnership Forum akkreditieren lassen. Die Akkreditierung stellt einen Qualitätsfilter dar: Nach erfolgreicher Akkreditierung wird die Urkunde verliehen, die Partnership Forum Charta übergeben und der Portal-Zugang zum Mitglieder-bereich freigeschaltet. Die Akkreditierung ist mit einer Gebühr verbunden, welche die Kosten für das Partnership Forum abdeckt. 35

Die akkreditierten Partnership Forum-Partner werden in die Fachdiskussionen und Befragungen einbezogen. Auch erhalten sie exklusiven Zugang zu den Er-gebnissen des BVBG-Kennzahlenkompasses, welcher in Form des BVBG-Früh-jahrsindex und BVBG-Herbstindex umgesetzt wird. Die Listung als Partnership Forum-Partner beinhaltet des Weiteren die Nennung in BVBG-Verbandspubli-kationen, regelmäßige Veranstaltungsinformationen, Einladung zur Mitarbeit in Themenprojekten des BVBG-Partnership Forum, persönliche Einladung von Unternehmensvertretern zu BVBG-Veranstaltungen, individuelle Unterstützung bei der Compliance-/Codex-Entwicklung und exklusive Teilnahme von BVBG-Vorstandsmitgliedern auf Veranstaltungen des Partnership Forum-Partners. 36

Das BVBG- Partnership Forum Board unterstützt die Arbeit des BVBG-Part-nership Forums fachlich und wird mit anerkannten Fachleuten besetzt. Die Gesamtqualität sichern alle BVBG Partnership Forum-Partner durch ihre per-manente Mitarbeit. 37

Weitere Informationen sind unter www.bvbg-partnership-forum.de zu finden. 38

Das BVBG-Partnership Forum ist aus folgenden Institutionen und Beteiligten besetzt: 39

- Kostenträger
- Krankenhausmanagement
- Medizinprodukteindustrie
- Medizintechnik
- Ökonomische Wissenschaft
- Patientensicherheit
- Pflege
- Pharmaindustrie
- Politik
- Verpflegungsindustrie
- Wissenschaftliche/medizinische Fachgesellschaft

Literatur

AGKAMED: Startseite. Online: http://www.agkamed.de/index.php?id=27; Das Unternehmen. Online: http://www.agkamed.de/index.php?id=30; Akademie. Online: http://www.agkamed.de/index.php?id=75 [abgerufen am 20.3.2018].

Asklepios: Geschäftsbericht 2016. Online: https://www.asklepios.com/konzern/unternehmen/investors/berichte/ [abgerufen am 20.3.2018].

Berg, M./Kurz, S.: Strategischer Einkauf im Krankenhaus. Der Einkauf im Spannungsfeld zwischen Klinikleitung und Ärzten. Die Entwicklung vom operativen Abwickler zum strategischen Partner. Herausgeber: Bundesverband Materialwirtschaft, Einkauf und Logistik e. V. 2016. Online: https://shop.bme.de/products/bme-leitfaden-strategischer-einkauf-im-krankenhaus-b1f721d7-4267-40d7-9a32-e5ffd1b1a198 [abgerufen am 20.3.2018].

Clinicpartner eG: Zahlen – Daten – Fakten. Online: http://www.clinicpartner-eg.eu/ueber-uns/kurzvorstellung/zahlen-daten-fakten/zahlen-daten-fakten.html [abgerufen am 20.3.2018].

Destatis: Krankenhäuser. 2018. Online: https://www.destatis.de/DE/ZahlenFakten/GesellschaftStaat/Gesundheit/Krankenhaeuser/Krankenhaeuser.html [abgerufen am 20.3.2018].

von Eiff, W. u. a.: Monitoring IT, Einkauf & Logistik im Krankenhaus 2017: Untersuchung zu Strategien, Organisation und Prozessen in Einkauf & Logistik der Krankenhäuser. Herausgeber: Wegweiser Research & Strategy GmbH Berlin, Berlin; Centrum für Krankenhausmanagement, Münster; Ludwig Fresenius Center for Health Care Management and Regulation, HHL Leipzig Graduate School of Management, Leipzig. 2016. Online: https://www.hhl.de/fileadmin/texte/publikationen/studien/CHCMR/Studie_Logistik_Krankenhaus.pdf [abgerufen am 20.3.2018].

EK-UNICO GbR: Startseite. Online: http://www.ek-unico.de/ [abgerufen am 20.3.2018].

Fresenius: Geschäftsbericht 2016. Online: https://www.fresenius.de/media_library/Fresenius_GB_US_GAAP_2016_deutsch.pdf [abgerufen am 20.3.2018].

GDEKK: Startseite. Online: https://www.gdekk.de; Unsere Mitglieder. Online: https://www.gdekk.de/genossenschaft/unsere-mitglieder/; Kompetenzzentrum Fort- und Weiterbildung. Online: https://www.gdekk.de/kompetenzzentren/fort-und-weiterbildung/ [abgerufen am 20.3.2018].

Helios: Helios auf einen Blick. Online: https://www.helios-gesundheit.de/unternehmen/wer-wir-sind/helios-auf-einen-blick/portrait/; Aus-, Fort- und Weiterbildung. Online: https://www.helios-gesundheit.de/unternehmen/was-wir-tun/wissen/wissensmanagement/ [abgerufen am 20.3.2018].

KHSG – Gesetz zur Reform der Strukturen der Krankenhausversorgung v. 10.12.2015.

P.E.G. eG: Startseite. Online: www.peg-einfachbesser.de; PEG- DIE AKADEMIE. Online: http://www.peg-einfachbesser.de/die-akademie/ [abgerufen am 20.3.2018].

Prospitalia: Startseite. Online: https://www.prospitalia.de/; Prospitalia Institut. Online: https://www.prospitalia.de/leistungsspektrum/prospitalia-institut/ [abgerufen am 20.3.2018].

Rhön-Klinikum AG: Geschäftsbericht 2016. Online: https://www.rhoen-klinikum-ag.com/fileadmin/files/konzern/investoren/Geschaeftsberichte/RHK_GB_2016_Internet_dt.pdf; Fort-und Weiterbildung. Online: http://campus-nes.de/home/beruf-karriere/fort-und-weiterbildung.html [abgerufen am 20.3.2018].

Sana-Klinik Einkauf: Zahlen, Daten, Fakten. Online: https://www.sana-klinik-einkauf.de/ueber-uns/zahlen-daten-fakten.html; Schwerpunkt Aus- und Weiterbildung. Online: https://www.sana.de/verantwortung/soziale-verantwortung/mitarbeiter/aus-und-weiterbildung/ [abgerufen am 20.3.2018].

Schlüchtermann, J./Meinecke, V./Nottinger, A.: Vergleich von Einkaufsverbünden in Deutschland – Ergebnisse einer aktuellen Studie. 8. Forum für Beschaffungsmanagement für Krankenhäuser, Tuttlingen, 22. Juni 2009.

Schön-Klinik: Geschäftsbericht 2016. Online: http://www.schoen-kliniken.de/karriere/klinikgruppe/investor/; Fort- und Weiterbildungen von A bis Z. Online: http://www.schoen-kliniken.de/karriere/fortbildung/ [abgerufen am 20.3.2018].

Schumacher, N. u. a.: Best practice in der Beschaffung im Krankenhaus. Eine gemeinsame Studie. Deutsches Krankenhausinstitut (DKI) und A.T. Kearney Management Consultants.2003. Online: https://www.dki.de/PDF/Beschaffung_im_krankenhaus.pdf [abgerufen am 29.2.2012].

Herausgeber- und Autorenverzeichnis

Die Herausgeber

Prof. Dr. Rudolf Schmid

Gesellschaft für Forschung und Beratung im Gesundheits- und Sozialbereich mbH – FOGS GmbH Köln. 1992 Professur an der Universität Hannover; 1993–2015 Vorstand und Geschäftsführer von Klinik- und Gesundheitsunternehmen (Marienhaus GmbH Waldbreitbach/Maria Hilf GmbH Dernbach, Klinikum Region Hannover, Kreiskliniken Reutlingen GmbH, Vitanas GmbH & Co KGaA Berlin) 2000 bis 2005 Mitglied des Gesundheitsausschusses des Deutschen Städtetags. Diverse Publikationen auf dem Gebiet des Gesundheits- und Sozialwesens. Vorsitz und Mitglied in Aufsichtsräten.

Anton J. Schmidt

Anton J. Schmidt ist seit 43 Jahren in der deutschen Gesundheitswirtschaft tätig. Mehr als 3 Jahrzehnte für den Gesundheitskonzern Johnson&Johnson, zuletzt 2001–2007 als Vorsitzender der Geschäftsführung der Ethicon GmbH. In dieser Zeit in zahlreichen Ehrenämtern aktiv u. a. auch Vorstandsvorsitzender des Bundesverbandes Medizintechnologie e. V. (BVMed) – von 2004–2007. Seit Juli 2008 Vorstandsvorsitzender der P.E.G. eG München. Im Nebenamt Vorstandsvorsitzender des im Jahr 2008 gegründeten Bundesverband der Beschaffungsinstitutionen in der Gesundheitswirtschaft Deutschland e. V. (BVBG) und Vorstandsmitglied in der Initiative Gesundheitswirtschaft. Darüber hinaus Mitglied in mehreren Beiräten von medizinisch-wissenschaftlichen Fachgesellschaften.

Die Autoren

Andreas Boerger

Andreas Boerger leitet seit 2011 die P.E.G. – DIE AKA-DEMIE in München (peg-dieakademie.de). In den letzten 20 Jahren war er als Kommunikations- und Trainingsleiter in diversen Unternehmen der Gesundheits- und Medizinbranche tätig. Als psychologischer Berater (VFP) und Auditor schult er bundesweit in Akut-Krankenhäusern, Rehakliniken und Pflegereinrichtungen ärztliches, pflegerisches und administratives Personal zu verhaltensrelevanten Themen. Als zertifizierter Coach/Trainer und Supervisor unterstützt er Führungskräfte und arbeitet aktiv an Prozessoptimierungen in der Personalentwicklung Vorort mit.

Marcus Bracklo

Marcus Bracklo ist CEO der Vanguard AG in Berlin. Studium der Volkswirtschaft an der LSE, danach an der OECD in Paris tätig. 15 Jahre Erfahrung in der Beratung großer Wirtschaftsprüfungsgesellschaften. Berufsqualifikation zum Chartered Accountant und Wirtschaftsprüfer. Partner bei Price Waterhouse, später Partner und Leiter des Bereichs Healthcare bei der Beratungsfirma Arthur Andersen. Wechsel in das Investment Banking Geschäft, wo er als Geschäftsf. Direkt. für das Bankhaus Sal. Oppenheim das Beteiligungs- und Beratungsgeschäft im Gesundheitswesen aufbaute und von 2001 bis 2007 führte.

Hans-Peter Bursig

Hans-Peter Bursig hat Volkswirtschaft an den Universitäten Saarbrücken und Bonn studiert. Er ist seit 1992 im Zentralverband Elektrotechnik- und Elektronikindustrie im Fachverband Elektromedizinische Technik tätig. Seit dem Jahr 2000 ist Bursig Geschäftsführer dieses Fachverbandes. Von 2000 bis 2005 war er parallel auch Geschäftsführer des europäischen Branchenverbandes COCIR und des Vereins „Integrating the Healthcare Enterprise Deutschland" (IHE-D).

© ZVEI/Boettcher

Florian Bürger, M.Sc., B.A.

Florian Bürger ist Krankenpfleger und Pflegewissenschaftler in der Stabsstelle Pflegewissenschaft der Pflegedirektion des Klinikums rechts der Isar der TUM.

Er hat langjährige Erfahrung in der Versorgung von Patienten und im mittleren Management des Universitätsklinikums. Tätigkeitsschwerpunkte sind aktuell Praxisentwicklung der Pflegefachpersonen in der Betreuung von Menschen mit Delirrisiko und Delir. Zudem ist er als freier Dozent an Berufsfach- und Hochschulen tätig.

PD Dr. Alexandra Busemann

1992–1998 Studium der Humanmedizin an der TU München. 1999–2001 zunächst AiP, dann Assistenzärztin an der Chirurgischen Klinik der TU München bei Professor Siewert, 2000 Promotion, seit 2001 an der Universitätsmedizin Greifswald, Klinik für Allgemeine, Viszeral-, Thorax und Gefäßchirurgie bei Professor Heidecke, 2004 Fachärztin für Chirurgie, 2005 Ernennung zur Oberärztin, 2007 Schwerpunkt Thoraxchirurgie, 2012 Fachärztin für Viszeralchirurgie nach WBO 2005, 2016 Habilitation, 2017 Fachärztin für Gefäßchirurgie. Klinische Schwerpunkte sind Patientensicherheit sowie die studentische Lehre.

Dr. Josef Düllings

Nach Studium der Soziologie und Promotion an der Universität Bielefeld ab 1992 Tätigkeit als Referent und später stellvertretender Geschäftsführer in der Deutschen Krankenhausgesellschaft, Düsseldorf und Berlin. Seit 2003 Hauptgeschäftsführer der St. Vincenz-Krankenhaus GmbH Paderborn. Seit 2011 auch Präsident des Verbandes der Krankenhausdirektoren Deutschlands (VKD). Autor und Mitautor zahlreicher Bücher und Artikel zur Krankenhaus- und Gesundheitswirtschaft mit Schwerpunkten in Finanzierung, Führung, Lean Management und Qualitätsmanagement. 2015 Zukunftspreis des Verbandes der Leitenden Krankenhausärzte Deutschlands (VLK).

Dr. rer. pol. Christine A. von Eiff, Dipl.-Jur. (Uni), MBA

Ehemalige wissenschaftliche Mitarbeiterin am IHCI – International Health Care Institute der Universität Trier (Leitung: Prof. Dr. A. J. W. Goldschmidt), dort Promotion über Fusionen und Übernahmen im Gesundheitsmarkt. Derzeit wissenschaftliche CKM-Mitarbeiterin im EU-Projekt „health-i-care" (Themenschwerpunkt: Sektor übergreifende Infektionsprophylaxe). Weiteres Forschungsgebiet: Ansätze zur Steigerung der „Patient Compliance" bei Katalogkrankheiten. Publikation im med-hochzwei Verlag: „Mergers & Acquisitions auf dem deutschen Gesundheitsmarkt. Eine wirtschaftliche und rechtliche Betrachtung von M&A-Transaktionen im Krankenhaussektor" (2013).

Dr. jur. Christoph von Eiff, LL.M

Rechtanwalt bei CMS Hasche Sigle Düsseldorf. Ehemaliger wissenschaftlicher Mitarbeiter am Institut für internationales Wirtschaftsrecht (Prof. Dr. Ingo Saenger), Universität Münster. Promotion zum Thema „Risikoeinschränkung und Risikotransfer in der Vorstandshaftung". Spezielle Arbeits- und Forschungsgebiete: Internationales Gesellschaftsrecht, Mergers & Acquisitions, Corporate Compliance Management.

Univ.-Prof. Dr. Dr. Wilfried von Eiff

Leiter des Centrums für Krankenhaus-Management (Universität Münster) und Direktor am Center for Health Care Management. In der Funktion des Verwaltungsdirektors war von Eiff Mitglied des Vorstands der Universitätskliniken Gießen. Anschließend war er leitender Manager in einem internationalen Automobilkonzern mit Zuständigkeit für die Bereiche Organisation, IT-Management, Logistiksteuerung und Unternehmens-Marketing. Er ist stellvertretender Vorsitzender des Aufsichtsrats der Kerckhoff-Klinik (Bad Nauheim) und er leitet die „Special Interest Group: International Benchmarking and Best Practice Management der European Health Management Association (EHMA, Brüssel). Weiterhin koordiniert er die „Digital Health Entrepreneurship Initiative".

Dr. Peter Gausmann

Geschäftsführer der GRB Gesellschaft für Risiko-Beratung mbH, Detmold, Tochterunternehmen der ECCLESIA Versicherungsdienst GmbH; Ehrenprofessor für Patientensicherheit und klinisches Risikomanagement an der Donauuniversität Krems (Ö); Dipl. Kaufmann, Dipl. Pädagoge, Dipl. Gesundheits- und Krankenpfleger (Intensiv- und Anästhesiepflege); Aufsichtsrat, Dozent an der Hochschule Osnabrück (D), Med. Fakultät der Universität Heidelberg (D), EKK Akademie Leipzig (D); Vorstandsmitglied der Plattform Patientensicherheit Österreich; Jurymitglied des „Austrian Patient Safety Awards"; Mitglied der Bundesfachkommission Gesundheitswirtschaft im Wirtschaftsrat Deutschland; Mitglied im Medical Board BVBG-Gütesiegel; Mitglied der Deutsch-Chinesischen Gesellschaft für Medizin.

Prof. Dr. med. Bernd Griewing

Prof. Dr. med. Bernd Griewing promovierte an der Universität Münster. Von 1998 bis 2015 war er Chefarzt der Neurologischen Klinik GmbH in Bad Neustadt sowie seit 2002 ärztlicher Direktor. Seit 2016 ist er Vorstand Medizin der RHÖN-KLNINIKUM AG. Zudem ist er Vorstand des Zentrums für Telemedizin Bad Kissingen e. V. und der Stiftung Münch.

© Prof. Dr. Bernd Griewing

Dr. Oliver Gründel

Dr. Oliver Gründel wurde 1959 in Essen geboren. Nach dem Abitur 1979 studierte er zunächst Chemie mit dem Schwerpunkt Biochemie. 1982 wechselte Dr. Gründel zum Studienfach Medizin, welches er mit dem Staatsexamen 1989 abschloss.
Dr. Oliver Gründel begann seine AiP Zeit 1989 im Bergmannsheil in Bochum und wechselte 1990 zum Elisabeth-Krankenhaus in Essen, wo nach dem AiP seine Assistenzarztzeit in der Abteilung für Anästhesie und

Intensivmedizin begann. Parallel zu seiner Facharztausbildung wurde Dr. Oliver Gründel die Leitung der Abteilung für Informationstechnologie und Organisation übertragen. In dieser Funktion baute er eine komplette Infrastruktur der medizinischen und administrativen Datenverarbeitung in der St. Elisabeth-Stiftung Essen auf. Im Jahre 2001 wechselte Dr. Oliver Gründel als Produktmanager für „Informationstechnologie im Gesundheitswesen" zur RAG Informatik Gelsenkirchen.
Seit Oktober 2003 ist Dr. Oliver Gründel Geschäftsführer der AGKAMED GmbH mit Sitz in Essen.
Dr. Oliver Gründel engagiert sich aktiv für die Einführung von Standards für die elektronische Kommunikation im Gesundheitswesen, u. a. leitet er den Arbeitskreis „e-Standards" des Bundesverbandes der Beschaffungsinstitutionen in der Gesundheitswirtschaft Deutschland e. V. (BVBG).

Ulrich Hambuch

Leiter des Fachbereiches Technisches Management der P.E.G. Einkaufs- u. Betriebsgenossenschaft; Medizintechniker/Elektroniker; Referent zum MPG; über 30 Jahre Berufserfahrung im Bereich des Gesundheitswesens (Labordiagnostik; bildgebende Systeme Ultraschall-RöntgenC-Bögen-, Kreislaufdiagnostik, Lithotripter) Geschäftsführer sowie Vertriebs- und Serviceleitung bei verschiedenen z. T internationalen Unternehmen.

Prof. Dr. Claus-Dieter Heidecke

Studium der Humanmedizin in Regensburg (1973–1975) und München (TU, 1975–1979), DFG-Ausbildungsstipendium 1981–1983 an der Harvard Medical School in Boston, Facharztausbildung Chirurgie 1984–1991 an der TU München, Klinikum rechts der Isar bei Prof. Siewert, Schwerpunkt Viszeralchirurgie (1995) und Thoraxchirurgie (2000). 2001–2018 C4-Professur für Allgemeine und Viszeralchirurgie und Leitung der Klinik für Allgemein-, Viszeral-, Thorax- und Gefäßchirurgie an der Universitätsmedizin Greifswald; seit 2018 hauptamtlicher Ärztlicher Vorstand Universitätsmedizin Greifswald.

Präsident der Deutschen Gesellschaft für Allgemein- und Viszeralchirurgie 2014/2015. 2009–2017 Vorsitzender der Chirurgischen Arbeitsgemeinschaft für Qualität und Sicherheit in der Chirurgie (CAQS) der DGCH.

Wilfried Hötzer

Ausgebildeter Küchenmeister/AEVO – Verpflegungsbetriebswirt (HMA) – QMB und Beauftragter für Lebensmittelsicherheit nach FSSC 22000 (DGQ).
1979 bis 1990 zunächst gastronomische Laufbahn in verschiedensten Bereichen von u. a. gehobener Gastronomie/Hotellerie in Deutschland und der Schweiz.
1990 bis 2002 tätig im Bereich Gemeinschaftsverpflegung und Sozialgastronomie im Gesundheitswesen – Referatsleiter Küchen-Wirtschaftsleitung; 1999 bis 2002 Leiter des Bereichs Öffentlichkeitsarbeit – jeweils im Klinikum Reinickendorf (Vivantes-Berlin).
Seit 2002 Fachberater/Consultant im Fachbereich Verpflegungsmanagement bei der P.E.G.-Fachberatung – seit 2009 Leitung des Fachbereichs.

Dr. Christian Jäkel

1984–1990 Studium der Medizin in Leipzig, 1990–1994 Arzt im Kreiskrankenhaus Lübben, 1994–1998 Studium der Rechtswissenschaft in Potsdam, Fachanwalt für Medizinrecht; parallel freiberufliche Tätigkeit (Notarzt ADAC-Luftrettungsstation Senftenberg, Rehaklinik, Praxisvertretung), 2001–2006 Rechtsanwalt bei Gleiss Lutz Rechtsanwälte in Berlin und Stuttgart, 2006–2009 Gesellschafter der Sozietät Dr. Rehborn in Berlin, seit 2009 eigene Kanzlei für Medizinrecht (Medizinrecht, Arzneimittelrecht, Medizinprodukterecht), seit 2006 Lehrbeauftragter der Dresden International University (Masterstudiengang Medizinrecht; Masterstudiengang Krankenhauspharmazie).

Dipl.-Sportwiss. Dr. Robert Jaeschke

Dipl.-Sportwiss. Dr. Robert Jaeschke hat an der Sporthochschule Köln studiert und promoviert. Seit 2004 leitet er die Patientenschulung und Therapie/-planung der Rehaklinik für Kinder und Jugendliche an den Waldburg-Zeil Fachkliniken Wangen. Dr. Jaeschke ist u. a. Vorstandsmitglied der AG Asthmaschulung im Kindes- und Jugendalter e. V., Vorsitzender der Adipositas-Akademie BW e. V. und Mitglied im geschäftsführenden Vorstand des Kompetenznetzes Patientenschulung im Kindes- und Jugendalter e. V.

Dipl.-Pflegewirt Robert Jeske, MBA

Robert Jeske ist seit dem 1.8.2018 als Pflegedirektor am Robert-Bosch-Krankenhaus tätig.
Zuvor arbeitete er in gleicher Position im Vorstand des Klinikums rechts der Isar der Technischen Universität München. Seine Ausbildung zum Gesundheits- und Krankenpfleger absolvierte er am Universitätsklinikum in Bonn, wo er später als stellvertretender Vorstand für Pflege und Patientenservice fungierte.

Andreas Joehle

Andreas Joehle wurde mit Wirkung zum 1. Juli 2013 zum Vorstandsvorsitzenden der PAUL HARTMANN AG und CEO der internationalen HARTMANN GRUPPE berufen.
Nach seiner Fachausbildung in unterschiedlichen medizinischen Pflegedisziplinen in Düsseldorf und Duisburg trat er 1985 in die 3M Deutschland GmbH ein und absolvierte berufsbegleitend Weiterbildungsprogramme. Bei 3M Europe übernahm Joehle Aufgaben mit nationaler und internationaler Verantwortung in unterschiedlichen Medical-Sparten, zuletzt als General Sales und Marketing Manager für das Krankenhausgeschäft. 1998 wechselte er zu Coloplast A/S in der Funktion Managing Director Deutschland, Österreich, Schweiz. Später übernahm Andreas Joehle dort ergänzend die Leitung der HSC Unternehmensgruppe im Bereich Home Care. Berufsbegleitend hat er sich an der INSEAD Business School in Fontaine-

bleau/Frankreich und Shanghai/China weitergebildet.
2005 wechselte Andreas Joehle zur Medtronic International in der Schweiz und übernahm dort die Leitung der europäischen Diabetes Division. Im Rahmen eines Weiterbildungsprogramms der Duke Universität, Durham/USA, vertiefte er sein Managementwissen in den Bereichen „Emerging Markets" und „Global Mergers & Acquisitions".

Im Jahr 2008 übernahm Joehle die Leitung der Surgical Division bei der schwedischen Mölnlycke Health Care Gruppe und zeichnete bis 31. Dezember 2012 verantwortlich für das globale Geschäft dieser Geschäftseinheit.

In 2016 absolvierte Joehle an der INSEAD Business School in Fontainebleau/Frankreich das ‚International Directors Program', mit dem zertifizierten Abschluss in Corporate Governance.

Axel Joerß

Diplomierter Ingenieur und Absolvent der Hochschule für Verkehrswesen Dresden.
Axel Joerß war Geschäftsführer eines IT-Systemhauses, Unternehmensberater, IT-Leiter, arbeitete in mehreren verantwortlichen Managementpositionen u. a. bei der Firma Comparex AG in Leipzig und zuletzt als Produktmanager für Security-Produkte bei der Firma März Internetwork Services AG in Essen.
Weitere Informationen zum Autor unter: https://www.xing.com/profile/Axel_Joerss/cv

Dr. Michael Keller

Berufliche Stationen: 3 Jahre Promotion mit Lehrtätigkeit an der RWTH Aachen (Chemie) und der FH Aachen (Physik), 13,5 Jahre Vertrieb in allen Funktionen: 5,5 Jahre clinic.log GmbH, Geschäftsführer, 4 Jahre Leiter Materialwirtschaft-Konzern RHÖN-KLINIKUM AG, seit 4 Jahren Leitung Strategischer Einkauf der P.E.G. Einkaufs- und Betriebsgenossenschaft eG, München.

Christina Kießling, M.A., BScN

Christina Kießling hat unterschiedlichste Projekte für die Weiterentwicklung der Pflege geleitet und bereits 2007 die Pflegenden der Uniklinik Köln von der standardisierten Materialversorgung entlastet. Ihre Pflegeausbildung, ihr pflegewissenschaftliches Grundstudium und ihre Managementqualifikation erlauben ihr einen generalistischen Blick auf die Prozesse in den Kliniken. Seit 2016 ist die Pflegemanagerin für den Pflegedirektor am Klinikum rechts der Isar tätig.

Raimund Koch

Raimund Koch leitet seit 2010 das Referat Gesundheitspolitik der PAUL HARTMANN AG in Berlin. In dieser Funktion hat sich Koch intensiv mit den gesetzlichen und organisatorischen Rahmenbedingungen der Hilfsmittelversorgung, des Wundmanagements und des Infektionsschutzes in Gesundheitseinrichtungen beschäftigt. Durch die Mitarbeit in Fachgremien hat Koch, neben anderen Gesetzen und Verordnungen, insbesonders die Entwicklung des Krankenhausstrukturgesetzes (2016) und des Heil- und Hilfsmittelversorgungsgesetzes (2017) begleitet. Seine Tätigkeit für die PAUL HARTMANN AG hat Koch 1984 als Salesmanager in Köln begonnen. 1987 wechselte er als Produktmanager in die Konzernzentrale von HARTMANN nach Heidenheim. Dort war er bis 2001 in leitender Funktion im nationalen, und später internationalen, Marketing tätig.

Berufsbegleitend absolviert Koch das Studium Marketing und Betriebswirtschaft der Universität Basel.

Von 2002 bis 2007 hat Koch als Managing Director der HARTMANN GRUPPE die Vertriebsgesellschaften in Slowenien und Kroatien aufgebaut. Verantwortlich war Koch dabei auch für die Märkte Ex-Jugoslawiens und in Albanien.

In den Jahren 2008 bis 2009 war Koch Geschäftsführer der „vivello GmbH" in Ulm, einer 100 %-igen Tochter der HARTMANN GRUPPE.

Prof. Dr. Axel Kramer

Medizinstudium in Greifswald. Seit 1990 C4-Professur für Hygiene und Umweltmedizin an der Universität Greifswald. Seit 2009 Invited Professor an der Postgraduate School der Tokyo Healthcare University. 2007 einer der drei Begründer des Zentrums für Innovationskompetenz Plasmatis des Leibniz Instituts für Plasmaforschung und Technologie Greifswald und der Universität Greifswald. 2010–2015 Sprecher des BMBF-Verbundprojekts HIC@RE – Aktionsbündnis gegen multiresistente Bakterien. Seit 2017 komm. Direktor des Friedrich-Loeffler Instituts für Medizinische Mikrobiologie der Universitätsmedizin Greifswald.
Präsident der Deutschen Gesellschaft für Krankenhaushygiene seit der Gründung 1990 bis 2010. Seit 1992 Mitglied der Desinfektionsmittelkommission des VAH und des AWMF Arbeitskreises Kranken- und Praxishygiene, seit 1993 Mitglied der Kommission für Krankenhaushygiene und Infektionsprävention am Robert Koch-Institut Berlin, seit 2006 Editor des Journals Hygiene and Infection Control. Seit 2012 Vizepräsident der Österreichischen Gesellschaft für Krankenhaushygiene.

Sebastian Kramer

1994–1997 Ausbildung zum Koch, 1998–2002 Wanderarbeitsjahre als Koch (Schweiz, England, Frankreich), 2003–2007 Studium der Betriebswirtschaftslehre an der FH Berlin, 2008 Ausbildung zum geprüften Desinfektor an der Universitätsmedizin Greifswald, 2008–2010 Fernlehrgang an der Fachschule für Hygienetechnik/Desinfektorenschule Mainz zum Hygienetechniker FHT/DSM, 2008–2010 Hygienefachberater für Reinigung und Desinfektion für HECTAS Gebäudedienste, Wuppertal, seit 2010 Key Account Manager für In- und Ausland bei der Antiseptica Dr. Hans-Joachim Molitor GmbH.

Dr. rer. nat. Meinrad Lugan

Als Vorstandsmitglied des Pharma- und Medizintechnikunternehmens B. Braun Melsungen AG verantwortet Dr. rer. nat. Meinrad Lugan die Konzernsparten Hospital Care und Out Patient Market.

Nach seinem Studium der Chemie an der Albrecht-Ludwigs-Universität Freiburg übernahm er 1994 die Position des Entwicklungsleiters für einen Produktionsstandort der BUCK-Gruppe und wurde bald darauf zum Prokuristen und Geschäftsbereichsleiter ernannt. 1998 wechselte er als Geschäftsführer zur MCG Metall-Chemie Goerrig GmbH & Co KG. Im Oktober 2000 wurde Dr. Lugan in den Vorstand der B. Braun Melsungen AG berufen, 2005 wurde er zudem zum Chief-Knowledge-Officer der B. Braun Melsungen AG ernannt.

Dr. Lugan ist Vorsitzender des Vorstands des Bundesverbandes Medizintechnologie BVMed und Mitglied des Vorstandes von MedTech Europe.

Prof. Dr. Kurt Marquardt

Prof. Dr. Kurt Marquardt begann sein Berufsleben 1978 als wissenschaftlicher Mitarbeiter am Institut für Medizinische Informatik der Universität Gießen. Neben wissenschaftlichen Aufgabenstellungen baute er in der Folgezeit die Abteilung für Klinische und Administrative Datenverarbeitung (AKAD) am Universitätsklinikum Gießen auf und leitete diese ab 1988 eigenverantwortlich. Seit 1990 bis heute ist er auch als Gutachter für die Deutsche Forschungsgemeinschaft (DFG) in Medizin-IT-Themen aktiv. Seit der Privatisierung des Universitätsklinikums Gießen und Marburg leitete er die IT der Rhön-Klinikum-AG bis Dezember 2018. Jetzt verantwortet er Themen im Schnittfeld zwischen UKGM und den Fachbereichen Medizin in Gießen und Marburg. Das Bundes-Förderprojekt „MIRACUM" nimmt dabei einen großen Raum ein.

Bianca Meier

Frau Bianca Meier ist Volljuristin und Fachanwältin für Medizinrecht. Von 2013–2017 war sie als Justitiarin in Kliniken in der Region Hannover tätig, seit Oktober 2017 leitet sie die Stabsstelle Recht und Compliance am Universitätsklinikum Düsseldorf.

Dr. Achim Michel-Backofen

Dr. Achim Michel-Backofen begann sein Berufsleben 1985 als wissenschaftlicher Mitarbeiter am Institut für Medizinische Informatik der Universität Gießen. Neben wissenschaftlichen Aufgabenstellungen wirkte er maßgeblich am Aufbau des ersten Gießener KIS (WING) mit. Als Mitarbeiter der Abteilung für Klinische und Administrative Datenverarbeitung (AKAD) am Universitätsklinikum Gießen war er seit 1995 am Aufbau verschiedener Subsysteme in OP-Bereich (MedAccess), Anaesthesie (NarkoData) und Intensivmedizin (ICUdata) beteiligt. 1997 war er Mitgründer der IMESO – Innovative Medizinische Software GmbH, deren Entwicklung er bis 2016 als Miteigner begleitete. Nach einer klinischen Zeit in der Abteilung für Anaesthesie und operative Intensivmedizin von 2007 bis 2009 war er ab 2009 als Senior Consultant bei der A.C.M. Consult GmbH für das Projektmanagement verschiedener PDMS-Projekte zuständig. Seit 2017 bis heute ist er wieder am Universitätsklinikum Gießen für die Bereiche Datenverarbeitung in Anaesthesie und Intensivmedizin sowie für das Synedra Universalarchiv zuständig. Das Bundes-Förderprojekt „MIRACUM" nimmt dabei einen großen Raum ein.

Dr. med. Dr. med.univ. Markus Mille

Herr Dr. Dr. Markus Mille absolvierte von 2002–2008 das Studium der Humanmedizin an der Medizinischen Universität Wien mit Verleihung des akademischen Grades „Dr. med. univ". Seit Ende 2008 ist dieser am HELIOS Klinikum Erfurt an der Klinik für Allgemein- und Viszeralchirurgie tätig. Hier absolvierte er die Weiterbildung zum Viszeralchirurgen und ist seit 2018 als leitender Oberarzt tätig. Neben seiner klinischen Tätigkeit besteht zudem eine rege wissenschaftliche Aktivität. So promovierte er 2015 zusätzlich an der Ernst-Moritz-Arndt-Universität Greifswald und wurde, neben Vortags- und Posterpreisen, mit dem Walter-Brendel-Preis der Deutschen Gesellschaft für Allgemein- und Viszeralchirurgie (DGAV) sowie dem Nicolai-Guleke-Preis der thüringischen Gesellschaft für Chirurgie ausgezeichnet. Seit Mitte 2016 ist Herr Dr. Dr. Mille zudem 2. Vorsitzender der „Chirurgischen Arbeitsgemeinschaft Junge Chirurgen" der DGAV.

Heiner Osterhues

Rechtsanwalt mit Kanzleisitz in Köln, Tätigkeitsschwerpunkt im Gesundheitswesen, Vergaberecht, Gesellschaftsrecht.
Herr Osterhues ist seit 20 Jahren im Schwerpunkt für Krankenhäuser und Beschaffungsinstitutionen tätig. Im Rahmen seiner beratenden Tätigkeit beschäftigten ihn immer häufiger Fragen zur Liberalisierung des europäischen Gesundheitswesens und zum Zusammenwachsen der Beteiligten.

Dipl. Ing. Matthias Paetzold

Matthias Paetzold startete nach dem Studium der Elektrotechnik im Jahr 1994 bei Philips Automation Projects in das Berufsleben. Dort war er für internationale Automatisierungsprojekte und Prozessleitsystem-Installationen verantwortlich. Ende 1999 wechselte er zur B. Braun Melsungen AG in den Bereich Marketing für automatisierte Infusionstechnik. Zu seinen Aufgaben gehörten der Aufbau und die Weiterentwicklung von Vernetzungslösungen von Infusionspumpen und Systemen. Heute verantwortet er im Globalen Marketing den Bereich Clinical IT Solutions sowie Smart Therapies und beschäftigt sich mit der Digitalisierung von Produkten und Services in der Sparte Hospital Care.

Dipl.-Betr.w. Christoph Pelizaeus

Dipl.-Betriebswirt Christoph Pelizaeus ist Leiter Strategische Unternehmensentwicklung der P.E.G. Einkaufs und Betriebsgenossenschaft eG in München. Ihm untersteht unter anderem die Gesamtverantwortung für die P.E.G. – DIE AKADEMIE, www.peg-dieakademie.de. Zuvor war er viele Jahre in unterschiedlichen Vertriebsfunktionen des Gesundheitswesens tätig.

Prof. Dr. h.c. Herbert Rebscher

Institut für Gesundheitsökonomie und Versorgungsforschung (IGVresearch); 2004 bis Ende 2016 Vorstandsvorsitzender der DAK-Gesundheit; 1992 Geschäftsführung, ab 1996 bis 2004 Vorstandsvorsitzender des Verbandes der Angestellten-Krankenkassen (VdAK); 1987 bis 1992 Geschäftsführung MDS; Professor für Gesundheitsökonomie und Gesundheitspolitik an der Rechts- und Wirtschaftswissenschaftlichen Fakultät der Universität Bayreuth; Hauptgeschäftsführer der Deutsch-Schweizerischen Gesellschaft für Gesundheitspolitik (DSGG).

Sebastian Reich

Betriebswirt und Gesundheitsökonom (M. A.). Sebastian Reich ist stellvertretender Leiter des Strategischen Einkaufs bei der P.E.G. Einkaufs- und Betriebsgenossenschaft eG in München. Zuvor war er viele Jahre in verschiedenen Führungspositionen als Leiter Patientenverwaltung sowie Leiter Einkauf und Logistik im Klinikum Garmisch-Partenkirchen tätig.

Dipl.-Kfm. Ellio Schneider

Dipl.-Kfm. Ellio Schneider ist seit 1998 Geschäftsführer der Waldburg-Zeil Kliniken, einem privaten Klinikverbund mit rund 3.000 Mitarbeitern. Darüber hinaus engagiert sich Schneider u. a. im DIHK Ausschuss Gesundheitswirtschaft, dem BDPK und der BWKG. Ellio Schneider ist Aufsichtsratsvorsitzender der P.E.G und stellvertretender Aufsichtsratsvorsitzender der Isny Marketing GmbH. Seine berufliche Laufbahn begann Schneider bei der Volkswagen AG Leasing GmbH.

© Ralf Lienert

Vera Stegherr

Studierte Gesundheitsökonomin M.Sc., Universität Bayreuth. Referentin des Vorstands, P.E.G. Einkaufs- und Betriebsgenossenschaft, München. Verantwortlich für Marketing(-konzeptionen), Projektmanagement/Projektleitung.

Prof. Dr. med. Albrecht Stier

Chefarzt der Klinik für Allgemein- und Viszeralchirurgie des Helios Klinikum Erfurt. Vorsitzender des Tumorzentrums Erfurt seit 2010. Nach Medizinstudium 1985 Weiterbildung für Allgemein-, Viszeral- und Thoraxchirurgie an der TU München bei Prof. Siewert. 2000–2008 stellvertretender Klinikdirektor an der Universitätsklinik für Allgemein-, Viszeral-, Gefäß- und Thoraxchirurgie in Greifswald.
Präsident der Deutschen Gesellschaft für Allgemein- und Viszeralmedizin 2017/2018.

© Dominik Walter

Dominik Walter

Dominik Walter hat Betriebswirtschaft in Gießen mit den Schwerpunkten „Gesundheits-/Personalwesen" (2010) sowie „Krankenhausprozessmanagement" (2012) studiert. Seit neun Jahren ist er bei der RHÖN-KLINIKUM AG als Manager tätig. Derzeit leitet er die Fachabteilung „Medizinisches Prozessmanagement" innerhalb des Vorstandsbereichs Medizin.

© Privat

Dipl.-Kfm. Andreas Wolf

Diplom-Kaufmann und Master of Health Management. Andreas Wolf begann 2009 seine berufliche Laufbahn am Isar Klinikum in München. Er verantwortete den strategischen Einkauf sowie das Patientenmanagement und ist seit 2014 als stellvertretender Verwaltungsleiter des Klinikums tätig.
Nach dem Diplomstudiengang Betriebswirtschaft mit den Schwerpunkten Gesundheitsökonomie und Management im Gesundheitswesen sowie Risikoforschung und Versicherungswirtschaft an der Ludwig-Maximilians-Universität in München, absolvierte Andreas Wolf ein berufsbegleitendes Master-Studium an der Apollon Hochschule der Gesundheitswirtschaft in Bremen zum Master of Health Management (MaHM) mit den Schwerpunkten Consulting und Controlling.

Univ.-Prof. Dr. Dr. Kai Zacharowski, ML FRCA

Seit 2016 Vorstandsvorsitzender der Christoph Lohfert Stiftung und Editor-in-Chief für Anästhesiologie & Intensivmedizin. Seit 2015 Sprecher der Klinikdirektor(innen)en und seit 2013 Stellvertretender ärztlicher Direktor des Universitätsklinikums Frankfurt. Seit 2009 Direktor der Klinik für Anästhesiologie, Intensivmedizin und Schmerztherapie. 2006–2008 Direktor der Klinik für Anästhesiologie und Intensivmedizin (Professor & Chair of Anaesthesia & Critical Care), University Hospitals Bristol NHS Foundation Trust, Bristol, UK.

Seit 2016 Mitglied der Leopoldina und Auszeichung mit diversen Preisen wie 2016 Deutscher Preis für Patientensicherheit, 2015 Humanitarian Award Patient Safety Movement, 2014 Lohfert Preis für Patient Blood Management, 2012 United States Air Forces - Medal of Distinction, 2010 Manfred-Specker Medaille für herausragende Verdienste um den wissenschaftlichen Nachwuchs der Anästhesiologie als Mentor im Mentoring-Programm der DGAI, 2006 Dr. Ernst Wiethoff Preis für Innovative Klinische Forschung, 2005 Hanse-Preis für Intensivmedizin etc. Schwerpunkte der klinischen Arbeit sind das Patient Blood Management, die Sepsis und die angeborene Immunität.

Dipl.-Kfm. Ekkehard Zimmer

Seit 2015 Kaufmännischer Direktor und Stellvertretender Vorstandsvorsitzender des Universitätsklinikums Düsseldorf; zuvor Kaufmännischer Vorstand des Universitätsklinikums Leipzig, Geschäftsführer des Universitätsklinikums Gießen und Marburg GmbH sowie Regionalgeschäftsführer und Prokurist der HELIOS Kliniken GmbH.

Stichwortverzeichnis